21世纪高等学校保险学系列教材

保险学概论

（第六版）

主　编　刘子操　刘　波
副主编　周婷婷

中国金融出版社

责任编辑：王素娟
责任校对：李俊英
责任印制：丁淮宾

图书在版编目（CIP）数据

保险学概论/刘子操，刘波主编 . —6 版 . —北京：中国金融出版社，2017.7
21 世纪高等学校保险学系列教材
ISBN 978 – 7 – 5049 – 8901 – 7

Ⅰ.①保…　Ⅱ.①刘…②刘…　Ⅲ.①保险学—高等学校—教材
Ⅳ.①F840

中国版本图书馆 CIP 数据核字（2017）第 033077 号

保险学概论（第六版）
BAOXIANXUE GAILUN（DI-LIU BAN）

出版
发行　中国金融出版社

社址　北京市丰台区益泽路 2 号
市场开发部　（010）66024766，63805472，63439533（传真）
网 上 书 店　www. cfph. cn
　　　　　　（010）66024766，63372837（传真）
读者服务部　（010）66070833，62568380
邮编　100071
经销　新华书店
印刷　北京九州迅驰传媒文化有限公司
尺寸　185 毫米 ×260 毫米
印张　17.75
字数　360 千
版次　1995 年 3 月第 1 版　2000 年 1 月第 2 版　2002 年 8 月第 3 版
　　　2007 年 7 月第 4 版　2012 年 1 月第 5 版　2017 年 7 月第 6 版
印次　2024 年 7 月第 3 次印刷
定价　42.00 元
ISBN 978 – 7 – 5049 – 8901 – 7
如出现印装错误本社负责调换　联系电话（010）63263947

21世纪高等学校金融学系列教材
编审委员会

前　　言

《保险学概论》第五版从出版到现在已经 4 年时间了，在这期间：

1. 保险的理论和实践发生了较大变化。2014 年 8 月 13 日，《国务院关于加快发展现代保险服务业的若干意见》即"新国十条"正式颁布，它以"顶层设计"的形式，进一步明确了保险业在社会发展中的重要地位，同时提出了加快发展现代保险服务业的总体要求、目标和战略措施。

2015 年 2 月 13 日，保监会正式印发"偿二代"17 项监管规则以及过渡期内试运行方案，这意味着中国保险业第二代偿付能力监管体系横空出世，对中国保险业的影响将是全面而深远的；"偿二代"体现了保险监管"放开前端、管住后端"的改革思路，在采纳国际通行的三支柱框架的同时，在风险分层管理、三支柱的逻辑关系、资产负债评估框架等多个方面，充分体现了中国新兴保险市场的特征。

2015 年 4 月 24 日实施的新修订的《中华人民共和国保险法》与原《保险法》相比有一些明显的变化：(1) 进一步放松业务管制，扩大保险公司经营自主权；适度放松资金管制，释放保险资本运作活力；着眼长远，为保险业创新发展提供了法律支持；明确协会及其他市场组织作用，发挥保险社团组织自律和服务功能。(2) 明确引入保险消费者概念，进一步突出保险消费者权益保护的监管导向；建立人身保险合同犹豫期法律制度，将业务实践中有关犹豫期约定的做法上升为法律规定；加强个人信息保护，完善保险客户信息完整性的规定；完善治理销售误导的执法依据。(3) 完善以"偿二代"为核心的偿付能力监管法律制度。一是将中国保监会自主创新的新一代偿付能力监管体系在《保险法》中确立下来；二是将"偿二代"核心的资本分级制度、测算评价标准、行业资本补充机制写入《保险法》；三是建立偿付能力风险的市场约束机制，增加完善保险公司偿付能力不符合规定的监管处置措施。(4) 适度调整罚款幅度，提高违法成本；强化资金运用违法行为处罚措施；增加规定应受处罚的违法情形。

这些变化，使得此前出版的《保险学概论》一部分内容或与之相冲突，或落后于法律规定，客观上要求对原有的保险学教材进行修订，使之与现有的法律规定相适应。

2. 近几年保险理论和实践又有了很大发展。我国的保险业已经进入加速期，保险实践活动生动活泼、丰富多彩；保险理论不断创新，新观点、新思想、新方法层出不穷。新的保险理论和新的保险实践，客观上要求保险理论工作者加以总结和概括，并在保险学教材中体现出来。同时，原书（第五版）中的一些保险数字、保险案例也稍显陈旧，需要更新。

3. 对保险学教材的需求旺盛。保险业快速发展对保险专业人才的刚性需求，推动了高校保险专业的不断增加，也诱发了高校经济类专业普遍开设保险学课程的行为。保险从业人员综合素质特别是专业素质的提升，要求在业内的培训中讲授保险的基本理论、基本概念、基本方法。专业发展、业内培训要求有合适的保险学教材。承蒙读者的厚爱，《保险学概论》自 1995 年出版以来，一直需求旺盛，多次修订再版印刷。

正是源于以上的理由，我们在第五版的基础上再次进行修订，将原书中与现行《保险法》相矛盾的地方加以修正，将现行《保险法》和保险监管规定中新增加的内容在书中的相应章节加以体现，将近几年来出现的新理论、新方法、新观点在书中加以反映。具体而言，我们对原书的结构和内容做了以下的调整：（1）结构上的调整。将第一章和第五章合并，并增加了保险产生与发展的内容，构成本书的第一章"保险概述"；将第三章"商业保险与社会保险"更名为"社会保险"放在本书的第九章；这样，全书由原来的 13 章缩减到现在的 12 章。（2）内容上的调整。书中的第一章第二节为新增内容，第二章第二节更换了表格中的数字和案例，第四章第四节、第五章第二节、第十章第四节内容改动较大，第六章第三节略有改动，第九章、第十一章第二节为重新编写。

本书是一项集体劳动成果，由东北财经大学、辽宁大学、营口理工学院多名教师编写，具体分工：刘璐编写第一章，李炎杰编写第二章、第七章，刘子操编写第九章、第十章，刘波编写第三章、第六章，周婷婷编写第四章、第五章、第十一章，谷明淑编写第八章，董普编写第十二章。

刘子操　刘　波

2017 年 1 月于东财园

目　录

第一章

保险概述

第一节　保险及其分类

一、有关保险的理论学说评介

什么是保险？理论上如何对保险的概念进行界定？世界各国的学者由于研究角度的不同而得出不同的结论，对如何定义保险形成了不同的观点和学说。日本学者园乾治教授把现代保险学理论归纳为"损失说"、"非损失说"和"二元说"三派。这里，我们对各种学说的主要观点做一些介绍和评价，希望以此为理解保险的含义打下基础。

1. 损失说

损失说又称损害说，该学说以"损失"这一概念为中心，主要从损失补偿的角度来剖析保险机制，强调没有损失就没有保险，认为保险是"损害填补"和"损失分担"，有损失才有保险的必要。该学说与保险产生的根源相吻合，现代意义上的保险发源于海上保险，而海上保险产生的主要原因就是为了解决船舶货物损失的补偿问题。损失说的主要理论分支包括损害赔偿说、损失分担说、危险转移说和人格保险说。

（1）损失赔偿说。该学说来源于海上保险，是产生最早的一种保险理论，其代表人物有英国的马歇尔（S. Marshall）和德国的马修斯（E. A. Masius）。马歇尔说："保险是当事人的一方收受商定的金额，对于对方所受的损失或发生的危险给予补偿的合同。"马修斯说："保险是约定当事人的一方，根据对价支付或商定，承诺某标的物发生的危险，当该危险发生时，负责赔偿对方损失的合同。"损失赔偿说的基本要点有两个：一是认为保险是一种合同，二是认为所有保险的共同特征是损失赔偿。损失赔偿无疑是保险的一个重要职能，但将保险完全归结于此就显得不够全面。就财产保险来说，保险赔偿损失是恰当的。但对于具有储蓄性质的人寿保险和养老保险，用损失赔偿就难以解释。无法对具有储蓄性质的人寿保险作出合理解释是该学说最大的缺陷。

（2）损失分担说。该学说从经济学的角度对保险进行阐述，其代表人物是德国的瓦格纳（A. Wagner）。损失分担说首先承认保险是一种损失赔偿，但更强调损失赔偿背后反映的多数人互助合作、共同分担损失这一事实，因而把损失分担这一概念看做保险的性质。该学说认为保险是一种经济上的制度安排，将少数不幸者由于未来特定的、偶然的、不可预测的事故而在财产上所遭受的损失，由处于同样危险中，但未遭遇事故的多数人来共同分摊，以排除或减轻灾害的一种经济补偿制度。保险是以经济上的确定性来代替现实生活中危险的不确定性。损失分担说对保险进行广义的理解，瓦格纳强调该学说"适用于任何组织、任何险种、任何部门的保险，同时可以适用于财产保险、人身保险，甚至还可以适用于自保"。损失分担说从经济学的角度出发，看到了损失赔偿所体现出来的被保险人之间的关系，更接近保险的本质，这是其长处。但将"自保"也纳入保险则是明显错误的，因为自保是私人经济基础上提取准备金，以防止自身的不测事件，这与保险"多数人分担少数人的损失"的含义不相符。

（3）危险转移说。该学说从危险处理的角度来阐述保险，其代表人物是美国的维兰特（A. H. Willet）。危险转移说强调保险组织的重要性，认为保险是一种危险转移机制，任何团体或个人都可以凭支付一定的费用为对价将生活中的各种危险转移给保险组织。保险组织则汇集了大量的同质危险，从而实现危险的均摊。维兰特说："保险是为了赔偿资本的不确定性损失而积聚资金的一种社会制度，它是依靠把多数人的个人危险转移给他人或团体来进行的。"危险转移说能够解释现实中投保人的投保动机。相当多的危险事故可能带来十分巨大的损失，绝非单个人的力量所能承担，必须通过保险将危险转移出去。该学说的缺陷同损失赔偿说一样，强调损失是保险的基础，否认人身保险也是保险。

（4）人格保险说。该学说主要针对人寿保险而言，其代表人物是美国的休伯纳（S. S. Huebner）。人格保险说认为人的生命与财产一样，具有可以用货币来衡量的价值，因而人寿保险也是一种损失补偿。该学说认为人的各种精神与力量具有经济性，可以产生金钱价值，如健康、技能、经验、判断力、创造力等。人寿保险既然以认定生命价值为保障目标，也就相当于对具有经济价值的"精神与力量"进行保险，因此也可以被视为一种损失保险。但困难的是现实中人们无法准确衡量"精神与力量"的经济价值。

2. 非损失说

保险非损失说认为"损失说"不能总括保险全面的属性，应摆脱损失概念，寻找一种能全面解释保险概念的学说，于是产生了许多非损失说理论，包括保险技术说、欲望满足说、相互金融机构说和财产共同准备说。

（1）保险技术说。保险技术说的代表人物是意大利的韦宛特（C. Vivante）。该学说强调保险数理基础，认为保险的特点就在于采用了保险费率的计算、保险基金的计算等特殊技术，保险性质主要体现在技术方面。技术说主张保险就是把面临同样风险的多数人或多数单位集合起来，测出风险事故发生的概率，然后根据概率计算保险费率并向个人或单位收取保费，当风险事故发生时支付一定的保险金。在计算保险基金时，一定要使实际支出的保险金与全体投保人缴纳的净保险费总额相等。保险的特性就在于采用这种特殊的技术，科学地建立保险基金，这样就没有必要在保险合同是否以损失赔偿为目这个问题上纠缠不休了。保险所采用的特殊技术是保险机制能够顺利运行的保障，在保险中占有重要的地位。但技术更多体现的是保险具体操作过程，用它显然无法解释保险的本质。

（2）欲望满足说。欲望满足说代表人物是意大利的戈比（U. Gobi）和德国的马纳斯（A. Manes）。该学说认为保险是一种满足人们的经济需要和金钱欲望的手段，并且这就是保险的性质。风险事故的发生会造成直接损失、利益损失、储蓄能力停止、紧急预防损失以及其他不能以货币计量的一切损失，引起人们对金钱的欲望。保险的目的就在于以共同、互助的补偿手段为保障，使人们能够以最少的费用来满足这种金钱欲望，获得所需要的资金和充分可靠的经济保障。

（3）相互金融机构说。该学说强调保险资金融通功能，其代表人物是日本的米谷隆三。相互金融机构说认为当今的经济是货币经济，所有经济活动都是用货币收支来表现的。在保险中，保费的收取和赔款的支付也都通过货币进行，因此保险作为应付经济不安定的善后措施，也主要是通过调整货币支付来进行的，所以保险是金融机构，是以发生偶然事件为条件的相互金融机构。米谷隆三还认为保险的性质不是财产准备，而是多数人通过资金融通结成的相互关系，因此保险是真正的金融机构。把保险作为一种行为和组织来认识是这一学说的特点，该学说从金融的角度来看待保险，强调保险主要体现为一种货币行为，但保险和严格意义上的融资还有很大的差距。此外，保险公司是金融机构，而保险是经济范畴，把二者等同起来也欠妥当。

（4）财产共同准备说。这一学说的代表人物是日本的小岛昌太郎。该学说从静态的观点看保险，认为只有积蓄财富作为财产准备才能应付风险事故造成的损失，保险人是受托管理财产准备的组织。

3. 二元说

"二元说"论者认为：财产保险与人身保险两者具有不同的性质，前者以经济补偿为目的，后者以给付一定保险金额为目的。人身保险是非损失保险。"二元说"的主要观点有"否定人身保险说"和"择一说"。

（1）否认人身保险说。该学说认为人身保险并不体现保险的性质，它是和保险不相同的另外一种合同。经济学家科恩（G. Cohn）说："因为在人身保险中，损失赔偿的性质极少，它不是真正的保险而是混合性质的保险。"埃斯特（L. Elster）认为："在人身保险中完全没有损失赔偿性质，从国民经济看，人身保险不过是储蓄而已。"

（2）择一说。该学说承认人身保险是真正的保险，但主张把人身保险与财产保险分别以不同的概念进行阐明。主张该学说的德国法学家爱伦伯格（V. Ehrenberg）给保险合同下了一个综合性定义，即"保险合同不是损失赔偿合同，就是以给付一定金额为目的的合同"，而这只能择一。"择一说"强调保险的法律内涵，并且由于是分别定义，具有较强的实践指导意义和可操作性，因此对各国保险法产生了普遍影响。我国《保险法》中的合同部分也是对财产保险合同和人身保险合同分别定义的。

从以上观点可以看出，虽然"二元说"强调了保险的法律内涵，有一定的实践指导意义和可操作性，但是"二元说"对保险本质的揭示不够深刻，而且保险作为一种经济范畴不应存在两个定义，所以"二元说"的缺陷也是很明显的。

上述各种学说都没有把保险的全貌给予准确、高度的概括，均有顾此失彼之嫌。相比之下，损失说比较流行。由于风险管理已经成为一门管理科学，保险作为处理损失风险的重要措施得到公认，因而以损失概念解释保险的定义较为普遍地为人们所接受。虽然目前保险学者对保险的定义和性质仍有争论，但在认识上已有趋同的倾向。

二、保险的定义

前面介绍了有关保险的各种学说，但是受到其产生时的历史局限，这些学说尽管从不同侧面描述了保险的本质和特征，但似乎又没有清楚、完整地解释保险到底是什么。为了更深刻地把握保险的内涵，我们再从经济、法律和社会功能三个角度对其进行分析。

1. 经济角度

从经济角度来看，保险是对不可预计的损失进行重新分配的融资活动。保险这种机制涉及的是把潜在损失转移到一个保险基金中，该基金集中了所有潜在损失，而后将预计损失的成本分摊给所有参与者。所以，保险是将损失风险转移给一个风险共担组织，并在组成成员中重新分摊损失的经济活动。充足保险基金财务支付能力的确定性和损失的可精确预测性是保险交易的本质。

纵观人类历史，不可预计的经济损失时有发生。但是，通过保险机制的运行，总损失就可以预计。损失的可预计性是保险机制运行的基础。因为保险使集体而非个人的损失的准确预计成为可能，从而使得损失的成本得以事先融通和重新分配。而且，保险机制通过向每个参与者收取保费的方法，完成损失成本的再分配。作为缴纳保费的回报，保险人承诺，一旦发生承保范围内的损失，保险人予以赔付。总的来说，只有很小比例的被保险人会遭受损失。因此，一个保险体系把少数人不幸遭受的风险损失，在所有缴纳保费的成员中进行再分配。

2. 法律角度

从法律角度看，保险是一方同意补偿另一方损失的契约。愿意赔付损失的一方是保险人；发生损失导致保险人赔付的另一方是被保险人；保险人收取的费用称为保险费；保险人与投保人订立的保险合同，称为保险单。

保险合同与所有合同一样，是产生双方权利义务关系的一种约定。保险人的权利是向投保人收取保费，其义务是当约定的风险事故发生后被保险人赔付保险金。投保人（被保险人）的权利是当约定的风险事故发生后向保险人要求赔付保险金，其义务是向保险人支付保险费并履行合同规定的其他义务。可见，合同赋予一方的权利体现的正是另一方的义务。

3. 社会功能角度

从社会功能的角度来看，保险是有效转移风险、保障社会稳定的一种手段。风险是客观存在的，无法预料的损失随时可能发生，对人们的生产活动和社会造成危害。而保险这一机制就是把众多的单位和个人集合起来，每个参与者愿意付出一个相对较小的固定开支，来代替相对较大的不确定的损失。大多数人都会为可能遭受损失而感到不安。

因为对风险的厌恶，人们愿意支付公平的费用来减轻对损失不确定的忧虑，并且在损失真正发生时获得赔付。因此，即使没有发生损失，人们仍然认为保费开支是值得的，因为它减轻或消除了人们由于担心损失发生而引起的焦虑。所以，人们常常把保险称为"社会稳定器"。

需要注意的是，保险是一种风险转移机制，但是它并不能阻止或减少风险的发生。人们投保后，房屋仍然可能发生火灾，被保险人仍然会生老病死。保险只是以确定的支出代替了不确定的损失，投保后如果房屋发生火灾，被保险人可以得到经济上的赔偿。所以，保险转移的是风险，由个人承担风险变成大家共同承担风险，从整体上提高了对风险事故的承受能力。

根据以上的分析，我们给出保险的定义。保险是集合具有同类风险的众多单位或个人，以合理计算分担金额的形式，实现对少数成员因该风险事故所致经济损失的补偿行为。这一定义具有普遍的适用性，它不仅适用于古代低级形式的行会合作保险或相互保险，而且适用于强制保险；不仅适用于财产保险，而且适用于人身保险。

我国《保险法》第二条把保险的定义表述为："本法所称保险，是指投保人根据合同约定，向保险人支付保险费，保险人对于合同约定的可能发生的事故因其发生所造成的财产损失承担赔偿保险金责任，或者当被保险人死亡、伤残、疾病或者达到合同约定的年龄、期限等条件时承担给付保险金责任的商业保险行为。"可见，我国《保险法》给出的是商业保险的定义，我国的《保险法》是一部"商业保险法"。

三、保险的构成

保险的构成，又称保险的要素、保险的要件，是指保险得以成立的基本条件。一般来说，构成保险必须具备以下要素。

1. 必须以特定的风险为对象

建立保险制度的目的是为了应付自然灾害和意外事故等特定事故的发生。只有存在发生这种特定事故的风险，才有必要建立补偿损失的保险制度。"无风险，无保险。"因此，风险的存在是构成保险的第一要件。但是并非任何风险，都可以构成保险风险。保险制度上所指的风险必须具备以下特点：

（1）可保风险的存在。可保风险是指符合保险人承保条件的特定风险。一般地说，理想的可保风险应具备以下条件：

第一，风险必须是纯粹的风险。即风险一旦发生，便成为现实的事故，只有损失机会，没有获利可能。

第二，风险必须具有不确定性。风险的不确定性包括三层含义，即风险是否发生是不确定的；风险发生的时间是不确定的；风险所导致的后果是不确定的。

第三，风险必须使大量标的均有遭受损失的可能性。

第四，风险必须有导致重大损失的可能。也就是说，风险一旦发生，由其导致的损失是被保险人无力承担的，是一种发生重大损失的可能性较大、遭受重大损失的机会较小的风险。

第五，风险不能使大多数的保险对象同时遭受损失。这一条件是指损失的发生具有分散性，保险人在承保时应力求将风险单位分散。

第六，风险必须具有现实的可测性。保险的经营要求制定准确的费率，费率的计算依据是风险发生的概率及其所导致的损失的概率，因此，风险必须具有可测性。

（2）大量同质风险的集合与分散。保险的经济补偿活动的过程，既是风险的集合过程，又是风险的分散过程。保险人通过保险将众多投保人面临的分散性风险集合起来，当发生保险责任范围内的损失时，又将少数人发生的风险损失分摊给全体投保人，即通过保险的补偿或给付行为分摊损失或保证经营稳定。保险风险的集合与分散应具备两个前提条件：第一，大量风险的集合体。保险集合多数人的保费，补偿少数人的损失。大量风险的集合，一方面是基于风险分散的技术要求，另一方面是概率论和大数法则原理在保险经营活动中得以运用的前提。第二，同质风险的集合体。所谓同质风险是指风险单位在种类、品质、性能、价值等方面大体相近。如果风险为不同质风险，那么风险损失发生的概率就不同，这样，风险也就无法进行统一集合与分散。此外，由于不同质的风险，损失发生的频率与幅度是有差异的，若对不同质风险进行集合与分散，则会导致保险经营财务的不稳定。

2. 必须以多数人的互助共济为基础

保险是建立在"我为人人，人人为我"（One for all，all for one）这一互助共济基础之上的，其基本原理是集合风险，分散损失。因此，保险的经营方式是通过集合多数人共同筹集资金，建立集中的保险基金用于补偿少数人的损失。只有多数人参加保险，才能把个人的风险和损失，通过保险分摊到所有参与者身上，使得风险和损失限制在最小范围内。

保险的这种多数人的互助共济通常可以通过两种方式实现：一种是多数人的直接集合，一般由可能遭受特定风险事故的多数人，共同为达到保险的目的而构成团体，主要是相互保险；另一种是多数人的间接集合，即由第三人（保险人）作为经营的主体，由可能遭受特定风险事故的每个人事先缴纳一定金额的保险费，在风险事故发生后，即由保险人承担损失赔偿或给付保险金的责任，无形中形成多数人的集合。在保险的第二种形态中，所有参加保险的人表面上彼此不相关联，甚至是互不了解，但是通过保险这种媒介，它们之间实际上建立了互助共济关系，即投保人共同缴纳保费，建立保险补偿基金，共同取得保险保障。

3. 必须以风险事故所致损失进行补偿为目的

"无损失，无保险。"保险的目的在于进行损失补偿，进而确保社会经济生活的安定。这种补偿一般不是恢复已经损毁、灭失的原物，也很少是赔偿实物，而是通过支付赔偿金的方式来实现。因此，风险事故所导致的损失，必须是在经济上能够计算价值的，否则，保险的赔偿无法实现。

在财产保险中，对于风险事故造成的损失，可以通过估价等方法确定。在人身保险中，由于保险标的是人的生命或身体，无法计算其价值。但是人的死亡、伤残，其后果不仅仅是一个生命的结束或者健康受到损害，而且还会给其家人和自身带来直接的经济损失。也就是说，风险事故在人身上可能造成的损失包括两个方面：一是人身损失，二是经济损失。人身保险的给付不能弥补前者，但可以弥补后者，所以人身保险中也对保险标的进行价值形式的计算。人身保险通常采取定额保险的方式，在订立保险合同时就把保险金额确定下来，事故发生后就按照确定的金额，由保险人支付保险金。

四、保险与相似制度比较

人们为了应付未来可能出现的意外，除保险外，还创立了许多其他制度和方法。为了对保险有一个更清晰的理解，有必要把保险与其他类似制度和方法加以比较。

1. 保险与储蓄

保险与储蓄都是处理经济不稳定的善后措施，都是将现有收入的一部分储存起来，以备将来的需要，带有"积谷防饥"的色彩，尤其是在生存保险和两全保险的生存部分中，与储蓄很难区别。但是二者也有不同，保险与储蓄的差异在于：

第一，保险是以一定的群体为条件，而储蓄则是以个人或单位为主体；

第二，保险属于他助行为，而储蓄属于自助行为；

第三，保险与储蓄的受益期限不同，保险由保险合同规定受益期限，在合同有效期限内，不论何时发生保险事故，只要属于保险责任范围内的范畴都可以得到补偿；而储蓄则以还本付息期限为受益期限。

第四，保险缴纳的保险费与得到的保险金可能比例悬殊，被保险人（或受益人）可能得到远远高于所交保费的保险金；而储蓄一般只是在期满后得到本金与利息之和，而且利息只是本金的较少增值部分。

2. 保险与赌博

商业保险与赌博从表现形态上看具有相似之处。第一，它们都是以不确定事件发生为条件的。对于保险，如果双方约定的不确定事件——保险事故发生，保险人要承担赔付保险金责任。对于赌博，比如甲、乙两个人各出 10 元钱赌掷硬币，如果正面朝上，甲获胜，乙要给甲 10 元钱；反之，反面朝上，乙获胜，甲支付给乙 10 元钱。那么甲、乙的输赢也是以不确定的事件——硬币投掷的结果来决定的。第二，双方的对价常常不均等。对于保险（特别是财产保险），如果保险事故发生，被保险人常常可以得到大大高于其所缴付的保费的赔款；而如果保险事故不发生，被保险人则得不到任何赔偿。赌博也是如此。

尽管保险与赌博有以上相似之处，但两者还是存在着质的差异。

第一，目的不同。参加保险的目的是以小额的保费支出将不确定的风险损失转嫁给保险人，从而获得心理上的安全感和经济上的保障。而赌博的目的大都是为了发财，想以小额的赌注赢得大额钱财。

第二，机制不同。赌博制造了原本不存在的风险，如果不赌，就没有损失的发生。而在保险中，风险是客观存在的，风险的存在与发生并不依赖保险行为本身。保险没有增加风险的总量，它只是将客观存在的风险转移给了接受风险的一方。

第三，风险性质不同。赌博有可能获利，也有可能损失，其风险是一种投机风险。

而保险承保的风险一般都是纯粹风险，只有损失机会，而无获利可能。

第四，参与条件不同。保险要求投保人必须对保险标的具有保险利益，否则保险合同无效。而赌博则没有限制，不必考虑所赌事件与参赌者的经济利益关系。

3. 保险与互助保险

商业保险与互助保险的相似之处体现在两个方面：第一，两者都是以一定范围的群体为条件，集合、分担群体内成员一定的风险；第二，保险与互助保险都具有"我为人人，人人为我"的互助性质。两者的差异主要表现为：第一，保险的互助范围以全社会公众为对象，而互助保险的互助范围则是以互助团体的内部成员为限；第二，保险互助是这一机制的间接后果，而不是直接目的，而互助保险的互助是直接目的；第三，商业保险是以盈利为目的的商业行为，而互助保险是以共济为目的的非商业活动。

4. 保险与社会保险

商业保险与社会保险都是以社会公众为对象，以缴纳一定保费为条件的一种保障机制。它们的不同之处在于：

第一，实施方式不同。商业保险一般是自愿保险，只有个别险种是强制保险。而社会保险则是由法律或行政法规规定的强制行为，体现社会公平，兼顾效率。

第二，举办主体不同。商业保险一般由商业性保险公司举办，遵循经济规则和市场法则来经营。而社会保险一般由政府举办，是以维护社会安定为目的的非营利性保险。

第三，费率不同。商业保险的保费由投保人缴纳，以"公平性"费率为准则。而社会保险的保费一般由雇主和雇员共同承担，而且以"均一费率"为缴费原则。

第四，保险金额不同。在商业保险中，财产保险的保险金额由保险利益的价值确定，人身保险的保险金额由保险需求和缴费能力确定。而社会保险的保险金额由国家统一规定，一般只保证基本的生活费和医疗保健费用。

5. 保险与社会救济

商业保险与社会救济都是以一定风险事故发生对人们的生产、生活带来困难而进行的善后保障对策，但二者的根本性质是不同的。第一，给付条件不同。保险事故是以保险合同规定的范围为限，而社会救济的风险事故则是以造成生产或生活困难为前提。第二，权利义务不同。被保险人所得到的保险金与其缴纳的保费多少直接挂钩，而社会救济的接受者不需履行任何义务，其得到的救济额也与其社会贡献无直接关系。第三，实施主体不同。提供保险赔付的是保险公司，而实施社会救济的一般是国家和政府。总之，保险是商业行为，而社会救济是社会行为。

6. 保险与自保

自保是指为了节省投保费用，以一定的实物形态或货币在本企业单位内部积存准备金，以备将来遭受自然灾害和意外事故时进行补偿的一种由自己承担风险的措施。自保的目的以及后备金的提留方法在计算上与保险基本相同。但是自保与保险在本质上有很大的区别：第一，自保是由本企业单独承办的，特点是企业自己保留风险，而不是转移风险；保险是由许多人和企业共同协助进行的，特点是参加者将风险转移给保险人承担。第二，自保准备的后备金，需要经过较长时间的积累，因此，它对损失的赔偿要根据后备金的多少做足额或非足额赔偿；而保险标的发生损失，无论大小，只要属于保险责任，保险人就按照合同约定如数予以赔偿。第三，对于自保，一旦发生了风险事故，就从自留后备金中拿出一部分来弥补损失；如果未发生风险事故，就无须动用后备金。而对于保险，特别是财产保险，投保人缴纳保费后，如果没有发生风险事故，不能从保险人处收回保费。

五、保险的种类

（一）按照保险的性质分类

按照保险性质不同，保险可以分为商业保险、社会保险和政策性保险。

1. 商业保险

商业保险，是指投保人根据保险合同，向保险人支付保险费，保险人对于合同约定的可能发生的事故因其发生所造成的财产损失承担保险金赔偿责任，或者当被保险人死亡、伤残、疾病或者达到合同约定的年龄、期限时承担给付保险金责任的保险行为。商业保险是一种经济行为，不论保险人还是投保人都是从成本收益的角度来考虑。投保人之所以愿意投保，是因为投保费用要低于未来的损失预期；保险人之所以愿意投保，是因为可以从中获利。商业保险又是一种合同行为，投保人与保险人通过签订合同建立保险关系，投保人根据合同有向保险人支付保费的义务，保险人在事故发生时有对被保险人负有赔偿或给付保险金的义务。

2. 社会保险

社会保险是指国家通过立法对社会劳动者暂时或永久丧失劳动能力或失业时提供一定的物质帮助以保障其基本生活的一种社会保障制度。当劳动者遭受年老、疾病、死亡、伤残、失业和生育等风险时，国家以法律的形式为其提供基本的生活保障，将某些社会风险损失转移给政府或某一个社会组织。社会保险的主要项目包括养老保险、医疗保险、失业保险、工伤保险和生育保险。不论商业保险多么发达，社会保险对一个国家来说都是必不可少的。社会保险一般是强制性的，凡符合法律规定条件的成员均要参加。在保险费交纳和保险金给付上，社会保险不遵循对等原则，而是有利于低收入阶层，低收入者获得的保险金要相对多于他们交纳的保险费。因而，社会保险起到一定的"转移支付"作用。

3. 政策性保险

政策性保险是政府为了一定的政策目的，运用普通保险技术而开办的一种保险。政策性保险主要项目包括以下几类：一是为实现农业增产增收而开办的农业保险；二是为鼓励出口或对外投资而开办的出口信用保险和海外投资保险；三是针对洪水、地震、核辐射等因素引起的巨灾损失而开办的巨灾保险。由于政策性保险风险过大，一般商业保险公司不愿意经营，许多国家成立了专门的机构来经营这些险种。

（二）按照保险标的分类

从整体上看，保险标的无非是两种，一是经济生活的主体，即人身；二是经济生活的客体，即财产。所以，无论是理论上还是实践中，保险业务通常被区分为财产保险和人身保险。但随着社会关系的变化和保险经营技术的不断改进，无形的"责任"和"信用"关系也成为产生风险的诱因，并从传统的分类方式中分离出来，成为独立的保险种类。现在，一般按广义仍把商业保险分为财产保险和人身保险两大类，但按狭义可细分为财产保险、人身保险、责任保险和信用保证保险。

1. 财产保险

财产保险是指以财产及其相关利益为保险标的，因保险事故发生导致财产利益损失，保险人以金钱或实物进行补偿的一种保险。财产保险有广义和狭义之分。广义的财产保险包括财产损失保险、责任保险和信用保证保险，狭义的财产保险是以有形的物质财富及其相关利益为保险标的的一种保险。这里的财产保险是指狭义的财产保险，责任保险、信用保证保险将在后面进行介绍。财产保险包括很多险种，主要有海上保险、火灾保险、运输工具保险、货物运输保险、工程保险、利润损失保险等。

2. 人身保险

人身保险是指以人的身体或生命为保险标的，当被保险人因年老、死亡、残疾、疾病或生存到保险期满，保险人依据合同向被保险人给付约定的保险金。由于人的价值无法用货币和金钱来衡量，所以保险金额一般根据被保险人的保险需求和投保人的缴费能力来确定。根据保障范围的不同，人身保险可以进一步分为人寿保险、意外伤害保险和健康保险。

3. 责任保险

责任保险是指以被保险人依法对第三者应负的民事赔偿责任或经过合同特别约定的合同责任为保险标的的一种保险。无论是自然人还是法人，在进行日常活动或业务活动时都有可能因为疏忽或过失而致使他人遭受人身伤害或财产损失，并因此要负赔偿民事责任，从而造成自身经济上的损失，责任保险承保的就是这种风险和损失。开办责任保险的目的，一方面使被保险人承担的责任风险得以转移，另一方面也有利于保证民事损害赔偿责任能够顺利执行，保障受害者的利益。责任保险包括公众责任保险、产品责任保险、职业责任保险和雇主责任保险。

4. 信用保证保险

信用保证保险是指以合同双方约定的经济信用为保险标的，以义务人的信用风险为保险事故，对义务人（被保证人）的信用风险致使权利人遭受经济损失，保险人按照合同约定，在被保证人不能履行义务的情况下承担赔偿责任的一种保险。信用保证保险是一种担保性质的保险。按照担保对象的不同，信用保证保险又可以分为信用保险和保证保险两类。信用保险是权利人要求保险人对义务人的信用进行担保的一种保险。在信用保险中，权利人既是投保人又是被保险人。而在保证保险中，投保人是义务人自己，义务人要求保险人对自己的信用提供担保，如果自己不能履约而造成权利人经济上的损失，保险人负责赔偿。信用保险包括出口信用保险、投资保险和国内商业信用保险。保证保险包括合同保证保险、产品质量保证保险和忠诚保证保险。

（三）按业务承保方式分类

根据保险业务的承保方式不同，保险可以分为原保险、再保险、重复保险和共同保险。

1. 原保险

原保险是指投保人与保险人直接签订合同而确立保险关系的一种保险。在原保险关系中，保险需求者将风险转嫁给保险人，当保险标的遭受保险责任范围内的损失时，保险人直接对被保险人承担损失赔偿责任。

2. 再保险

再保险，又称分保，是指保险人将其承担的保险业务部分或全部转移给其他保险人的一种保险。再保险的投保人本身就是保险人，称为原保险人；再保险业务中接受业务的保险人称为再保险人。再保险关系中的风险转移是纵向的，再保险人面对的是原保险人，再保险人并不与最初的投保人发生联系。再保险有利于扩大业务经营能力，提高保险人的财务稳定性。再保险最初只适用于财产保险，尤其是财产保险中的火灾保险和海上保险，近些年来已经逐步扩展至人身保险和责任保险。

3. 重复保险

重复保险是指投保人以同一保险标的、同一保险利益、同一风险事故分别向数个保险人投保并订立保险合同，而且保险金额的总和超过了保险价值的一种保险。之所以出现重复保险的情况，有可能是由于投保人的疏忽或过失造成的，也不排除是投保人为了获得超过保险价值的赔偿而进行的恶意投保。因此，为了防止被保险人因为重复投保而获得额外利益，各国一般都要求投保人把重复保险的情况通知保险人；而且在损失处理上，要求按照一定的方式在保险人之间进行分摊。

4. 共同保险

共同保险是指两个或两个以上的保险人就同一保险利益、同一风险与投保人共同缔结保险合同的一种保险。实务中，多个保险人可能以某一保险公司的名义签发一张保单，然后每一保险公司对保险事故按损失比例分担责任。共同保险与再保险形式上相似，都是投保人与某一保险公司接触，但实质上二者存在着明显的区别。第一，两者反映的保险关系不同。共同保险反映的是投保人与各个保险人之间的关系，这种保险公司是一种直接的法律关系；再保险反映的是再保险人与保险人之间的关系，再保险人与投保人之间并不发生直接关系。第二，对风险分摊的方式不同。共同保险中各保险人对其承担的风险责任的分摊是第一次分摊，而再保险则是对风险责任的第二次分摊。共同保险是风险的横向分摊；而再保险则是风险的纵向分摊。

需要注意的是，共同保险在英国、美国具有不同的意义。它们在合同中约定"共保条款"，是保险人和被保险人共同分担风险责任的一种条款。例如，如果合同中规定了20%的共保条款，是指一旦发生保险事故，保险人承担80%的损失，而被保险人自己要承担20%的损失。

（四）按实施方式分类

按照实施方式不同，保险可以分为强制保险和自愿保险。

1. 强制保险

强制保险，又称法定保险，是指国家对一定的对象以法律、法令或条例规定其必须投保的一种保险。强制保险的保险关系不是产生于投保人与保险人之间的合同行为，而是产生于国家或政府的法律效力。法定保险范围可以是全国性的，也可以是地方性的。法定保险的实施方式有两种选择，要么是保险对象与保险人均由法律限定，要么是保险对象由法律限定，但投保人可以自由选择保险人。我国目前实施的机动车辆第三者责任险属于后面一类的强制保险。

2. 自愿保险

自愿保险，又称任意保险，是指投保人与保险人在平等自愿的基础上，通过订立保险合同或自愿组合建立保险关系的一种保险。自愿保险的保险关系，是当事人之间自由决定、彼此合意后成立的合同关系。投保人可以自由决定是否投保、向谁投保、中途退保等事项，也可以自由选择保障范围、保障程度和保险期限等。同时，保险人也可以根据保险标的的情况自由选择是否承保、怎样承保、承保多少保额等。

（五）保险的其他分类方式

1. 按经营性质分类

按照保险的经营性质不同，保险可以分为营利保险和非营利保险（具体见图1-1）。

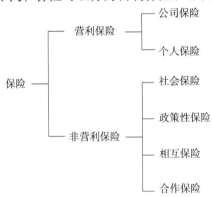

图 1-1   按保险经营性质分类

（1）营利保险是指保险经营者以追求利润为目的而经营的保险。保险经营者按照利润最大化的原则开展保险业务。我们所指的营利保险就是商业保险。股份公司经营的保险是最常见的一种营利保险。此外，伦敦劳合社个人经营者经营的保险也是营利保险。

（2）非营利保险是指不以盈利为目的的保险业务的统称，要么是由政府资助，以保证经济的协调发展和安定社会生活为目标而实施的保险，如社会保险、政策性保险；要么是以保证加入者的相互利益为目的而办理的保险，如相互保险、合作保险。

2. 按经营主体分类

按照保险经营主体来划分，保险可以分为公营保险和私营保险。

（1）公营保险是指由政府出面经营的保险，包括国家经营的保险和地方政府或自治团体经营的保险，可以是国家强制设立的保险机关经营的保险或国家机关提供补助金的保险，如社会保险、出口信用保险等都是公营保险。

（2）私营保险是指由私人投资经营的保险，其形式主要有股份保险公司、相互保险公司、保险合作社和个人经营的保险等。

3. 按风险转嫁方式分类

以风险转嫁方式为标准，保险可以分为足额保险、不足额保险和超额保险。

（1）足额保险是指以保险价值全部投保而订立保险合同的一种保险。保险合同中确定的保险金额与保险价值相等。当保险事故发生时，如果保险标的发生全损，保险人按照保险金额全部赔偿；如果保险标的的一部分遭受损失，保险人则以实际损失为准计算赔偿金额。

（2）不足额保险，又称部分保险，是指保险合同中约定的保险金额小于保险价值的一种保险。不足额保险一般由以下原因造成：一是订立保险合同时，投保人仅以保险价值的一部分投保，导致保险金额小于保险价值。投保人之所以不足额投保，或者是由于保险标的发生全损的可能性较小，投保人为了节省保费，选择部分投保；或者是由于保险标的风险过大，保险人只接受部分投保，让被保险人自己承担一部分损失，以达到增强其防灾防损意识的目的。二是保险合同订立后，保险标的价值上涨导致原来的足额保险变为不足额保险。不足额保险的损失赔偿计算分两种情况：当标的发生全部损失时，保险人根据约定的保险金额全部赔偿，不足保险价值的部分，由被保险人自己负责；当保险标的发生部分损失时，保险人按照以下公式计算赔偿金额。

$$赔偿金额 = 损失金额 \times \frac{保险金额}{保险价值}$$

（3）超额保险是指保险合同中约定的保险金额大于保险价值的一种保险。引起超额保险的原因一般有以下两种：一是订立保险合同时，合同约定的保险金额超过了保险价值。这类超额保险有善意和恶意之分，前者可能是投保人对保险标的物的价值认识不清，高估保险价值，误以超额投保，而保险人也没能及时发现，造成了超额投保；后者则是投保人故意投保高额保险金，企图利用保险获得不正当利益。二是在保险合同存续期间，保险标的的价值下跌，导致保险金额超过保险价值，使原来的足额保险成为超额保险。在保险标的发生损失时，保险人只会按照保险标的的实际价值进行赔偿。

4. 按给付方式分类

以保险给付方式为标准，保险可以分为定额保险和损失保险。

（1）定额保险是指在订立保险合同时，由保险双方当事人协商确定一定的保险金额，当保险事故发生时，保险人按照事先约定的保险金额给付保险金的一种保险。定额保险一般适用于人身保险。

（2）损失保险是指在保险事故发生后，由保险人根据保险标的实际损失金额支付保险金的一种保险。损失保险一般适用于财产保险。

5. 按承保的风险分类

按照承保的风险分类，保险可以分为单一风险保险、综合风险保险和一切险。

（1）单一风险保险是指保险人仅对被保险人面临的某一种风险提供保险保障。例如，美国的国家洪水保险只对洪水灾害造成的损失承担赔偿责任。

（2）综合风险保险是指保险人对被保险人面临的两种或两种以上的风险承担赔偿责任。目前的保险险种绝大多数都是综合风险保险。

（3）一切险是指保险人对合同中列举的除外风险不予保障外，对被保险人面临的其他一切风险都承担赔偿责任。一切险与综合风险保险的区别在于一切险将保险合同中没有明示的风险都作为保险责任，而综合险将保险合同中没有明示的风险都视为除外责任。

6. 按保险金额的确定方式分类

按照是否在保险合同中列明保险标的的价值，保险可以分为定值保险和不定值保险。

（1）定值保险是指在保险合同中列明由双方当事人事先确定的保险标的的实际价值（即保险价值）的一种保险。由于人的生命和身体不能简单地以货币或金钱来衡量，所以定值保险只适用于财产保险而不适用于人身保险。实务中，一般是标的物的价值不容易确定的，如古玩、字画、艺术品等，采用定值保险的方式承保。

（2）不定值保险是指在保险合同中不事先确定保险标的的实际价值，仅列明保险金额作为赔偿的最高限额，当发生损失时，根据保险金额与出险时标的的实际价值计算出保障程度，再根据损失金额的相应比例进行赔偿的一种保险。具体计算方法为

$$保障程度 = \frac{保险金额}{出险时保险标的完好的实际价值}$$

$$损失额 = 出险时保险标的完好的实际价值 - 残值$$

$$保险赔偿额 = 损失额 \times 保障程度$$

第二节　保险的产生与发展

一、保险产生与发展的基础

（一）保险产生与发展的自然基础

风险的客观存在是保险产生与发展的自然基础。人类在从事生产经营活动和日常活动中，随时都面临着飓风、洪水、海啸、地震、雷电、冰雹等自然灾害和火灾、爆炸、沉船等意外事故以及人的生、老、病、死、残等风险的威胁，这些风险是客观存在的，是不以人的主观意志为转移的。

风险的存在，必然引发风险事故，造成风险损失，使人患病、残疾、意外死亡，使财产遭受损坏或灭失，同时也会引起人们的忧虑。因此，为了保证人们生命财产的安全，保证生产的正常进行，保证社会的安定，人们千方百计地与自然灾害和意外事故做斗争，以规避风险和减少风险损失。最先采取的措施有两种：（1）预防措施，即在灾害可能发生之前事先采取防范措施，比如兴修水利、拦洪蓄水，建筑物用钢筋混凝土架构替代木质结构，在大海中设置航标灯等。（2）抢救措施，即灾害事故发生后进行积极的抢救，比如堵住决口、加固堤防、扑灭火灾、转移物资。预防和抢救措施在一定程度上

减少了风险损失，但其作用毕竟是有限的，为了尽快恢复生产和生活，保证生产不间断进行，就产生了补偿损失的需求。

补偿的形式较多，有法人和自然人自留资金和实物进行的补偿，有国家提取后备基金对特大自然灾害或特殊人口进行的补偿，有通过保险方式进行的补偿。第一种补偿方式力量单薄，往往不足以应付风险的侵袭，尤其是发生大灾大难时，甚至会使他们遭受灭顶之灾。第二种补偿方式具有福利和救济的色彩，惠及的对象较窄，补偿的对象、时间、地点、数量和金额都是国家决定的，一般而言，接受补偿者无法得到充分的保障。第三种补偿方式则可以使被保险人得到及时、可靠的补偿，并能使单位和个人保持财务上的稳定。

可见，没有风险就不会产生保险，风险是保险发展的基础。在原始社会、奴隶社会，生产规模狭小，且"鸡犬之声相闻老死不相往来"，相互之间几乎没有联系，所以即使发生风险事故所遭受的损失也是有限的。在这样的情况下，只能产生一些原始的萌芽状态的保险形式。产业革命后，过去那种简单的、范围狭小的生产被复杂的机器制造业、动力工业、大农业和国内外贸易所取代，随之，风险结构也由以自然灾害为主发展为自然风险、经济风险、政治风险等多种风险并存的风险结构，而且随着人类社会的进步、物质财富的积累，风险的种类也越来越多，范围也越来越广，对人类的威胁也越来越大，从而更需要保险充分发挥其补偿的功能。事情的发展也往往是这样：矛盾的出现和解决矛盾的方法几乎是同时产生的，在风险日益增加的情况下，担负风险管理、补偿风险损失的保险也得到了空前的发展。

（二）保险产生与发展的物质基础

自然灾害所造成的物质财富毁损，只能用物质财富来补偿。以事先提存的形式建立后备基金用于以后对损失的补偿，是人类同风险进行斗争的有效方法。建立后备基金的唯一来源是剩余产品，而剩余产品是满足人类最基本生活以外的社会产品。显然，只有当社会出现剩余产品时，进行物质补偿的愿望才能实现，保险才能够得以产生。保险正是以千家万户所缴纳的保险费形成保险基金用于未来赔付的商业行为，这种保险基金就是剩余产品的一种形式。无疑，保险产生发展的物质基础是剩余产品的出现。

在原始社会，生产力水平十分低下，人类的劳动只能满足最低的生活需求，因而不可能有剩余产品，当然也就不会有保险的产生。

到了奴隶社会，出现了国家，生产力有了较大的发展，有了少量的剩余产品，人类为弥补自然灾害和意外事故所造成的经济损失已经有了满足安全需要的各种形式的火灾后备。例如，公元前2500年前后，巴比伦王国国王命令僧侣、官员及村长征收救济火灾的基金。

在封建社会，尤其是封建社会后期，随着生产工具的改进，社会生产力水平有了较大提高，手工业、交通运输业、商业都有一定程度的发展，有了较多的剩余产品，于是出现了近代的商业保险。

进入资本主义社会是人类的一大进步。相比较以前的任何社会制度而言，资本主义的社会分工更细化，社会协作更广泛，商品经济得到了极大的发展，生产力水平达到了前所未有的高度，物质财富也更加丰富，除了满足人们的当前消费外，还有相当多的剩余，这就为保险的建立和发展奠定了雄厚的物质基础。与此同时，人类所面临的风险也大大增加，于是保险业得到了空前的发展。

（三）保险产生与发展的经济基础

商品经济是现代保险业产生和发展的经济基础。商品经济是交换经济，在交换经济中交换有两种情况，一是直接物物交换，二是以货币为媒介的间接物物交换。在一个小而简单的社会里，交换还是一种偶然的并不多见的经济现象，实际上并不需要货币，物物交换就足够了。但当经济发展到一定阶段，消费者需求渐趋复杂时，物物交换的方式已经无法满足交易双方的需求，于是出现了这样一种情况：交易者最终都用自己的商品与第三种商品相交换，这种商品交换的次数、使用价值为大家所认可，于是货币产生了。货币作为一种特殊的商品在长期的交换中分离出来，使后备从实物形态过渡到货币形态，保险资本逐渐分离出来，并利用科学的风险分散原理，建立起保险基金，以用于对风险损失的补偿。

在商品经济的条件下，分工得到了极大的发展，保险从其他的行业中分离出来，成为一个独立的部门。犹如婴儿靠母亲的乳汁生活一样，人类的童年是依靠大地提供的天然资源生活的。野生动植物的狩猎和采集是最初的劳动形式，也就是在这个时候出现了劳动分工的简单形式——自然分工，即按性别和年龄所进行的分工。社会劳动的一个划时代的进步，是从单纯获取自然物质转变为能动创造物质，由狩猎和采集活动进展到农业，并由此产生了第一次社会大分工——畜牧业与农业的分离。分工和生产力的交互作用，又出现了第二次社会大分工——手工业从农业中分离出来。这时，由于社会生产的产品除了自给外有了少量的剩余，从而产生了商品交换。但是，由于剩余产品数量少且不稳定，交换几乎是随机和偶然发生的。奴隶社会初期，发生了第三次社会大分工——商业的产生和独立化，它极大地推进了不同生产者之间交换的发展，并且由于商品经济的基本规律——价值规律的作用，促进了劳动生产率的极大提高。第三次社会大分工同前两次社会大分工的区别在于，前两次都发生在生产劳动范围之内，这一次则是生产劳动与非生产劳动的分离。分工促进了商品经济的发展，商品经济的发展又反过来使分工进一步深化。在资本主义社会，社会分工空前扩大和加深，不仅涉及整个经济领域；而且扩展到社会的所有领域；不仅在国内进行，而且具有国际性质，表现为部门和行业的分工加深、要素分工加深，国际分工体系形成。在这个过程中保险业也成为专门经营补偿的独立行业。

商品经济的发展，使生产逐步社会化，即所谓社会化大生产。社会化大生产是社会的生产，任何一个生产过程都不是单独一个人完成的，生产者之间必须进行协作，协作就必然在生产者之间建立起广泛的经济联系，这种联系又必然随着分工的细化、交换的发展日益加深。于是，各个生产经营单位之间、各区域（包括国家）之间、各经营环节之间，相互依赖、相互制约、相互提供活动条件和需求对象，形成谁也离不开谁的局面。在这种情况下，如果任何单位、任一环节出现问题，就必然影响到其他单位和环节的正常运行，所以每一个单位和每一个环节都希望以较少的费用支出，获得较大的安全保障。这就为保险业集合多数人的保险费形成保险基金，以补偿少数人的经济损失提供了可能。

（四）保险产生与发展的数理基础

保险产生与发展的数理基础是大数法则。大数法则又称为"大数定律"、"大数规律"，是指通过大量的个体变量的概括，消除偶然的、次要的因素引起的个体差异，从而找出被研究总体在数量关系上稳定的一般规律。例如，随意抛掷一枚硬币，可能正面朝上，也可能反面朝上，但如果抛掷次数足够多时，其出现正面和反面的可能性各占50%，即出现相当稳定的等比状态。大数法则的作用是通过个别来概括总体，通过偶然来发现必然。大数法则的这种特性使它成为保险产生与发展的数理基础，一方面，运用大数法则精确地预测风险的频率，从而科学地厘定保险费率；另一方面，承保的标的越多，风险损失概率的偏差越小，保险经营越稳定。

（五）保险产生与发展的思想基础

保险产生与发展的思想基础是人们的保险意识，它是人们对保险的感知、认识和心理状态。风险的存在以及对人类的威胁，迫使人们寻求和规避转移风险的方法，当人们具有一定的保险意识时，就会形成对保险的需求，保险意识越强，对保险的需求就越大。当然，保险需求只是一种购买的欲望，能否满足这种需求还受其他诸多因素（如保费支付能力、保险的供给状况）的制约。但无论如何，保险意识在保险需求中都是至关重要的因素。

目前，我国公民已经具有了一定的保险意识，但总体上还处于一个较低水平，突出地表现在以下几方面的不健康心理上：（1）怕吃亏心理，认为参加保险不会有便宜可占；（2）侥幸心理，认为意外事故毕竟是个别现象，只要小心防范，灾害就不会降临在自己头上；（3）不信任心理，认为保险无非是变着法子从老百姓兜里掏钱罢了；（4）迷信心理，认为买保险是不吉利的事情；（5）短期行为心理，认为参加保险缴纳保险费，影响经济效益；（6）与己无关心理，认为参不参加保险与己无关；（7）唯利自信心理，认为参加保险不划算；（8）逆反心理，认为保险公司推销保险是扰民，见到了就生气；（9）对抗心理，认为保险不好，保险公司越宣传就越不认可。

二、保险的产生

（一）人类保险思想的萌芽与保险雏形

1. 中国古代保险思想和保险雏形

中国早在夏代就有了积谷防饥的思想，认为天有水旱饥荒，必须重视粮食的储备。到了周朝，这种认识得到进一步加强，储藏谷物以备将来不时之需，被作为安邦立国之道，并且建立了各级后备仓储。战国时期，积谷防饥的思想更加发扬光大，例如，范蠡认为国家只有积蓄粮食、布帛和金钱，才能保持安全和稳定；孟轲认为应留有后备，以赈济灾民；李悝主张丰年储粮，荒年卖出，以平粮价。与这些思想和主张相适应，这个时期已形成了一套仓储制度，如魏有"御廪"，韩有"敖仓"。其后，汉朝设"常平仓"，北齐、隋朝设"义仓"，宋朝设"社仓"。积谷防饥的思想是古代保险思想的萌芽，各种仓储制度则是古代保险的标志。

2. 外国古代的保险思想和保险雏形

（1）人身保险的思想和雏形。公元前4500年，一群居住在尼罗河三角洲的埃及石匠在一张莎草纸上签订了一个协议，组成了一个互助基金组织。这个协议规定，当一个人遇难时，大家共同分担损失，并用参加者所缴纳的会费来支付会员死后的丧葬费用和救济其亲属。

在古罗马，也曾出现过丧葬互助会，最有名的叫做拉奴维姆丧葬互助会，参加者定期缴纳会费，当会员死亡时，由该会支付焚尸所用的柴火费以及建造坟墓的费用。此外，古罗马还有一种士兵团体，入会缴纳会费后，当士兵调离时给付差旅费，终止服役时退还本金，死亡时给继承人一笔款项。

12世纪，威尼斯共和国为了弥补因战争带来的财政困难，广泛发行了强制公债，这种方式在佛罗伦萨、热那亚、罗马、那波里、那不勒斯也得到了采用。14世纪初，人们对这种强制发行公债多有不满，于是政府便采取对购买公债者予以年息补偿的方法平息民愤。由于教会禁止给付利息，所以当时补贴的年息叫"报酬息"，称之为对购买者的损失或勤劳的一种补偿。当认购者死亡时，报酬息即停止给付，本金退还，而将应付给死者的报酬息分配给同一部族的生还者。这实际上是一种年金制度。

13—16世纪，欧洲各国出现了各种行会，如英国的友爱社，德国的辅助金库、火灾互助会等。行会是职业相同者基于相互扶助的精神组成的团体，除保护职业上的利益外，对其会员的死亡、疾病、火灾、盗窃等灾害共同出资救济。

15世纪，意大利北部和中部诸城市开始流行公典制度，这是一种慈善性的金融组织，起初的资金完全依赖于捐赠，后因经营困难改为计划吸收资金，即存款者在最初一段时间内不收取利息，经过一定时间后，则可以收取数倍于存款的资金。例如，在女儿出生时以一定金额缴存公典，至其结婚时即可收取10倍于当初缴存的金额。若该女未婚或婚前死亡，则所缴存的金额归公典所有。这一制度颇像现在的子女婚嫁金保险。

（2）海上保险的思想和雏形。公元前4500年左右，巴比伦王国国王就曾命令僧侣、法官及市长等，对其管辖内的居民征收税金，以备火灾和其他天灾救济之用。到了公元前2250年左右，古巴比伦王国第六代国王颁布了《汉穆拉比法典》，让人们第一次看到有关海上保险意识萌芽的记载：商队的货物被强盗打劫，经当事人宣誓无纵容和过失情况，可免除当事人债务。货主雇商队售货，货主与商队利润对分，如果商队不归，或归来时无货无利，货主将接收商队人员的财产。

公元前18世纪前后，腓尼基人从航海中积累了经验，遇到惊涛骇浪，他们就抛弃部分货物，减轻船体重量，以保住船舶不致倾覆，其损失由全体受益者共同负担。到了公元前916年，腓尼基人在法律中明确规定："凡是减轻船只载重而抛弃入海的货物，如为全体利益而损失的，需由全体来分摊。"

公元前800年到前700年，在古希腊雅典一带出现了船舶抵押借贷制度，其后于中世纪盛行于意大利和其他地中海沿岸城市。这一制度的基本做法：船东以船货作为抵押向高利贷商人借款，以解决航海所需资金，并规定资金的归还期为船舶到达目的地之后。如果航行遭遇海难，视其损失程度，债权人可免除部分或全部债务，若船货安全抵达目的地，则船东必须归还本金，且加付非常高的利息。船舶抵押贷款制度具有了保险的性质和功能，被认为是海上保险的雏形。

由于船舶抵押贷款制度利息太高，达到本金的1/2或1/3，所以被教会禁止，船舶抵押贷款制度因此消失。但随之又产生了一种无偿借贷制度，以后又发展成为"空买卖合同"。在这两种借贷形式的借贷双方关系中，真正的资本所有人反而成了名义上的借贷人，船东成为放款人。具体做法是：在出海航行前，船东借一笔钱给资本所有人，但写在合同中的这笔钱只是名义上的，并未真正付给对方。如果船货安全抵达目的地，合同即告无效，资本所有人无须履行这笔债务的偿还义务；如果船货遭遇海难，合同即告生效，船东可以找名义上的借款人即资本所有人要求归还这笔借款。作为代价，船东在出海前要向对方付一笔风险负担费。

这两种借贷形式中的借贷关系和偿付条件，正好与船舶抵押借贷制度相反。从它们所具有的保险性质来看，资本所有人就是保险人，船东就是被保险人，船货就是保险对象，船货发生事故时借款人须归还的合同上的那笔名义借款相当于保险赔款，而保险费则是船东付给资本所有人的风险负担费。可见，比起船舶抵押借款制度，这两种借贷形式更接近于现代保险制度。

（二）现代保险的产生

1. 现代海上保险的产生

11世纪末叶，在经济繁荣的意大利北部城市特别是佛罗伦萨、比萨和威尼斯等地，出现了由伦巴第商人经营的类似现代形式的海上保险。伦巴第商人主要经营海上贸易、金融和保险业务，并按照商业惯例仲裁保险纠纷，逐渐形成了公平的海商法条文，为其后的西方商法奠定了基础。

1347年10月23日，意大利热那亚商人乔治·勒克维伦出立了一张承包从热那亚到马乔卡的船舶保单，也是世界上最古老的保单，它标志着商业形式的海上保险诞生。但是，这份保单只规定承保人负责赔偿船舶损失，并没有定明保险人应付的其他保险责任，因而还不具备现代保险单的基本形式。1384年3月24日，为四大包纺织品出立的从意大利的比萨到法国南部阿尔兹的航程保单，从形式到内容就与现代保险几乎完全一致了。

15世纪以后，海上贸易的中心逐渐转移，海上保险自意大利经葡萄牙、西班牙传入荷兰、德国和英国。这期间许多国家对海上保险立法和保单格式标准化作出了贡献。

西班牙国王腓力二世颁布法令，确立了经纪人制度；安特卫普通过一项法令，对海上保险及保单格式作出了规定。善于经营的伦巴第商人移居英国，继续从事海上贸易，并经营与对外贸易紧密相关的海上保险业务，他们居住的一条街成为当时英国的保险中心，这就是伦敦著名的伦巴第街。

1568年，经伦敦市长批准开设的皇家交易所，为海上保险提供了交易场所。1575年，经英国女王特许在皇家交易所内设立保险商会，办理保险单登记和制定标准保险单及条款。

1771 年，179 位商人、保险人和经纪人，每人出资 100 英镑存入英格兰银行，作为开辟新的办公场所的基金。1774 年，他们从劳埃德咖啡馆迁入在皇家交易所租的房子，豪迈地宣告专营海上保险的组织——劳合社成立了。

1906 年，英国国会通过了《海上保险法》，其原则至今仍为许多国家采纳和仿效，在世界保险界立法方面产生了相当大的影响。

2. 现代火灾保险的产生

现代火灾保险起源于德国。16 世纪在德国出现了类似火灾保险的互助组织，其目的是其成员遭受火灾时，能得到必不可少的物质援助。到了 1676 年，汉堡市 46 家合作社联合成立了世界上第一个火灾保险组织——市营公众火灾合作社。1701 年，德皇费雷德里克二世颁布法令，规定各城市要联合起来，组织火灾保险合作社。接着全普鲁士实行了强制火灾保险的特别条例。

16 世纪中叶后，火灾保险在英国也得到不断地发展：1666 年伦敦大火，促成了英国火灾保险的迅速起步，火灾后的第二年，巴蓬医生在伦敦开办了房屋火灾保险，1680 年又集资 40 000 英镑正式成立了火灾保险公司——凤凰火灾保险所。此后，在伦敦先后出现了一大批火灾保险机构，主要从事私人的房屋保险。1710 年，太阳火灾保险公司成立，第一次将家庭财产纳入火灾保险范围，并将团体财产纳入保险范畴。18 世纪末，英国火灾保险公司对经营方式进行变革，向投保的企业派检察员核定资产，检查安全生产情况，确定财产损失价值。这一时期的保险公司还实行了联合保险的做法，几家保险公司共同承保某项火险标的。至此，世界火灾保险在欧洲，特别是在英国已经进入基本完备的阶段。

3. 现代人身保险的产生

1693 年，埃德蒙·哈雷以德国西里西亚勃来斯洛市 1687—1691 年按年龄分类的死亡统计资料为基础，编制了世界上第一张生命表，为现代人寿保险奠定了数理基础。18 世纪 40 年代，辛普森根据哈雷的生命表，做成依照死亡率增加而递增的费率表，陶德森则依据年龄差异计算保险费，于是实现了开展死亡保险的设想。1699 年，世界上第一家真正的人寿保险组织——英国孤寡保险社成立，该社规定其成员每周缴纳 1.2 英镑保险费，用于每一成员的死亡给付。入社的社员必须符合规定的健康和年龄条件，缴费有宽限期的限制。这些做法完全具备了现代保险的特征。

三、中国保险业的发展

（一）旧中国保险业发展情况

18 世纪，欧美资本主义国家迅速发展，英国成为世界上最强大的资本主义国家，这些资本主义国家大肆向海外扩张，占领市场、倾销产品、掠夺资源。保险随着资本主义的扩张政策进入中国。1805 年，英国人在印度开办的东印度国内公司首先在中国香港代办保险业务，继而又于 1835 年在中国香港开设了"保安保险公司"。

鸦片战争后，中国逐渐沦为半殖民地半封建社会，各资本主义国家纷纷在华设立保险机构，垄断了中国的保险市场，它们在中国攫取了大量的保费，给中国的工商业带来了沉重的负担。清政府洋务派为了维护自身的利益，在上海兴办了"招商局"。由于不堪忍受洋商保险公司苛刻的保险讹诈，"招商局"于1875年集股15万两白银，在上海设立了"济和水火险公司"，打破了中国保险市场由外商独占的局面。此后，华商又先后成立了安泰保险公司、上海火烛保险公司、万安保险公司等。"五四"运动以后，由于民族意识的觉醒，民族保险公司纷纷建立，到20世纪30年代开业的民族保险公司已达30多家，如太平保险公司、大华保险公司、永安保险公司、先施保险公司等。到了40年代，保险公司又有了进一步的发展，仅上海一地就有保险公司168家。但是，由于中国民族资产阶级的软弱性，加上当时政府缺乏对民族保险业的保护和支持，中国保险市场依然被外国保险公司所垄断，民族保险业不得不听任洋商保险公司的主宰，而且因为没有建立自己的再保险公司，大量的保险业务只能分给洋商保险公司，中国民族保险公司实际上成了洋商保险公司的附属机构。

（二）新中国保险业的发展情况

1. 新中国保险公司诞生

1949年10月20日，中国人民保险公司正式成立，标志着新中国国家保险事业的诞生，开辟了中国保险业的新纪元。中国人民保险公司成立后，迅速在全国建立分支机构，到1950年6月，已有5个大行政区分公司、31个分公司等73个单位，从业人员达到2 263人，代理机构564个。保险业务迅速发展，开展了财产、船舶、铁路车辆、轮船旅客意外伤害、铁路旅客意外伤害、飞机旅客意外伤害强制保险；开办了火灾保险、物资运输保险、运输工具保险、人身险等自愿性保险；试办了大牲畜保险、棉花保险、渔业保险等农业保险；与许多国家建立了再保险联系，并接受私营公司的再保险业务。

2. 国内保险业务停办

1958年12月，在武汉召开的全国财政会议上正式作出"立即停办国内保险业务的决定"，从1959年起，除了上海、哈尔滨等几个极个别城市继续维持了一段时间外，其他城市都停办了保险业务，国家从精简机构考虑，同时出于外汇管理的需要，将中国人民保险公司缩编为中国人民银行总行的一个处，编制只有30人，负责处理进出口业务，领导国内外分支机构的业务和人事，集中统一办理国际分保业务和对外活动。此后，保险又历经磨难，到了1969年，只象征性保留了出口货运保险业务，编制一度减少到9个人。

3. 国内保险业务的恢复

1978年12月，党的十一届三中全会决定将党的工作重心转移到经济建设的轨道上来，为适应这一形势发展的需要，金融领域也进行了大刀阔斧的改革，保险业作为金融事业的一部分自然被包含其中。1979年2月，中国人民银行全国分行行长会议作出了恢复中国人民保险公司国内保险业务的决定，同年4月，国务院批转《中国人民银行全国分行行长会议纪要》。与此同时，中国人民银行下发了《关于恢复国内保险业务和加强保险机构的通知》，对恢复国内保险业务和设置机构做了具体安排。国内保险业务的恢复工作，是从设计保险条款、费率和单证格式开始的，在此基础上，相继推出了企业财产保险、货物运输保险和家庭财产保险。1979年11月，中国人民银行主持召开了全国保险工作会议，决定从1980年起全面恢复国内保险业务，该年年底，除西藏外，中国人民保险公司在全国各地都恢复了保险机构，全年共收保费 4.6 亿元。1983 年，中国人民保险公司正式升格为国务院直属局级经济实体，并于 1984 年正式从中国人民银行分离出来。

4. 中国保险业的发展

自 1980 年全面恢复保险业务以来，经过 30 多年的发展，到 2015 年我国的保费收入已从当初的 4.6 亿元增加到 2.4 万亿元；保险业总资产达到 12.4 万亿元；全国保险机构 188 家（其中，保险集团公司 10 家，保险公司 153 家，保险资产管理公司 22 家，其他公司 3 家）。

我国保险业未来的发展趋势：（1）运行机制市场化。保险公司、保险中介机构、投保人等市场主体通过市场机制发生联系和发挥作用。市场经营主体依法进行公平、公正、公开竞争；所有公司，不分组织形式、内资外资、规模大小均有平等的竞争地位；产品、费率、资金、人才主要通过市场机制调节。（2）经营方式集约化。保险公司经营观念转变。在经营过程中，以效益为中心，以科学管理为手段，加大对技术、教育和信息的投入，实现公司科学决策，走内涵式发展道路。（3）政府监管法制化。政府监管拥有比较完善的法律法规监管体系，形成相对稳定的监管模式，具备有效的监管手段，从而实现保险监管的制度化和透明化。（4）行业发展国际化。随着我国保险市场对外开放的进一步扩大，国内保险业将逐步融入国际保险市场，成为国际保险市场的重要组成部分。国际化程度的不断加深，要求中国保险业的经营管理要更加符合国际惯例。

第三节 保险的职能和作用

一、保险的职能

（一）补偿职能

保险是在特定灾害事故发生后，保险人在保险合同约定的责任范围内对被保险人进行赔偿或给付保险金的行为。这种赔付使得已经存在的社会财富因灾害事故所致的实际损失在价值上得到了补偿，在使用价值上得以恢复，从而使社会再生产过程得以连续进行；使得个人或家庭在遭受意外伤害、生病、年老或者死亡所导致的收入减少和支出增加，在经济上得到一定程度的补偿，从而避免个人或家庭因发生保险事故陷入困境。

应该说，保险的补偿职能在财产保险中体现得非常突出、非常明显。一家企业，全部资产价值 1 000 万元，一场大火使企业毁于一旦，保险公司支付赔款 1 000 万元，使企业的损失得到补偿，于是企业可以重建，再生产得以继续进行。一台私家车，翻入谷底造成全损，保险公司按全额赔付，于是被保险人可以重新购买一台同样的汽车。

保险的补偿职能是保险最基本的职能，是保险的本质体现。纵观世界保险发展的历史，保险从诞生伊始，便是以补偿人们因意外伤害、不幸事故造成的经济损失为宗旨并经过不断地完善和创新走过其漫长发展历程的。

由于人的价值很难用货币来计量，所以，人身保险是经过保险人和投保人双方约定进行给付的保险，也就是说，人身保险是给付性质的保险，它并不反映被保险人的损失。正因为如此，人身保险的补偿职能就只能体现在保险金的给付上。虽然，每个人都会从道义上认同人的生命、健康是无价的，无法用金钱来衡量，但是，因个人的死亡和伤残造成收入的减少、家庭的正常支出额无法保障事实，却是可以用金钱来衡量的。因此，保险金给付可以看做是对保险金额的补偿，而非对人的价值的补偿。

（二）投融资职能

保险公司除了具有补偿功能之外，其储蓄、融资和投资的功能是其又一项重要的功能，它使得保险公司摆脱了仅仅能够提供补偿这一单一功能的局面，更加广泛地参与到社会经济生活中去，成为社会经济生活中最为重要的组成部分之一。在现代金融理论与实践中，保险公司、银行、证券被认为是金融体系的三大支柱，它们一起构成了整个社会融通、配置资金的核心力量。

通常认为，资金融通功能，是保险的衍生功能，是在保险基本功能的基础上衍生出来的，该功能随着现代保险业，尤其是寿险业的迅速发展和金融环境的不断完善而越来越突出。所谓资金融通，是指资金的积聚、流通和分配过程，保险的资金融通功能主要指保险资金的积聚和运用，保险的资金融通功能也正是通过资金积聚和资金运用来实现的。保险公司通过销售保险产品、收取保险费吸引、积聚社会闲散资金，使社会资金从各个行业、各个方面流向保险公司。保险公司积聚的资金是以准备金的形式存在的，它具有负债性、收付的时间差、偿付的有条件性三个特性，这三个特性使得保险公司进行资金运用成为可能。同时，为了确保未来偿付能力的充足性和经营的稳定性，保险公司也必须进行资金运用，并力求获得较高的收益率。

资金融通功能与金融市场的发达程度密切相关。在"银行主导型"的传统金融市场中，金融资源配置方式主要是通过银行的间接融资来完成的，保险对金融资源配置的功能受到极大的抑制。随着经济的发展，特别是金融创新的日新月异，保险资金融通功能发挥的空间越来越广阔，保险业已在金融市场中占据非常重要的地位，是资产管理和股市的重要参与者，持有很大比例的上市公司股票，市值很高。如1998年全球40%的投资资产由保险公司管理，保险公司持有的上市公司股票市值占整个股票市值的比重，美国为25%，欧洲为40%，日本为50%。

由于保险资金具有规模大、期限长的特点，充分发挥保险资金融通功能，一方面可以积聚大量社会资金，增加居民储蓄转化为投资的渠道，分散居民储蓄过于集中于银行所形成的金融风险，有利于优化金融资源配置、提高金融资源配置效率；另一方面，可以为资本市场的健康发展提供长期的、稳定的资金支持，改善资本市场结构；同时，也能够为保险资金提供有效的风险分担机制，满足保险资金对安全性、流动性和收益性的要求，从而实现保险市场与资本市场的有机结合和协调发展。

（三）社会管理职能

现代保险对于社会的管理，不同于以国家为主体的政府管理，也不同于政治、经济、文化等各方面的部门管理，而在于通过其各项功能的发挥，促进、协调社会各领域的正常运转和有序发展，从而起到"社会润滑剂"的作用。社会管理功能是保险的又一衍生功能，随着保险业在社会发展中地位的不断巩固和增强，该功能日益凸显，主要表现在以下几个方面。

1. 稳定经济生活，为社会提供"安全保障"

保险通过预先确定的支出将未来不确定的可能损失固定下来，从而稳定个人、家庭和组织机构的财务状况，有利于形成经济安全的心理预期，为经济生活平稳运转创造条件，客观上起到了古典经济学描述的"守夜人"的作用。而且，随着现代保险技术的不断发展，原来许多不可保的风险逐渐变成可保风险，使保险服务的领域和深度不断得到拓宽，保险的这种保障作用也越来越突出。

2. 完善社会保障体系，减轻政府负担

保险还被广泛用于解决政府公共政策问题。保险特别是人寿保险，对于构建完善的社会保障体系具有重要意义。经合组织（OECD）早在1987年的一份研究报告中就曾指出：寿险保单的销售无疑减轻了许多国家的社会福利制度的压力。同年，瑞士再保险公司的一份研究报告也指出，10个经合组织国家的社会保障开支和寿险保费之间存在反比关系，即保险业有效地分担了部分社会保障财务的压力。在我国，社会保障制度不完善已经成为影响当前扩大内需、启动消费的主要制约因素。随着我国老龄人口的不断增加，国内企业加入世界贸易组织之后面临的竞争加剧，社会保障资金不足的矛盾也越来越突出。据有关专家测算，我国养老、医疗、失业三方面社会保障基金的支付缺口每年大约为673亿元；同时据社会保障部门估计，转制成本大约为2万亿元。如此大的债务规模再加上每年的社会保障资金缺口，短期内完全由政府解决既不现实也不可能，但社会保障却不能产生断层，对此，商业保险则能起到一定的缓冲作用。此外，我国地区间发展不平衡，生活保障需求呈现多样化、多层次的特点，老年护理、企业年金、健康、医疗、教育费用等与社会生活联系紧密的商业保险需求，具有极大的潜力，这为我国商业保险充分发挥社会管理功能，减轻政府压力、促进国企改革提供了广阔的舞台。

3. 促进资本有效配置，完善公司治理结构

保险人在进行承保和资金运用活动时，要收集有关企业、项目和经理人的大量信息。一般单个储蓄者或投资者缺乏时间、资源或能力来收集这样大量的信息，而保险人具有优势，能有效地配置金融资本和承担风险。同时，保险公司作为机构投资者在资本市场上行使"用手投票"或"用脚投票"的权利，对于经营者具有举足轻重的影响，有力地制约着经营者的违规行为，形成有效的外部治理，有利于形成良好的公司治理结构，有利于强化激励约束机制，合理配置剩余索取权和剩余控制权，解决委托—代理难题，推进资本的合理配置，提高上市公司的经营绩效。在保险业发达的国家，实力雄厚的保险公司尤其是寿险公司，作为金融市场上的机构投资者，对于金融市场的稳定发挥了重要的作用。

4. 激活储蓄机制，促进经济发展

经济学家普遍认为，储蓄率和经济增长率之间存在正相关关系，但其传导机制存在多种途径。保险作为金融中介之一，在提高资金融通的效率方面有三个优势，能有效地提高金融系统的运行效率：一是降低储蓄者和借款人的交易成本；二是创造资金流动性；三是有利于形成投资的规模经济。与商业银行相比，保险公司的长期负债和稳健的

现金流量，是政府和企业理想的长期融资渠道。一国金融体系的发达程度与其对市场的依赖性成正比，与其对金融中介的依赖性成反比，也就是说取决于信息对称的程度。因此，保险公司的金融中介作用，在新兴市场国家金融市场比在发达国家金融市场更大。对于我国还不完善的金融市场来说，保险业的作用还远远没有发挥出来，具有巨大的潜力。

5. 推动外向型经济发展

现代经济的专业化程度越高，对金融的专业化和灵活性要求也越高。如果可供选择的保险商品种类丰富，保障充分，贸易和商务就会顺利进行，反之则会受到极大的阻碍。例如，出口信用保险是政府促进对外贸易、深化外贸体制改革的重要政策手段，素有"商务活动的润滑剂"之称，也是保险企业开拓市场、提高竞争力的重要领域。据统计，目前全球贸易额的12%~15%是在出口信用保险的支持下实现的，日本为50%，英国为45%，法国为21%，韩国也达到14%。在我国，出口信用保险已经初步发挥了作用，但整体水平较低，获得出口信用保险保障的出口贸易额仅占出口总额的1.1%，投保企业只占全国外贸企业总数的2.7%，这说明我国保险业对外向型经济的推动不足，在该领域具有极大的潜力。

6. 有利于构建国家公共事务应急体系

有无完备的公共事务应急体系，是衡量一个国家综合发展水平的重要标准。美国风险管理和保险专家 C. 小阿瑟·威廉斯博士指出，灾害降临到富国和贫困国家的概率是相同的，比如日本的地震、孟加拉国的洪水，但一个社会如果能够控制和减轻这些灾难，该社会便可以更好地把资源运用到经济和社会发展中去。现代社会里，各种巨灾风险和突发事件如影随形，对一国经济建设和社会稳定造成了一定的困扰，如我国1998年的洪灾、2003年的非典型肺炎事件、2008年的汶川大地震等。而且，随着科技进步和世界政治力量的演变，巨灾风险不可测的程度加深，一旦发生，危害程度更加严重，造成的经济损失和社会影响将远甚于从前，如1986年前苏联切尔诺贝利核泄漏、2001年"9·11"恐怖事件、2003年哥伦比亚号航天飞机坠毁事件等，都造成了巨大的经济损失和深远的社会影响，因此必须考虑建立必要的公共事务应急体系加以应对。现代商业保险通过设立新型险种、创造巨灾债券等保险衍生产品、综合运用再保险等方式，有助于化解巨灾风险造成的消极后果，在一个国家的应急体系构建中具有重要的地位。以我国为例，非典疫情爆发后，各家寿险公司纷纷推出自己的非典保险，为社会提供了风险规避机制，缓解了人们的焦虑心情，对稳定社会发挥了积极作用，受到了社会的广泛好评。

7. 缓解社会矛盾，协调社会关系，促进社会的正常运转

社会和经济的运转时常存在许多不和谐的因素，因此，有必要建立完善的社会风险管理机制，消除各个要素彼此之间的摩擦，减少冲突，建立良好的社会秩序，保障社会的正常运转。保险业对此也大有可为。例如，责任保险有利于当事人履行相应的民事赔偿责任，解决纠纷，协调民事关系。发达国家有完备的责任保险体系，如产品责任保险、雇主责任保险、职业责任保险、公众责任保险、机动车辆第三者责任险等，被保险人一旦出现责任事故，可以很快通过保险公司解决，不必纠缠于旷日持久的官司，减少

了社会的摩擦和冲突，整个社会运转效率高。近年来，我国医疗事故纠纷频繁发生，巨额诉讼案例呈上升趋势，国内保险公司陆续推出了医疗责任保险，在取得经济效益的同时也产生了良好的社会效益，受到医患各方和社会的普遍欢迎，尽管还有许多地方有待完善，但充分说明了保险参与社会管理大有作为。

8. 推动科技创新，为高新技术产业发展提供风险保障

高风险、高投入是高新技术的一大特点，为了保障风险投资的安全和持续性，必须从制度设计上予以保障。保险业作为风险管理的有效手段，在推动高新技术的发展方面具有独特的优势。当前，国际上盛行商业保险与高科技联姻，保险公司通过科学合理地计算风险投资的保障费用，承保高新技术项目，万一项目不成功时，由保险公司承担部分风险。保险公司还通过开展高新技术转让保险，促进科技成果进入技术市场和提高成交率，提高了企业采用高新技术的积极性，有力地推动了高新技术产业的发展。

（四）保险的三大职能的关系

现代保险的三大职能是一个有机联系、相互作用的整体。经济补偿是保险最基本的职能，是保险区别于其他行业的最根本特征。资金融通职能是在经济补偿职能的基础上发展起来的，是保险金融属性的具体体现，也是实现社会管理职能的重要手段。正是由于保险具有资金融通职能，才使保险业成为国际资本市场中的重要资产管理者，特别是通过管理养老基金，使保险成为社会保障体系的重要力量。现代保险的社会管理职能是保险业发展到一定程度并深入到社会生活的诸多层面之后产生的一项重要职能。社会管理职能作用的发挥，在许多方面都离不开经济补偿和资金融通职能作用的发挥。同时，保险社会管理职能作用的逐步发挥，将为经济补偿和资金融通职能作用的发挥提供更加广阔的空间。因此，保险的三大职能之间既相互独立，又相互联系、相互作用，形成了一个统一、开放的现代保险职能体系。

二、保险的作用

（一）保险在宏观经济中的作用

保险的宏观作用是保险对全社会和国民经济总体所产生的经济效应，具体表现为以下几方面。

1. 完善经济保障

保险完善经济保障是通过构建风险分担机制和塑造稳定收支预期来实现的。构建风险分担机制是为个人、家庭和企业提供安全经济保障的重要内容，而个人、家庭和企业的经济安全又是良性健康的国民经济和社会发展的重要基础。自从有人类以来，风险就无处不在、无时不有，人们也一直在与各类风险进行着艰苦卓绝的抗争。然而，一直到近两个世纪，随着现代商业保险制度和社会保障制度的形成和发展，一个覆盖广泛、运转有效的风险分担机制才逐步建立起来，保险在风险分担方面天然而独特的作用才得以有效地发挥。

保险在完善经济保障方面的作用，不仅体现在构建风险分担机制上，还体现在稳定收支预期上。大家都知道，保持经济平稳较快地发展，一直是我国经济工作的中心任

务。完成这一任务的基本措施包括稳定宏观经济政策、坚持扩大内需战略方针、保持固定资产投资规模等。扩大内需的基本思路是增加城乡居民收入、稳定居民支出预期；稳定居民支出预期的重要途径是通过加快完善社会保障体系和解决教育、医疗卫生、住房等领域的突出问题，减轻居民增加消费的后顾之忧。商业保险是社会保障体系不可或缺的组成部分，在稳定收支预期方面能够发挥积极作用。

2. 优化经济发展

金融是现代市场经济的核心。所谓金融，即资金融通之意。保险业是金融业"三驾马车"之一，在资金融通方面能够发挥重要的媒介作用。从国际经验看，保险资金和社会保障基金长期以来一直是社会资本的重要稳定来源，能够为经济增长提供持久动力。资本与劳动、土地等一同构成一国经济增长的重要生产要素，对于中国这样一个地广人多、资本匮乏的国家，资金融通和资本供给对促进经济增长的特殊意义更加凸显。2006年的《政府工作报告》仍然将保险业视为金融业的重要组成部分，在论述"要加快金融体制改革"时，专门谈到要深化保险业改革，拓宽服务领域。

从经济发展的国际经验看，随着一国经济发展，经济中的第三产业尤其是金融保险服务业的比重和水平将不断提高。2005年末国家统计局公布的全国经济普查数据反映了我国国民经济中第三产业的增长情况，第三产业在GDP中的比重从1993年的33.9%增加到近年的高于40%的水平。作为第三产业的重要组成部分，保险业的发展力量不可忽视。研究显示，未来5—15年乃至更长的时期，伴随着国民经济的增长，保险业将以比GDP更快的速度增长。所以，不断提高金融服务业的比重和水平，保险业责无旁贷。从未来长期发展趋势看，虽然保险业的增长以及与之相关的金融业的增长不会是短期爆发式增长，但却会是一股长期持续的增长力量，它们在推进经济结构调整和推动经济发展方面将发挥重要作用。

3. 增进社会和谐

保险在增进社会和谐方面的作用，首先体现在它有助于促进社会公平分配。社会收入公平分配是社会和谐的重要基础。收入分配从大的类别来看有三类：一是市场分配，二是政府分配，三是道德分配。市场分配指的是按生产要素贡献进行收入分配，是基础性分配；政府分配指的是通过税收和社会保障等手段进行收入分配调节，是调节性分配；道德分配指的是通过社会救济和社会互助等手段进行收入分配补充，是补充性分配。在任何社会，市场分配和政府分配制度都不可能尽善尽美，所以道德分配总是一种必要的补充；在任何经济中，市场分配也不可能尽善尽美，所以政府分配总是一种必要的调节；再进一步，即使市场分配尽善尽美，自然灾害和人为灾祸也可能使初始公平的收入分配失去平衡。在这些情形中，商业保险有着很大的发挥作用的空间，可以有在一定程度上调节和分配社会财富，进行社会收入再分配，协调社会矛盾冲突。

其次体现在它承担着社会道义责任。在人类理想社会中，每个社会成员都应该拥有基本的生存和发展权，只有保障了每个社会成员的基本生存发展权，社会才可能和谐。这正是社会道义责任含义之所在，也只有承担了道义责任的社会才是真正的负责任的社会。包括商业保险在内的社会保障制度在保障社会成员基本生存权、发展权、承担社会道义责任从而增进社会和谐方面，能够发挥重要而独特的作用。同时，由于其承担风险和化解风险的行业特殊性，其在承担社会责任方面也能作出很大的贡献，在自然灾害、人为灾祸以及其他特殊困难时期，保险业的诸多义举就是这方面的很好例证。

（二）保险在微观经济方面的作用

保险在微观经济方面也发挥着重要的作用，具体可以概括为以下几个方面。

1. 有助于企业及时恢复生产经营活动

在物质资料生产过程中，自然灾害和意外是不可避免的，如果仅靠自身的力量，当企业遭受较大的风险事故、造成较大的风险损失后，就很可能陷入困境，无力恢复生产。但如果企业参加保险，就能够按照保险合同约定的条件及时得到保险赔偿，获得资金，及时恢复生产经营活动。

2. 有利于企业加强经济核算

保险作为企业风险管理的财务手段之一，能够把企业不确定的巨额灾害损失化为固定的少量的保险费支出，并摊入企业的生产成本或流通费用，这是完全符合企业经营核算制度的。因为企业通过缴付保险费，把风险损失转嫁给保险公司，保证了企业财务成果的稳定。

3. 促进企业加强风险管理

保险补偿可以在短时间内迅速消除或减轻灾害事故的影响，因此，防患于未然是企业和保险公司利益一致的行为。保险公司常年与各种灾害事故打交道，积累了丰富的风险管理经验，所以它可帮助企业进行风险管理。保险公司还可以通过承保时的风险调查与分析、承保期内的风险检查与监督等活动，尽可能消除风险的潜在因素，达到防灾防损的目的。

4. 有利于安定人们生活

家庭生活的安定是人们从事生产劳动、学习、休息和社会活动的基本特征，也是人们所普遍追求的目标。但是，自然灾害和意外事故对于家庭来说同样是不可避免的，它每时每刻都在威胁着家庭的安全和稳定。保险，特别是人身保险作为家庭的"安全稳定器"，对家庭正常经济活动起着保障作用。

5. 提高企业和个人信用

人们在日常生产活动和社会活动中，不可能完全排除因民事侵权或其他侵权行为而发生的民事赔偿责任或民事索赔事件的可能性。但具有民事赔偿责任风险的单位或个人可以通过缴付保险费的办法将此风险转嫁给保险公司，使被侵权人的合法权益得到保障并顺利获得保险金额内的民事赔偿。

重要术语

保险	商业保险	社会保险	政策性保险	共同保险
重复保险	再保险	强制保险	自愿保险	足额保险
不足额保险	超额保险	定值保险	不定值保险	资金融通
收支预期				

复习思考题

1. 如何从经济角度、法律角度和社会功能角度理解保险？
2. 简述保险的构成要素。
3. 阐述以性质为标准的保险分类及其内容。
4. 阐述我国保险业的发展趋势。
5. 阐述保险融资职能。
6. 保险的社会管理职能有哪些？
7. 保险对个人和家庭有哪些作用？

第二章

保险的风险基础

第一节　风险及其种类

在人们的日常生活中，在企业的生产经营活动中，自然灾害、意外伤害和经营破产等不幸事故经常发生。事实上每一个人、每一个家庭、每一家企业都面临着不幸事故可能发生的威胁，自觉、不自觉地承担着各种不幸事故以及由此而带来的损失。不幸事故发生的可能性就是风险。风险的存在是保险产生的基础：正是由于风险的存在，人们才寻求规避风险、转移或补偿损失的途径，保险才得以产生和发展。可以说，没有风险就没有保险。保险是在商品经济条件下，人们为应付各种风险造成的损失而结成的一种特定的经济关系。保险与风险可谓紧密相连、息息相关。因此，我们研究、了解和掌握保险，必须从分析风险开始。

一、风险及其特征

（一）风险的概念

对于风险的定义，国内外学者众说纷纭，莫衷一是。概括来讲，国外有两大派观点，即所谓主观风险说与客观风险说。主观风险说认为风险是损失的不确定性，即发生与否不确定、发生时间不确定、发生的情况如何不确定、发生程度和结果不确定。客观风险说认为风险是可以用客观尺度衡量的事物，即在一个较大的范围内和一个较长的时间里，依据大数法则和概率论对风险发生的频率和损失程度进行测定和估计。

我国的保险学者对风险的认识和诠释不但不统一，而且处于不断变化中，其不统一表现为在各种版本的著述中对风险定义差异较大。例如，张旭初主编的《保险新论》中定义为：风险是不幸事故发生的可能性。刘金章主编的《现代保险实用知识大全》中定义为：风险一般指自然界和社会上所发生的自然灾害和意外事故。刘茂山主编的《保险经济学》中定义为：风险是在一定条件下某种自然现象、生理现象和社会现象是否发生，及其对人类的社会财富和生命安全是否造成损失和损失程度的客观不确定性。魏华林、林宝清主编的《保险学》中定义为：风险是引致损失的事件发生的一种可能性。孙祁祥主编的《保险学》中定义为：风险是一种损失的发生具有不确定性的状态。张洪涛主编的《保险经济学》中定义为：风险是指人们在从事某种活动或决策的过程中，预期未来结果的随机不确定性。

人们对风险的认识处在不断变化之中，具体表现为在国内外许多保险书籍和有关论文中把危险和风险混为一谈，并有一个循环变化的过程。人们最初把风险叫危险，随后既叫危险又叫风险，继而叫风险。从现在的情况看，似有以风险代替危险之势。实际上，危险与风险是两个既十分相近又有所区别的概念。二者的共同点在于都是尚未发生又可能发生的现象。二者的区别：（1）从一般习惯认识看，危险指将要发生的不幸事故，发生的确定性高；风险指有可能发生的不幸事故，发生的不确定性高。（2）从具体判别标准看，危险事故一旦发生只有一种结果，因而是预先可以知道的；风险事故发生则有几种可能的结果，究竟出现哪种情况事先是不可知的。

上述风险定义理解差异的原因：一是保险学科在我国发展的时间较短暂，许多概念和问题尚处于探索之中，这恐怕是任何一门新学科在初创阶段都要经历的过程；二是人们对风险原文（英文）的理解不同，汉语的风险一词是从英文中的 Danger、Hazard、Risk、Peril 翻译过来的，四个英语单词含义颇多，且各有不同的侧重点。

笔者认为，上述对风险的定义都有一定的道理，但风险还是定义为不幸事故发生的可能性较合适一些，其理由在于：（1）将风险定义为损失的不确定性不够严密，一是它不能包容风险的全部内涵，因为从个别标的看风险是不确定的，而对众多标的进行观察风险则是确定的；二是不确定性的发生概率可以为0，也可以为1，而这两种风险在世界上是不存在的。（2）将风险定义为客观可测性，是针对风险的总体而言，而风险个体则是不可测的，显然，这样定义风险具有片面性。（3）将风险定义为引致损失的事件发生的可能性，并认为引致损失的事件与不幸事故大不相同，二者没有本质上的区别，引致损失的事件如果不是不幸的事件，也就不称其风险了。

（二）风险的特征

1. 客观性

风险是一种不以人的主观意志为转移的客观存在，是不可避免的。随着科学技术的进步和经营管理水平的提高，人类认识、管理、控制风险的能力会逐步增强，从而在一定的时间和空间内改变风险存在和发生的条件，降低风险发生的频率和损失幅度，使风险得到一定程度的控制，但无论如何不可能完全避免风险。正是由于风险的客观存在，才使保险的产生和发展成为必然。

2. 普遍性

风险是不幸事故发生的可能性，自然灾害、意外伤害、疾病、经营破产等都是不幸事故，它们无处不在，无时不有，随时威胁着人类的生命和财产的安全。可以说，自从有了人类，各种不幸事故就从来没有停息过，如早在公元纪年前，繁荣了多少个世纪的玛雅文化遭到毁灭；中世纪维苏威火山的喷发，毁掉了意大利的古城庞贝及成百上千的庄园；20世纪，印度博帕尔碳化合物化工厂毒气泄漏，2 000多人死于非命，20万人双目失明；20世纪，孟加拉国的飓风和海啸，让4万多人葬身大海；汽车的发明便利了交通，但却带来了一系列的交通事故，自 1885 年德国人卡尔·本茨建成世界上第一座汽车制造厂后，100 多年来有 2 000 多万人死于车轮之下，至于致残撞伤者更是不计其数；我国的唐山大地震、大兴安岭的森林大火、长江流域特大洪水、汶川大地震等。

随着生产领域的拓展、生产规模的扩大、生产力水平的提高，新的风险也在不断地产生，且风险事故造成的损失也越来越大。在当今社会，各种经济活动主体都面临着各种各样的风险，个人和家庭面临着生、老、病、死、残的风险，工商企业面临着技术风险、社会风险、经济风险、政治风险、纯粹风险，甚至经营风险的保险公司也面临着破坏性竞争的风险、核保风险、分保风险、准备金风险、应收保费风险、投资风险、新险种开发风险、预定利率风险、道德风险。可见，风险存在于社会生活的方方面面，风险的普遍存在决定了保险需求的普遍性。

3. 社会性

就自然现象本身而言无所谓风险，例如，地震是地球自身运动的一种表现形式，是自然界自我平衡的必要条件，如果没有人类存在，即使再大的地震与人类也毫无关系。只有地震给人们的生命和财产造成损害和损失时，才称其为风险。可见风险是一个社会范畴，没有人，没有人类社会，也就无风险可言。

4. 不确定性

所谓不确定性，是指人们对事故是否发生以及发生事故后造成损失的认识或估计上的差别。风险的不确定性具体表现在：（1）事故发生与否不确定。例如，一栋房子，在一定时间内是否发生火灾谁也说不准。正是风险的不确定性使保险具有了可行性，如果风险肯定发生，保险公司不会承保，如果风险肯定不发生，公众也不会投保。（2）发生时间不确定。例如，人必有一死，但是谁也无法预测自己什么时候死亡。（3）发生的结果不确定。例如，一场火灾过后，一栋房子可能损失一半，也可能全部化为灰烬，这些结果人们事先无法预知。

5. 可测性

就个体来说，风险具有偶然性、不确定性。就总体而言，风险又是可以度量的，具有可测性。风险是一种随机现象，服从概率分布，因此，可以用概率的方法，对一定时期内的特定风险发生的频率和损失的程度进行计算。例如，通过对某一国家或地区的人口进行长期的观察统计，就可以得出该国家或地区的各年龄组的死亡率，并作为以后的预定死亡率；又如，预知本年度的某一城市的意外事故致死致残率，可以通过上一年度公安、劳动等有关部门的统计数字来加以测算。风险的可测性，为风险的可经营性奠定了基础。

6. 变化性

随着人类生产范围的扩大、经济交往的增强、科学技术的发展，风险也随之发生了变化，主要表现在：（1）空间范围扩大。风险从国内溢出国界，使某一类风险带有国际性质，影响众多国家。例如，日本的经济萧条给许多国家的经济增长带来不利影响；东南亚金融危机波及世界上许多国家；而 2008 年发生于美国华尔街的金融危机对世界经济更是造成了巨大破坏，美国金融危机引起了世界金融的动荡不安，也让世界经济走向极度的低迷。（2）损失数额增加。一是由于城市化水平的提高，单位面积物质（不动产）

的积累增长迅速，在这种情况下，即使发生了与过去同样的风险（如地震），也会使损失成倍增加。二是风险标的价值巨大，比如发射一颗人造卫星，火箭与卫星的总价值往往达到数十亿元人民币，一旦发射失败，损失是非常惨重的。（3）新风险不断出现。新的科学技术的运用，在把人们带进过去从未被征服过的新领域的同时，也把人们未经受过的风险带到了人们的面前。卫星发射，将风险扩大到外层空间；核能的利用，则带来了核污染、核爆炸的巨大风险。

（三）风险的结构

风险是指不幸事故发生的可能性，掌握这个概念有助于我们对风险的理解，但还不足以使我们从本质上认识风险、控制风险、减少风险损失。从不幸事故发生的可能性，到不幸事故的发生，一直到造成重大损失，这中间发生作用的因素和条件是多方面的，也是错综复杂的，由于影响因素和条件不同，所导致的损失也会大不一样。风险的结构就是构成风险的各种要素，研究风险结构也就是要弄清风险要素及其相互关系，以及可能造成的损失。

1. 风险要素

（1）风险因素。它是指引起风险事故发生的原因和条件，风险因素可概括为：①自然因素，是由于自然力所引起风险事故发生的因素，如地震、洪水、台风等；②物质因素（也称实质因素），是由物品本身的某些特性引起的，如某些化学物品易燃易爆，某些鲜活商品易腐烂；③道德因素，是由人们的故意行为引起的，如纵火行为；④心理因素（也称行为因素），是由于不注意、不关心以致增加风险事故发生的机会，如不注意物品的保管而失窃。其中，自然因素与物质因素属于有形风险因素，而道德因素和心理因素则属于无形风险因素。

（2）风险事故。它是指可能引起人身伤亡或财产损失的偶然事件，是造成风险损失的直接原因，是引起直接损失的意外事件。如果说风险是不幸事故发生的可能性，那么，风险事故则使这种可能变为了现实。

（3）风险损失。它是指非故意的、非预期的、非计划的经济价值的减少，是风险事故造成的直接后果。在保险实务中，风险损失分为直接损失和间接损失。其中，直接损失是指风险事故导致的财产本身损失和人身伤害，这类损失又称为实质损失；间接损失则是指由直接损失引起的其他损失，通常是可得利益的丧失，包括额外费用损失、收入损失和责任损失等。额外费用损失，如企业遭灾后的调查费用；收入损失，如营业中断所造成的收入减少；责任损失，如医生手术发生医疗事故依法对患者赔偿由自己造成的损失。

2. 风险要素之间的关系

风险因素、风险事故、风险损失三者之间的关系可以概括为：风险因素引起或增加风险事故，风险事故可能导致风险损失。风险因素是发生风险事故的隐患，是风险事故发生的可能性，它在一定的内外部条件下转变为现实；风险事故是从风险因素到风险损失的一个中间环节，是导致风险损失的直接因素；风险损失则是风险事故的直接结果。因此，风险事故是风险损失的直接原因，风险因素是风险损失的间接原因。它们之间的因果关系表现为一种运动过程，形成一个多因素相互作用、相互制约的因果链（见图2－1）。

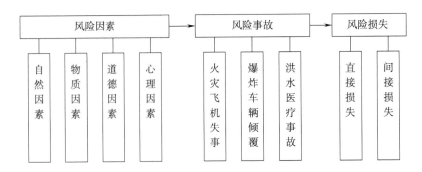

图 2-1　风险因素、风险事故、风险损失三者运动过程示意图

二、风险的种类

风险可以根据不同的研究目的，按照不同的标准进行多重分类。

（一）按产生的原因划分

1. 自然风险

自然风险是指由于自然界的不规则运动所导致的对人身和财产的威胁，如地震、火灾、风灾、雹灾、海啸、瘟疫等都是自然风险。自然界的变化喜怒无常、层出不穷，因此，自然风险也是种类繁多、不胜枚举。在所有的风险中，自然风险占有绝对比重，与此相联系，自然风险也成为保险中承保最多的风险。例如，根据《保险法》制定的财产保险综合险条款，保险责任包括火灾、雷击、爆炸、飞行物体及其他空中运行物体坠落、暴雨、洪水、台风、暴风、龙卷风、雪灾、雹灾、冰凌、泥石流、崖崩、突发性滑坡、地面下陷下沉等风险所造成的保险标的损失。

自然风险具有以下特点：（1）形成的不可控性。尽管人类在长期的实践中对自然界有了一定的认识，甚至对某一类自然风险发生的规律有所掌握，且现代的科学技术水平已经达到很高的程度，但对可能发生的自然灾害仍然束手无策。（2）形成的某种规律性。自然风险的形成无法控制，但却有某种规律可循。例如，洪涝灾害往往出现在夏季，春季则可能流行瘟疫；又如，通过多年的观察和总结，大致可以知道雹灾易出现地区和雷击高发区。（3）造成后果的广泛性。自然风险事故一旦发生，往往造成大面积的灾害，从地域上看，涉及某一地区、某一个国家，乃至波及几个国家或地区。

2. 社会风险

社会风险是指由于个人行为的反常，或异常的团体行为所导致的风险。这里所说的反常和异常行为包括过失行为、不正当行为和故意行为，如偷窃、抢劫、玩忽职守等。

3. 政治风险

政治风险又称国家风险，是指在对外投资或贸易过程中，因政治原因或订约双方不能控制的原因，使债权人遭受损失的风险。例如，某一商品输入国发生内乱使进口合同无法正常履行，而给出口国带来的损失。

政治风险有以下几个特点：（1）发生在国际经济活动中，如国际投资、国际贸易、国际信贷。（2）是由债权人国家主权行为引起的。所谓主权行为即一个国家在其属地内，按照自己的意志制定国内外政策，处理国内外事务。（3）超出了债权人的控制范围。

4. 经济风险

经济风险是指在生产经营过程中，由于经营管理不善、市场预测失误或者其他因素的变化而造成的风险。例如，企业由于生产中断、预期成本的变化、原料供应的限制、安全设施失灵、通货膨胀、竞争对手的恶意行为等造成的损失。

（二）按性质划分

1. 纯粹风险

纯粹风险是指一旦发生风险事故只有损失机会而无获利可能的风险。例如，房屋失火、农业遭受水灾、工厂发生爆炸，其财产所有人在经济上必定遭受损失，而不会得到任何物质利益。由于纯粹风险频繁发生，重复性较强，因此其规律较容易把握，人们可以用数理统计的方法计算其发生的频率、损失的程度，进而确定保险费率，所以纯粹风险就自然成为保险承保的对象。目前，保险公司所承保的风险基本上是纯粹风险。

2. 投机风险

投机风险是指既有损失可能又有获利希望的风险。投机风险的发生往往同社会和经济变动相关联，且一般都是不规则的。例如，由于政治形势的变化使股票投机者获利丰厚或损失惨重。投机风险有三种结果，即损失、无损失、盈利。从目前来看，投机风险还不是保险承保的对象，但从国际保险市场的现状和发展趋势来看，保险公司可以在一定的范围内承保投机风险。

（三）按标的划分

1. 财产风险

财产风险是指各种财产发生毁损、灭失和贬值的风险。例如，房屋建筑物有遭受火灾的风险，船舶有遭受沉没的风险，标的的价值有受市场供求关系变化贬值的风险。

2. 人身风险

人身风险是指因生、老、病、死、残和自然、政治、军事、社会等原因给人们带来的风险。人身风险所导致的损失有个人收入能力损失和个人额外费用损失。

3. 责任风险

责任风险是指个人或团体因疏忽或过失造成他人的财产损失或人身伤害，按照合同、道义和法律上的规定所应承担的经济赔偿责任风险。例如，设计错误造成的工程事故使房屋毁损，医生因误诊造成患者死亡，驾驶汽车不慎撞伤行人等。

4. 信用风险

信用风险是指由于各种信用活动所导致的风险。具体而言，信用风险是指在经济交往中，权利人与义务人之间，因一方违约或违法给对方造成经济损失的风险。如商业信用风险、进出口信用风险，即为因义务人不能履行合同，而使权利人遭受损失的风险。

（四）按产生的环境划分

1. 静态风险

静态风险是指由自然力的不规则变化或反常现象或人们的过失行为、不道德行为造成的风险。例如，洪水、台风、暴雨、火灾、破产、经营不善、纵火、盗窃，等等。静态风险与社会经济活动变化无关，是在任何社会经济条件下都无法避免的风险。静态风险的变化有一定的规律性，可以通过概率的方法加以测算。

2. 动态风险

动态风险是指由于社会、政治、技术发生变化而产生的风险，如新技术的采用、产业结构的调整、经济体制的变革引起的风险。动态风险的变化无规律可循，所以很难通过概率的方法加以测算。

（五）按殃及的范围和损失的多少划分

1. 巨灾风险

巨灾风险是指一旦发生风险事故殃及范围广、损失规模大的风险。例如，1986 年前苏联切尔诺贝利核电站的核泄漏，使 10 多万人遭到不同程度的核辐射；2008 年我国发生的汶川地震，死伤及失踪人数达 40 多万人。

2. 一般风险

一般风险是指除巨灾风险以外的风险，发生风险事故所殃及的范围较窄，损失的金额不是十分巨大。

三、风险单位划分

1. 风险单位

风险单位指一次风险事故可能造成的最大损失范围。在保险实务中，风险单位是指保险标的发生一次事故可能造成的最大损失范围。

2. 风险单位的划分

风险单位的划分是根据不同的险种来确定的，一般有以下几种方法：（1）按保险标的划分，即将风险集中、浑然一体与其他标的无毗邻关系的保险标的作为一个风险单位。例如，航空保险以一架飞机作为一个风险单位，汽车保险以一辆汽车作为一个风险单位，船舶保险以一艘轮船作为一个风险单位，等等。（2）按投保单位划分。在财产保险中，只要投保单位将其全部财产足额投保，就可将该投保单位视为一个风险单位，其费率可以按固定资产的占用性质和建筑等级来确定。（3）按地域和时空范围划分。由于保险标的的地理位置相互间毗邻，具有不可分割性，所以，当风险事故发生时，凡处在该地域内的保险标的均具有遭受损失的机会，于是把该地域内的保险标的划为同一风险单位。

第二节　风险的代价与处理方法

一、风险的代价

风险的代价又称风险成本，是指因为风险的发生和存在而造成的物质上、精神上的损失。

（一）风险事故损失的代价

风险事故损失的代价是指风险事故发生后所造成的直接损失和间接损失。

1. 直接损失

直接损失是指风险事故造成的财产自身的损失和人身损失，包括财产的毁损和灭失，如地震将厂房变为瓦砾；人身损失，如车祸使人丧生。直接风险损失是风险事故损失中发生范围最广、损失规模最大的损失，仅以 2013—2015 年全球 16 个重大自然灾害事件和全球 10 个重大意外事故为例，涉及的灾害有 8 种，殃及的国家有 15 个，损失的金额高达 434 亿美元，死亡的人数多达 19 155 人，具体情况见表 2 - 1、表 2 - 2。

表 2 - 1　　　　　　　　　　2013—2015 年全球重大自然灾害事件

保险损失（亿美元）	死亡人数（人）	发生日期	灾害事件	涉及国家
	196	2013. 4. 20	雅安地震	中国
	2 700	2013. 5. 2	山体滑坡	阿富汗
11	5 000	2013. 6. 12	连降暴雨，导致洪水泛滥	印度
265 亿元人民币		2013. 7. 18	海南、广东、广西遭遇"威尔逊"台风	中国
333 亿元人民币		2013. 10	宁波洪水	中国
	6 000	2013. 11. 8	台风"海燕"肆虐	菲律宾
59		2014. 2. 9	普降暴雪	日本
10. 8 亿元人民币		2014. 2. 17	和田地震	中国
73 亿元人民币	617	2014. 8. 13	鲁甸地震	中国
	665	2014. 9. 7	洪水	印度、巴基斯坦
70		2014. 11. 13	飓风"哈德哈德"袭击	印度
30		2015. 2	冬季风暴	美国
12		2015. 4	冬季风暴 Niklas	欧洲
25		2015. 5	德克萨斯的雷暴、洪水	美国
16		2015. 9	森林大火"山谷火灾"	美国
232 亿元人民币		2015. 10. 6	强台风"彩虹"袭击广东省	中国

注：不包括责任损害、死亡或失踪。

表 2 - 2　　　　　　　　　　2013—2015 年全球重大意外伤害事件

死亡人数（人）	发生日期	灾害事件	涉及国家（地区）
242	2013. 1. 27	圣玛利亚城夜总会火灾	巴西
1 127	2013. 4. 24	8 层大楼倒塌	孟加拉国
239	2013. 3. 8	马航 MH370 下落不明	马来西亚
295	2013. 4. 16	岁月号客轮沉没	韩国
282	2013. 5. 13	西部煤矿爆炸	土耳其
298	2013. 7. 17	客机坠毁	马来西亚
118	2013. 7. 24	客机坠毁	阿尔及利亚
442	2015. 6. 1	"东方之星"突遇龙卷风沉没	中国
165	2015. 8. 12	危险品仓库发生爆炸	中国
769	2015. 9. 24	麦加踩踏事故	沙特

2. 间接损失

间接损失是指风险事故发生所导致财产本身以外的损失，具体包括：（1）因财产毁损灭失所致的收益损失，如营业中断给企业带来的利润损失；（2）因财产损失所致的额外费用增加的损失，如施救费用的支出；（3）因过失或故意以致他人身体伤害或财产损毁的责任损失，如企业制造和出售有缺陷的商品造成他人伤亡的赔偿责任。

（二）风险自身的代价

风险自身代价是指风险的存在对个人和社会所形成的潜在的不利影响。

1. 风险的存在会导致人们的担心和忧虑，进而导致生理、心理、精神上的紧张，如果找不到适当的解脱方式，就可能产生疾患。担心和忧虑又使人们做事小心谨慎过于保守，使其收入水平降低。

2. 风险的存在影响资源的有效配置和使用。由于风险的存在，使资源（土地、劳动力、资本、技术、知识等）过分地流向风险较小的部门和行业，而风险相对较高的部门和行业则缺少资源，从而影响了资源的最佳配置，降低了资源的使用效率。

3. 风险的存在导致资本收益率下降。有风险存在就必须进行风险管理，支出各种防灾防损费用，建立后备基金，使这部分资金游离于生产经营之外，不能带来收益。风险的存在，还使投资者放弃某些可能带来高收益的计划，限制某些可能带来高收益的活动。例如，在某地区投资建厂，会带来非常好的经济效益，但由于此地处于洪水易淹没区，因而在该地建厂的计划搁置不用；又如，将一笔资金投资于股票，若决策正确则可能带来极高的回报，但顾虑股市风险，而把这笔资金存入了银行。这些做法，大大降低了资本收益率。

二、风险的处理方法

1. 风险避免

风险避免就是对某项风险直接设法避免，或者根本不去做那些可能发生风险的事情。在风险处理方法中，风险避免是最彻底的解决方法，它可以完全杜绝某一特定风险可能造成的损失，而其他方法仅在于通过减少损失概率与损失程度来减少风险的潜在影响。然而，风险避免措施的实际运用却往往有一定的局限性，因为它可能涉及放弃经营活动，进而失去与这种经营活动相伴随的经济利益，如果过多地采用这种方法将会影响经济的发展。另外，在现实经济生活中，绝大多数风险是难以避免的。

风险避免的方式主要有以下三种：（1）不从事可能产生某些特定风险的活动。如，个人为避免航空事故不搭乘飞机，学校为避免责任风险禁止学生郊游等。（2）终止或放弃某项活动的实施。如，发现某工程存在潜在隐患而停止项目的实施，船长因天气不适航而拒绝出航等。（3）改变生产经营活动的性质、工艺流程、工作方法或工作地点等。如某化工企业为杜绝出现职工一氧化碳中毒此类事件再次发生，毅然决然地停止使用这种气体，并相应地改变了生产流程；或某企业处在洪水易淹没区，每年雨季都面临着洪水的威胁，于是将工厂搬到安全地点。

2. 风险自留（保留）

风险自留是指个人或单位本身自愿保留和承担可能发生的风险损失。风险自留可以是主动的，也可以是被动的。主动的自留是指在充分确认风险的基础上，把没有适当处理方法的风险，或者认为风险损失较小自己有能力承担的风险保留下来。被动的自留是指由于对风险的无知而未予以处理，或明知有风险却轻信可以避免，或对风险听之任之。

被动的风险自留偶尔可能是处理风险的最好办法，但绝不是处理这类问题的合理方法。例如，某一大型化工厂，其风险特点是易燃、易爆、易中毒，自建厂以来几乎年年发生较大的风险事故，在本来可以将风险转移出去又对企业有利的情况下，企业却偏偏把风险留给了自己。假如在自留风险的这段时间内，企业什么风险事故也没发生，则意味着节约了将风险转移所要支出的费用，风险自留遂成为最可取的办法。相反，在这段时间内，如果企业发生了爆炸，财产损失严重，则风险自留就是不合适的。

在有些时候、有些情况下，风险自留可能是唯一的对策。例如标的风险无法转移出去的时候（保险公司拒保的风险标的就是如此）；标的风险巨大，损失难以预料，没有适当的处理办法（保险公司的除外责任部分就是如此）。

当自留不是唯一可行的对策时，究竟是风险自留还是风险转移，需要综合考虑下列几个因素加以确定：（1）费用。若通过保险将风险转移则需要支付保险费用，将企业在较长时期内每年平均风险损失金额相对比，看孰高孰低，为确定风险自留还是投保提供依据。（2）机会成本。通过对比，保险费低于企业年平均风险损失金额，但还不能断言企业参加保险优于风险自留。一般来说，企业财产保险的保险费是在投保时一次交清的，而企业的风险损失在一年中则往往是陆续发生的，相关的费用支出也是陆续进行的，这样，准备以后陆续支出的费用与实际支出的发生就产生了一个时滞，企业就可以将这部分基金加以利用，从而获得收益，如果获得收益的现值与保险费之和，大于年平均处理风险损失的费用，则企业宁愿自留风险。以下的实例计算，可以证实这个道理。

假设保险费是115 000元，在投保时一次交清。预期损失的费用为：年初伊始支付40 000元，6个月之后支付40 000元，10个月之后支付40 000元，合计120 000元，年预期收益率12%，则

$$预期损失费用的现值 = 40\ 000 + 40\ 000 \times \frac{1}{(1+12\%)^{\frac{1}{2}}} + 40\ 000 \times \frac{1}{(1+12\%)^{\frac{10}{12}}}$$
$$= 111\ 430\ （元）$$

保险费的现值是115 000元，如果风险自留，则

产生利润（节约费用）＝115 000 – 111 430 = 3 570（元）

（3）期望损失和风险。如果企业确信它的期望损失小于保险人在计算保费时所估计的损失，那么它就可以推断出，在较长时期内能够节省这两个期望损失估计值之间的差额。

概括地说，风险自留在以下情况下采用有利：一是自留费用低于保险费用；二是费用和损失分布在较长的时间内，导致很大的机会成本；三是投资机会好，机会成本高；

四是企业有承受最大潜在损失的经济能力；五是内部服务或非保险人服务优良。在以下情况下，风险只能自留：一是无法转移出去的风险，二是不能防止的风险损失。

风险自留可以是风险的全部，也可以是风险的一部分，即使全部风险都可以转移出去，有的企业也会自留一部分风险。尤其是随着企业风险管理技术水平的提高以及防灾防损工作的加强，企业保留一部分风险的做法可能会趋于普遍化。例如，一项调查情况表明，设在伦敦的安德琳通讯有限公司的所属企业，1995年拥有自留额的平均数额为25万英镑。

3. 风险的预防和控制

风险预防是指事先有针对性地采取各种措施，以降低风险发生的频率。总体来说，在风险发生频率很高的时候，风险预防应是处理该问题的唯一选择。但是，只有当其收益大于防损成本时，风险预防措施才是可行的。降低风险发生的频率即人们常说的防灾防损，是通过预防性措施，消除造成风险损失的原因，如加强道路交通管理等。

风险控制是指减少风险带来的损失的程度。通过保护性措施，保护处在危险之中或可能遭到伤害的人和物，如对破损厂房进行维修以免倒塌砸伤工人。减少风险损失程度即减损，是对事后损失的控制，当风险事故发生时采取一切可能的措施，使其损失降到最低限度，并尽可能保护受损财产的价值和受伤人员的身体机能。

4. 风险集合

风险集合是集合同类风险的多数单位，使之相互协作，提高各自应付风险的能力。例如，企业通过横向经济联合组成企业集团，或者采用商品多样化经营方式以利于分散或减轻可能遭受的风险。

5. 风险转移

风险转移是指个人或单位采用各种方法把风险转移出去，避免自己承担损失。风险转移可分为直接转移和间接转移。

（1）直接转移。直接转移是指将与风险有关的财产或业务直接转移给其他人或团体。如将房屋售出的同时与其关联的可能风险也转给了购买者；通过订立合同、出包工程，与其相关的可能发生的施工风险也由施工单位承担。

（2）间接转移。间接转移是指仅将与财产或业务有关的风险转移，其主要方式有保险转移和期货市场的套期保值。

保险转移即个人、家庭或企业以交纳一定的保险费为代价，获得保险公司对其投保标的的保险保障。在损失机会很小但潜在损失严重性很高的情况下，保险是一种特别合适的风险处理方法。

期货市场的套期保值即经营者利用期货市场，在现货市场上买进或卖出商品的同时，在期货市场上卖出或买进相同数量的期货合约。例如2001年1月，中国某造船厂与德国航运公司签订了出口一艘货轮合同，规定的计价货币是德国马克。我方先用人民币计算出货轮价格，再换算成美元，然后根据国际货币市场美元对德国马克的汇率折算成德国马克定价，此时1美元＝2德国马克，货轮定价1亿德国马克，等于5 000万美元。一年后交货，即2002年1月时，美元升值，德国马克贬值，（1美元＝2.5德国马克），则收到德国马克再兑换美元时，就比订合同时减少 1 000 万美元，即由于汇率变动使中国船厂损失 1 000 万美元。如果中国船厂同时利用期货市场，则可将汇率变动的风险转移出去，具体如表 2 - 3 所示。

表 2 - 3　　　　　　　　　　利用期货市场规避风险

现货市场	期货市场
2000 年 1 月 1 亿德国马克 = 5 000 万美元	卖出 2002 年 1 月金融期货 1 亿德国马克 = 5 000 万美元
2002 年 1 月收到船款 1 亿德国马克 = 4 000 万美元	买进 1 亿德国马克 = 4 000 万美元
亏 1 000 万美元	赚 1 000 万美元

上述几种风险管理方法的内容和作用各不相同，在实际经济生活中，个人、家庭和企业应根据自身的实际情况，权衡利弊选择使用。例如，对一些出险机会少、损失数额小的企业，可采用自留风险的方式；而那些风险隐患较大，一旦发生风险事故损失严重的企业，则采用保险的方式更为恰当。同一家企业对不同的财产物资，也可以采取几种风险管理方式。

第三节　风险管理与保险

一、风险管理

（一）风险管理的概念

风险管理是人们对各种风险的认识、控制和处理的主动行为，是指个人或生产经营者通过对各种风险的识别，选择相应的风险处理方法，以较小的支出取得最大的安全效果；或者说是以最小的风险管理成本，使预期损失减少到最低限度或实际损失得到最大的补偿。风险管理作为一种管理方法兴起于 20 世纪 60 年代，迄今为止也不过 50 年的历史，因此，无论是在理论的系统性上还是在实际运作上都尚待完善。然而，风险管理的重要性是不言而喻的，简而言之，主要表现在：有助于节省费用开支，从而提高利润水平；有助于减少人们对风险的恐惧和忧虑，从而充分发挥个人的聪明才智；有利于减少社会资源的浪费；有利于社会资源的最佳配置。

（二）风险管理目标

风险管理的主要目的，是在损失发生前寻求行之有效的措施，以避免或减少损失的发生，即所谓损失前的目标。在损失发生后使企业的财产和个人的人身安全能够恢复到原来的状态，企业经营能够保持持续稳定增长，即所谓损失后的目标。国外有人概括，损失前的目标是经济效益、避免焦虑和重压、充分的社会职责和良好的社会形象；损失后的目标是生存、持续经营、收入的稳定性、成长、充分的社会职责、权利与良好的社会形象。

要达到这些目的，可以说就是要减少风险因素，减少风险事故，减少风险损失。风险因素是引起或增加风险事故发生的机会和条件，因此，减少风险因素也就等于降低风险发生的概率。风险事故是造成风险损失的直接原因，因此，减少风险事故就意味着风险损失的减少。风险事故发生后，势必造成风险损失，但如果采取积极有效的补救措施，可以减轻风险损失的程度。所以，有人把这"三个减少"作为风险管理的目标。

（三）风险管理的程序

1. 风险识别

风险识别是风险管理的第一步，它是指在事故发生之前，运用各种方法和工具找出研究对象所面临的各种潜在风险以及风险事故发生的原因。识别风险是风险管理的基础，只有风险识别准确，才能有的放矢地加以管理。识别风险一般有以下几种方法：

（1）现场分析调查法，即通过现场考察发现潜在的风险。通过现场考察企业的设备、财产以及生产流程，可以发现许多潜在的风险。

（2）资产财务分析法，即借助企业有关财务资料进行综合分析，以识别存在的风险。具体可以按企业的资产负债表、财产目录等资料，对企业的固定资产、流动资产的分布进行风险分析，比如厂房仓库的建筑等级、结构、易燃易爆物品的堆放、所处的安全设备情况等，对各种物资按其自然属性与经济用途进行分析，看风险发生的可能性，以及风险事故可能给企业造成的损失。

（3）保险事故分析法，即保险人通过已经处理的大量赔案进行统计分析，从中发现潜在的风险因素。

（4）保险调查法，即由保险公司有关人员或专业保险代理人或经纪人对某一单位或家庭进行调查，以摸清其存在的风险，并通过制表的方式把风险一一登录在册。

（5）风险列举法，即将风险单位所面临的风险作详细的归类登记，比如分为直接的、间接的、社会的、法律的、政治的、财务的风险等。例如商业风险包括技术风险、生产中断、预期成本变化、原料供应限制、工厂毁坏、安全设施失灵等，社会风险包括工人罢工闹事、偷盗、欺诈、消费者偏好改变等，经济风险包括通货膨胀、竞争对手的恶性竞争行为等，政治风险包括政治动乱、战争、国有化等，自然风险包括地震、洪水、暴风等。

（6）生产流程法，又称流程图法，即对生产流程的各个环节进行调查分析，从中发现潜在的风险因素。生产流程也称工艺流程或加工流程，指工艺生产中的原料投入到成品产出，通过一定生产设备或管道顺序连续地进行加工的过程。由于企业生产规模大、生产现代化、专业化、协作化程度高，使生产过程的连续性与比例性的组织程序更加严密，同时也带来了生产过程的复杂化，从投料、加工生产、成品出厂，到送达消费者手里，这中间要经过许多环节，包括选料、加工、包装、存储、运输等。识别生产流程的风险，就是对生产流程的每一阶段、每一环节逐次进行调查分析，从中发现潜在风险，找出风险发生的因素，分析风险发生后可能造成的损失以及给企业造成的影响。

在使用上述风险识别方法时应该明确以下两点：一是一种方法难以揭示出一个企业所面临的全部风险，因此，多种方法的配合使用往往更为有效；二是企业的生产经营活动处于动态变化之中，因此，风险是一个连续不断的过程。

2. 风险估价

风险估价是指在风险识别的基础上，根据所掌握的资料进行系统分析，运用概率论和数理统计的方法，测定风险事故发生的频率和可能造成的损失程度。用平均风险频率乘以平均风险损失程度，就可以算出一年中预期损失的总金额。

（1）损失频率，是指在一定时期内、一定数目的风险单位发生损失的次数，通常以百分数和千分数表示。例如，某市汽车保有量为 40 万辆，年内有 1 万辆发生车损事故，则该市汽车的损失频率为 2.5%。

（2）损失程度，是指风险标的的损失状况，一般以金额大小来表示。仍以汽车为例，假设某市汽车总价值 800 亿元，年内损失 40 亿元，则损失程度为 5%。

（3）损失平均值，是指所有发生损失风险标的的简单算术平均数，借以反映标的损失的一般水平。假如全部车辆中有 n 辆车发生风险事故，它们各自损失的金额分别为 X_1，X_2，$\cdots$，X_n，则该类风险标的的损失平均值是

$$\overline{X} = \frac{X_1 + X_2 + X_3 + \cdots + X_n}{n} = \frac{1}{n}\sum_{i=1}^{n} X_i$$

（4）方差，反映了损失的变动范围，说明了损失与平均损失的离散程度。方差的计算公式为

$$\delta 2 = \frac{\sum_{i=1}^{n}(X_i - \overline{X})^2}{n}$$

$$\sigma = \sqrt{\sigma 2}$$

风险估价可以由企业自己进行，也可以由保险公司来承担，还可以由专业机构作出。一般而言，由于保险公司是专门经营风险的企业，集中了众多的风险单位，积累了丰富的评估经验，所进行的估价可能更客观一些。

3. 风险管理方式的选择

前已叙及，风险管理方法包括风险避免、风险自留等，风险管理者在对风险进行估价后，可针对不同的风险选择适当的风险处理方法。

4. 风险处理计划的执行和检查

风险管理人员在采取措施进行风险处理前，需制订风险管理计划，并付诸实施。由于决定风险管理决策的企业所处的社会环境和经济条件总是在不断变化之中，与此相关，必然引起原有风险因素的改变和新的风险的产生，所以，原来制订的风险管理计划需要修改，以适应客观情况的变化。在计划实施完毕后，应对其结果进行评估和检查，吸取经验和教训，积累资料，以利于提高。

二、保险

保险是指以契约的形式确立双方经济关系，以多数单位和个人缴纳保险费所建立起

来的保险基金，当发生保险合同规定范围内的事故时，由保险人进行经济赔偿或给付的一种经济形式。

三、风险管理与保险

1. 风险管理和保险都必须研究风险

保险是在商品经济中存在的风险和损失的基础上发生的一种经济关系，保险承保的是保险标的可能发生的各种风险。正因为如此，有人将保险公司定义为经营风险的企业。经营风险就必须了解风险，研究风险，弄清楚风险变化的规律，以保证保险公司持续稳健地发展。风险管理是研究风险发生规律，通过运用各种风险管理技术对风险实施有效控制的一门学科。可见，风险和保险都是以风险为研究对象的，但是二者所研究的风险在性质、范围、阶段上有所不同，表现在：（1）保险仅以可保风险为管理对象，就目前来看，仅仅局限在纯粹风险上，而风险管理的对象则囊括了所有的风险。（2）保险管理的仅仅是已投保的保险标的风险，而风险管理则面向所有的经济单位（包括企事业单位、家庭和个人）可能遭遇的所有风险。

2. 保险和风险管理都以大数法则等数学原理为数理基础

大数法则是近代保险业赖以建立的数理基础，在这一基础之上，将个别风险单位遭受损失的不确定性，变成多数风险单位可以预知的损失，使保险费的计算变得较为科学。把保险对大数法则的应用移植到企业管理上来，就成为企业风险管理的基础理论。

3. 保险是风险管理的最佳措施之一

企业、单位或个人通过保险把风险转嫁给保险人，以较小的固定支出获得一定的经济保障。与其他风险转移方式比较，保险具有经济安全的特点，尤其是现代科学技术高度发展的今天，风险高度集中，单靠企业、单位或个人的力量或其他方法难以承担，即使勉强为之恐怕也只能在一定程度上防止风险的发生或减少风险损失的程度。而保险则能在发生风险损失时，及时予以经济补偿或保险金的给付，将灾害损失对被保险人的影响缩小到最低限度，甚至可以从根本上消除风险的影响。

4. 加强自身风险管理和协助企业进行风险管理是保险业发展的重要手段

保险公司要顺利经营发展，加强自身的风险管理是十分必要的。比如，在承保阶段利用风险识别方法区别可保风险与不可保风险，以界定保险责任范围；利用风险估算方法科学地厘定费率，以推动保险业务的发展；用转移风险的方法安排再保险，以分散风险。没有这些自我风险管理，保险公司的顺利发展是不可能的。保险公司协助企业、单位和个人进行风险管理工作，主要是开展对其有关的风险咨询。

重要术语

风险	纯粹风险	投机风险	静态风险	动态风险
风险因素	风险事故	风险损失	风险单位	风险避免
风险自留	风险转移	风险管理	风险识别	

复习思考题

1. 应该如何定义风险，为什么？
2. 风险的特征对保险经营的意义是什么？
3. 保险是否可用于经营投机风险，为什么？
4. 简述风险管理与保险的关系。

第三章

保险数理基础

第一节　保险精算在保险业中的地位和作用

一、保险精算的产生与发展

保险精算是以数学、统计学、人口学、金融学、保险学等学科为手段，研究保险经营的各个环节的数量分析，为保险公司良好运作、制定决策提供科学依据和工具的一门科学。

保险精算的起源可以追溯到 1662 年。当时，戈朗特（John Graunt）出版了《基于死亡证明书的自然与政府的观察报告》，戈朗特的观察包括"……一些是关于贸易和政府，另一些则是关于大气、国土、季节、收成、健康、疾病、寿命及人类性别、年龄间的比例"。他给出了一个 100 人的生命表，并假定了今后每十年死去的人数直到最后一人死于 76 岁。这张表被人们认为是现代死亡表的先驱。1693 年，那位因彗星而闻名的哈雷（Edmund Halley）在研究德国布勒斯市居民 1687—1691 年的生存和死亡资料的基础上，编制了世界上第一个死亡表，一些学者把这个日子看做是精算科学的开始。1755年，英国数学家多德森（James Dodson）也发表了他的生命表。1762 年成立的英国公平人寿保险公司就是根据多德森的精算结果收取保费的，"公平保险"也因而被认为是第一家建立在科学准则基础之上的寿险公司。多德森死后，"公平保险"用"actuary"（精算师）一词来指代其主要行政官员，事实上当时没有一位精算师能够履行现代意义上的精算师职责，他们在需要计算时去请一位数学家来做。直到 1779 年，摩根发表了《年金及人寿、生存保险的准则》后，他才是第一位在现代意义上可被称为精算师的人。此后，精算学在保险业中得到了越来越广泛的应用和发展。先是在 1849 年，英国伦敦成立了精算学会（Institute of Actuaries）。后来在 1856 年，苏格兰成立了精算学院。1895 年，国际性精算组织——国际精算会议（International Congress of Actuaries）在比利时首都布鲁塞尔成立。美国精算学会和加拿大精算学会分别于 1889 年和 1909 年宣告成立，后来于 1949 年合并为北美精算学会（SOA），截至目前，该学会约有 16 500 个会员，是世界上最大的精算组织。英国的精算组织强调的是训练、考试和讨论问题的会议。英语国家的大多数精算组织都模仿了英国的模式，依赖于自学和考试而不是在大学里进行培训。但在现在，大学在精算教育中扮演了越来越重要的角色。

值得一提的是，保险精算起源于寿险保费的计算，保险精算的发展与寿险经营有着深厚的渊源关系。伴随着寿险业的发展，寿险精算最终形成了一个完整的体系。随着科学技术的进步，特别是数理统计学的发展，在第二次世界大战后，非寿险精算理论和技术日益完善起来，适合非寿险经营的保险费理论和风险理论的发展更为突出，并逐渐形成了自己的体系。非寿险精算的发展之所以迟于寿险精算的发展，主要原因是非寿险的数量分析比寿险精算更为困难。

作为学科，保险精算在新中国成立以来一直处于空白。1987 年，北美精算学会（SOA）同南开大学签订合作协议，开始帮助我国培养精算学生，由此揭开了新中国保险精算教育的序幕。1988 年南开大学开始招收精算专业研究生，1991 年湖南财经学院开始招收精算专业本科生，1994 年复旦大学设立友邦—复旦精算中心，北美精算学会先后在我国设立了 5 个考试中心，设有保险专业的高校也陆续开设精算方面的课程。这一切表明，我国的精算教育从无到有，进入了飞速发展的阶段，为保险业输送了大批急需的精算专业人才。随着我国保险事业的发展，保险精算在保险经营过程中的重要地位日益引起人们的重视和再认识。

二、保险精算的地位与作用

保险行业经营的对象是风险。众所周知，风险具有不确定性、偶然性，但却具有可测性。通过大量风险资料的积累和综合分析，风险完全可以被预测和评估。保险业经营的好坏，本质上取决于风险预测与实际发生情况是否接近或一致。

保险精算是保险公司安全经营的保证，保险精算在保险业中处于举足轻重、不可替代的地位。每家规范运作的保险公司都必须有至少若干名取得专业资格的委任精算师。精算师，就是那些在保险公司专司精算职责的人，他们对于公司的财务安全负有重大责任。以寿险公司为例，大多数寿险合同是长期性合同，投保人同保险公司签订寿险合同后，通常要经过很长一段时间才可能获得赔付，在这段相当长的时间内，很多因素（譬如法律、生产力、金融政策、税收、人口统计等）可能发生变化。由于这些因素变化的存在，保险公司无法在短期内衡量其经营的盈亏。为了保护投保人的利益和保险公司的财务安全，精算师必须担负严密监控、预测公司目前以及将来的财务状况变化，合理、准确地设计新产品费率，随时汇报潜在问题的责任。如果保险公司没有针对问题采取措施的话，精算师更有责任向政府有关部门报告。所有这些工作都是为了确保保险公司的财务运作不致陷入困境，保持保险公司长期安全运作。精算师的工作不仅代表保险公司的利益，同时也体现监管部门的监管功能，最终目的在于维护广大保户的利益乃至社会公众利益。

保险精算的基本任务包括：设计新险种并科学厘定费率；计算责任准备金；根据经济环境变化，为保险投资决策提供依据；分析保险公司的利润来源；参与编制各项年度报表；协助职能部门，根据统计资料研究各险种效益以及费率调整，以适应市场竞争的要求；预测保险公司的偿付能力和破产风险；参与保险公司或企业的风险管理；研究再保险安排、再保险费率。

第二节　保险精算的基本原理

一、大数定律

（一）切比雪夫大数定律

设 X_1, X_2, $\cdots$, X_n 是由相互独立的随机变量所构成的序列，每一随机变量都有有限方差，并且它们有公共上界

$$Var(X_1) \leqslant C, Var(X_2) \leqslant C, \cdots, Var(X_n) \leqslant C$$

则对于任意的 $\varepsilon > 0$，都有

$$\lim_{n \to 0} P\{| \frac{1}{n} \sum_{k=1}^{n} X_k - \frac{1}{n} \sum_{k=1}^{n} E(X_k) | < \varepsilon\} = 1$$

切比雪夫大数定律阐述的是大量随机因素的平均效果与其数学期望有较大偏差的可能性越来越小的规律。从风险的角度看，它表明，如果以 X_i 表示第 i 个风险单位的未来损失，当 n 很大时，n 个风险单位未来损失和以概率 1 接近它们的期望值。这就是保险人把未来损失的期望值作为纯保费的主要根据。

当保险人承保了 n 个相互独立的保险标的后，尽管每个风险单位的实际损失 X_i 不会等于其期望值 $E(X_i)$，但当保险标的数 n 足够大时，保险标的的平均损失 $\frac{1}{n} \sum_{k=1}^{n} X_k$ 与其损失的平均期望值 $\frac{1}{n} \sum_{k=1}^{n} E(X_k)$ 几乎相等。换言之，如果保险人按照每个风险单位的未来损失期望值作为纯保费来收缴，则当其聚集风险单位足够多时，这些纯保费将足够支付保险人未来作出的损失赔偿。

（二）贝努利大数定律法则

在事件 A 发生的概率为 P 的 n 次贝努利模型中，令 μ_n 表示 A 发生的次数，则对 $\varepsilon > 0$，有

$$\lim_{n \to \infty} P\{| \frac{\mu_n}{n} - p | < \varepsilon\} = 1$$

应当指出，该定律的结论虽然简单，但其意义却相当深刻。将与事件 A 有关的试验重复 n 次，结果一共出现 μ_n 次，则 μ_n/n 便是事件 A 在 n 次试验中出现的频率。贝努利大数定律表明，当 n 很大时，频率 μ_n/n 以概率 1 的接近概率 p，正好验证了"任何事件的概率是它的频率的稳定值"这一结论。这一定律提供了以频率解释概率的数理基础，对于保险人利用统计资料来估测未来损失概率具有重要意义。

保险标的的损失概率决定了保险产品的价格。保险人利用以往的经验数据求得保险

标的发生的频率，并以此频率值作为损失概率的估计值。尽管损失频率与损失概率之间不可避免地存在偏差，但根据贝努利大数定律，损失概率的估计值与实际损失概率之间的偏差，随着保险标的数的增加而减小。

二、保险定价原理

保险产品的定价是指保险产品的价格（保险费）的确定过程。保险费是保险人为承担确定保险责任而向投保人收取的费用。保险费的确定涉及与险种相关的保险标的类别、危险程度、保险责任范围、保险期限等因素，定价依赖于全面、科学地考虑这些因素。

保险产品的定价必须遵循充足性、合理性、公平性原则：（1）充足性，是指保险产品的费率应该保证保险人足够抵补一切可能发生的给付和相关费用。费率不足，将会导致保险公司缺乏偿付能力。（2）合理性，是指保险费不应超出保险人的合理支出（费用、利润等）的范围。（3）公平性，是指保险人承担的保险责任与投保人缴纳的保费对等。必须指出，合理性是针对险种的平均费率而言，而合理的费率不一定是公平的费率。要求保险人实现绝对的公平性是不可能的，但保险人应当根据保险标的的风险状况进行风险分类，对不同的类别确定不同的价格，以实现相对公平。

保险费由两部分构成：（1）纯保费，即按照保险人未来保险金支出计算所得的部分；（2）附加保费，即保险人用于经营业务所需的费用和利润的部分。在本章的后面几节中，我们只研究与纯保费相关的计算原理。

纯保费的计算必须在精算等价原理下进行。精算等价原理，又称收付平衡原理，可以用公式表示为

对于寿险

$$趸缴纯保费 = E[保险人未来收取的分期纯保费的现值]$$
$$= E[保险人未来支付的保险金的现值]$$

对于非寿险

$$纯保费 = E[保险人未来支付的保险金]$$

这里，寿险与非寿险的计算公式的主要差别在于：（1）由于寿险合同具有长期性，因此必须考虑利息的作用；而非寿险合同的保险期限通常为一年或更短，可以忽略利息的影响。（2）寿险保费的缴纳方式可以是趸缴或分期缴纳，而非寿险通常一次性缴纳。

根据精算等价原理我们可以确定各种险种纯保费。

第三节　寿险精算

一、现值与年金

（一）现值

我们通常将投资 1 单位货币的资金（本金），在一定时期（投资期间）后所获得的余额称作累积值，并将累积值超出本金的部分称作利息（Interest），常以 i 表示利息。根

据图 3 - 1 所示，在年初投资 1 元，在年末将累积到 $1 + i$，通常将 $(1 + i)$ 称作累积因子。

图 3 - 1　累积因子

如果将 1 元资金投资 n 年，且每年以复利计息，各年末的累积值将为 $(1 + i)$，$(1 + i)^2$，…，$(1 + i)^n$，呈几何级数增长（如图 3 - 2 所示）。

图 3 - 2　累积因子的作用

在金融实务当中，经常需要考虑的问题是：在年初投入多少资金，才能在 1 年末累积为 1？

显然，这个问题的答案是 $(1 + i)^{-1}$（如图 3 - 3 所示）。

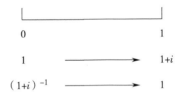

图 3 - 3　折现

我们定义：

$$v = \frac{1}{1 + i}$$

并称 v 贴现因子或折现因子。v 是未来 1 年末的 1 单位货币的资金的现在的价值，即现值。

例 3 - 1：现在投资 100 元，假定年利率为 3%，求第 1 年末和第 3 年末的累积金额。

解：第 1 年末的累积金额为 100（1 + 3%）＝103 元。

第 3 年末的累积金额为 100（1 + 3%）^{3} ＝109.27 元。

例 3 - 2：现在需要投入多少资金，才能在第 3 年末累积到 100 元（假定年利率为 3%）？

解：$100 v^3$ ＝100（1 + 3%）$^{-3}$ ＝91.51 元。

（二）年金

年金是指按相等的时间间隔支付的系列付款。我们将在固定时期内支付确定金额款项的年金称作确定年金，而将每次的付款以某人生存为前提条件的年金称作生存年金。在本部分中，我们的讨论只限于确定年金，而将生存年金留在后面讨论。

1. 延付年金

假定有这样一种确定年金，假定利率为 i，每年末做一次付款，每次付款额为1，共有 n 次付款。这种年金称作延付年金。我们将该年金的所有付款余额的现值之和记为 $a_{\overline{n}|i}$（在不致混淆时记为 $a_{\overline{n}|}$），并称为该年金的现值（见图3–4）。

图3–4 延付年金

显然，$a_{\overline{n}|}$ 等于各年末付款金额的现值之和，即

$$a_{\overline{n}|} = v + v^2 + \cdots + v^n = \frac{v - v^{n+1}}{1 - v} = \frac{1 - v^n}{i}$$

例3–3：有一笔1 000元的贷款，贷款利率为4%，贷款期限为10年。假定该笔贷款以每年末做等额付款 R 的形式偿还，求 R 值。

解：$1\,000 = Ra_{\overline{n}|\,4\%}$

而 $a_{\overline{n}|\,4\%} = \dfrac{1 - (1.04)^{-10}}{0.04} = 8.1109$

则 $R = 123.29$ 元。

2. 初付年金

初付年金与延付年金的不同之处，仅在于付款发生在各年度初。我们将该年金的所有付款金额的现值之和记为 $\ddot{a}_{\overline{n}|i}$（在不致混淆时记为 $\ddot{a}_{\overline{n}|}$），见图3–5。

图3–5 初付年金

$$\ddot{a}_{\overline{n}|} = 1 + v + v^2 + \cdots + v^n = \frac{v - v^{n+1}}{1 - v} = \frac{1 - v^n}{d}$$

同理：

其中，$d = 1 - v$，称作贴现率。

显然，$\ddot{a}_{\overline{n}|}$ 与 $a_{\overline{n}|}$ 有如下关系：

$$\ddot{a}_{\overline{n}|} = (1 + i)a_{\overline{n}|}$$

例3–4：对于例3–3，如果假定每年的付款 R 发生在各年度初，其他条件不变，求 R 值。解：$1\,000 = R\ddot{a}_{\overline{n}|\,4\%}$

而 $d = 1 - v = 1 - \dfrac{1}{1 + i} = \dfrac{i}{1 + i} = \dfrac{0.04}{1.04} = 3.8462\%$

$$\ddot{a}_{\overline{n}|\,4\%} = \frac{1 - (1.04)^{-10}}{0.038462} = 8.4353$$

则 $R = 118.55$ （元）。

二、生命表

生命表，又称死亡表，是通过观察特定的大的群体的人们的死亡状况，由此得出各年龄的死亡率以及生存死亡状况的数表。生命表是寿险费率和责任准备金计算的依据。

生命表的一般形式见表 3 - 1，表中的数字是假设的。

表 3 - 1   生命表举例

x	l_x	d_x	p_x	q_x	e_x
0	100 000	137	0.99863	0.00137	75.99
1	99 863	98	0.99902	0.00098	75.09
2	99 765	67	0.99933	0.00067	74.16
.	...	.	...	...	...
.	...	.	...	...	...
50	94 353	417	0.99558	0.00442	28.55
51	93 936	464	0.99506	0.00494	27.67
.	...	.	...	...	...
.	...	.	...	...	...
105	0.8165	0.8165	0.00000	1.00000	0.50
106	0				

表 3 - 1 中约定：x 表示年龄，l_x 表示 10 万名新生儿在 x 岁仍生存的人数，d_x 表示 10 万名新生儿在 x 岁死亡的人数，p_x 表示 x 岁的人再活一年以上的概率，q_x 表示 x 岁的人在一年以内死亡的概率，e_x 表示平均剩余寿命。

上面的生命表可以这样解释，同时出生的新生儿 100 000 人，其中 137 人在一年内死亡，活到一岁的是 99 863 人，在一岁的人中接下的一年死亡的人数是 98 人，活到两岁的是 99 765 人，依次类推。

由以上符号约定可知

$$l_x - d_x = l_{x+1} \tag{3.1}$$

$$l_x = d_x + \cdots + d_{x+n-1} + l_{x+n} \tag{3.2}$$

$$p_x = \frac{l_{x+1}}{l_x} \tag{3.3}$$

由表 3 - 1 我们可以算出各种有用的概率，例如生存概率、死亡概率。

为了方便，以后用（x）表示年龄为 x 岁的被保险人。

1. $_np_x$ 表示（x）在 n 年间生存的概率

$$_np_x = \frac{l_{x+n}}{l_x} \tag{3.4}$$

2. $_nq_x$ 表示 (x) 在 n 年内死亡的概率

$$_nq_x = \frac{l_x - l_{x+n}}{l_x} = 1 - {}_np_x \tag{3.5}$$

3. (x) 在 f 年间生存，在其后的一年内死亡的概率

$$_f|q_x = \frac{d_{x+f}}{l_x} = \frac{l_{x+f} - l_{x+f+1}}{l_x} = {}_fP_x - {}_{f+1}p_x \tag{3.6}$$

4. (x) 在 f 年间生存，在其后的 r 年内死亡的概率

$$_f|{}_rq_x = \frac{l_{x+f} - l_{x+f+r}}{l_x} = {}_fP_x - {}_{x+f}P_x \tag{3.7}$$

5. 用 $\overset{0}{e}_x$ 表示 (x) 以后的平均寿命，e_x 表示 (x) 以后的整数平均寿命
显然有：

$$e_x = \frac{1}{l_x}\{0d_x + 1d_{x+1} + 2d_{x+2} + \cdots\} = \frac{1}{l_x}\{l_{x+1} + l_{x+2} + \cdots\} = p_x + {}_2p_x + {}_3p_x + \cdots$$
$$\tag{3.8}$$

如果死亡呈均匀分布，有 $\overset{0}{e}_x = e_x + 1/2$。

三、寿险趸缴纯保费的计算

在本节，我们将讨论各种人寿保险（死亡年末给付）的趸缴纯保费的计算方法。

无论是趸缴纯保费还是分期保费的计算都依赖各个年龄的死亡率和预期利率，死亡率可以由生命表得到，预期利率有的国家统一规定，有的国家由保险公司自行规定。

1. n 年定期寿险（死亡年末给付）的趸缴纯保费

n 年定期寿险（死亡年末给付）又称 n 年死亡保险（死亡年末给付），指保险人只对被保险人在保险期限内的保险责任范围内的死亡在年末给付保险金。

如果不是特别声明，在以后的讨论中，我们约定保险金为 1。

假定被保险人的年龄为 x 岁，投保人数是 l_x 人，年初每个投保人应缴的纯保险费为 $A^1_{x:\overline{n}|}$ 元，则保险公司收取的纯保险费总额为 $l_x \cdot A^1_{x:\overline{n}|}$。

依据生命表的规律，投保的 l_x 人中第一年有 d_x 个人死亡，在年末每人给付 1 元，共 d_x 元，给付额的现值为 vd_x 元；第二年有 d_{x+1} 个人死亡，给付额的现值为 $v^2 d_{x+1}$ 元；$\cdots$；第 n 年有 d_{x+n-1} 个人死亡，其现值为 $v^n d_{x+n-1}$ 元。

依据收支平衡原理，保险公司支付保险金的现值总和与期初纯保险费的总和应相等。即有

$$l_x \cdot A^1_{x:\overline{n}|} = vd_x + v^2 d_{x+1} + \cdots + v^n d_{x+n-1}$$

其中，$v = \dfrac{1}{1+i}$ 为折现因子。则有

$$A^1_{x:\overline{n}|} = \frac{vd_x + v^2 d_{x+1} + \cdots + v^n d_{x+n-1}}{l_x} \qquad (3.9)$$

2. 终身寿险（死亡年末给付）的趸缴纯保费

终身寿险（死亡年末给付）指被保险人在保单生效后的任何时刻，发生保险责任范围内的死亡，保险人在被保险人死亡年末给付保险金。

类似 n 年定期寿险（死亡年末给付）的趸缴纯保费计算方法可以得到

终身寿险（死亡年末给付）的趸缴纯保费

$$A_x = \frac{vd_x + v^2 d_{x+1} + \cdots + v^{\omega-x+1} d_\omega}{l_x} \qquad (3.10)$$

3. 延期寿险（死亡年末给付）的趸缴纯保费

延期 m 年的终身寿险是指被保险人投保 m 年后，发生保险责任范围内的死亡，保险人在被保险人死亡年末给付保险金。

类似 n 年定期寿险（死亡年末给付）的趸缴纯保费计算方法可以得到

延期寿险（死亡年末给付）的趸缴纯保费

$$_{m|}A_x = \frac{v^{m+1} d_{x+m} + \cdots + v^{\omega-x+1} d_\omega}{l_x} \qquad (3.11)$$

4. 生存保险和两全保险（死亡年末给付）的趸缴纯保费

n 年期生存保险是当被保险人生存到 n 年期满时，保险人在第 n 年末支付保险金的保险。假定被保险人的年龄为 x 岁，投保人数是 l_x 人，年初每个投保人应缴的纯保险费为 $A_{x:\overline{n}|}^{\;1}$ 元，则保险公司收取的纯保险费总额为 $l_x A_{x:\overline{n}|}^{\;1}$。

依据生命表的规律，投保的 l_x 人中第 n 年末有 l_{x+n} 个人生存，每人给付 1 元，共 l_{x+n} 元，给付额的现值为 $v^n l_{x+n}$ 元。

依据收支相等原则，保险公司支付保险金的现值与期初纯保险费应相等。即有

$$l_x A_{x:\overline{n}|}^{\;1} = v^n l_{x+n}$$

其中，$v = \dfrac{1}{1+i}$ 为折现因子。则有：

$$A_{x:\overline{n}|}^{\;1} = \frac{v^n l_{x+n}}{l_x} \qquad (3.12)$$

两全保险（死亡年末给付）指保险人不仅对被保险人在保险期限内的保险责任范围内的死亡在年末给付保险金，而且当被保险人生存到 n 年期满时，保险人在第 n 年末支付保险金的保险。显然两全保险（死亡年末给付）的趸缴纯保费

$$A_{x:\overline{n}|} = A_{x:\overline{n}|}^{\;1} + A^1_{x:\overline{n}|} \qquad (3.13)$$

四、生存年金

生存年金是指以某人生存为条件、按相等的时间间隔支付的系列付款。这里的某人，可以是年金受领人，也可以是被保险人。

1. 终身生存年金

终身生存年金分为期初终身生存年金和期末终身生存年金。

期初终身生存年金是指每个保单年度初给付 1 元，直到年金受领人死亡的保险。

假定被保险人的年龄为 x 岁，投保人数是 l_x 人，年初每个投保人应缴的纯保险费为 $\ddot{a}_x$ 元，则保险公司收取的纯保险费总额为 $l_x \ddot{a}_x$。

依据生命表的规律，投保的 l_x 人中第 1 年初有 l_x 个人生存，每人给付 1 元，共 l_x 元，第 2 年初有 l_{x+1} 个人生存，每人给付 1 元，共 l_{x+1} 元，给付额的现值为 $v\, l_{x+1}$ 元，依次类推。

第 $\omega - x + 1$ 年初有 l_ω 个人生存，每人给付 1 元，共 l_ω 元，给付额的现值为 $v^{\omega-x} l_\omega$ 元。

依据收支相等原则，保险公司支付保险金的现值总和与期初纯保险费的总和应相等。即有

$$l_x\, \ddot{a}_x = l_x + vl_{x+1} + \cdots + v^{\omega-x}l_\omega$$

则有

$$\ddot{a}_x = \frac{l_x + vl_{x+1} + \cdots + v^{\omega-x}l_\omega}{l_x} \tag{3.14}$$

期末终身生存年金是指每个保单年度末给付 1 元，直到年金受领人死亡的保险。

类似期初终身生存年金的趸缴纯保费计算方法可以得到

期末终身生存年金的趸缴纯保费

$$a_x = \frac{vl_{x+1} + \cdots + v^{\omega-x}l_\omega}{l_x} \tag{3.15}$$

2. 定期生存年金

定期生存年金分为期初定期生存年金和期末定期生存年金。

期初定期生存年金是指当年金受领人生存时，每个保单年度初给付 1 元的 n 年定期保险。期末定期生存年金是指当年金受领人生存时，每个保单年度末给付 1 元的 n 年定期保险。

类似期初终身生存年金的趸缴纯保费计算方法可以得到

期初定期生存年金的趸缴纯保费

$$\ddot{a}_{x:\overline{n}|} = \frac{l_x + vl_{x+1} + \cdots + v^{n-1}l_{x+n-1}}{l_x} \tag{3.16}$$

期末定期生存年金的趸缴纯保费

$$a_{x:\overline{n}|} = \frac{vl_{x+1} + \cdots + v^n l_{x+n}}{l_x} \tag{3.17}$$

第四节 年缴纯保费

年缴纯保费是被保险人在投保时一次缴清的保费，金额往往很大，有的投保人很难办到。为了解决这个矛盾，保险公司允许投保人分期缴付保费。每年缴纳一次纯保费称为年缴纯保费。

我们仅以某人投保 n 年定期寿险（死亡年末给付）分 m 年付清的年缴纯保费的计算

方法为例，其他情形可以用同样的方法类似推导。

假定被保险人的年龄为 x 岁，投保人数是 l_x 人，年初每个投保人应缴的趸缴纯保险费为 $A^1_{x:\overline{n}|}$ 元，则保险公司收取的纯保险费总额为 $l_x \cdot A^1_{x:\overline{n}|}$。

依据生命表的规律，投保的 l_x 人中第 1 年初有 l_x 个人生存，每人缴付保险费 $_mP^1_{x:\overline{n}|}$ 元，共 $l_{x\,m}P^1_{x:\overline{n}|}$ 元，第 2 年初有 l_{x+1} 个人生存，每人给付 $_mP^1_{x:\overline{n}|}$ 元，共 $l_{x+1\,m}P^1_{x:\overline{n}|}$ 元，给付额的现值为 $v\,l_{x+1\,m}P^1_{x:\overline{n}|}$ 元，依次类推。

第 m 年初有 l_{x+m-1} 个人生存，每人给付 $_mP^1_{x:\overline{n}|}$ 元，共 $l_{x+m-1\,m}P^1_{x:\overline{n}|}$ 元，给付额的现值为 $v^{m-1}l_{x+m-1\,m}P^1_{x:\overline{n}|}$ 元。

依据收付平衡原理，被保险人分期交付保险费的现值总和与期初纯保险费的总和应相等。即有

$$l_{x\,m}P^1_{x:\overline{n}|} + v\,l_{x+1\,m}P^1_{x:\overline{n}|} + \cdots + v^{m-1}l_{x+m-1\,m}P^1_{x:\overline{n}|} = l_x \cdot A^1_{x:\overline{n}|} \quad 则有$$

$$_mP^1_{x:\overline{n}|} = l_x \cdot A^1_{x:\overline{n}|} / (l_x + v\,l_{x+1} + \cdots + v^{m-1}l_{x+m-1})$$

由式（3.16）可知

$$_mP^1_{x:\overline{n}|} = A^1_{x:\overline{n}|} / \ddot{a}_{x:\overline{n}|} \tag{3.18}$$

第五节　责任准备金

责任准备金的形成源于自然保费与均衡保费的差异。以终身寿险为例，我们知道，在均衡保费制下，投保人每期缴纳的纯保费数额相同。但根据生命表规律得知，被保险人在投保后各年龄下的死亡率随着年龄的增长而逐渐加大，且超过某一年龄（60 岁左右）后，死亡率的增幅变得非常剧烈。我们将被保险人在各年龄区间按所处年龄区间死亡率计算所得的纯保费称作该被投保人在该年龄的自然保费。被保险人在某一年龄下的自然保费，实质上是该被保险人获得保险保障而必需的纯保费。换言之，保险人每年按自然保费向所有被保险人收取纯保费，才能恰好足够支付各年度内所需作出的保险金给付。然而，事实上，在均衡保费制下，前期的均衡纯保费高于自然保费，后期的均衡纯保费低于自然保费（如图 3-6 所示），保险人为了弥补后期自然保费的不足，必须将前期超过自然保费的部分积累起来，以便提供足够的保费金。我们将保险人每年度提存以备支付保险金的那部分资金，称作保险人的责任准备金。正是由于责任准备金的存在，寿险保单才具有了价值，称作保单价值。如果被保险人在保险有效期内退保，保险人必须将该保单在退保时已经积累的责任准备金，扣除手续费后退还被保险人，被保险人在退保时领取的金额被称作现金价值。

根据精算等价原理，投保人缴纳的纯保费与保险人未来应付的保险金在保单生效时的精算现值相等。经过一段时间双方未了责任和义务的等价关系会被破坏，投保人可能仍需缴纳保险费，也可能不再缴纳保险费，可是保险人负有给付保险金的责任。我们把经过一段时间后那一时点保险人未来应付的保险金的精算现值与投保人缴纳的纯保费的精算现值的差额称为理论责任准备金。

　　显然责任准备金是保险人对被保险人的一种负债，责任准备金的提存，是为了保证对被保险人支付保险金。

　　理论责任准备金的计算方法有过去法和未来法，这里只介绍未来法。

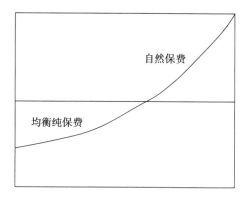

图 3 - 6　均衡纯保费与自然保费的比较

　　我们仅以某人投保 n 年定期寿险（死亡年末给付）分 n 年付清的年缴纯保费的责任准备金计算方法为例，其他情形可以用同样的方法类似推导。

　　(x) 参加 n 年定期寿险（死亡年末给付），年缴纯保费 ${}_nP^1_{x:\overline{n}|}$，在投保第 t 年末，被保险人的年龄为 $x+t$ 岁，这时保险人未来应付的保险金的精算现值是 $A^1_{x+t:\overline{n-t}|}$，投保人缴纳的纯保费的精算现值是 ${}_nP^1_{x:\overline{n}|}\ \ddot{a}_{x+t:\overline{n-t}|}$，所以

　　责任准备金

$$ {}_tV^1_{x:\overline{n}|} = A^1_{x+t:\overline{n-t}|} - {}_nP^1_{x:\overline{n}|}\ \ddot{a}_{x+t:\overline{n-t}|} \tag{3.19} $$

第六节　非寿险精算

　　非寿险精算问题很多，主要解决问题有保险费率的确定、核保、准备金测算、利润分析、风险评估和偿付能力管理等内容。在此我们仅对保险费的确定加以简单说明。

一、聚合风险模型

　　保险费率的确定，主要是纯费率的确定，而纯费率的确定，首先应该了解非寿险业务赔款发生的次数，以及每次赔款发生的额度。

　　用 N 表示某项风险在一年内发生赔款次数的随机变量，可取值为 $0, 1, 2, \cdots$ 而且

$$ P(N = k) = p_k \qquad k = 0, 1, 2, \cdots $$

实务中比较适用的描述赔款次数的随机变量的分布有普阿松分布。这时

$$ p_k = \frac{e^{-\lambda}\lambda^k}{k!} \qquad k = 0, 1, 2, \cdots $$

用 X 表示某项风险事故发生赔款额的随机变量，则 X 可为连续型随机变量或离散型随机变量。一般用对数正态分布、正态分布、混合指数分布来描述。

用 S 表示保险人在某年中对某项风险所支付的索赔总额，则有

$$S = \sum_{i=1}^{N} X_i \qquad (3.20)$$

这里 X_i 是某项风险事故在第 i 次发生赔款额，显然 X_1，X_2，$\cdots$，X_N 相互独立，和随机变量 X 的分布相同，而且和随机变量 N 是独立的。这就是著名的聚合风险模型。

记 $\alpha_k = E(X^k)$，由概率论的结论可得

$$E[S] = E[E(S/N)] = E[a_1 N] = a_1 E[N] \qquad (3.21)$$

$$Var[S] = E[Var(S/N)] + VarE(S/N)$$

$$Var(S/N = n) = Var(\sum_{i=1}^{n} X_i)$$

$$= \sum_{i=1}^{n} Var(X_i)$$

$$= n(\alpha_2 - \alpha_1^2)$$

$$Var(S/N) = N(\alpha_2 - \alpha_1^2),$$

$$Var(S) = E[N(\alpha_2 - \alpha_1^2)] + Var(N\alpha_1)$$

$$Var(S) = E(N)(\alpha_2 - \alpha_1^2) + Var(N)\alpha_1^2 \qquad (3.22)$$

二、复合普阿松分布

当 N 满足普阿松分布时，这时聚合风险模型就变成复合普阿松分布。由式（3.21）和式（3.22）可得

$$E(N) = Var(N) = \lambda$$

$$E(S) = \lambda\alpha_1 \qquad (3.23)$$

$$Var(S) = \lambda\alpha_2 \qquad (3.24)$$

三、保险费率的确定

由式（3.21）和式（3.22）可以得到某项风险所支付的索赔总额 S 的均值和方差，令其为 μ 和 σ^2，则有

$$\mu = a_1 EN \qquad (3.25)$$

$$\sigma^2 = E(N)(\alpha_2 - \alpha_1^2) + Var(N)\alpha_1^2 \qquad (3.26)$$

众所周知，即使赔款次数的随机变量 N 和赔款额的随机变量 X 的分布已知，计算索赔总额 S 的分布也将相当困难，实务中我们假设它近似服从正态分布。即 $S \sim N(\mu, \sigma^2)$。

令 $\phi(z) = \dfrac{1}{\sqrt{2\pi}} \int_{-\infty}^{z} e^{-\frac{x^2}{2}} dx$，则 $\varphi(z)$ 是标准正态分布的分布函数。显然有

$$P(S \leq x) = P\left(\frac{S-\mu}{\sigma} \leq \frac{x-\mu}{\sigma}\right) \approx \varphi\left(\frac{x-\mu}{\sigma}\right) \qquad (3.27)$$

令 P_α 为某项风险事故的保费，且索赔总额不超过保费 P_α 的概率为 α。由式

（3.27）可知

$$P_\alpha = \mu + z_\alpha \sigma \tag{3.28}$$

这里 Z_α 满足 $\varphi(Z_\alpha) = \alpha$，$Z_\alpha$ 可以通过查正态分布数表得到。

如果保险标的的实际价值是 M，则保险费率是 P_α/M。

下面是某项风险在一年内发生赔款次数的记录：

赔款次数	0	1	2	3	4	5	6	≥7
频数	8	16	17	10	6	2	1	0

2 520，3 540，2 600，3 320，3 120，
3 400，2 900，2 400，3 280，3 100，
2 980，3 160，3 100，3 460，2 740，
3 060，3 700，3 460，3 500，1 600，
3 100，3 700，3 280，2 880，3 120，
3 800，3 740，2 940，3 580，2 980，
3 700，3 460，2 940，3 300，2 980，
3 480，3 220，3 060，3 400，2 680，
3 340，2 500，2 960，2 900，4 600，
2 780，3 340，2 500，3 300，3 640。

对皮尔逊使用的统计量进行 x^2 检验，赔款次数的随机变量 N 服从普阿松分布，赔款额的随机变量 X 服从正态分布，用极大似然估计法可得 $\lambda = 2$。

$\alpha_1 = 3\ 160, \alpha_2 = 10\ 202\ 290.25$，某项风险所支付的索赔总额 S 服从复合普阿松分布。

由式（3.25）和式（3.26）可得

$$\mu = 6\ 320，\sigma^2 = 20\ 404\ 580.5$$

索赔总额不超过保费 P_α 的概率 $\alpha = 0.75$，由式（3.28）可得

$$P_\alpha = 6\ 320 + 4\ 517.14 \times 0.67 = 9\ 346.48$$

如果保险标的的实际价值是 10 万元，则保险费率是 0.09346。

重要术语

精算　　生命表（死亡表）　　现值　　精算现值　　大数定律
纯保费　　自然保费　　均衡纯保费　　折现因子　　确定年金
生存年金　　责任准备金　　现金价值　　精算等价原理

复习思考题

1. 试讨论寿险公司责任准备金的形成原因。

2. 举例说明，为什么按照精算等价原理计算的趸缴纯保费，恰好足够支付保单年度内被保险人的死亡保险金？

3. 某人欲利用分期付款方式购买一辆汽车。汽车价格为 500 000 元。付款期限为 5 年，每年初付款一次，年利率为 5%。试求该人的年度付款金额。

4. 说明 $_2p_3$，$_2q_2$，$_{2|}q_2$ 的含义，并使用生命表进行计算。

5. 说明 $A_{3:\overline{2|}}$，$a_{2:\overline{3|}}$，$_2V_{2:\overline{4|}}$ 的含义，并使用国民生命表进行计算。

6. 已知索赔总额 S 服从复合普阿松分布，每次索赔的个体索赔额 X 服从正态分布，且 $\mu = 8\,000$，$\sigma^2 = 9\,000\,000$，普阿松分布的参数 $\lambda = 2$。

（1）求 S 的均值和方差。

（2）索赔总额不超过保费 P_α 的概率 $\alpha = 0.75$，求 P_α。

第四章

保险合同

第一节　保险合同概述

一、保险合同的概念与特征

保险合同是投保人与保险人约定保险权利义务关系的协议。保险合同所约定的权利义务关系，其实质内容在于：投保人依约向保险人缴付保险费，保险人则对合同约定的可能发生的事故发生后造成的损失承担赔偿责任，或者当指定的被保险人死亡、伤残、疾病或者达到合同约定的年龄或时间时承担给付保险金的责任。

（一）保险合同的一般特征

保险合同是合同的一种，因此它具有一般合同共有的特征。

1. 合同的当事人必须具有民事行为能力

根据合同自由原则，只要合同真实地反映了双方当事人的意志且不损害社会公共利益和他人的合法利益，合同即具有法律强制力。因此，合同当事人具有相应的民事行为能力、意思表示真实、合同内容合法，是合同的法定有效条件。

2. 合同是双方法律行为

所谓法律行为，是指人的、有意识的、能够引起一定法律后果的行为。订立合同必须是双方共同进行的活动，而不能是当事人一方的行为，这些活动在双方当事人之间将会引起一定的法律后果。

3. 合同是当事人意思表示一致的法律行为

合同的内容必须是当事人各方在充分协商、自愿的基础上达成的，各合同当事人的法律地位一律平等，无高低贵贱之分。

（二）保险合同的特征

与一般民事合同相比，保险合同又是一种特殊类型的合同，因此它具有自身的特点。

1. 保险合同是特殊的双务合同

双务合同是指合同当事人双方约定互负义务，并受其承诺约束的合同。保险合同设置了双方的特定义务：投保人的主要义务是向保险人交付保险费；保险人的主要义务则是在保险合同约定的事实出现时，如保险事故发生、期限届满等，向被保险人或受益人支付赔偿金或保险金。但保险合同具有非典型双务合同的特性，任何当事人一方履行义务是必然的，如果不履行义务就必须具备法定条件（如因为不能履行而解除合同）。保险合同中双方当事人承担的义务在性质上不具有严格意义上的对等性，投保人的义务通常具有履行的必然性，而在大多数保险合同中，保险人履行义务仅具有可能性，或者可以说，保险人对其所承担的大多数保险合同所规定的义务，赔偿或支付保险金必然不履行。此外，一般双务合同，双方当事人的义务和他们享有的权利，是相互关联和互为因果的，而在保险合同当事人之间负有保险费义务的是投保人，在保险事故发生后，保险人为保险给付的对象却不一定是投保人，尤其是人身保险合同中，投保人或被保险人均得另行指定投保人之外的第三人为受益人。

2. 保险合同是附和合同

附和合同又称格式合同、格式条款、标准合同，它是指合同条款由一方当事人预先拟定，对方当事人只能全部接受或一概拒绝，而不能就个别条款进行商洽的合同。用格式条款订立合同是随着社会经济的发展而形成的，最早出现在西方国家公用事业领域。20世纪以来，由于科学技术的高度发展和垄断组织的形成，一些企业的服务交易行为重复进行，许多公用事业具有固定要求，都使利用格式条款订立合同大行其道。因为它简化订约程序，节约了时间，降低了成本，适应了现代化社会商品经济高度发展的要求。由于保险合同的适用范围广泛，合同数量巨大，以及办理保险手续的快速、简洁的要求，标准化、定型化已成为各国保险合同订立所采用的一般形式。

保险合同作为附和合同的一种，具有以下的法律特征：一是保险合同的要约具有广泛性、持久性和细节性。保险合同是向广大投保人发出的、涉及某一特定时期所要订立的全部合同，并且包含和确定了合同的具体条款。二是由保险人事先拟定出保险合同基本条款，投保人只需在印制的表格上填写有关事项，在订立合同时，投保人既不能自行拟定保单的内容，也不能对保单所确定的条款进行修改。三是保险合同具有不变性，所有的合同条款构成密不可分的统一整体，并已定型，投保人只有完全同意才能成为缔约的一方当事人，不能就合同条款讨价还价加以改变。在某些特殊的情况下，如需变更保单的内容，投保人也只能采用保险人事先拟定的附加条款或附属保单，即只能按标准合同规定的条款订立合同，并无其他选择余地。因此，一般而言，标准合同即附和合同。四是保险合同以保险单的方式，将合同条款明示。五是保险合同的保险人在经济上具有绝对优势的地位，在事实上具有垄断经营的权利。

附和合同即标准合同，不过与一般的标准合同有所区别的是，保险合同并不表现为标准合同文本，而是表现为标准格式的要保书、暂保单、保险单以及其他保险凭证等书面文件。在实务中，保险合同的订立并非必须采用或完全采用保险人拟定的标准格式合同，由于保险标的物不同、保险期间不同、保险条件不同，保险格式化条款不一定能够完全满足当事人的需要，因此，在不违背法律强制性规定或禁止性规定的条件下，当事人也可以采用个别商议形式，另行约定设置特别商议条款。在这种情况下，保险合同是由标准合同与特别商议合同结合而成的。

3. 保险合同是射幸合同

射幸是指相对人获取利益具有偶然性。射幸合同具有"碰运气"的性质，当事人因为合同所产生的利益或者损失，不具有等价关系。这种合同有可能因违背公序良俗而无效，如赌博合同，但在符合法律规定的情况下，也可能具有效力，如合法的有奖销售。在财产保险合同和部分人身保险合同中，投保人向保险人缴纳保险费后，其能否获得补偿仅具可能性。就个别保险合同而言，不发生保险事故，投保人除了缴纳保险费外什么也得不到；一旦发生损失，所获得的赔款将是所交保险费的许多倍。因此，保险合同是一种射幸合同。保险合同的这种性质，是由保险事故发生的不确定性所决定的。从投保人的角度看，在发生保险事故时，投保人获得的保险赔偿只是对其所遭受的经济损失的补偿，投保人并未因此获得任何额外利益；而从保险人的角度看，保险事故的发生，虽然对于个别投保人具有偶然性，但其发生在整体上却具有必然性，而保险费的收取与赔偿金付出的关系是根据概率测算出来的，即保险人收取的保险费的总额，与其承担的赔偿义务在理论上一般是相等的。

二、保险合同的分类

1. 财产保险合同和人身保险合同

根据保险合同的标的不同可分为财产保险合同和人身保险合同。财产保险合同是以财产及其有关利益为保险标的的保险合同。财产保险合同所涉及的标的包括有形财产和无形财产，以有形的物质财产为合同标的的是有形财产保险合同，如企业财产保险合同等；以无形的财产为合同标的的是无形财产保险合同，如责任保险合同、信用保险合同等。人身保险合同是以人的寿命和身体为保险标的的保险合同。由于人身保险合同所保障的风险不同，又可以具体分为人寿保险合同、意外伤害保险合同和健康保险合同。

2. 定值保险合同与不定值保险合同

根据保险合同订立时是否约定保险价值，可分为定值保险合同与不定值保险合同。定值保险合同是指保险合同当事人事先约定保险标的的价值，并将其记载在合同中，保险金额则按照约定的保险价值来确定。定值保险一般适用于标的本身价值难以确定或不可能复制，以及在保险有效期内市价变动较大的标的，如艺术品、书画、矿物标本以及海上货物运输等，这些财产的价值不易确定，在发生索赔时容易产生纠纷，在个别极端情况下，甚至无法确定标的物的实际价值，比如某件古瓷器一直为某人所收藏，从未公开过，其定价也就根本没有可参照的同类物，因此需要由当事人双方事先约定财产的保险价值。在定值保险中，若保险标的因保险事故全损时，不论保险事故发生时保险标的的实际价值是多少，保险人都无须再加以估价，依照所约定的保险金额全部赔偿，若发生部分损失，则依照保险金额乘以损失程度进行赔偿。值得注意的是，按照定值保险承保时，如保险人对保险财产的估价缺乏经验，容易导致被保险人的欺诈行为，因此，定值保险除在海上保险中广泛适用外，在其他保险中很少使用。不定值保险合同则是在投保时对被保险财产的保险价值事先不确定，但在合同中须载明保险事故发生后，再对投保财产的保险价值按照一定标准进行估价，例如，可以按照出险时的实际价值或出险时的重置价值来加以确定。在不定值保险合同中，如果保险金额小于保险值就构成了不足额保险。在这种情况下，被保险人的损失就不会得到全部赔偿。

3. 补偿性保险合同和给付性保险合同

根据保险人支付保险金行为性质的不同，可分为补偿性保险合同和给付性保险合同。给付性保险合同是指事先由保险人与投保人协商一定数目的保险金额，待保险事故发生时，由保险人依照保险金额承担给付保险金义务的合同，这类保险合同多为人身保险所采用，如人寿保险与年金保险。补偿性保险合同是指当保险事故发生时，保险人要对保险标的的实际损失进行核定，并仅在被保险人遭受的实际损失的范围内给予赔偿的合同。大多数的财产保险合同都是补偿性保险合同。

4. 特定保险合同和总括保险合同

根据保险合同标的是否为特定的标的，可以把保险合同分为特定保险合同和总括保险合同。

特定保险合同是指用来承保某一特定标的的风险，并且为该特定的标的规定一个保险金额或赔偿限额的保险合同。多数保险合同是特定保险合同。

总括保险合同又称为统保单，是用来承保某一类别的多个保险标的的风险，并为多个标的确定一个保险金额或最高赔付限额。例如，在忠诚保证总括保险单中，规定被保险人在特定地区的全部雇员在处理财产和现金时由于不忠诚所导致损失的最高赔偿金额，而不是规定每一雇员不忠诚所导致损失的赔偿金额。当其雇员不忠诚造成被保险人的损失时，由保险人在最高赔偿限额内进行赔偿，而不论每一雇员不忠诚所导致的损失的多少。再如，在意外医疗费用总括保险单中，规定全部医疗费用赔付的最高限额，而不规定医疗、住院、护理等各个项目的医疗费用的保险金额。在最高限额内，保险人赔付被保险人的各种医疗费用，而不论各个医疗项目医疗费用的多少。

5. 原保险合同和再保险合同

根据风险转嫁层次可以分为原保险合同和再保险合同。原保险合同是指投保人与保险人之间直接订立的保险合同。原保险合同保障的对象是被保险人的经济利益。被保险人将风险转嫁给保险人，由保险人承担其可能的风险损失，它是风险的第一次转嫁形式。再保险合同是以原保险合同为基础，由原保险人与再保险人签订的将原保险人承担的风险责任，部分转嫁给再保险人的保险合同，它是风险的第二次转嫁。

第二节　保险合同的要素

一、保险合同的主体

保险合同作为保险法律关系的表现形式，与一般法律关系一样，是由主体、客体和内容三要素构成的。

保险合同的主体是保险合同的参加者，是在保险合同中享有权利并承担义务的人，包括法人和自然人。在保险合同中，享有权利的一方是权利主体，承担义务的一方是义务主体。保险合同的主体是合同的当事人，主要有保险人、投保人、被保险人和受益人组成。一般来说，保险合同的双方当事人既是权利主体，也是义务主体。

保险合同的主体包括保险合同的当事人、保险合同的关系人和保险合同的辅助人。保险合同的当事人，是指依法订立保险合同并享有权利和承担义务的利害关系人，包括投保人和保险人。保险合同的关系人是指并未参与保险合同的订立，但享受保险合同约定利益的人，包括被保险人和受益人。保险合同的投保人、被保险人、受益人通常均应在合同中载明，保险人则需要在保险合同上签章。因为保险合同的订立和履行涉及专门知识和技术，所以除保险合同的当事人及关系人外，还有保险代理人、保险经纪人、保险公估人，后三者又通常被称为保险合同的辅助人。

（一）保险合同的当事人

1. 保险人

保险人又称承保人，是指与投保人签订保险合同，并承担赔偿或给付保险金责任的保险公司。保险人签订和履行保险合同必须具备如下条件：（1）保险人要具有法定资格。保险人必须是依法成立的保险公司，其设立不仅要符合《保险法》的有关规定，还必须符合我国《公司法》的规定，其业务范围必须由国家保险监管部门核定，并只能在核定的业务范围之内从事保险业务，要接受保险监管部门的监管；保险公司的组织形式应是国有独资公司与股份有限公司两种形式。（2）保险人必须以自己的名义签订保险合同。只有以自己的名义与投保人签订保险合同，保险公司才能成为保险合同的当事人。

2. 投保人

投保人是指与保险人订立保险合同，并按照保险合同负有支付保费义务的自然人或法人。投保人必须具备三个条件：（1）必须具有民事行为能力。民事行为能力是指有行使民事权利履行民事义务的能力。保险关系是民事法律关系，签订保险合同的行为是一种民事法律行为。因此，作为投保人就应当具备民事权利能力和行为能力，否则所签订的保险合同无效。法人取得民事权利和承担民事义务的资格是国家依法赋予的，当然可以充当投保人。自然人有完全行为能力人、限制行为能力人和无行为能力人之分。只有完全行为能力人才能充当投保人。限制行为能力人和无行为能力人不能充当投保人，他们签订保险合同必须由其法定代理人代理。（2）必须对保险标的具有保险利益。人身保险的投保人对保险标的应具有保险利益，否则，即使合同已经签订，保险合同也会归于无效。（3）必须承担缴纳保险费的义务。

（二）保险合同的关系人

1. 被保险人

被保险人是指以自己的财产或者人身利益享受保险保障，在保险事故发生或者约定的保险期间届满时，对保险人享有保险金给付请求权的人。有的保险学教科书认为将投保人列为保险合同当事人，被保险人列为保险合同关系人，并无实际意义，理由是，财产保险的投保人往往与被保险人是同一人，而人身保险中被保险人也须参与合同的订立，如指定或同意指定受益人。但是，我国《保险法》对投保人与被保险人的地位已经做了明确的划分，按照《保险法》的规定，投保人的地位主要体现为订立保险合同和承担缴纳保险费的义务，而被保险人的地位主要体现为享有保险金请求权。因为投保人与被保险人有不同的法律地位，所以保险合同的投保人与被保险人可以分离，投保人与被保险人可以为不同的民事主体。当然，如果被保险人以自己的名义与保险人订立保险合同的，投保人与被保险人即为同一人。被保险人享有合同项下的利益，但其利益的取得必须满足履行保险合同约定或者法律规定的各项义务这一条件。

2. 受益人

受益人是指人身保险合同中由投保人或被保险人指定的，在保险事故发生时享有保险金请求权的人。投保人、被保险人可以为受益人。受益人有如下特点：

（1）受益人是由投保人或被保险人所指定。当投保人指定自己或被保险人以外的其他人为受益人时必须经被保险人同意。

（2）受益人在保险事故发生后享有保险金的给付请求权。受益人的此项权利取得属于原始取得，既不纳入遗产分配，也不用于清偿被保险人的生前债务，受益人以外的任何人无权分享受益人领取的保险金。

（3）受益人既可以是投保人，也可以是被保险人或第三人，前者属于"为自己利益的保险"，后者则属于"为他人利益的保险"。

（三）保险合同的辅助人

1. 保险代理人

保险代理人是指根据保险人的委托，向保险人收取佣金，在保险人授权范围内开展保险业务的单位和个人。按照我国的有关规定，保险代理人有专业代理人（代理公司）、兼业代理人（单位）和个人代理人。

2. 保险经纪人

保险经纪人是指基于投保方的利益，为投保人和保险人订立保险合同提供投保、缴费、索赔等中介服务，并主要以从保险人处取得佣金为收入来源的法人单位。

3. 保险公估人

保险公估人是指接受保险当事人委托，专门从事保险标的的评估、勘验、鉴定、估损、理算等业务的单位。按照我国的有关规定，保险公估机构可以以合伙企业、有限责任公司或股份有限公司的形式成立。

二、保险合同的客体

合同客体是指合同当事人权利义务共同指向的对象。保险合同的客体不是保险标的本身，而是被保险人一方对保险标的所具有的可保利益。但是，可保利益与保险标的是密不可分的，保险标的是可保利益的载体，保险标的的受损，被保险人一方的可保利益随之发生损失。因此，一般可将保险标的看成保险合同的客体。

财产保险合同的保险标的，是被保险人的财产或与财产有关的经济利益；人身保险的保险标的是被保险人的生命、健康和劳动能力等；责任保险的保险标的是被保险人因其疏忽或过失而造成他人人身伤亡或财产损失时，应当承担的赔偿责任。

三、保险合同的内容

保险合同的内容是指以保险合同当事人双方权利义务为核心的全部事项。依据契约自由原则，投保人与保险人可以约定任何内容。但是，保险合同为格式合同，为保护被保险人和受益人的利益，在订立保险合同时，除法律另有规定外，保险人不得规避保险立法已经规定的事项，除非其约定较之法律的规定更加有利于被保险人和受益人。

保险合同的基本内容有以下几个方面。

1. 当事人和关系人的名称和住所

在保险合同中写明当事人和关系人的名称和住所，是保险合同得以适当全面履行的前提，也有利于确定保险合同履行的地点以及合同纠纷的诉讼管辖。保险人以经营保险业务的保险公司为限，其名称和住所一般印在格式保险合同上。投保人、被保险人和受益人可以为自然人或者法人，可以为一人或数人，保险合同应当写明其名称和住所。

2. 保险标的

保险标的是指投保人将其作为保险对象申请投保，而由保险人承担风险的财产（利益）或者人身（利益）。不同的保险标的，决定着保险合同的种类和性质。保险标的不同，保险风险的种类和程度不同，保险费率也不同。明确保险标的，一方面有利于判断投保人对保险标的是否具有可保利益，从而确定保险合同的有效性；另一方面也是投保人确定保险金额和保险人核算损失确定赔偿额的依据。

3. 保险责任和责任免除

保险责任是指保险人依据保险合同的约定，在保险事故发生时或者在保险合同约定的给付保险金条件具备时，应当承担赔偿或给付保险金的责任。保险人并不对保险标的的所有风险承担责任，此条款明确了保险人承担风险责任的范围，是确定保险人合同义务的基本依据。与此条款相对应的是除外责任条款，它规定了保险人不承担赔偿或者给付责任的具体条件范围，是排除和限制其保险责任的合同条款。保险合同的免责条款必须是明示的，不允许以默示的方式表达。

4. 保险期间和保险责任开始的时间

保险期间是指保险人为被保险人提供保险保障的起讫日期，在该期间内，当发生保险事故或者保险合同约定的给付保险金条件具备时，保险人按照合同约定向被保险人和受益人承担赔偿或给付保险金责任。保险期间决定着保险人和投保人权利义务的存续与否，也是计算保险费的重要依据。保险期间可以按年、月、日计算，也可以按照航次、工期或生长期计算。保险责任开始时间即保险人开始承担保险责任的时间，通常以年、月、日、时表示。在我国财产保险实务中，以约定起保日的零时为保险责任开始时间，以第二年合同期满 24 时为保险责任终止时间。

5. 保险金额

保险金额又称保额，是保险人在发生事故或出现保险事件时，应赔偿或给付保险金的最高限额。保险金额超过保险价值，即构成超额保险，将导致保险合同部分或全部无效。保险金额低于保险价值，即构成不足额保险，将导致保险标的的损失不能够得到全部赔偿。确定保险金额，既限定了保险人承担赔偿或给付义务的责任范围，也为计算保险费提供了依据。

6. 保险费以及支付方法

保险费又称保费，是投保人为使其财产或人身获得保险保障，按合同规定向保险人支付的对价，是建立保险基金的来源。保险费率，即按照每千元保额计算的缴费标准。保险金额乘以保险费率之积为保险费。保险费可按照合同约定一次缴纳，也可分期缴纳。保险合同应对保险费的支付和方式作出明确规定。保险费以及支付方法条款可以明确投保人所承担的义务和履行义务的方式、期限。此外，投保人缴付保险费，在某些保险中也是保险合同生效的条件。

7. 保险金赔偿或给付方法

保险金赔偿或给付方法包括：（1）保险人给付多少保险金，即计算赔偿或给付金额所应采取的计算方式。保险种类不同赔偿或给付保险金的计算方式也不相同。例如，在人身保险中，给付保险金的计算方式依险别不同而不同，如养老保险，以被保险人生存到约定年龄时，按约定的金额给付养老金；意外伤害保险，则以身体伤残的程度，按约定的比例计算给付保险金；医疗保险则以被保险人实际支付的医疗费用为标准，在约定的金额内给予补偿。在财产保险中，定值保险按保险金额足额赔偿，不定值保险有第一危险赔偿方式、比例分摊赔偿方式、限额赔偿方式等。（2）保险金如何赔付。对于保险金的赔偿或给付办法，保险合同有约定的，从其约定，约定保险金给付期间应当符合保险赔付及时的原则；没有约定的，依法律规定的方式办理。我国《保险法》规定，保险人收到被保险人或者受益人的赔偿或者给付保险金的请求后，应当作出及时的核定；情形复杂的，应当在三十日内作出核定，但合同另有约定的除外。保险人应当将核定结果通知被保险人或者受益人；对属于保险责任的，在与被保险人或者受益人达成有关赔偿或者给付保险金的协议后十日内，履行赔偿或者给付保险金的义务。

8. 违约责任和争议处理

保险合同当事人违反保险合同的约定，没有全面履行自己的合同义务，应当向对方当事人承担违约责任。当事人承担违约责任的方式除继续履行支付保险费或给付保险金义务外，还应当赔偿对方当事人因此受到的损失。争议处理是指保险合同发生争议后的解决方式。保险合同的争议处理主要有协商、仲裁、诉讼等方式。当保险合同发生争议时，投保人和保险人应当通过协商解决争议，通过协商不能解决争议或者不愿意通过协商解决争议，可以通过仲裁、诉讼解决争议。

9. 订立合同的时间和地点

订立合同的时间可以用来判断保险合同成立的时间，判断在投保时投保人对保险标的有无可保利益，以及在投保时保险事故是否发生。保险合同的订约地，对于保险合同的生效、争议的法院管辖、法律适用等均有直接影响。因此，保险合同应当明确规定保险合同的订约时间和地点。

四、保险合同的条款

保险合同成立后，双方当事人的权利义务主要体现在保险合同的条款上。保险合同的条款是保险合同内容的主要构成部分。保险合同条款可分为基本条款和特约条款两种。

1. 基本条款

基本条款是保险合同中原有的载明保险合同双方当事人基本权利、义务的条款。基本条款必须反映法律规定的保险合同应当包括的事项。保险合同的基本条款主要包括保险标的范围条款、保险责任和责任免除条款、保险金额与保险价值条款、保险费以及支付方法条款、保险金赔偿或者给付办法条款、违约责任和争议处理条款、双方的其他权利义务条款等。

2. 特约条款

保险合同除了基本条款外，当事人还可以根据特殊需要约定其他条款。为区别于基本条款，这类条款被称为特约条款。特约条款主要有附加条款和保证条款。

附加条款是指保险合同当事人在基本条款的基础上约定的补充条款，以增加或限制基本条款规定的权利义务。由于基本条款通常是事先印在保险单上的，因此，附加条款一般采取在保险单空白处批注或在保险单上附贴批单的方式使之成为保险合同的一部分。附加条款是对基本保险条款的修改和变更，其效力优于基本条款。

保证条款是指投保人与被保险人就特定事项担保的条款。例如，人身保险合同的投保人保证其申报的被保险人年龄真实。保证条款一般由法律规定和同业协会制定，是保险合同的基础，也是投保人和被保险人必须遵守的条款，如有违反，保险人有权解除保险合同或拒绝赔偿。

第三节　保险合同的订立

一、保险合同的形式

书面形式是保险合同的基本形式。载有保险合同内容的书面文件包括投保单、保险单、暂保单、保险凭证以及除此之外的其他书面协议。

1. 投保单

投保单又称要保书，是投保人向保险人提出订立保险合同的书面申请。它是由保险人准备的、格式统一的书面单证，由投保人依其所列项目，逐一填写，供保险人据以考虑是否同意承保。投保单本身并非合同的正式文本，但一经保险人签章接受后，即成为保险合同的一部分。就一般合同成立的程序而言，填写投保单是投保人对保险人提出的要约，经保险人同意后，签发暂保单或保险单是保险人对投保人的承诺。

2. 保险单

保险单简称保单，是投保人与保险人之间订立保险合同的正式书面形式，它必须详细载明保险双方当事人的权利和义务。保险单只是保险合同成立的凭证之一，不构成保险合同成立的条件。保险合同成立与否并不取决于保险单的签发，只要投保人提出保险要求，经保险人同意承保，保险合同即宣告成立，即使尚未签发保险单，保险人也应负赔偿责任，除非投保人与保险人约定保险人签发保险单为保险合同生效的要件。

3. 暂保单

暂保单又称临时保险单，是保险人签发正式保险单之前发出的一种临时保险凭证。暂保单内容比较简单，只记载被保险人、保险标的、保险金额等事项，以及保险单以外的特别保险条件，有关保险双方当事人的权利义务要以保险单的规定为准。暂保单与保险单具有同样的法律效力，但是其期限较短。正式保单一经交付，暂保单即自动失效。

4. 保险凭证

保险凭证又称为小保单，是内容和格式简化了的保险单。保险凭证不列明具体的保险条款，只记载投保人和保险人约定的主要内容，但却和保险单具有同等的法律效力。保险凭证未列明的内容以相应保单记载的内容为准。目前，保险凭证只在少数几种业务中使用，如货物运输保险和汽车保险等。

5. 预约保险单

预约保险单又称开口保单或敞口保单，是保险双方预先约定保险标的、保险责任范围等事宜的对多次风险行为有效的、期限较长的保险合同形式。例如，在海上（或内河）运输货物保险中，保险人与被保险人就一定时期内需要运输的分批运输的货物事先订立一个总的保险合同，在合同中规定货物的范围、保险责任、最高保险金额、费率等内容。对于每一批运输货物，在运输开始前由被保险人通知保险人，保险人按事先签订的合同规定的条件自动承保。对于每一批自动承保的货物，保险人通常向被保险人一方出立一份保险凭证，上面载明该批货物的保险金额。保险人根据所载明的保险金额收取保险费；当该批保险货物出险时，保险人在该批货物的保险金额内进行赔偿。

6. 批单

在保险合同有效期内，投保人和保险人经协商同意，可以变更保险合同的有关内容。变更保险合同的，应当由保险人在原保险单或者其他保险凭证上批注或者附贴批单，或者由投保人和保险人订立变更的书面协议。

批单是保险人应投保人或被保险人的要求出立的变更保险合同有关内容的证明文件。批单通常在以下情况下使用：一是扩大或缩小保险责任范围；二是保险标的的价值发生变化；三是保险标的的种类发生变化；四是保险标的的所有权发生变化，等等。

批单一经签发，就自动成为保险单的一个重要组成部分。凡是经过批改的合同内容，均以批单为准；多次批改，应以最后批改为准。

二、保险合同的订立程序

保险合同作为合同的一种，其订立过程也必须经过要约和承诺两个阶段。按照我国《保险法》的规定：投保人提出保险要求，经保险人同意承保，保险合同成立。

1. 要约

要约是指一方当事人向对方当事人提出订立合同的意思表示。提出订立合同意思表示的当事人，称为要约人。收到当事人提出订立合同的意思表示，并可以决定是否与要约人订立合同的当事人，称为受要约人。构成要约有三个重要条件：（1）明确表示订立合同的愿望；（2）要约人提出合同的基本条款；（3）要约通知到达受要约人。如果受要约人在收到要约后，对要约的内容作出实质性变更，就构成了新要约。在保险的理论和实务中，在一般情况下，投保人是要约人，投保人完成填写投保单，表示要购买保险这一行为就是要约。而保险人制作投保单，进行保险展业宣传，推销保险单则是要约邀请行为。在有些情况下，保险人也可以成为要约人。例如，保险人收到投保人提交的投保单后，没有完全同意，而是提出一些条件，比如提高保险费率、增加保证条款，这些新内容的出现，就构成新要约，这时，保险人成为新要约的要约人。

2. 承诺

承诺是指受要约人对要约人的提议作出同意的意思表示。构成承诺有三个重要条件：（1）承诺由受要约人作出；（2）承诺的内容应当与要约的内容一致，不得对要约内容作出实质性改变；（3）承诺必须在要约有效期内作出。在保险实务中，如果保险人对投保单的内容没有异议，同意承担保险责任，就构成了承诺。保险人作出承诺意味着保险合同成立。保险人应当及时向投保人签发保险单或者其他保险凭证。

三、保险合同的附随义务

根据诚实信用原则的要求，保险合同当事人在订立合同时负有一定的附随义务，这些义务也称为先契约义务，具体包括以下几个方面。

1. 投保人对保险标的的如实告知义务

订立保险合同，保险人就保险标的或者被保险人的有关情况提出询问的，投保人应如实告知。保险人设计的投保单和风险询问表，视为保险人"提出询问"的书面形式。投保人对保险人询问事项的回答，限于其知道或者应当知道的内容。投保人故意或者因重大过失未履行前款规定的如实告知义务，足以影响保险人决定是否同意承保或者提高保险费率的，保险人有权解除保险合同。投保人故意不履行如实告知义务的，保险人对于保险合同解除前发生的保险事故，不承担赔偿或者给付保险金责任，并不退还保险费。投保人因过失未履行如实告知义务，对保险事故的发生有严重影响的，保险人对于保险合同解除前发生的保险事故，也不承担赔偿或者给付保险金责任，但应当退还保险费。

保险人在合同订立时已经知道投保人未如实告知的情况时，保险人不得解除保险合同；发生保险事故的，保险人应当承担赔偿或者给付保险金的责任。

2. 保险人对保险合同条款内容的说明义务

订立保险合同，采用保险人提供的格式条款的，保险人向投保人提供的投保单应当附格式条款，保险人应当向投保人说明合同的内容。在说明保险合同条款内容时，应当以普通人能够理解的程度为限，但是可以根据投保人的投保经验做不同程度的解释。对于保险合同中所约定的有关免除保险人责任的条款，应当在保险单上或者其他保险凭证上作出能够足以引起投保人注意的提示，并且对该条款的内容以书面或口头形式向投保人作出明确解释。保险人对是否履行了明确说明义务承担举证责任。但是，保险合同中免除保险人责任的条款本身，不能证明保险人履行了说明义务。保险人在订立保险合同时对该条款未向投保人明确说明的，该责任条款不产生效力。

四、保险合同的成立与生效

保险合同是诺成合同，合同成立的要件是双方意思表示一致，受要约人一旦承诺，保险合同即成立。保险合同生效是指保险合同对投保人和保险人开始产生法律约束力。一般而言，法律对保险合同生效有规定的，依照法律规定办理；法律没有规定而保险合同有约定的，依照保险合同约定办理，依法成立的保险合同，自成立时生效，投保人和保险人可以对合同的效力约定附条件或者附期限；法律没有规定，保险合同也没有约定的，保险合同生效于保险合同成立时。

五、保险合同的无效

保险合同的无效，是指因法定或者约定的原因，保险合同的全部或者部分自始不产生法律约束力。保险合同无效可分为全部无效和部分无效两种。

（一）无效保险合同的种类

1. 全部无效

保险合同全部无效，即无效保险合同，是指当事人订立的保险合同因欠缺法定或约定的生效要件而不具有法律的约束力。无效的保险合同，在发生保险合同约定的保险事故时，投保人、被保险人和受益人不得基于保险合同，向保险人主张任何权利或享受任何利益。例如，人身保险中投保人对保险标的没有保险利益的保险合同，被保险人不得基于此合同请求保险人承担赔偿或者给付保险金责任。

2. 部分无效

保险合同的部分无效，是指保险合同的部分内容不具有法律效力。保险合同的部分内容因为欠缺生效要件而无效的，不发生无效保险合同的后果，也不影响其余部分的效力，保险合同的其他内容仍然有效。例如，发生善意的超额保险时，仅保险金额超过保险价值部分无效，其余部分仍然有效。再如，未做说明的责任免除条款，仅责任免除条款无效，其余条款仍然有效。

（二）无效保险合同的认定依据

1. 以《保险法》关于无效保险合同的规定为依据

《保险法》第三十一条第二款规定：人身保险中"投保人对被保险人不具有保险利益的，合同无效"。第三十四条规定："以死亡为给付保险金条件的合同，未经被保险人同意并认可保险金额的，合同无效。"

2. 以我国《合同法》关于无效合同的有关规定为依据

保险合同是民事合同的一种，《合同法》规定的无效合同的原因，对保险合同也适用。保险法中关于保险合同方面的规定，较之合同法而言，只是一种特别法；而合同法则为普通法。按法律适用原则，特别法优于普通法，特别法有规定的，适用特别法；特别法没有规定或规定不明确的，适用普通法。据此，《保险法》有关无效保险合同规定的，适用《保险法》；《保险法》没有规定或规定不明确的，则应以《合同法》中关于无效合同的规定来认定保险合同的有效或无效。

（三）保险合同无效的原因

1. 无保险利益

人身保险中，投保人对保险标的应当具有可保利益是保险合同的效力要件，在订立保险合同时，投保人对保险标的没有可保利益的保险合同无效。

2. 超额保险部分

保险金额超过保险价值的，超过的部分无效。确认超过的部分无效，原因在于投保人对超额保险部分没有可保利益。

3. 未经被保险人同意的死亡保险

投保人以他人的生命为保险标的，订立以被保险人的死亡为保险事故的人身保险合同，没有经过被保险人书面同意并认可保险金额的，以此订立的保险合同无效。

4. 未做说明的免除保险人责任的条款

凡保险合同中规定的免除保险人责任的条款，保险人在订立保险合同时，都应当向投保人作出明确说明，没有作出明确说明的这些条款对投保人、被保险人和受益人不发生法律效力。

5. 保险合同的内容违反法律和行政法规

合同之所以具有法律效力，根本原因在于其内容的合法性。《合同法》第五十二条规定，"违反法律、行政法规的强制性规定"的合同无效。关于该规定应当注意，必须是违反了全国人大及其常委会制定的法律和国务院制定的行政法规；但导致保险合同无效的"违反法律和行政法规"的行为，应以违反法律、行政法规的强制性规定的行为为限。

6. 因欺诈所签订的合同

《合同法》第五十二条规定，"一方以欺诈、胁迫的手段订立合同，损害国家利益"的合同无效。欺诈是指一方当事人故意告知对方虚假情况，或者故意隐瞒真实情况，诱使对方当事人作出错误的意思表示的行为。因欺诈而订立的合同，是在受欺诈人因为欺诈发生错误而作出错误意思表示的基础上产生的，是欺诈行为的结果。但是，并不是所有的欺诈行为都导致保险合同无效，只有那些因欺诈而损害国家利益的行为才能导致保险合同无效。若投保人为欺诈的意思表示，同时构成违反如实告知义务的，订立的保险合同并非无效，只产生保险人可以解除保险合同或者拒绝承担保险责任的权利。

7. 因代理权问题

无权代理，未经授权代理而擅自代替他人订立保险合同，或者代理人超越代理权限订立的保险合同，或者代理权消灭后仍为代理而订立的合同，未经被代理人追认的，保险合同无效。但是，行为人没有代理权，超越代理权或者代理权利终止后，仍以保险公司的名义订立合同，投保人有理由相信行为人有代理权的，成立的保险合同有效。

8. 采用保险人提供的格式条款订立的保险合同的下列条款无效

免除保险人应承担的义务或者加重投保人、被保险人责任的；排除投保人、被保险人或者受益人依法享有的权利的。

9. 其他法定事由

保险人和投保人因为法律规定的其他合同无效的事由，订立的保险合同无效。其他事由主要有：保险合同当事人不具有法定资格；恶意串通，损害国家集体或第三人利益的保险合同；损害社会公共利益的保险合同等。

（四）无效保险合同的后果

无效保险合同从订立时起就不发生法律效力。所谓不发生法律效力是指不能达到保险双方当事人所预期的目的，不受法律的保护。但这并不是说无效保险合同没有法律意义。保险合同一经认定为无效合同，同样会产生一定的法律后果。这种法律后果如下：

1. 返还保险费

返还保险费是针对保险人而言的。保险人在合同订立以后收取了保险费，后经确定该保险合同为无效合同，则保险人应将已经收取的保险费返还给投保人。

2. 退还保险金

退还保险金是针对投保人、被保险人或受益人而言的。保险人依合同约定，在保险事故发生以后支付了赔偿金或保险金后该合同确认为无效合同，则投保人、被保险人或受益人应将已经取得的保险金退还给保险人。

3. 赔偿损失

如果保险合同的无效是由于一方当事人的过错引起的，而且造成了对方的经济损失，则该过错的一方应当赔偿对方的经济损失。如果双方都有过错，以过错的大小各自承担相应的责任。

4. 其他行政制裁

无论是返还保险费、追回保险金，还是赔偿损失，目的是使保险合同双方恢复到该无效行为以前的状态。但是，如果保险合同无效是保险双方或一方故意所为（如规避法律等），则对该故意的一方或双方可以进行一定的行政处罚，如没收、追缴非法所得等。

第四节　保险合同的履行

一、投保人与被保险人的义务履行

保险合同一经成立，即在当事人之间产生了一定的权利义务关系，保险合同的履行就是保险合同双方当事人依法全面完成合同约定义务的行为。作为投保人和被保险人当然需要依法履行合同义务。

1. 缴纳保险费义务

缴纳保险费是投保人最基本的义务。若投保人没有按约缴纳保险费，在财产保险合同中，保险人可以请求投保人缴纳保险费，也可以终止保险合同。在人身保险合同中，保险人可以进行催告。在保险合同成立后，投保人未按照约定缴纳保险费，应当承担违约责任；发生保险事故的，保险人应当承担保险责任，但是《保险法》另有规定或者保险合同另有约定的除外。保险合同生效后，投保人未按约定的期限缴纳保险费，但是约定有缴费宽限期的，保险人对在宽限期内发生的承保损失承担保险责任。

2. 维护保险标的安全义务

被保险人应当遵守国家有关消防、安全、生产操作、劳动保护等方面的规定，维护保险标的的安全。投保人、被保险人未按照约定履行其对保险标的的安全应尽责任的，保险人有权要求增加保险费或者解除合同。

3. 危险增加通知义务

在合同有效期内，保险标的危险程度增加的，被保险人按照合同约定应当及时通知保险人。被保险人没有履行及时通知义务的，因保险标的危险程度增加而发生的保险事故，保险人不承担赔偿责任。但是，保险人对与保险标的危险程度增加无关的因素而发生的保险事故应承担保险责任，不得以被保险人未履行"通知"义务为由拒绝承担保险责任。

4. 出险通知义务

投保人、被保险人或者受益人知道保险事故发生后，应当及时通知保险人，故意或者因重大过失未及时通知，致使事故的性质、原因、损失难以确定的，保险人对无法确定的部分，不承担赔偿或者给付保险金的责任，但保险人通过其他途径已经知道或者应当及时知道保险事故的除外。

5. 出险时的施救义务

保险事故发生时，被保险人有责任尽力采取必要措施，防止或者减少损失。投保人或者被保险人如果不采取必要措施，致使保险标的损失扩大的，保险人对损失扩大部分不承担赔偿责任。

6. 提供单证义务

发生保险事故后，投保人、被保险人和受益人依照保险合同请求保险人赔偿或者给付保险金时，应当向保险人提供其所能提供的与确认保险事故的性质、原因、损失程度等有关的证明和资料，包括保险协议、保险单或其他保险凭证、已支付保险费凭证、保险财产证明、被保险人身份的证明、保险事故证明、保险标的损失程度证明或人身伤残程度证明、索赔请求书等。保险人按照合同的约定，认为有关证明和资料不完整，应当及时一次性通知投保人、被保险人或者受益人补充提供。

7. 保险标的转让的通知义务

保险标的转让的，被保险人或者受让人应当及时通知保险人，但货物运输保险合同和另有约定的除外。

二、保险人的主要义务

1. 赔偿或给付保险金义务

保险人收到被保险人或者受益人的赔偿或者给付保险金的请求后，应当及时作出核定；情形复杂的，应当在 30 日内作出核定，但合同另有约定的除外。保险人应当将核定结果通知被保险人或者受益人。对于属于保险责任的，在与被保险人或受益人达成有关赔偿或给付的协议后 10 日内履行赔偿或者给付保险金义务。保险合同对赔偿或给付保险金的期限有约定的，保险人应当按照约定履行赔偿或给付保险金义务。保险人自收到赔偿或给付保险金的请求和有关证明、资料之日起 60 日内，对其赔偿或者给付保险金的数额不能确定的，应当根据证明和资料可以确定的最低数额先予支付；保险人最终确定赔偿或者给付的数额后，应当支付相应的差额。

2. 及时签发保险单证的义务

保险合同成立后，及时签发保险单证和其他保险凭证是保险人的法定义务。保险单证是保险合同成立的书面证明，直接关系到被保险人和受益人权利的实现，也是保险人履行保险合同，被保险人和受益人行使保险合同权利的依据。

3. 为投保人、被保险人或再保险分出人保密

保险人或者再保险接受人在办理保险业务中，对投保人、被保险人或者再保险分出人的业务和财产情况及个人隐私，负有保密的义务。

第五节　保险合同的变更、解除与终止

一、保险合同的变更

投保人和保险人协商同意，在保险合同有效期内，可以变更保险合同的有关内容。在变更保险合同时，保险人应当在原保险单上批注或签发批单，或者由投保人和保险人订立变更的书面协议。保险人没有签发保险单而是签发其他保险凭证的，变更保险合同时，应当在该保险凭证上批注。

1. 当事人的变更

保险合同当事人的变更，往往是因为保险标的的所有权发生转移（包括买卖、继承、赠予等）而发生，一般又称为保险合同的转让。在财产保险中，除货物运输保险外，因保险标的的所有权转移而转让合同的，应当取得保险人的同意，并由保险人在原保险单上批注或签发批单。在人身保险中，保险单转让一般不需要经保险人同意，但在转让后必须通知保险人。此外，以死亡为给付保险金条件的保险合同的转让，未经被保险人的同意不发生转让的效力。

2. 受益人的变更

受益人的法律地位源于人身保险合同的投保人或被保险人的指定，因此，被保险人或投保人也可以变更受益人，但投保人变更受益人应当经被保险人同意。被保险人或投保人变更受益人应当通知保险人，若没有通知保险人的，受益人的变更不能对抗保险人。

3. 内容的变更

保险合同内容的变更包括：被保险人地址的变更；财产保险中保险标的的价值、数量、存放地点、危险程度、保险期限、保险金额的变更；保险责任范围的变更；货物运输保险合同中的航期变更、船期变更；人身保险中被保险人职业、保险金额、交费方式等发生变更。保险合同内容的变更一般由投保人提出，经保险人同意，加批注后生效。

二、保险合同的解除

保险合同的解除，是指有效成立的保险合同在有解除合同的事由发生时，因当事人一方或者双方的意思表示，而使合同关系归于消灭的一种行为（法律事实）。

（一）保险合同因当事人行使解约权解除

解约权是一种合同当事人单方面解除合同的权利，它或者源于法律的规定，或者产生于保险合同的约定；前者称为法定解约权，后者称为约定解约权。

1. 投保人解除保险合同

在保险合同中，除《保险法》规定的货物运输保险合同和运输工具航程保险合同，以及合同当事人另有约定外，保险合同成立后，投保人可以单方面解除保险合同。投保人依法解除保险合同，无须向保险人陈述解除合同的理由。投保人解除保险合同的意思表示，应当以书面通知形式送达保险人。除法律另有规定或者保险合同另有约定外，投保人解除保险合同的，保险人不得对投保人解除合同的通知提出异议。

2. 保险人依法解除保险合同

《保险法》规定："除本法另有规定或者保险合同另有约定外，保险合同成立后，投保人可以解除合同，保险人不得解除合同。"这样规定的理由在于，一旦解除合同，被保险人就会失去保险保障，同时也增加了来自保险公司故意撕毁保险合同的道德风险。但在保险合同成立后，如有下列情形之一发生时，保险人取得解约权，可以解除保险合同。

（1）投保人违反如实告知义务。在订立保险合同时，投保人故意违反如实告知义务，保险人可以解除保险合同；投保人重大过失违反如实告知义务，足以影响保险人决定是否同意承保或者提高保险费率的，保险人可以解除保险合同。但是，如果保险人在知道投保人违反如实告知义务后，继续向投保人收取保险费，或者有足够的时间决定是否解除保险合同但不作出此意思表示，应当视为保险人放弃解约权，不得再行主张解除保险合同。投保人因过失未履行如实告知义务，如果保险事故的发生并非由投保人未告知的重大事项引起，即未告知的事项不是发生保险事故主要的、决定性的原因，可以认定该未告知的事项对保险事故的发生没有"严重影响"，保险人不得以投保人未告知为由解除保险合同或者不承担保险责任。此外，告知义务的履行限于保险合同成立前。

（2）投保人、被保险人违反防灾减损义务。被保险人应当遵守国家有关消防、安全、生产操作、劳动保护等方面的规定，维护保险标的安全；投保人、被保险人未按规定履行其对保险标的应尽义务的，保险人有权要求增加保费或者解除保险合同。投保人、被保险人违反防灾减损义务，保险人知道其事实但怠于行使解除合同的权利，应当视为保险人放弃权利，保险人不得再以相同事由主张解除保险合同。

（3）保险标的危险增加。在保险合同有效期内，保险标的危险增加，保险人有权解除保险合同。保险标的危险增加，产生保险人请求增加保费或者解除保险合同的选择权。如保险人已知危险增加而仍然收取保险费，或者在收到危险增加的通知后，不及时表示解除合同的，不得再主张解除保险合同。

（4）误报年龄且真实年龄超过年龄限制。在人身保险中，投保人申报的被保险人年龄不实，并且其真实年龄不符合合同约定的年龄限制的，保险人可以解除保险合同，并在扣除手续费后，向投保人退还保险单的现金价值，但是自合同成立之日起逾两年的除外。

（5）效力中止的保险合同逾法定期限。分期支付保险费的合同，投保人在支付首期保险费后，未按约定或法定期限支付当期保险费的，合同效力中止两年内双方未达成恢复合同效力协议的，保险人有权解除保险合同。

（6）发生保险欺诈行为。以下两种情况保险人有权解除保险合同：第一是被保险人或受益人在未发生保险事故的情况下，谎称发生保险事故，向保险人提出赔偿请求；第二是投保人、被保险人或者受益人故意制造保险事故。

（7）保险事故发生后，投保人、被保险人或者受益人以伪造、变造的有关证明、资料或其他证据，编造虚假的事故原因或夸大损失程度的，保险人对其虚报的部分不承担赔偿或给付保险金的责任。

3. 保险人依约定解除保险合同

保险合同约定有保险人解除保险合同条件的，当其条件出现时，保险人可以解除保险合同。例如，在财产保险合同中，若将未缴纳保险费作为保险人解除保险合同的条件，在投保人未按照约定缴纳全部或者部分保险费时，保险人有权解除合同。合同解除前，未发生保险事故的，保险人有权要求投保人支付保险人开始承担责任时至合同解除前期间的保险费。

（二）保险合同因当事人协商一致而解除

保险合同因当事人协商一致而解除又称为约定解除，是指投保人和保险人经过协商，同意解除合同的一种法律行为。保险双方当事人解除保险合同时要注意两个问题：一是不得损害国家和社会公共利益；二是货物运输保险和运输工具航程保险合同在保险责任开始后不得解除。

（三）保险合同解除的后果

保险合同的当事人依照法律规定或者保险合同的约定解除保险合同的，保险合同视为自始没有发生效力；当事人已受领的对方给付应当返还给对方，但是法律规定或者合同约定不予返还的不在此限。对于财产保险合同，保险责任开始前，投保人要求解除合同的，应当向保险人支付手续费，保险人应当退还保险费。保险责任开始后，投保人要求解除合同的，保险人可以收取自保险责任开始之日起至保险合同解除之日止的保险费，剩余部分退还投保人。被保险人解除人身保险合同，已交足两年以上保险费的，保险人应当自接到解除合同通知之日起 30 日内，退还保险单的现金价值；未交足两年保险费的，保险人按照合同约定在扣除手续费后，退还保险费。保险合同成立后，当事人一方依据《保险法》主张解除合同的，应当书面通知对方，保险合同自通知书送达对方时解除。协议解除的，保险合同自达成解除合同的协议时解除。合同另有约定的依约定。

三、保险合同的终止

保险合同的终止，是指因为发生法律规定或当事人约定的情况，使保险合同当事人之间的权利义务关系灭失，而使合同终止法律效力。

（一）保险合同终止的原因

1. 保险合同因期限届满而终止

保险合同有期间的限制。在保险合同成立后，虽然没有发生保险事故，但如果合同的有效期已经届满，则保险合同终止。这种自然终止是保险合同终止最普遍、最基本的原因。

2. 保险合同因保险人履行全部义务而终止

发生保险事故后，保险人已经支付全部赔款或给付全部保险金后，保险合同因保险人履行全部义务而终止。例如，定期人寿保险人的被保险人死亡，保险人给付受益人全部保险金后，合同即告终止。又如，财产保险的保险房屋数次遭到火灾，保险赔款已经达到全部保险金额，保险单也终止效力。

3. 保险合同因保险标的灭失或者损失而终止

保险合同的标的，因或者非因保险合同约定的事故而全部灭失（死亡）的，保险合同因客体的消灭而终止。原则上，保险合同的标的因或者非因保险合同约定的事故发生部分毁灭损失时，保险合同的效力并不当然终止，保险人应当对未发生损失的保险标的继续承担保险责任。但是，保险标的发生部分损失的，投保人可以终止保险合同（按照我国《保险法》第五十八条的规定，投保人终止保险合同应当在保险人赔偿后 30 日内）。除合同约定不得终止合同的以外，保险人也可以终止合同。按照我国《保险法》第五十八条的规定，保险人终止合同的，应当提前 15 日通知投保人。

4. 保险合同因解除而终止

保险合同的终止为保险合同效力的消灭，保险合同的效力可因合同的解除而消灭，保险合同解除属于保险合同终止的一种原因。

（二）保险合同终止的法律后果

保险合同终止后，保险人自终止之日起，对被保险人或受益人不再承担保险责任。对于财产保险而言，保险标的发生部分损失的，保险人应将保险标的未受损部分的保险费，扣除保险责任开始之日起至终止合同之日的应收部分后，退还投保人。

对于人身保险而言，符合法律规定或者保险合同约定条件的，保险人在终止保险合同时，应当按照保险合同的约定退还保单的现金价值。保险合同终止后，当事人依照诚实信用原则，应当履行通知、协助、保密等后契约义务。保险合同当事人违反后契约义务造成保险合同相对人损害的，应当承担损害赔偿责任。

第六节 保险合同的解释和争议处理

一、保险合同的解释

保险合同的条款争议，是指当事人对保险合同所使用的语言文字的含义有不同的理解或者认识，或者依照社会观念，保险合同所使用的语言文字的含义不清或有两种以上的解释，这就会使保险合同无法履行，甚至导致诉讼。保险合同的解释，是指当事人对保险合同的内容或者使用的语言文字发生争议，法院或者仲裁机构依据一定的事实，遵循有关原则，对保险合同的内容和含义作出的分析与说明。合同解释的直接目的在于正确地确定双方当事人的权利和义务，从而合理地解决合同纠纷。根据我国《合同法》和《保险法》的规定，保险合同应按如下规则进行解释。

1. 按照通常理解予以解释

在当事人就保险合同条款本身的用语发生争议后，就需要对该用语进行解释。我国《合同法》第四十一条规定："对格式条款的理解发生争议的，应当按照通常理解予以解释……"在合同条款发生争议后，首先应当就合同论合同，因为毕竟合同的条款是当事人合意的产物，它最接近于当事人的真实意思，不能完全撇开合同条款来任意作出解释。我国《合同法》第一百二十五条规定："当事人对合同条款理解有争议的，应当按照合同所使用的词句、合同的有关条款、合同的目的、交易习惯以及诚实信用原则，确定该条款的真实意思……"该条款实际上也就是要求对用语应当按照通常的理解进行解释。按照通常理解予以解释，具体包括如下含义：

（1）如果双方对合同条款的含义理解各不相同，应当按照一个合理的人处于缔约环境中对合同用语的理解，来探究合同用语的含义。比如应当充分考虑谈判和签约的过程、行业习惯、履约的准备和履约的过程以及订约目的等多种因素。

（2）如果词句是一般用语，就应当按一般的、通常的含义来理解。如果词句是专业用语，就应当按照专业上的特殊含义来理解。

2. 按照整体原则进行解释

所谓整体解释，是指将全部合同的各项条款以及各个构成部分作为一个整体，根据各个条款以及各个部分的关联性、争议条款与整个合同的关系、在合同中所处的地位等因素，来确定所争议条款的内容。按照整体原则进行解释应该把握：（1）书面约定与口头约定不一致的，以书面约定为准；（2）投保单与保险单或者其他保险凭证不一致的，以保险单或者其他保险凭证载明的内容为准；（3）特约条款与格式条款不一致的，以特约条款为准；（4）保险合同的条款内容因记载方式或者时间不一致的，按照"批单"优于"正文"、"后批注"优于"前批注"、"加贴批注"优于"正文批注"、"手写"优于"打印"的规则解释。

3. 按照对起草者不利原则予以解释

解释保险合同有争议的条款，首先应当适用合同解释的一般原则。按照一般解释方法，不能有效地解决因为保险条款所发生的歧义，即保险合同条款有两种以上解释时，应当适用格式合同的"不利解释"原则。《合同法》第四十一条规定："对格式条款的理解发生争议的，应当按照通常理解予以解释。对格式条款有两种以上解释的，应当作出不利于提供格式合同一方的解释。"这也是我国《保险法》第三十条规定的解释方法。所谓"不利解释"原则，是指保险人和投保人、被保险人或者受益人对保险合同的内容有争议时，法院或者仲裁机构应当对保险合同所用文字或条款做有利于投保人、被保险人、受益人，而不利于保险人的解释。法律规定采用不利解释原则主要有以下原因：一方面，从利益的平衡考虑，保险人在起草保险合同条款时已充分考虑了自身的利益，如果在合同成立后，对合同条款发生争议，应从利益平衡考虑作出对起草者不利而对另一方有利的解释；另一方面，从过错考虑，保险人在起草合同时，应当对合同条款负有更多的审核义务。如果因该条款的理解发生争议，可以认为起草者有过错或者比非起草者有更多的过错，应当在解释保险合同时作出对保险人不利的解释。

应当注意的是，不利解释原则仅仅为保险合同的歧义提供了一种手段或者途径，它本身并不能取代合同解释的一般原则或方法，而且也没有提供解释保险合同的具体方法。再者，不利解释原则也不具有绝对性，不能排除解释合同一般原则或者方法的运用。

二、保险合同争议的解决方式

按照我国法律的有关规定，保险合同争议的解决方式主要有以下几种。

1. 协商

协商是指争议双方当事人在自愿诚信的基础上，根据法律规定及合同约定，充分交换意见，相互磋商与理解，求大同存小异，对所争议的问题达成一致意见，自行解决争议问题的方式。

2. 仲裁

仲裁是指争议双方当事人依照保险合同中的仲裁条款或仲裁协议，自愿将彼此间的争议交由双方共同信任的法律认可的仲裁机构的仲裁员居中调解，并作出裁决。仲裁裁决具有法律效力，当事人必须予以执行。如果义务方不执行仲裁裁决，权利方可以申请法院强制其执行。

3. 诉讼

诉讼是指争议双方当事人通过国家审判机关——人民法院进行裁决的一种方式。当事人双方因保险合同发生纠纷时，有权以自己的名义直接请求法院通过审判给予法律上的保护。人民法院在受理案件时，实行级别管辖和地域管辖、专属管辖和选择管辖相结合的方式。当事人应当依法向有权受理该案件的人民法院提起诉讼。当事人提起诉讼应当在法律规定的时效内。

重要术语

保险合同	不定值保险合同	定值保险合同	特定保险合同	总括保险合同
保险人	被保险人	受益人	保险标的	可保利益
投保单	保险单	除外责任	合同的终止	保单所有人

复习思考题

1. 区分保险标的和可保利益对保险合同有何实际意义？

2. 定值保险与不定值保险有何同异？

3. 保险合同变更包括哪些情况？

4. 保险价值的确定方法有哪些？

5. 投保人应履行哪些义务？

第五章

保险的基本原则

第一节　可保利益原则

一、可保利益及其构成要件

（一）可保利益的含义

可保利益是指投保人对保险标的具有法律上承认的利益。衡量投保人对保险标的是否具有可保利益的标志，是看投保人是否因保险标的的损害或丧失而遭受经济上的损失，如果因保险事故的发生给投保人带来经济上的损失，则投保人对保险标的具有可保利益；反之，则不具有可保利益。例如，私营企业发生火灾必然导致企业所有者的经济损失，则企业所有者对其工厂具有可保利益；配偶、子女等直系亲属之间若有人遭受意外致残或患上重大疾病，必然给家庭带来经济上的不利影响，则直系亲属之间互相具有可保利益。

可保利益是人身保险合同得以成立的前提，人身保险合同必须以可保利益的存在为前提，没有可保利益，就不能签订保险合同，即使签订了保险合同，也是无效合同。

可保利益是保险合同的客体。投保人以保险费为代价取得保险保障，保险所保障的不是保险标的本身，不是保障财产不受损失、人身不受伤害，而是保障投保人或被保险人的合法经济利益。

（二）可保利益的构成要件

1. 可保利益必须是合法的利益

投保人或被保险人对保险标的所具有的可保利益必须为法律所承认，比如《民法通则》规定：国家财产神圣不可侵犯；集体所有的财产受法律保护，禁止任何组织或者个人侵占、哄抢、私分、破坏或者非法查封、扣押、冻结、没收；公民的合法财产受法律保护，禁止任何组织或者个人侵占、哄抢、破坏或者非法查封、扣押、没收。显然，国家财产、集体财产、私人财产都是为法律所认可的，其所有者对其具有法律上可以主张的利益，因此，能够受到国家法律的保护。那些因违法行为或损害社会公共利益而产生的利益，不能成为可保利益。例如，因偷税漏税、贪污、盗窃、坑蒙拐骗、走私、贩毒等非法行为所得到的财物不能成为保险合同的标的，由此产生的经济利益不能构成可保利益。

2. 可保利益必须是确定的利益

确定的利益是指投保人或被保险人对保险标的在客观上或事实上已经确定的利益和能够确定的利益。已经确定的利益是指事实上的利益即现有利益，如被保险人已取得财产所有权或财产使用权而由此享有的利益。能够确定的利益即预期利益，是指在客观上或事实上尚未存在，但根据法律法规和有效合同的约定可以确定在将来某一时期内将产生的经济利益。例如，一家企业在正常生产经营情况下，每个月都会获得一定的利润，但如果企业遭受火灾或发生其他较大的事故导致停产，预期得到的利润就会化为泡影，法律认为这种对利润的合理预期是具有可保利益的。根据产生的来源，预期利益可以有两种：一种是因现有利益而产生的预期利益，如货物托运人对货物到达目的地后应得的利润和收入；企业所有者占有生产资料近期可望得到的利润；果农对自己种植的果树在未来收获季节可能获得的收入，等等；另一种是因合同而产生的预期利益，购销合同、进出口贸易合同，到期后应得到货款。预期利益必须有客观依据，仅凭主观预测、想象可能会获得的利益不能成为可保利益。应该说明的是，现有利益和预期利益均可作为可保利益，均可作为确定保险金额的依据，但在保险标的遭受损失进行索赔时，投保时的预期利益只有成为现实的利益才能被纳入赔偿的范围，保险人的赔偿或给付是按实际损失的可保利益计算的。

3. 可保利益必须是经济上有价的利益

经济上有价的利益是指投保人或被保险人对保险标的所具有的可保利益，必须能够用货币来计量。因为保障是通过货币形式的经济补偿或给付来实现的，所以如果投保人的利益不能用货币来反映，则保险人的承保、补偿和给付就没法进行。可见，不能用货币计量的利益不能成为可保利益，比如，那些虽然对被保险人有利益但无法计价的物品，包括账册、文件等，不能作为可保财产投保财产保险。在人身保险中，人的生命和身体无法用货币来衡量，人身保险标的的这一特性决定了人身保险合同可保利益的特殊性，即只要投保人与被保险人具有利害关系，就被认可具有可保利益。在个别情况下，人身保险的可保利益也可以计量，比如债权人对债务人生命的可保利益可以确定为债务金额与利息、保险费之和。

二、坚持可保利益原则的意义

1. 防止将保险变为赌博

在人身保险经济关系中，如果允许投保人购买保险对保险标的无须具有可保利益，投保人就可能为与自己毫无利害关系的保险标的投保，并热切盼望保险事故发生，以便获得高于所缴纳保险费数倍的保险赔偿或给付，这种行为无异于赌博。这是因为，被保险人发生保险事故，并未给投保人带来经济损失，这其中，保险标的实际充当了投保人的赌博对象。17世纪，英国有许多人把保险作为一种本小利大的赌博方式，一些人可以任意投保与他们没有任何关系的生命，比如皇帝、皇后、首相生病后，购买以他们会不会死亡为责任的保险，投保人为此支付一笔为数极少的保险费，一旦名人死亡就可以得到一笔可观的保险金。这种以他人生命为赌注、牟取非法利益的人寿保险，在1774年通过议会的立法得以消除。遵循可保利益原则，人身保险投保人对保险标的必须具有可保利益，在此前提下签订的保险合同，一旦保险事故发生，被保险人获得的是实际损失的补偿或给付，这样就把保险和赌博进行了本质上的区分。

2. 防止道德风险的发生

道德风险是指投保人或被保险人为了取得保险人的赔偿或给付，故意促使事故的发生或者在事故发生后放任损失扩大的行为。在可保利益的原则下，尽管仍然存在着道德风险，尽管故意制造保险事故、出险后任由损失扩大等现象时有发生，但由于投保人与保险标的之间存在利害关系的制约，发生保险事故所能得到的赔偿不能超过可保利益，因此，即使故意促使保险事故的发生，也不会得到额外的利益。应该说，可保利益原则的规定，能够有效地抑制道德风险的发生，最大限度地保障被保险人的生命和财产安全。

3. 限定保险赔偿的额度

保险作为一种经济补偿制度，其宗旨是补偿被保险人所遭受的经济损失，但不允许被保险人因保险而获得额外的利益。这就要求投保人和保险人以保险标的所具有的可保利益作为保险保障的最高限额，双方依此来确定保险金额，保险人在此限度内确定赔款和给付。可见，坚持可保利益原则为投保人获得保险保障和保险人履行保险赔偿提供了客观依据，既可以保证被保险人得到充分的补偿，又可以避免被保险人不当得利。

三、可保利益的种类

（一）财产保险的可保利益

财产保险的标的是各种有形的财产及相关的经济利益，凡因财产及相关的经济利益遭受损失而遭受损失的被保险人，对其财产和相关利益都具有可保利益。被保险人如果对某种保险标的享有物权或债权，它对该标的就具有可保利益。物权的权利客体是特定的标的物。标的物存在，权利人可以享有标的物带来的利益；标的物不存在，权利和利益也就不存在了。因此，对标的物享有物权的人具有可保利益。债权在这里是指因合同而生成的债权，在合同关系中，标的的损失会给当事人造成经济上的损失，因此，他们对合同的标的具有可保利益。

具体来说，财产保险的可保利益有以下几种。

1. 财产所有人和经营管理者的可保利益

财产所有人的可保利益是基于财产所有权而产生的，所谓财产所有权是指所有人依法对自己的财产享有占用、使用、收益和处分的权利。如果财产遭受损失，财产所有人必然蒙受经济损失，因此，他们对其所拥有的财产具有可保利益。财产可能为个人所有，也可能为数人所有，假如是后者，则每一财产所有人的可保利益仅限于所对应的财产份额。财产的经营管理者虽然对财产没有所有权，但由于拥有对财产的经营权、使用权，所以对这些财产具有可保利益。比如，国有企业的财产属国家所有，但企业拥有国有资产的经营管理权，并享有其产生的经济利益，同时也要对国有资产的安全、完整负责，因此，国有企业对所经营管理的国有资产具有可保利益，其经营管理者作为公司或企业的法人代表可以为本单位的财产投保财产保险。

2. 债权人的可保利益

债权人因债权关系对有关财产存在利害关系，因此，对这些财产具有可保利益。具体而言，这些可保利益是基于抵押权、质押权和留置权而产生的。抵押权是指债权人对于债务人或第三人不转移占有而提供担保的财产，在债务人不履行债务时，依法享有的就担保财产变价并优先受偿的权利。在抵押这个债权债务关系中，提供抵押财产的一方为抵押人，接受抵押财产的一方为抵押权人，抵押权人对抵押财产具有经济上的利害关系，即可保利益。例如，在住房抵押贷款中，购房人将自己所购的房产抵押给银行作为还款的保证，购房人为抵押人，银行为抵押权人，在借贷关系存续期间，作为抵押物的房屋损毁或价值下降，会给银行带来风险，因此，银行对该房产具有可保利益。

质押权是指债务人或第三人将其动产移交债权人占有，作为债务的担保，在债务人不履行债务时，债权人有权依法以该动产折价或者以拍卖、变卖该动产的价款而优先受偿。在质押这个债权债务关系中，提供质押财产的一方为质押人，接受质押财产的一方为质押权人，质押权人对质押财产具有可保利益。可作为质押物的财产包括有价证券、股份股票、知识产权等。

留置权是指债权人按照合同的约定占有债务人的财产，债务人不按照合同约定的期限履行债务的，债权人有权留置财产，以该财产折价或者以拍卖、变卖该财产的价款优先受偿。留置权只发生在保管合同、运输合同、加工承揽合同等特定的合同关系中，实际上是一种担保物权，它的作用在于如果债务人在一定期限内不履行债务，债权人就可以处理留置物，所以对留置的财产具有可保利益。提供留置财产的一方为留置人，接受留置财产的一方为留置权人，留置权人对留置的财产具有占有权、必要的使用权，以及债务人不能依约偿还债务时的处理权，因而对其具有可保利益。

3. 财产受托人、保管人、承运人、承包人、承租人的可保利益

财产的受托人、保管人、承运人、承包人、承租人对其所托、管、运、租的财物尽管没有所有权，但他们与该财产具有法律认可的经济利害关系。例如，受托人对委托人的财物（修理店为客户修理的冰箱、干洗店为客户干洗的衣服等）有妥善保管的义务，一旦这些财物受损，受托人就要承担经济赔偿责任，其经济利益自然会受损失，从而对该财物具有可保利益。同理，仓储公司对他人存放于此的货物和商品，运输公司对所承运的货物，工程公司对所承包的工程，打工者对所租用的房屋，都具有可保利益。

（二）责任保险的可保利益

责任保险的标的是被保险人对第三者应承担的经济赔偿责任，这种责任会给被保险人带来经济上的损失，因此，因承担经济赔偿责任而支付损害赔偿金和其他费用的人具有责任保险的可保利益。根据责任保险的险种划分，其可保利益有以下几种。

1. 各种公共场所的所有人或经营者的可保利益

在商场、饭店、医院、电影院、少年宫、学校、展览馆等公共场所，如果因发生踩踏、跌倒、摔倒等事故导致顾客或观众的人身伤害或财产损失，则这些场所的所有人或经营者负有不可推卸的经济赔偿责任，因此，他们对其场所内的顾客和观众具有可保利益。

2. 制造商、销售商、修理者的可保利益

产品在使用过程因其缺陷而造成用户、消费者或公众的人身伤亡或财产损失时，依法应由产品供给方（包括制造商、销售商、修理者等）承担民事损害赔偿责任，因此，他们对该责任具有可保利益。

3. 各种专业人员的可保利益

各种专业人员，包括律师、医师、会计师、设计师、工程师等，在他们从事职业技术工作因疏忽或过失造成他人人身伤害或财产损失时，依法应承担经济损失赔偿责任，于是他们对经济赔偿责任具有可保利益。

4. 雇主的可保利益

在雇员受雇期间，雇员从事业务时因遭受意外致伤、致残、死亡或患有与职业有关的职业性疾病，依法或根据雇用合同应由雇主承担经济赔偿责任，即承担医疗费用、工伤补贴、抚恤金等，因此，雇主对经济赔偿责任具有可保利益。

（三）信用保证保险的可保利益

在信用保证保险中，权利人与被保险人之间必须建立合同关系，因此，他们之间存在经济利益关系。例如，在出口贸易中，如果买方（债务人）不守信用、不履行合同，不及时足额付款或逃之夭夭根本不付款，则卖方（权利人）就会遭受损失；在工程承包合同中，如果承包人不能如期完工或者工程质量有问题，业主就会蒙受经济损失。因此，权利人对买方的信用、义务人（承包商）对自己的信用都具有可保利益。

（四）人身保险的可保利益

人身保险的标的是人的生命和身体，虽然人的生命和身体无法用价值来衡量，但对于投保人而言，被保险人的生命存在与否、身体健康与否都关系到他的经济利益，因此，只要人与人之间有某种利害关系存在，就有可保利益的存在。人身保险的可保利益有以下几种。

1. 自身的可保利益

任何人对自己的身体都具有最大的利害关系，都具有可保利益，都可以为自己投保任何形式的人身保险。

2. 家庭成员之间的可保利益

家庭成员包括父母（养父母、继父母）、子女（养子女、继子女）和配偶，他们之间具有血缘、抚养和赡养、婚姻的关系，从而也具有经济上的利害关系，投保人对家庭成员具有可保利益。具有血缘关系的父母与子女之间相互具有法律所规定的抚养义务和赡养责任，一方的死亡、伤残或疾病将会给另一方造成经济上的损失和感情上的伤害，因此，父母与子女之间对对方的生命和身体具有可保险利益；非父母与子女之间、非夫妻关系的其他家庭成员、近亲属之间，也具有经济上的利害关系，因此，相互之间对对方的生命和身体也具有可保利益；夫妻之间具有法律上所规定的抚养义务、共同抚养子女和赡养父母的责任，经济利害关系不言而喻，相互之间当然具有可保利益。

3. 由雇佣关系产生的可保利益

企业与职工、雇主与雇员之间，存在着经济上的利害关系，员工的疾病、死亡、退休都会或多或少地给企业或雇主造成一定的经济损失，因此，企业和雇主对其员工具有可保利益，可为其投保各种人身保险。

4. 由债权债务关系产生的可保利益

因为债权人债权的实现有赖于债务人依法履行义务，债务人的生存死亡关系到债权人的切身利益，所以债权人对债务人具有可保利益。但债权人的生命安危与债务人并无利害关系，不影响债务人对债务的履行，因此，债务人对债权人没有可保利益。

5. 基于劳动关系产生的可保利益

只要具有劳动关系，投保人与劳动者就具有可保利益，用工单位就可以直接为其雇员投保。

6. 基于同意所产生的可保利益

不论投保人与被保险人之间有无利害关系，只要取得被保险人同意就视为具有可保利益。我国《保险法》明文规定：被保险人同意投保人为其订立合同的视为投保人对被保险人具有可保利益。

四、可保利益的时效要求

1. 财产保险可保利益的时效要求

在财产保险中，要求被保险人在保险事故发生时，对保险标的应具有可保利益。也就是说，投保人对保险标的不具有可保利益也可以签订保险合同。之所以这样规定，是因为对于财产保险来讲，保险合同成立后，并不为投保人的利益存在，而是仅仅为被保险人的利益存在，唯有被保险人可以依照保险合同请求保险人补偿损失，被保险人对保险标的的必须具有可保利益，而投保人对保险标的的是否具有可保利益并无实际意义。

2. 人身保险可保利益的时效要求

在人身保险中，只要求投保人在订立保险合同时对被保险人具有可保利益，保险合同生效后，投保人对被保险人是否具有可保利益不影响合同的效力。法律允许人身保险可保利益发生变化的原因在于：（1）人身保险合同生效后，保险合同的利益属于被保险人和受益人，他们是保单所有人，拥有领取退保金、办理保单质押贷款、变更受益人的权利；他们是享受保险保障者，发生保险事故时，领取保险金。（2）人身保险具有储蓄性，投保人缴纳的保险费通过累计生息形成被保险人和受益人领取保险金的来源。可见，就投保人和被保险人、受益人来说，投保人只有义务（缴纳保险费），被保险人和受益人只有权利（领取保险金），因此，只要在投保时，投保人对被保险人具有可保利益，再规定受益人的最终指定权又在被保险人手中，就能有效地保障被保险人的安全和经济利益。

第二节　最大诚信原则

一、最大诚信原则的内涵

（一）最大诚信原则的概念

诚信就是诚实守信用，诚信原则是任何一项民事活动中各方当事人都应该履行的原则。讲诚实是指一方当事人对另一方当事人不得隐瞒欺骗，讲守信是指任何一方当事人都必须善意地、全面地履行自己的义务。保险合同关系属于民事法律关系，自然也要遵守诚信原则，诚信原则对保险合同当事人的要求较一般的民事合同要求更高、更具体，即要求遵守最大诚信原则。我们可以将最大诚信原则定义为：保险合同双方当事人在订立及履行保险合同的过程中，必须以最大的诚信全面而完整地履行自己应尽的义务，互不欺骗和隐瞒有关保险标的的重要情况，严格遵守保险合同的约定和承诺。

最大诚信原则作为保险经营的基本原则之一，最早起源于海上保险。在早期的海上保险中，投保人投保时作为保险标的的船舶或者货物经常已在海上或在其他港口，真实情况如何，在当时的条件下只能依赖于投保人的告知；保险人根据投保人的告知决定是否承保及估算保险风险、确定保险费率。因此，投保人或被保险人告知的真实性对保险人来说有重大的影响。此外，在保险的历史上，偷梁换柱以破船代替上了保险的好船、故意烧船砸船使船沉没的骗赔事件屡见不鲜，这种以获得保险之外额外经济利益为目的的欺诈行为，败坏了社会风气，破坏了保险业经营的稳定性。因此，有必要以法律的形式对保险合同双方的不诚信行为加以制约。最大诚信原则在英国《1906年海上保险法》中首先得到确定，该法规定：海上保险是建立在最大诚信原则基础上的契约，如果任何一方不遵守最大诚信原则，他方可以宣告契约无效。我国《保险法》也明文规定：保险活动当事人行使权利，履行义务应当遵循诚实信用原则。

保险合同是建立在诚实信用基础上的一种经济合同，诚实信用是评价保险合同效力的基础。

（二）最大诚信原则产生的原因

保险活动之所以强调最大诚信原则，其原因在于：

第一，保险合同是射幸合同。射幸合同的效果在于订约时带有不确定性。保险合同是射幸合同的一种，在合同的有效期间，如发生保险标的损失，则被保人从保险人那里得到的赔偿金额可能远远超出其所支出的保险费，反之，如果无损失发生，则被保险人只能付出保费而无任何收入。这种"射幸"所导致的保险赔付与缴纳保险费之间的巨大差异，极易诱发投保人和被保险人放弃"善意"的心态，发生不诚实的行为，它会直接影响保险人的利益。众所周知，"大数法则"是现代保险的经营基础，"损失分摊"是现代保险的本质，在"大数法则"下，投保人所缴纳的保险费构成用于承担保险风险的保险基金；这个保险基金是每个被保险人所共有的，是大家的共同利益。当某个被保险人发生保险事故造成损失时，他得到的赔付由大家共同承担，即分摊在大家的头上。因此，任何一个被保险人的恶意行为所导致的保险赔付，其实质不是损害保险人利益，而是通过破坏保险基金的稳定，直接影响了每一个被保险人的利益。所以，保险合同当事人必须严格遵循最大诚信原则，严格履行保险合同。

第二，保险合同具有明显的信息不对称性。信息不对称是指日常经济活动中，由于某些参与人拥有另一些参与人不拥有的信息，由此造成的不对称信息的交易活动。作为保险合同的双方在保险交易过程中都不可能充分占有对方信息，一方面，由于投保前和保险合同生效后，保险标的均在被保险人控制之下，被保险人对保险标的的风险状况最为清楚，而保险人作为风险的承担者却很难全面了解保险标的的具体情况；另一方面，由于保险合同条款是保险公司的专业人士拟定的，其内容往往很复杂并包括诸多保险专业术语，保险公司对此自然十分清楚，但一般人却很难准确理解。因此，如果没有对投保人和保险人最大诚信的要求，受利益的驱动就很可能发生道德风险问题，从而危及保险业的健康运行。

第三，保险业健康发展的要求。投保人、被保险人的不诚信会给保险公司造成较大损失，危害保险业的健康发展；保险企业的不诚信在给客户造成损失的同时，会挫伤客户对保险市场的信心，损害保险业的社会声誉，动摇保险公司和整个保险业赖以生存和发展的基础。总之，保险行业是以诚信为本的行业，诚信是保险业的基础；保险合同及行业特点决定了保险要遵循最大诚信原则。

二、最大诚信原则的内容

最大诚信原则的内容主要通过保险合同双方的诚信义务来体现，具体包括投保人或被保险人如实告知的义务及保证义务，保险人的说明义务及弃权和禁止反言义务。

（一）投保人或被保险人的义务

1. 告知

（1）告知的含义。告知即如实告知，又称据实说明、如实披露，它是指投保人在订立保险合同时，对保险人的询问所做的全面、真实、客观的说明或者陈述，包括对事实的陈述、对将来事件或者行为的陈述以及对他人陈述的转述。如实告知义务是投保人订立保险合同时必须履行的基本义务，告知不实极有可能导致合同无效。

（2）告知的主体。告知的主体是指履行告知义务的单位或个人，一般而言，应该是投保人。我国《保险法》规定：订立保险合同，保险人就保险标的或者被保险人的有关情况提出询问时，投保人应当如实告知。这一条款明确规定了投保人的如实告知义务，投保人是当然的主体。至于被保险人是否具有同样的义务，我国《保险法》没有明文规定，但在人身保险中如果投保人与被保险人不是同一人，投保人与被保险人又不生活或工作在一起时，他对被保险人的有关情况未必很清楚，在这种情况下，若被保险人不履行如实告知的义务，在客观上很可能形成告知不实或漏报的问题。

（3）告知的内容。告知的目的是使保险人能够准确地了解与保险标的风险状况有关的重要事实。重要事实是指那些足以影响保险人判断风险大小，据以确定保险费率和决定是否接受承保、以什么条件承保的重要情况。投保人应如实告知的重要事实通常包括四项：足以使被保险人风险增加的事实；为特殊动机而投保的，有关这种动机的事实；表明被保险风险特殊性质的事实；显示投保人某方面非正常的事实。告知的具体内容则包括五个方面：一是在保险合同签订时，投保人应将有关重要事实如实告知保险人，例如，人身保险中被保险人的年龄、性别、健康状况、既往病史、职业、居住环境等。二是在保险合同生效后将保险标的风险增加的情况通知保险人。风险增加是指保险标的发生保险责任范围内事故的可能性加大，增加的原因主要是用途或使用性质的变更导致的风险级别增加；标的老化或安全设施拆除导致的风险增加。应该说明的是，在财产保险中，并非任何情况下保险标的的风险增加被保险人都必须通知保险人，遇到为保护保险人的利益而导致风险程度增加、履行道义上的义务而导致风险程度增加这两种情况时，被保险人的通知义务可以免除。三是保险事故发生后要及时通知保险人。四是将重复保险的情况通知保险人。五是保险标的的权益发生变化，存放地点发生转移，要及时通知保险人。

（4）告知的形式。告知的形式有两种，即无限告知和询问回答告知。无限告知是指法律或保险人对告知的内容没有明确规定，投保人必须主动将保险标的的状况以及有关的重要事实如实告知保险人。询问回答告知是指投保人只对保险人询问的问题如实告知，对询问以外的问题无须告知。

无限告知对投保人要求较为严格，稍有不慎，考虑不周，该说的没说，就可能违反告知义务。英美法系以及法国、比利时等世界上的少数国家采用无限告知。而世界上大多数国家，包括我国，均采用询问回答告知形式。

2. 保证

保证，又称担保，是指投保人或被保险人对某些特定事项的作为或不作为行为，或对某特定事项的真实性向保险人所做的担保。保证是保险合同的基础，保证的事项都是重要事实，投保人或被保险人违反保证，保险人有权解除合同。

保证条款是对投保人、被保险人的一种利益上的约束，为了既实现对其进行有效的制约，又最大限度地维护他们的利益，使保险合同中的保证条款正常发挥作用，各国保险立法都对保证加以一定程度的限制，要求在履行保障条款时，保证的事项必须是重要的；投保单中的保证条款应在保险单中加以确认或重新载明；如被保险人违反保证义务，保险人应向被保险人发出书面通知，方可解除合同。

（1）确认保证和承诺保证。根据保证事项是否已经存在，可将保证分为确认保证和承诺保证。确认保证是投保人、被保险人对过去或现在的某一特定事实存在或不存在的保证，它是对过去或投保当时事实作出的如实陈述，而不是对该事实以后发展情况做保证。例如，投保人在投保房屋保险时，保险人询问房屋是否有人居住时，投保人回答过去和现在一直有人居住，这一回答并不意味着被保险人有义务使该房屋在保险期内一直有人居住。承诺保证是指投保人对将来某一事项作为或不作为的保证，即对该事实今后的发展做保证。例如，在盗窃保险中，投保人保证"在整个保险期内，保险单中写明的防盗系统一直保持良好的工作状态"。

（2）明示保证和默示保证。根据保证存在的形式可将保证分为明示保证和默示保证。明示保证是指在保险合同中记载的保证事项，它以书面形式载明于保险合同，成为保险合同条款的组成部分，需要投保人或被保险人明确作出承诺。例如，我国机动车辆保险条款"被保险人必须对保险车辆妥善保管、使用、保养，使之处于正常技术状态"即为明示保证。默示保证是指投保人或被保险人对于某一特定事项虽未在保险单中载明，但合同当事人双方都清楚的保证。默示保证不通过文字表明，通常是国际惯例所通行的规则，或习惯上、社会公认被保险人应在实践中遵守的规则。默示保证在海上保险中运用较多，海上保险合同的默示保证有：保险船舶必须有适航性，即保险船舶构成、性能、人员、装备、给养等方面均应具有适合预定航行的能力；保险船舶要按预定或习惯的航线航行，不得绕道航行；必须从事合法的运输业务，不得从事走私、载运违禁品等非法运输活动。

（二）保险人的义务

1. 说明

保险的说明义务是指法律规定保险人在订立保险合同时，应将保险合同条款内容，向投保人陈述清楚的责任。这些义务又称为先契约义务，在保险合同订立时必须履行。基于最大诚实信用原则以及保险合同格式条款的性质，各国保险法都对保险人的说明义务进行了规定。我国《保险法》第十七条规定："订立保险合同，采用保险人提供的格式条款的，保险人向投保人提供的投保单应附格式条款，保险人应当向投保人说明合同的内容。对保险合同中免除保险人责任的条款，保险人在订立合同时应当在投保单、保险单或者其他保险凭证上作出足以引起投保人注意的提示，并对该条款的内容以书面或者口头形式向投保人作出明确说明；未作提示或明确说明的，该条款不产生效力。"这里所规定的"明确说明"，是指保险人在与投保人签订保险合同之前或者签订保险合同之时，对于保险合同中所约定的免责条款，除了在保险单上提示投保人注意外，还应当对有关免责条款的概念、内容及其法律后果等，以书面或者口头形式向投保人或其代理人作出解释，以使投保人明了该条款的真实含义和法律后果。这是我国《保险法》的一大特色，它不仅考虑到我国目前保险业尚不发达、社会公众对保险知识尚未普遍了解的现状，而且带有格式合同管制的性质。保险人这种法定说明义务，要求其在订立保险合同前向投保人详细说明保险合同的各项条款，并对投保人可能对有关保险合同条款的疑问予以正确的解释，特别是对保险合同中规定免除或限制保险人责任的条款作出明确的说明。

2. 弃权与禁止反言

（1）弃权是指保险合同当事人放弃自己在合同中可以主张的某项权利。弃权可以分为明示弃权和默示弃权，如果保险人的授权代理人通过电话告诉受益人无须在保单规定的期限内提交损失证明，则保险人就明示放弃了要求受益人及时提交损失证明的权利，即为明示弃权。如果当事人未明确表示放弃某项权利的意图，但从其言语或行为中可以明确推断其有放弃权利的意图，即为默示弃权。例如，某保险合同规定的宽限期为60日，但保险人多次在宽限期满后接受逾期保费，则保险人等于放弃了在宽限期内未缴纳保费使保单失效的权利。

弃权一般是因为保险人单方面的言词或行为而发生效力。构成保险人弃权应当具备两个条件：一是保险人有弃权的意思表示；二是保险人知道有权利存在，如果保险人不知道有违背约定义务的情况及因此可享有抗辩权或者解约权，其作为或不作为不得视为弃权。

（2）禁止反言是指保险人放弃某项权利后，不得再向投保人或被保险人主张这种权利。禁止反言的基本功能是要防止欺诈行为，以维护公平、公正，促成双方当事人之间本应达到的结果。在保险合同中，只要订立合同时，保险人放弃了某种权利，合同成立后便不能反悔，至于投保人是否了解事实真相则不问。关于弃权与禁止反言的问题，往往涉及保险人、代理人和投保人三者之间的关系。保险代理人为多谋取代理费，往往对保险标的或投保人的声明事项不做严格审核，而以保险人的名义向投保人作出承诺，签发保险单，并收取保险费。一旦合同生效以后，发现投保人违背了保险条件，就产生了弃权行为。

弃权和禁止反言主要是约束保险人的，这些规定要求保险人对其行为及其代理人在授权范围的行为负责，以防止对投保人或被保险人的利益造成侵害，维护投保人和被保险人的权益，有利于保险合同当事人地位的平等。我国《保险法》第十六条第六款明确规定保险人应当承担弃权与禁止反言的义务，即"保险人在合同订立时已经知道投保人未如实告知的情况的，保险人不得解除合同；发生保险事故的，保险人应当承担赔偿或者给付保险金的责任"。

三、违反最大诚信原则的后果

（一）投保人或被保险人违反告知义务的法律后果

投保人或被保险人违反告知义务的表现主要有四种：（1）漏报。投保人一方由于疏忽对某些事项未予申报，或者对重要事实误认为不重要而遗漏申报。（2）误告。投保人一方因重大过失而申报不实。（3）隐瞒。投保人一方明知该重要事实而有意不申报该重要事实。（4）欺诈。投保人一方有意捏造事实，弄虚作假，故意对重要事实不正确申报并有欺诈的意图。

投保人或被保险人违反告知义务，将会产生一系列法律后果，对此，保险法针对各种具体情况做了明确的规定：

1. 关于解除保险合同的规定

第十六条第二款：投保人故意或者因重大过失未履行前款规定的如实告知义务，足以影响保险人决定是否同意承保或者提高保险费率的，保险人有权解除合同。

第二十七条：未发生保险事故，被保险人或者受益人谎称发生了保险事故，向保险人提出赔偿或者给付保险金请求的，保险人有权解除合同，并不退还保险费。

投保人、被保险人故意制造保险事故的，保险人有权解除合同，不承担赔偿或者给付保险金的责任；除本法第四十三条规定外，不退还保险费。

2. 关于不承担赔偿或给付保险金的规定

第二十一条：投保人、被保险人或者受益人知道保险事故发生后，应当及时通知保险人。故意或者因重大过失未及时通知，致使保险事故的性质、原因、损失程度等难以确定的，保险人对无法确定的部分，不承担赔偿或者给付保险金的责任。

第二十七条第三款：保险事故发生后，投保人、被保险人或者受益人以伪造、变造的有关证明、资料或者其他证据，编造虚假的事故原因或者夸大损失程度的，保险人对其虚报的部分不承担赔偿或者给付保险金的责任。

第四十九条第四款：保险标的的转让，被保险人或者受益人应当及时通知保险人，否则，因转让导致保险标的危险程度显著增加而发生的保险事故，保险人不承担赔偿保险金的责任。

3. 关于退还保险费或按比例减少保险金的规定

第十六条第四款：投保人故意不履行如实告知义务的，保险人对于合同解除前发生的保险事故，不承担赔偿或者给付保险金的责任，并不退还保险费。

第十六条第五款：投保人因重大过失未履行如实告知义务，对保险事故的发生有严重影响的，保险人对于合同解除前发生的保险事故，不承担赔偿或者给付保险金的责任，但应当退还保险费。

第三十二条：投保人申报的被保险人年龄不真实，并且其真实年龄不符合合同约定的年龄限制的，保险人可以解除合同，并按照合同约定退还保险单的现金价值。

投保人申报的被保险人年龄不真实，致使投保人支付的保险费少于应付保险费的，保险人有权更正并要求投保人补交保险费，或者在给付保险金时按照实付保险费与应付保险费的比例支付。

投保人申报的被保险人年龄不真实，致使投保人支付的保险费多于应付保险费的，保险人应当将多收的保险费退还投保人。

4. 关于行政处罚的规定

第一百七十四条：投保人、被保险人或者受益人有下列行为之一，进行保险诈骗活动，尚不构成犯罪的，依法给予行政处罚：投保人故意虚构保险标的，骗取保险金的；编造未曾发生的保险事故，或者编造虚假的事故原因或者夸大损失程度，骗取保险金的；故意造成保险事故，骗取保险金的。

（二）投保人或被保险人违反保证的法律后果

违反保证的后果是严格的，投保人或被保险人违反保证条款，其行为不论是否给保险人造成损害，保险人均可解除合同，并不承担赔偿或给付保险金责任。

（三）保险人违反说明义务的法律后果

1. 保险人在订立保险合同时没有向投保人明确说明合同中关于保险人免除条款的，该条款不产生效力，保险人不得免责。

2. 保险公司在保险业务中隐瞒了与保险合同有关的重要情况，欺骗投保人、被保险人或受益人，构成犯罪的，依法追究刑事责任；不构成犯罪的，由金融监督管理部门对保险公司处以罚款。

3. 保险公司承诺向投保人、被保险人或者受益人给予非法的保险费回扣或者其他利益的，由金融监督管理部门责令改正，对保险公司处以一定额度的罚款。

第三节　近因原则

一、近因原则的含义

近因原则，起源于海上保险。英国《1906 年海上保险法》第五十五条规定"除本法或保险契约另有规定外，保险人对于因承保之海难所导致的损害，均负赔偿责任，对于非因承保之海难所导致的损害，均不负赔偿责任"。近因原则确立后，被多数国家所采纳。

近因原则的里程碑案例是英国莱兰货运有限责任公司诺里奇联合火灾保险（Leyland-Shipping C. Ltd. v. Norwich Union Fire insurance Society Ltd.）一案。第一次世界大战期间，Leyland 公司一艘货船被德国潜艇的鱼雷击中后严重受损，被拖到法国勒哈佛尔港，港口当局担心该船沉没后会阻碍码头的使用，于是该船在港口当局的命令下停靠在港口防波堤外，在风浪的作用下该船最后沉没。Leyland 公司索赔遭拒后诉至法院，审理此案的英国上议院大法官劳德·肖（Lord Shaw）认为，导致船舶沉没的原因包括鱼雷击中和海浪冲击，但船舶在鱼雷击中后始终没有脱离危险，因此，船舶沉没的近因是鱼雷击中而不是海浪冲击。

所谓近因是指造成保险标的损失最直接、最有效的、起决定性作用或起支配性作用的原因。近因是一种原因，根据近因的标准去判定数个原因中，哪个是近因、哪个是远因的准则，就是近因原则。依近因原则确定近因，近因为近因原则提供标准。

尽管我国《保险法》和《海商法》对"近因原则"并未在文字上进行明确和清晰的规定，但是，法律界、保险界的大多数专家学者均主张"近因原则"是保险理赔的基本原则之一，也就是说我国法律是承认和接受近因原则的。在保险实践中，近因原则也已经成为判断风险损失是否属于保险责任、保险人应否承担赔偿责任的一个重要标准，它要求保险赔付以保险风险损失发生的近因为要件原则，即在风险事故与保险标的损失关系中，如果近因属于保险风险，保险人应负赔偿责任；近因属于不保风险，则保险人不负赔偿责任。

二、近因认定原则

（一）客观性原则

因果关系是行为与结果之间存在的事实关系，即外界事实相互间的关系，是一种客观关系。原因和结果具有必然联系，只要有一定的原因出现，就不可避免地产生一定的结果，既没有无因之果，也没有无果之因。因此，确定风险与损失之间是否存在近因关系时，必须以事实为根据，进行科学分析，切不可以主观臆断来代替客观存在。

（二）简化与孤立原则

从理论上讲，近因原则比较简单。但在实践中，引起损失的原因可能是一个，也可能是多个。这些原因可能是保险风险，也可能是不保风险。当引起风险损失的原因有多个时，要从众多复杂的原因中判定出某一事故的近因并不是一件容易的事情。为此，有必要采用简化与孤立原则，以便将它们从普遍的联系中抽出来，孤立地进行考察，从而找出独立发挥决定性、支配性作用的原因。在考察时，可以从结果入手，回溯查因，反求引起结果发生的真正原因。具体来说，就是从损失开始，沿系列自后往前推，问为什么发生这样的问题，若追溯到最初事件，且系列完整，最初事件为近因。若在逆推中出现中断，其他原因为致损原因。在考察时，也可以从起因入手，逻辑查因，寻求引起结果发生的真正原因。具体来说，就是从最初事件开始，按逻辑关系推理，问下一步将发生什么，若最初事件导致了第二事件，第二事件又导致了第三事件，如此类推到最终事件，则最初事件为近因。若在顺推中出现中断，则其他事件为致损原因。这种近因判定方法与英国的法官们经过长期的审判实践总结出的用于诠释近因原则的"链条原理"是一致的。"链条原理"认为：从事故的发生到结果，其中的各个原因如同一节节的链条，如果这些链条环环相扣、联系紧密的话，则该链条的顶环（非尾环）即是导致保险事故发生的近因。

（三）原因等级原则

客观事物间关系的复杂性决定了因果关系的复杂性，因此，在考察因果关系时，要慎重区分各种损害行为原因力的大小，也就是区分原因等级。虽然对原因的大小不能做量化分析，但可以根据一般社会经验去分析判断，在数个原因中找出引起损害发生的最有力的原因。

三、近因原则的应用

（一）单一原因造成损失保险责任的认定

如果造成保险标的损失的原因只有一个，那么这个原因就是近因。按照近因原则，该原因是保险风险，则保险人对损失负赔偿责任，该原因不是保险风险，则保险人不予赔偿。例如，在海上货物运输保险中，货物因鼠咬造成的损失，保险公司不负赔偿责任。但是，如果老鼠咬坏船上的管道，海水进入货舱造成货物损坏，近因是海水而不是鼠咬，在这种情况下，保险公司就要对货物损坏承担赔偿责任。

（二）多种原因同时发生造成损失保险责任的认定

多种原因同时发生导致风险事故、造成风险损失，则同时发生的多种原因都是近因。在这种情况下，如果同时发生的都是保险风险，则保险人赔偿所有原因造成的损失。例如，暴风刮倒了保险的房屋，暴雨淋湿了保险财产，暴风、暴雨都属于保险风险，保险公司应赔偿因暴风、暴雨所造成的损失。如果同时发生的风险都是除外风险，则保险人不承担赔偿责任。如果同时发生的风险既有保险风险，又有除外风险，则应依具体情况而定。保险风险与除外风险责任可以分清的，损失可以分别估算的，保险人只负责赔偿保险事故所造成的损失，对非保险事故所造成的损失不赔。例如，在货物运输保险中，承保一批棉布，船舶航行途中发生碰撞事故，船舶进水，一部分棉布遭受水渍损失，同时一部分棉布在船舱中遭受油污损失。棉布的水渍损失属于碰撞（保险）事故所致，应予赔偿；油污不属于保险风险，因此棉布的油污损失不予赔偿。保险风险与除外风险责任难以分清，损失无法分别估算的，则应按照公平原则分摊。例如，一部分棉布既遭水渍，又遭油污，则保险人与被保险人可以按损失比例分摊。

（三）多种原因连续发生造成损失保险责任的认定

多种原因连续发生，即多种原因构成了一个不间断的因果链，则造成的损失的最初原因为近因。因连续关系的原因所造成的损失，赔与不赔有三种情况：

1. 若连续发生的原因都是保险风险，则对保险事故发生的一切损失，保险人都负责赔偿。例如，雷击引起火灾，火灾引起爆炸，则保险公司对这些保险事故导致的所有损失负赔偿责任。

2. 若连续发生的原因中，前因是保险风险，后因不是保险风险，但后因是前因的直接的必然的结果，是前因的合理延续，则前因为近因，保险人对所有损失均应负赔偿责任。例如，英国1851年的一个著名的判例：有一艘装载皮革和烟草的船舶遭遇海难，大量海水浸入船舱，皮革腐烂，海水虽未直接接触包装烟叶的捆包，但由于腐烂皮革的臭气，使烟叶变质全损。被保险人以海难为近因，要求保险公司按全损赔偿。但保险人却以烟叶包装没有水渍痕迹为由加以拒绝。最后，法院判决，在本案中，烟叶全损的近因是海难，保险人应负赔偿责任。海难使海水涌入船舱，这是烟叶损坏的前因；皮革腐烂发臭熏坏了烟叶，这是烟叶损坏的后因。但皮革腐烂发臭无疑是海水涌入船舱的直接的必然的结果，因此，海难是本次事故的近因。

3. 若连续发生的原因中，前因不是保险风险，后因是保险风险，后因是前因的直接的必然的结果，则保险人对风险事故造成的损失不负赔偿责任。例如，一艘轮船被敌潜艇发射的鱼雷击中，在驶向港口时触礁沉没。在该次事故中，敌潜艇发射鱼雷是船舶沉没的近因，但敌潜艇发射鱼雷属于战争行为，不属于运输工具险的保险责任，因此，保险公司不负赔偿责任。

4. 若连续发生的原因都不是保险风险，则对风险事故造成的一切损失，保险人都不予赔偿。

（四）多种原因间断发生造成损失保险责任的认定

多种原因间断发生是指两个以上的灾害事故先后发生，但前因与后因之间不相关联，也就是说，后来发生的灾害事故是一个新产生的独立原因，后因不是前因的直接的必然的结果。对于这种前因与后因之间发生中断的事故损失，保险人赔与不赔有以下两种情况：

1. 如果新的独立原因（近因）为保险风险，即使发生在不保风险（前因）之后，保险风险所造成的损失仍由保险人赔偿。

2. 如果新的独立原因（近因）为不保风险，即使发生在保险风险（前因）之后，由不保风险造成的损失，保险人不负赔偿责任；但对以前保险风险造成的损失，保险人仍应赔偿。

可见，在多种原因间接存在的情况下，保险人的赔偿责任主要取决于新的独立的原因（近因）是不是保险风险。

第四节　损失补偿原则

一、损失补偿原则的含义

损失补偿原则是指在财产保险合同中，当保险事故发生并导致被保险人经济损失时，保险人给予被保险人的经济损失赔偿，恰好能够弥补被保险人由于保险事故造成的经济损失。

损失补偿原则有两层含义：一是发生保险事故造成保险损失，在保险责任范围内被保险人有权获得全面充分的赔偿。但被保险人向保险人提出索赔时必须具备被保险人对保险标的具有保险利益、被保险人遭受的损失在保险责任范围内、被保险人遭受的损失能够用货币来衡量其经济价值这三个条件。二是保险人赔偿的金额仅以被保险人的实际损失为限，即以恢复被保险人在遭受保险事故前的经济状况为准。

损失补偿原则具有质的规定性和量的规定性。质的规定给出了赔与不赔的界限，即所谓"有损失，有赔偿；无损失，无赔偿"。量的规定给出了赔偿金额的界限，即所谓以保险标的的实际损失为限。质的规定性决定量的规定性，因为只有保险标的遭受了保险责任范围内的损失才谈得上赔偿多少的问题。量的规定性为质的规定性划定了外延，因为质的规定性解决不了赔偿数量问题。损失补偿原则质的规定性和量的规定性，充分体现了保险的损失补偿职能，一方面它约束保险人，在发生保险损失时必须承担保险的保障义务，履行赔偿责任，从而使被保险人实现其保险利益。另一方面它约束被保险人，在不发生保险事故的情况下，不要期望得到保险赔偿；在发生保险事故造成保险损失时，不要期望得到超过损失的补偿。具有质的规定性和量的规定性的损失补偿原则的这两方面的约束作用，既有利于保险人重合同、守信用，以确保被保险人的正当权益不受侵犯；又有利于防止被保险人利用保险从中牟利获得额外利益，以减少来自被保险人方面的道德风险。

二、损失补偿原则的限制条件

坚持损失补偿原则，要求保险人在履行赔偿责任时，对被保险人的补偿金额要进行一定程度的限制。

（一）以实际损失为限

实际损失是保险赔偿的基本条件。当被保险人的财产遭受保险责任范围内的损失时，保险人应对财产损失进行经济赔偿，赔偿金额的确定以被保险人遭受的实际损失为依据，赔偿的最高限额为实际损失额。实际损失是根据发生损失时财产的实际价值确定的，而财产的价值与市价有关，即实际损失通常根据损失当时的市价确定（定值保险和重置保险除外）。这样确定的理由，是因为以货币计量的财产价值会随着物价的变动而变动，只有以受损时的市价作为计算赔款的依据，才能使赔偿恰好能弥补被保险人的实际损失。例如，某幢房屋以100万元的实际价值投保，因火灾遭受全损，此时房价跌落，该房屋的市价仅为 80 万元。则保险人只能按市价 80 万元，也即房屋的实际损失予以赔偿。

（二）以保险金额为限

以保险金额为限，即损害补偿额不得超过事先约定的保险金额。在一般情况下，保险金额是保险事故发生时，保险人承担赔偿责任的最高限额，保险人的赔偿金额只能等于或低于保险金额而不能高于保险金额，保险人的最高赔偿责任也只能是保险金额。例如，仍以上例为例，只是在发生保险事故时房价已大幅度上涨，市价达到 120 万元。这时虽然被保险人的实际损失是 120 万元，但因为保险金额是 100 万元，所以保险人也只能赔偿 100 万元。

以保险金额为限，并不一定在任何情况下保险人的赔偿金额都不能超过保险金额。比如我国《保险法》规定：保险事故发生后，被保险人为防止或者减少保险标的损失所支付的必要的、合理的费用，由保险人承担，保险人所承担的费用数额在保险标的的损失赔偿金额以外另行计算，最高不超过保险金额的数额。我国《保险法》还规定：被保险人因给第三者造成损失而支付的仲裁或诉讼费用及保险人与被保险人为查明和确定保险事故的性质、原因和保险标的的损失程度所支付的必要的、合理的费用，应由保险人承担。因此，可能出现保险人实际支出的费用超过保险金额的情况。

（三）以可保利益为限

在通常情况下，要根据可保利益确定保险金额，保险合同保障的是被保险人的可保利益。所以，在保险事故发生后，赔偿金额要受可保利益限制，即损害补偿额不得超过被保险人具有的可保利益金额。例如，在抵押贷款中，借款人以价值 100 万元的房产作抵押取得了 60 万元的贷款，贷款人为保证贷款的安全，将抵押物——房产投保了财产保险，假如在保险期内房产发生保险事故造成全损，保险人只能支付给贷款人（被保险人）60 万元赔款，因为贷款人对房产的可保利益只有 60 万元。

三、损失赔偿计算方式

（一）第一危险赔偿方式

第一危险赔偿方式，又称第一损失赔偿方式，它是把保险财产价值分为两部分：第一部分价值是与保险金额相等的部分，称其为第一危险责任，发生的损失称为第一损失；第二部分价值是超过保险金额的部分，称其为第二危险责任，发生的损失称为第二损失。保险人只对第一危险责任负责，只赔偿第一损失，即损失金额在保险金额之内，保险人负赔偿责任，超过保险金额的部分，保险公司不予赔偿。根据第一危险赔偿方式，赔偿金额的多少，只取决于保险金额与损失价值，而不考虑保险金额与财产价值之间的比例关系。第一危险赔偿方式的计算公式：

（1）当损失金额≤保险金额时，则赔偿金额＝损失金额；

（2）当损失金额＞保险金额时，则赔偿金额＝保险金额（超过保险金额部分不予赔偿）。

（二）比例赔偿方式

这种方式是按照保险金额与损失当时保险财产全部实际价值的比例计算赔偿金额，

其计算公式：

赔偿金额＝损失金额×保险金额/损失当时保险财产的实际价值

采用比例赔偿方式计算的赔偿金额既与损失金额有关，也和保险金额与保险财产全部实际价值的比例有关，保险金额与保险财产全部实际价值越接近，赔偿金额与实际损失金额也越接近，当保险金额大于或等于保险财产全部实际价值赔偿金额时，赔偿金额就等于保险金额。所以，被保险人若想得到足额的赔偿，就必须按财产的实际价值足额投保。

（三）限额赔偿方式

1. 限额责任赔偿方式，即保险人只承担事先约定的损失额以内的赔偿，超过损失限额部分，保险人不负赔偿责任。这种赔偿方法多应用于农业保险中的种植业与养殖业保险。

2. 免责限度赔偿方式，即损失在限度内时保险人不负赔偿责任，超过限度时保险人才承担赔偿或给付责任。免责限度可分为相对免责限度和绝对免责限度两种。相对免责限度是指保险人规定一个免赔额或免赔率，当保险财产受损程度超过免赔限度时，保险人按全部损失赔付，不作任何扣除。其计算公式：

赔偿金额＝保险金额×损失率

绝对免责限度是指保险人规定一个免赔额或免赔率，当保险财产受损程度超过免赔限度时，保险人扣除免赔额（率）后，只对超过部分负赔偿责任。其计算公式：

赔偿金额＝保险金额×（损失率－免赔率）

四、损失赔偿实现方式

损失赔偿实现方式主要依据受损标的性质以及受损状况而定，一般而言有以下几种。

1. 现金赔付

支付现金是采用较多的一种赔偿方式，它简便易行，了解赔案迅速，很受客户欢迎。现金赔付是责任保险、信用保险、保证保险唯一可行的赔偿实现方式。

2. 修理

这是对机动车辆受损进行补偿时大量采用的方式。当保险标的发生保险事故时，到保险人指定的汽车修理厂（门店）进行修理，以使其恢复原状，保险人则按照汽车修理结算账单承担修理费用。

3. 更换

当受损保险标的某些零部件无法修理时，比如挡风玻璃破碎，则保险人通常采用更换零部件的方法予以赔偿。

4. 重置

如果保险标的已经损毁或灭失，保险人可以重新购置一个与原标的规格、型号、性能相同的标的，以恢复标的的本来面目。

五、损失补偿原则的例外

（一）定值保险例外

定值保险是指保险合同双方当事人事先确定保险标的的价值，并在合同中载明以确定保险金最高限额的财产保险合同。定值保险合同成立后，如发生保险事故，造成财产全部损失时，无论保险标的的实际价值是多少，保险人都应当以合同中约定的保险价值作为计算赔偿金额的依据，而不必对保险标的重新估价。如果是部分损失，只需要确定损失的比例，该比例与双方确定的保险价值的乘积，即为保险人应支付的赔偿金额。其计算公式：

$$保险赔款 = 保险金额 \times 损失程度（\%）$$

在定值保险的前提下，如果在保险期内保险标的的价格下跌，就必然使保险金额大于保险标的的实际价值，发生保险事故的保险人按保险金额（保险价值）进行的赔偿，就会超过实际损失。相反，如果在保险期内保险标的的价格上涨，就必然使保险金额小于保险标的的实际价值，发生保险事故的保险人按保险金额（保险价值）进行的赔偿，就会少于实际损失。因此，定值保险是损失补偿原则的例外。

在实际操作中，定值保险合同多适用于海上货物运输保险和艺术品、文物保险。这是因为货物在起运地、中途港、目的港价值不同，报关前后价值不同，一旦出险不好确定按哪个价格计算赔偿，也容易引起纠纷，所以采用定值保险的形式。至于艺术品和文物，或价值难以确定，或损毁后难以复制，也宜采用定值保险的方式。

（二）重置价值保险例外

重置价值保险，是指投保人和保险人约定以重新购置或重新建造保险标的所需支付的全部费用作为保险标的的保险价值，并据以确定保险金额的保险。而不定值保险中的保险价值是根据保险事故发生时保险标的的市场价值确定的。保险价值和重置价值并非同一概念，重置价值往往大于保险价值。例如，某设备购买时花费了80万元，3年后，已经使用陈旧的这套设备实际市场价值只有40万元，而新购置一台同类型设备需要100万元，这里100万元是重置价值，40万元是保险价值。因此，一般的财产保险只保障保险标的当时的实际价值，不保重置价值。因为根据补偿原则，通过补偿只能使保险标的恢复到损失发生前的经济状况，如果赔偿额大于标的当时的实际价值，就可能诱发被保险人的道德危险，从保险中获得额外的利益。因此，一般保险公司不随意接受重置价值投保。

但按照实际价值投保，一旦出现通货膨胀、物价上涨，保户即使不断调整保额，也很难做到足额投保，获得的赔款无法满足重置或重建的需要。此时，如能购买重置价值保险，则可获得十足的保障，不必用历年的折旧积累弥补标的受损重置的差额。正是鉴于此原因，保户愿意多保一些保额，多付一点保费，按重置价值投保。这样，当发生保险事故造成损失时，保险人按重置价值进行的赔偿就可能大于实际损失，因此，重置价值保险也是损失补偿原则的一种例外。

（三）施救费用赔偿例外

被保险人为减少标的的损失所支出的合理费用，保险人应予赔偿，且要将这部分赔款在保险标的损失的赔偿金额以外另行计算，最高不得超过保险金额。这实际上等于保险人承担了两个保险金额的补偿责任，因此，也可看成是损失补偿原则的例外。

（四）人身保险例外

人身保险的标的是无法估价的生命或身体机能，其可保利益也是无法估量的，被保险人发生死亡、伤残等事件，对其家人会带来经济上的损失和精神上的痛苦，这是保险人所无法弥补的。保险金只能在一定程度上帮助被保险人及其家属缓解由于保险事故所带来的经济困难，聊补亲人们精神上的创伤。另外，从人身保险合同的性质看，发生保险事故，保险人履行的是给付责任，是按照合同约定的金额给付保险金。因此，损失补偿原则不适用于人身保险。

第五节　损失补偿原则的派生原则

一、代位追偿原则

（一）代位追偿原则的含义及作用

1. 代位追偿原则的含义

代位追偿原则是指保险人依照法律或保险合同约定，对被保险人所遭受的损失进行赔偿后，依法取得向对财产损失负有责任的第三者进行追偿的权利或取得被保险人对保险标的的所有权。代位追偿原则包括代位追偿权和物上代位权。

2. 规定代位追偿原则的意义

代位追偿原则是在损失补偿原则基础上产生的，是损失补偿原则的派生原则，坚持这一原则具有重要意义：

（1）可防止被保险人因损失而获取不当利益。当保险标的由于第三者的疏忽、过失或故意行为所造成损失且该种损失的原因属保险责任时，被保险人既可以依据民法向造成损失的第三者责任方要求赔偿，也可以依据保险合同向保险人请求赔偿。在这种情况下，如果不实行代位追偿原则，被保险人就会因同一损失而获得双倍赔偿，双倍赔偿违反了财产保险合同的补偿原则，使被保险人从中获利，破坏了保险合同中权利义务关系的平衡，容易诱发道德风险。

（2）使肇事者承担其因疏忽或过失所负的法律责任。我国《民法通则》规定：公民、法人由于过错侵害国家的、集体的财产，侵害他人财产、人身的，应当承担民事责任。法律要求第三者对受害人承担经济赔偿责任，这既有利于维护社会公共利益，保障公民、法人的合法权益不受侵犯，也不致使第三者逍遥法外，逃避责任。

（3）有利于被保险人及时获得经济补偿，尽快恢复正常的生活。如果不实行代位追偿原则，发生保险事故造成损失之后，被保险人只能向第三者索要赔偿，鉴于第三者的经济状况、责任意识、道德水准等原因，很可能出现赔偿无法兑现或不能及时足额到位的问题，从而对被保险人的生产和生活产生不利影响。执行代位追偿原则，被保险人首先向保险人索赔，保险人必须按照保险合同的约定履行赔偿责任，获得赔偿之后，被保险人再将向第三者索要赔款的权利转移给保险人。这无疑会使被保险人及时获得经济补偿。

（二）代位追偿

1. 代位追偿权的概念

代位追偿权又叫代位求偿权，是指当保险标的因遭受保险责任事故而造成损失，依法应当由第三者承担赔偿责任时，保险人自支付保险赔偿金之日起，在赔偿金额的限度内相应取得向对此损失负有责任的第三者请求赔偿的权利。我国《保险法》第六十条第一款规定："因第三者对保险标的损害而造成保险事故的，保险人自向被保险人赔偿保险金之日起，在赔偿金额范围内代位行使被保险人对第三者请求赔偿的权利。"我国《海商法》第二百五十二条规定："保险标的发生保险责任范围内的损失是由第三人造成的，被保险人向第三人要求赔偿的权利，自保险人支付赔偿之日起，相应转移给保险人。"

代位追偿权是一种权利，即债权的代位，或者说代位追偿的性质是一种债权让与。被保险人在一定条件下，依据保险合同将其享有的对第三人的债权转让给保险人。此后，保险人就取代了被保险人的地位，成为新的债权人，来行使和处分该债权。

2. 行使代位追偿权的前提条件

（1）保险事故是由第三者造成的。由第三者造成的保险事故中存在着三方当事人和两种法律关系。三方当事人是保险人、被保险人和第三人。两种法律关系是保险人与被保险人间的保险合同关系，被保险人与第三人间的合同关系或侵权关系。保险人与第三人之间并不存在着直接的债权债务关系，是在被保险人获得保险人的赔偿后将向第三者的请求赔偿权转移给保险人，保险人才取得向第三者追偿的权利。

（2）保险标的损失的原因是保险责任事故。只有属于保险责任的事故造成的损失，保险人才负赔偿责任；否则，被保险人只能自己承担损失，或者向有关责任人索赔。

（3）保险人履行了赔偿责任。代位追偿权是在保险人履行了赔偿义务基础上产生的民事权利，即先赔偿而后获得权利。这是代位追偿权行使的实质性条件。它说明保险事故发生后，被保险人与保险人依保险合同进行赔偿之前，仍具有对第三人的损害赔偿请求权。这是因为，损害赔偿请求权是被保险人固有的权利，若被保险人在未获相应补偿前就草率地将索赔权移转给保险人，将可能面临无法向第三人求偿的境地；若被保险人在保险事故发生后，就将索赔权移转，而将来因故未获保险金赔偿，将面临未得先失、两头落空的尴尬局面。因此，各国保险法均规定，保险人须先给付保险金之后，方可行使代位追偿权。先赔偿而后获得权利，还在于被保险人获得保险人的赔偿之后，才有获得额外利益的可能，这时有必要进行追偿权转移。因此，在被保险人获得保险人的赔偿之后，应将向第三者索赔的权利转移给保险人；保险人只有履行了赔偿义务之后，才能取得对第三者请求赔偿的权利。

3. 代位追偿权的取得方式

关于保险代位追偿权的取得方式，世界上有两种立法例：一种是当然代位主义，即代位追偿权的取得仅以理赔为条件，只要保险人向被保险人给付保险金后即可自动取得代位追偿权；另一种是请求代位主义，即保险人向被保险人赔付后并不能自动取得代位追偿权，还须被保险人明示地将享有的对第三人的损害赔偿请求权让渡给保险人，保险人方能取得代位追偿权。我国的《保险法》规定：保险人自向被保险人赔偿保险金之日起，在赔偿金额范围内代位行使被保险人对第三人请求赔偿的权利。可见，我国保险立法采用的也是当然代位主义，即只要保险人支付了保险赔偿金，就相应取得了向第三人请求赔偿的权利，而无须被保险人确认。但在我国保险实务中，保险人在支付保险金的同时，往往要求被保险人签署赔款收据和权益转让书，作为被保险人将对第三人损害赔偿请求权让渡给保险人的有效证明。在实行当然代位主义"法定受让"的条件下，权益转让书或类似声明的签署与否不影响保险人取得代位求偿权。权益转让书至多只能起一个确认赔偿金额与赔偿时间的辅证作用，对保险人代位追偿权的取得并无实际意义。这是因为代位追偿权是一项法定权利，确认代位追偿权的成立与否，必须以保险人是否履行了对被保险人赔偿责任这一法定条件为准，保险人不能仅凭一纸权益转让书就可以向第三人追偿。权益转让书只有在附有保险人实际赔付的收据的情况下，才能发生权益转让书中所言的效力。

值得说明的是，在被保险人已经向保险人转移了向第三者追偿的权利后，它还要为保险人行使代位追偿承担一些法定义务。我国《保险法》第六十三条、《海商法》第二百五十二条规定被保险人有协助义务，应向保险人提供必要的文件和所需要知道的情况。我国《保险法》第六十一条、《海商法》第二百五十三条规定因被保险人过失导致保险人行使代位追偿权受损的，被保险人要承担相应的法律责任。

4. 代位追偿权的限制

（1）代位追偿权的权益限制。代位追偿权的金额应以保险人赔偿的金额为限，保险人行使代位追偿权从第三者责任方所得的金额不得超出对被保险人的赔偿金额，若追偿所得超过赔偿金额，超过部分应归被保险人所有；若追偿所得少于赔偿金额，则由保险人自担风险。

按我国《保险法》规定，保险人行使代位追偿权，并不影响被保险人就未取得赔偿的部分向第三者请求赔偿的权利。若第三者造成被保险人的损失超过保险人应承担的保险责任，被保险人可以就其没有取得赔偿的部分，继续向第三方请求损害赔偿。

（2）代位追偿权的对象限制。造成保险事故的第三者，可以是自然人，也以是法人，这一点法律并没有限制。但在任何诉讼中，原被告不可同为一人，同理，保险人只能对被保险人以外的第三人行使代位追偿权。我国《保险法》第六十二条规定：保险人不得对被保险人的家庭成员或者其组成人员行使代位请求赔偿的权利，除非该保险事故是由其家庭成员或组成人员故意造成的。这样规定的原因在于，这些人与被保险人往往具有一致的利益，如果向这些人追偿，就可能导致被保险人实际没有得到赔偿，保险也就失去了意义。例如，家庭有姐弟二人，弟弟是精神病患者，趁姐姐不注意点燃了房屋，造成损失10万元。保险公司赔偿给姐姐10万元，然后向弟弟索赔10万元，弟弟没钱只能向姐姐要，于是将保险公司赔偿的10万元又交回了保险公司，等于没参加保险。

（3）代位追偿权的时效限制。对保险人向第三者行使代位追偿权的时效的规定，我国的立法是空白的。代位追偿是一种民法上的债权转让，保险人对第三人享有的权利范围不应超过被保险人享有的权利范围，凡第三人得以对抗被保险人的抗辩事由同样可以对抗保险人。因此，保险人行使代位追偿权的时效应与被保险人向第三人索赔的时效一致，《民法通则》第一百三十五条规定的一般诉讼时效为两年，代位求偿时效的起算应以保险人支付保险金之日起计算为宜。

5. 代位追偿权的放弃

代位追偿权本质上是一种债权请求权，保险人在不违背法律和社会公共利益的前提下，可对代位追偿权进行自由处分。在一般情况下，保险人会行使代位追偿权，但鉴于种种考虑有时也会放弃代位追偿权。根据放弃的理由，可将代位追偿权的放弃分为合理放弃和不合理放弃两类。

（1）代位追偿权的合理放弃。在下述三种情况下，放弃代位追偿权被认为是合理的：第一种情况是由于被追偿当事人的财力不足，使代位追偿难以顺利进行，此时保险人可放弃或部分放弃代位追偿权。第二种情况是保险人之间因为各自行使保险代位追偿权可能招致利益冲突，所以协议放弃代位追偿权。此种情形多发生在被保险人之间互有过错的情况下，例如，汽车保险人之间的"碰撞弃权"协议。根据此协议，若在两家保险公司投保的两辆汽车因驾车人互有过错而碰撞受损时，每个保险人均仅负责赔偿各自承保的被保险人的损失，而放弃行使相应的代位追偿权，不追究对方的侵权行为责任。第三种情况是被保险人与侵权第三人存在某种利益联系，且被保险人有强烈要求，则保险人可放弃相应的代位追偿权。例如，在雇主责任险中，雇员因过失导致客户或他人利益受损，雇主从保险人处得到保险金补偿受害人损失后，保险人不再代位向有过失的雇员进行追偿。

（2）代位追偿权的不合理放弃。这是指保险人放弃了本应行使的代位追偿权的情况。在保险实践中，保险人对代位追偿工作的重要性缺乏足够认识的情况下，往往会不负责任地放弃代位追偿权。其结果，保险公司丧失了本应从负有民事赔偿责任的侵权行为人那里取得的应有赔偿，影响了自身效益的提高；使侵权行为人逃避应有的民事制裁，也为被保险人在同一次损失中获得双重补偿提供了可乘之机。

（三）物上代位

物上代位是指保险标的遭受保险责任范围内的损失，保险人按合同约定履行了赔偿义务后，依法取得对该保险标的的部分或全部所有权。

1. 物上代位产生的基础

物上代位通常发生于推定全损的保险事故的处理上，主要适用于海上保险中的委付。委付是指在发生保险事故造成保险标的的推定全损时，被保险人在向保险人请求全部损失赔偿的同时，明确表示将该保险标的的一切权利转移给保险人的法律行为。我国《海商法》第二百四十九条第一款规定："保险标的发生推定全损，被保险人要求保险人按照全部损失赔偿的，应当向保险人委付保险标的。保险人可以接受委付，也可以不接受委付，但是应当在合理的时间内将接受委付或者不接受委付的决定通知被保险人。"

依据上述规定，委付的前提是保险标的被推定为全损，即保险事故发生后，虽未造成标的实际全损，但认为实际全损已不可避免，或者救助修理的费用将超过标的收回后的价值，而将其作为全损处理。推定全损实际上是对保险赔偿原则的偏离。按赔偿原则，若被保险人不能证明保险标的的部分损失或全部损失，就不能获得相应的赔偿，但出于对海上风险特殊性的考虑，在估计保险标的已遇全损，但在尚未确定的情况下，即视同全部损失，保险人全额赔偿。但推定全损并非标的物完全损毁或灭失，或葬身于海底，或为他人非法占有，或已经损毁无法修理，这些未灭失或还有残值的标的日后还有被被保险人重新得到的可能。因此，为避免被保险人由此获得额外利益，在保险人按全损履行了赔偿义务之后，理应取得保险标的的所有权。

2. 行使委付的条件

（1）以推定全损为条件。如果保险标的发生的全部灭失是实际损失，保险人自然会赔偿全部损失，也不存在推定损失的问题，当然也不会有标的权利的转移问题。

（2）就标的的整体作出索赔。在推定全损发生后，被保险人如果决定委付，就应将保险标的的全部予以委付，不能一部分委付，一部分不委付。这样既能防止将保险人和被保险人的关系复杂化，又能防范被保险人仅委付对其不利的保险标的，从而导致显失公平的后果的产生。

（3）必须由被保险人提出。被保险人应在约定或者法定时间内，向保险人作出委付的意思表示，即委付通知。委付通知，是被保险人向保险人发生的被保险人放弃财产，交由保险人处置的提示。委付通知通常采用书面形式。

（4）必须经保险人同意。委付非单独行为，被保险人发出委付通知后，保险人可以接受委付，也可以不接受委付，只有保险人同意委付才能发生效力。保险人接受委付的通知须为书面形式，不承认默示或沉默。即便保险人在接到委付通知后采取了合理的施救措施，也不意味着保险人接受了委付，承担了全损赔偿责任。

（5）不能附加任何条件。设立委付制度的目的是为了迅速解决当事人之间的不确定的法律关系，如果允许委付附带条件，则徒增当事人之间的纠葛。例如，假若船舶失踪被推定为全损，被保险人请求委付，同时要求若日后船舶被找回，将返回受领的保险金而取回该船，这种附加就为日后的纠纷埋下了隐患。并且，如果允许委付附带条件，必然使本已复杂的委付程序更加复杂，因此，各国海商法明确规定委付不得附带条件。我国《海商法》第二百四十九条第二款明确规定："委付不得附带任何条件。"

3. 保险人在物上代位中的权益范围

我国《保险法》第五十九条规定："保险事故发生后，保险人已支付了全部保险金额，并且保险金额等于保险价值的，受损保险标的的全部权利归于保险人；保险金额低于保险价值的，保险人按照保险金额与保险价值的比例取得受损保险标的的部分权利。"这就是说在足额保险中，保险人按保险金额进行赔偿之后，即取得了对保险标的的全部所有权，得到的不仅是对委付财产所享有的权利，还包括对其所负有的义务。我国《海商法》第二百五十条也是这样规定的："保险人接受委付的，被保险人对委付财产的全部权利和义务转移给保险人。"在这种情况下，如果保险人处理标的物获得的利益超过赔偿的金额，则超过部分归保险人所有。但在不足额保险中，保险人只能按保险金额与保险价值的比例取得对保险标的物的部分物上权利。由于标的的不可分性，保险人在依法取得受损标的的部分权利之后，通常将该部分权利折价给被保险人，并在保险赔偿中做相应的扣除。

二、分摊原则

（一）分摊原则的含义

分摊原则是在重复保险的前提下，当保险事故发生时，各家承保该保险业务的保险公司对赔款进行分摊，使被保险人从各家保险公司得到的赔款总额不超过其实际发生的损失金额。执行分摊原则的主要目的，是防止在重复保险中被保险人由于得到多家保险公司的赔偿而获得额外的利益，防止和减少道德风险的发生；同时使被保险人得到充分的补偿。

（二）重复保险的含义

分摊原则是以重复保险的存在为前提的。按照我国《保险法》第五十六条规定："重复保险是指投保人对同一保险标的、同一保险利益、同一保险事故分别与两个以上保险人订立保险合同，且保险金额总和超过保险价值的保险。"根据这一规定，重复保险的构成需要满足五个条件：

（1）必须是对同一个保险标的的保险。不是同一保险标的，自然不会存在重复保险问题。例如，某集团公司为所属的工厂和商场分别投保了企业财产保险，两者没有联系，谈不上重复保险。同一保险标的构成了重复保险的一个必要条件，但并不意味着保险标的相同就肯定构成重复保险。保险标的相同，但保险利益不同，也不构成重复保险。

（2）必须是对同一保险利益提供的保险。在保险标的相同的情况下，保险利益也相同，才可能构成重复保险。例如，对同一幢房屋，其所有人分别向两家保险公司投保了火灾保险，同一保险标的，同一保险利益，于是构成重复保险。假如还是这幢房屋，其所有人向保险公司投保了火灾保险，因为其是以抵押贷款的形式购得此房的，所以抵押权人也以该房产为标的投保了火灾险，由于房屋所有人和抵押权人对房屋具有不同的可保利益，因此他们对同一标的保险不属于重复保险。

（3）必须是对同一保险事故提供的保险。同一保险事故实际上是同一保险责任，如果是同一保险标的，而不是同一保险责任，自然不是重复保险。例如，投保了车辆损失险，又投保了第三者责任险，不构成重复保险。假如"一女二嫁"，同一台车就同一保险责任投保了两份保险，则构成重复保险。

（4）必须是向两个以上保险人订立保险合同的保险。只签订一份保险合同无所谓重复，就同一保险标的、同一保险利益、同一保险事故同保险公司签订数个保险合同才构成重复保险。

（5）必须是数张合同的保险金额总和超过保险价值的保险。

这五个条件是构成重复保险的必要条件，是目前我国法律上对于重复保险的认定条件。但这种认定是不全面的，它缺少形成重复保险所需要的两个最基本的条件：

（1）投保人对同一保险标的、同一保险利益、同一保险事故向两个以上保险人订立的保险合同，其保险金额的总和大于保险标的的实际价值。如果保险金额的总和小于或者等于保险标的的实际价值，这种保险是复合保险，而不是重复保险。在复合保险情况下，发生保险事故各承保人不需要分摊保险赔款。

（2）投保人对同一保险标的、同一保险利益和同一保险事故必须在同一时间内向两个以上保险人订立保险合同。这里的同一时间并不是说构成重复保险的各项保险合同的保险期限必须完全一致，而是说各项保险合同的保险期限有重合的部分。

（三）重复保险的分摊方式

在重复保险的情况下，发生保险事故时，保险标的所遭受的损失由各保险人按照一定方式进行分摊，分摊的方式有以下几种。

1. 比例责任分摊方式

比例责任分摊方式是由各家保险公司根据自己承保的保险金额来确定损失赔偿的比例，其计算公式为

各保险人承担的赔款 = 损失额 × 该保险人承保的保险金额/各保险人承保金额之和

例如，某人将其价值 100 万元住房同时向甲、乙两家保险公司投保火灾险，保险金额分别为 80 万元和 40 万元。假如在保险期内发生火灾，房屋损失 60 万元，则甲、乙两家保险公司各自的赔偿金额为

甲保险公司的赔偿金额 = 60 × 80/120 = 40（万元）；

乙保险公司的赔偿金额 = 60 × 40/120 = 20（万元）。

比例责任分摊方式计算和手续最为简便，世界各国保险实务中运用较多，我国《保险法》也明文规定重复保险的各保险人应按照各自的保险金额与保险金额总和的比例承担赔偿责任。

2. 限额责任分摊方式

限额责任分摊方式是由各家保险公司首先确定在没有重复保险的情况下应付的赔偿限额（通过对保险金额、保险标的的实际损失额和可保利益的比较而得出的最小数额），然后根据赔偿限额来确定分别承担的损失赔偿的比例。其计算公式为

各保险人承担的赔款 = 损失额 × 该保险人的独立责任限额/各保险人独立责任限额之和

如上例，在没有其他保险人承保的情况下，甲保险公司应承担 60 万元的赔偿责任，乙保险公司应承担 40 万元的赔偿责任，于是按限额责任分摊方式计算，甲、乙两家保险公司各自的赔偿金额为

甲保险公司的赔偿金额 = 60 × 60/100 = 36（万元）；

乙保险公司的赔偿金额 = 60 × 40/100 = 24（万元）。

限额责任分摊方式与比例责任分摊方式都是按照一定的比例分摊赔偿责任，但前者是以赔偿责任为计算基础，后者则是以保险金额为计算基础。

3. 顺序责任方式

顺序责任方式是根据投保人投保的时间顺序确定保险公司的赔偿顺序，首先由先承保的保险公司对被保险人提供赔偿，如果先承保的保险公司对被保险人的赔偿额不足以弥补被保险人的损失，则由其后承保的保险公司继续赔偿，直至被保险人的损失得到足额的赔偿为止。在顺序责任方式中，每一个保险公司索赔时都不考虑重复保险的情况，即都按照单独承保的情况进行赔付，但是一旦赔偿总金额达到了被保险人的损失额，保险赔偿即终止。

仍以上例为例，假如先出单的是甲保险公司，则房屋损失的 60 万元赔偿由其承担。假如损失的不是 60 万元，而是房屋的全部 100 万元，则由甲保险公司赔偿 80 万元，乙

保险公司赔偿 20 万元。

重要术语

可保利益　　告知　　　　　保证　　　　　重要事实　　　　明示保证
默示保证　　弃权与禁止反言　近因　　　　　代位追偿　　　　委付
推定全损　　重复保险

复习思考题

1. 如何判定损失近因？
2. 损失补偿原则的限制条件是什么？
3. 为什么说代位追偿原则和分摊原则是损失补偿原则的派生原则？
4. 代位追偿原则产生的条件是什么？
5. 委付成立必须具备的条件是什么？
6. 权利代位与物上代位的区别是什么？
7. 重复保险分摊方式之间的主要区别是什么？
8. 医疗费用保险是否存在重复保险问题？

第六章

人身保险

第一节 人身保险概述

一、人身保险的概念与特点

（一）人身保险的概念

俗话说："天有不测风云，人有旦夕祸福"、"不怕一万，就怕万一"，意思就是说人的一生不是每件事都可以事先预测，都存在着不确定性。人类在进行物质生产、向自然界索取生活资料的过程中，乃至在日常生活中，常常有可能遭遇各种自然灾害、意外事故或人为灾害等的袭击、破坏。同时，作为自然人，人类自身还要受到生、老、病、残、亡等自然规律的支配，影响和危害身体健康和健全的事件总有发生。人们总是向往平和、安定、幸福的生活。人身危险的存在和人们追求安定生活的心理为人身保险的产生和发展提供了前提条件。人身危险的客观存在及其给人们带来的物质与精神损害等损失后果有时是巨大的，甚至是难以独自承担的，因此需要有社会化的危险分散与控制机制。人身保险作为一种经济补偿手段，也就很自然地成为常备的人身危险管理工具。它既成为了现代人的生活方式之一，也对一国的民生与经济安全发挥着举足轻重的作用。

人身保险是以人的生命或身体作为保险标的的一种保险。人身风险包括人的生（生育）、老（衰老）、病（疾病）、死（死亡）、伤（意外伤害）、残（残疾）等。人身保险的基本内容：投保人与保险人订立保险合同确立各自的权利义务，投保人向保险人缴纳一定数量的保险费；在保险期限内，当被保险人发生死亡、残疾、疾病等保险事故，或被保险人生存到满期时，保险人向被保险人或其受益人给付一定数量的保险金。因此，凡是与人的生命延续或终结以及人的身体健康或健全程度有直接关系的商业保险形式均可称为人身保险。

从人身保险的这一定义中可以看出：

人身保险的保险标的是人的生命或身体。人的生命，是一个抽象概念，当其作为保险保障的对象时，是以生存和死亡两种状态存在的。人的身体，是一个具体的概念，但是当其作为保险保障的对象时，特指人的健康和生理机能、劳动能力（即人们赖以谋生的手段）等的程度。人身保险就是将这些作为衡量危险事故发生的侵害程度的标准，进而确定给付的保险金额，以达到"保险"的目的。

由于人身保险权利义务关系所指向的是人的生命或身体（即保险标的），而人的生命和身体是无价的，不能以货币加以度量，因此，除个别情况外，人身保险的保险金额不能像财产保险那样有确定的标准，仅就理论而言，是由保险双方当事人在保险合同订立之初按照投保方的需求度与可能性相一致的原则协商确定的。

人身保险的保险责任包括生、老、病、死、伤、残等各个方面，即人们在日常生活中可能遭受的意外伤害、疾病、衰老、死亡等各种不幸事故。人身保险的给付条件是当被保险人遭受保险合同范围内的保险事故，以致死亡、伤害、残疾、丧失工作能力或于保险期满、年老退休时，由保险人依据保险合同的有关条文，向被保险人或其受益人给付保险金。

人身保险合同的履行，除个别情况外，由于标的的无价性，人身保险的责任履行一般不能称为补偿或赔付，而只能称为给付。同时，也正是由于这个原因，人身保险中除医疗等伤害性保险外，一般不存在重复保险、超额赔付以及代位求偿等问题。

从危险范围看，人身保险所承保的责任涵盖了人生历程中几乎所能遭遇的各种危险，大到人的生死存亡，小到人的疾病伤害。这些看似纷繁复杂、杂乱无章的危险集合事实上存在着其内在规律，人的生死概率、疾病率、伤残率、生育率等都是可以测度的，在大量观察的基础上会呈现一定的数量规律性，这就是人身保险经营中至关重要的大数法则。人寿保险公司也正是科学地运用这一原理设计出各种各样的人身保险品种，满足不同层次人群的保险保障需要。

（二）人身保险的特点

1. 人身保险具有定额给付性

在财产保险中，各种财产都有客观的实际价值，或根据其生产成本，或参考市价，或进行客观估价加以衡量。根据损失赔偿原则，保险人和被保险人在标的的实际价值限度内，按照被保险人对该保险标的所拥有的可保利益额度来确定保险金额并作为赔偿的最高限额。因此，在理论上，财产保险的保险金额确定具有客观依据。

但是人的生命和身体不是商品，人身无价，其价值无法用货币衡量。无法由实际价值确定保额，只能由投保人和保险人来约定适当的保险金额。人身保险所提供的保险保障是为了使遭受不幸事故的被保险人及其家属获得物质上的帮助和经济上的支持，不至于使家庭生活计划因不幸事故的发生而遭受灾难性的打击，如果保险金额过低，则失去了保险的意义；如果保险金额过高，又要避免保险金额与被保险人的社会地位或经济状况不相适应而引致道德危险，甚至危害被保险人生命或超出投保人经济承受能力而导致保险合同的失效。因此，确定人身保险的保险金额首先从两个方面考虑：一是投保人对人身保险需要的程度；二是投保人缴纳保费的能力。而后由双方当事人通过协商决定一个数目，作为保险金额。一般来说，人们对人身保险的需要有丧葬费用、遗属生活费用、债务、退休养老费、疾病医疗费用、子女教育费用等。但对不同的投保人来说，收入水平、生活标准、社会工作地位、家庭负担等各方面情况不同，对人身保险的需要也各不相同，因此要做具体分析。

人身保险技术性很强，非一般社会大众所能熟悉掌握和运用。在投保时，保险公司或其代理人应尽量依据投保人实际情况帮助作出正确选择，使保险金额既不过高，也不过低。目前尚没有公认的完美的确定方法，使用较为广泛的是所谓"生命价值"理论和"家庭需要"、"收入置换"等方法。

"生命价值"理论是在1924年由美国寿险大师休伯纳提出的，该理论认为人的生命价值在数量上可以定义为一个人的预期净收入的资本化价值。其估算步骤：（1）估计某人预期工作寿命期间的年平均收入；（2）从年平均收入中扣除税收、本人生活费用，其余金额供其抚养人使用；（3）确定其剩余工作年限；（4）使用一个合理的贴现率求其家庭在上述时期内所分享收入的现值。

例如，张某现年30岁，预计工作至60岁退休，当前年薪为10万元，个人消费支出为5万元，预计未来工作期间年收入和个人消费支出均按每年5%递增。假定年贴现率也为5%，试求张某30岁时的生命价值。

分析：由于未来工作期间年收入和个人消费支出均按每年5%递增并且年贴现率也为5%，因此张某30岁时的生命价值为150万元，即张某在30岁时可为自己购买保险金额为150万元的人身保险。

通过上例可以看出，生命价值法具有一些缺陷，如它忽略了其他收入、未来收入的波动、通货膨胀因素。但该法为确定被保险人的保险金额提供了一些依据。

总之，人身保险是要由当事人双方从客观情况出发，综合多种因素，根据经验与科学的分析，协商确定一个保险金额数目，在保险事故发生时，由保险人按此给付保险金。

财产保险的保险金额以财产实际价值为上限，只有在保险事故发生使被保险人遭受了实际损失时，保险人才支付赔款，而且赔款不超过被保险人的实际损失金额。因此，财产保险遵循补偿原则，属于补偿性保险，其目的在于补偿被保险人的经济损失。补偿原则又派生出比例分摊原则和代位求偿原则。在财产保险中，如果投保人对同一标的物进行了重复保险，同时持有两张或两张以上有效的保险单，并且保险期间有重叠、保险金额总和超过保险标的价值，那么保险事故的损失要由几个保险人按各自保单上金额的比例或其他方法分摊保险责任，目的是使被保险人遭受损失后从各张保单项下所得赔偿之和不超过其实际损失金额，即被保险人不能从保险中获利。如果被保险人的损失由第三方造成，依法应由第三方履行赔偿责任，那么保险人赔偿被保险人损失之后，即获得代位求偿权，以被保险人的名义向第三方请求赔偿；而被保险人不得再向第三方索赔，这样就保证了保险人获得的赔款额不超过其实际损失。

然而人身保险是损失补偿原则的一个例外。因为我们不能支付一定的货币资金而使被保险人起死回生，或使被保险人遭受的肢体伤残得到所谓的"补偿"。人身保险是定额给付性保险，即不问是否发生经济上的损失，也不问损失程度，它所关心的只是在保险期限内是否发生保险责任范围内的保险事故。只要发生了保险事故，保险人就依据合同规定，支付约定好的保险金额。因此，人身保险属于定额给付性保险，当约定的保险事故发生后，不论被保险人有无损失或损失多少，保险人都要按照约定给付保险金。

由于人身保险不适用损失补偿原则，所以也不存在比例分摊和代位求偿问题。人身保险是定额保险，就不会有超额投保，也不必受重复投保的限制。因为人的生命、身体是无法以货币衡量其价值的，是不能定量的，被保险人可以同时持有若干份有效保单，只要按时缴纳保费，保险事故发生后就可以从各张保单下获得各自约定的保险金。如果保险事故是由第三方行为造成的，依法应由第三方负赔偿责任，那么被保险人在从保险人处获得保险金后并不转移向第三方责任人的赔偿请求权，仍然可以向第三方进行追偿。我国《保险法》第四十六条规定："被保险人因第三者的行为而发生死亡、伤残或者疾病等保险事故的，保险人向被保险人或者受益人给付保险金后，不享有向第三者追偿的权利，但被保险人或者受益人仍有权向第三者请求赔偿。"

保险金的定额给付性偏离了保险的补偿原则，也偏离了代位追偿原则和重复保险分摊原则。在人身保险中，只要保险合同中约定的保险事故发生，保险人就要按照合同约定的保险金额给付保险金，而不问被保险人有无损失以及损失金额的多少。

2. 人身保险具有储蓄性

财产保险是补偿性保险，如果保险期内发生保险事故，则保险人根据被保险人损失程度以不超出保险金额为限进行赔偿；如果保险事故并未发生，则保险人并不退还保费给投保人或被保险人。

人身保险除提供一般保险保障外，又兼有储蓄性质。即大部分业务当保险期满时，无论保险事故发生与否，被保险人或受益人都可收回保险金额的全部或部分。仍然以人寿保险为例说明，人寿保险的保险费由纯保费和附加保费两部分构成，附加保费是保险公司经营管理费用的来源，包括新合同费用、维持费用、收费费用等；而纯保费则是保险金的来源。人寿保险的纯保险费一般由两部分构成，即危险保费和储蓄保费。前者也就是自然保费；后者是投保人的储金，用于积存责任准备金，其实质是投保人存放在保险人那里的储蓄存款，储蓄保费的投资收益不仅可以使得投保人获得保障，而且可以使其享受投资所带来的收益。保险人可以将这笔保险费投资、贷款获得利息收益，为被保险人的保险储金增值，因此也有人将人身保险费称作"保险储金"。所以，投保人身保险，即使未发生保险事故，在保险期满被保险人仍然可以收回一部分保险费，一般将这部分价值称作保单的现金价值。

因为人身保险的某些种类具有储蓄性，所以人身保险被保险人可以在保险单的责任准备金额内，用保单做抵押向保险人借款，也可在中途解除合同时领回退保金，以及利用这种存款改投其他保险险种等。

3. 人身保险具有长期性

财产保险合同期限一般不超过一年，期满后可以续保。人身保险合同特别是人寿保险合同大都属于长期性的，保险有效期可以持续几年、几十年甚至是人的一生，保险人的责任期限自然也较长。由于这个特点，人身保险与财产保险在保险费交付、给付保费利息、资金运用和内部管理等方面都有许多不同。

人身保险合同期限虽长，但不需要像财产保险那样每年更新保单。人身保险的保费收入稳定，可积聚巨额的、可供长期运用的资金，保险人可从中获得收益，也可以利息方式返还给投保人，比如分红的人身保险就是这样。

一般习惯做法，保险人不能任意中止合同，但在较长的保险期限内，各种保险条件难免变化，尤其是物价变动等因素对合同双方的利益均会产生影响。因此有时需要对合同内规定的某些权利义务加以修正，但是一般只允许做对投保人一方有利的修改。

4. 人身保险的保险费率具有均衡性

财产保险中，当社会环境、管理条件不变的情况下，财产遭受危险损失的概率基本上变化不大，不会因为危险逐年变化而频繁地调整费率。

人身保险则不同，尤其是人寿保险，危险是以死亡为基础测定的。不同年龄的人死亡率不同，特别是人到晚年，死亡率更是加速度上升。如果单纯按危险率来确定保险费率，那么保险费率就会年年变动。被保险人在年轻的时候，由于死亡率比较低，所需缴纳的保险费就比较少，而这个时候他们的收入往往会比较高，但是被保险人年龄越大，所需缴纳的保费则越高，从而会导致大多数被保险人在晚年最需要保险保障的时候就会因无力缴纳高额保费而退出保险，这样就使人寿保险失去了存在的意义；而且还可能出现身体健康的人考虑费率上升而退出保险，体弱多病者考虑危险程度增大而坚持投保的"逆向选择"现象，对保险人的经营十分不利。为了避免费率频繁变动，使人到晚年仍可获得保险保障，而不至于因为晚年的收入较低、保费过高而失去保险保障，保证保险人的正常经营，一般人身保险采用"平准保费法"，以均衡的费率代替每年更新的自然保险费率。这样，年轻的时候多缴纳的保险费可以弥补晚年时少缴纳的保险费，从而使得被保险人在晚年的时候不至于因为保险费过高而失去保险保障。

保险人正是通过初保时多收保险费来弥补以后年份少收的保险费。当然这个简单的操作暗含了许多假设前提，比如自然保费率简化为线性形式、不考虑货币的时间价值，这些与实际情况相差都较远，但"平准保费法"的确克服了实际业务中的一些不足，这种固定的保险费率还可以使被保险人养成一个定期定额支付保险费的储蓄习惯，从而降低了人身保险不断变动的危险率的不利影响。

5. 人身保险的保险事故具有特殊性

人身保险的保险事故与其他险种相比也具有特殊性，主要体现在以下几个方面。首先，人身保险的保险事故的发生通常具有必然性。在人身保险中，人的生命、身体和健康是保险标的，人的生存、死亡、疾病、意外伤害、残疾等都可成为人身保险的保险事故。在以人的生命和身体为保险标的、以生存或死亡为保险事故的人身保险中，保险事故的发生具有必然性，只是何时死亡具有不确定性。因此，人身保险事故的发生通常具有必然性。其次，保险事故的发生具有分散性。相对于财产保险来说，人身保险的保险事故的发生比较分散，一般不会出现大量标的同时发生保险事故遭受损害的情况。其发生完全按照人的生命规律等自然规律，因此，在同一时间段，人身保险的保险事故将分散于不同的家庭及地区。只有大型意外灾害的出现，如火山爆发、特大洪灾、爆炸、地震（有些国家将地震视为可保风险）等情况发生时，才可能导致大量保险标的同时遭受损失的情况。最后，从被保险人在保险期间风险的变化情况来看，人身保险的被保险人发生保险事故的概率随其年龄的增长而增加。

6. 人身保险的保险利益特殊性

人身保险的保险利益相对于其他保险来说也具有特殊性。

一方面从保险利益的金额上看，在财产保险中，不仅要求投保人对标的必须具有保险利益，而且还要考虑保险利益金额的多少，要求必须以财产的实际价值为限。但在人身保险中，人的生命和身体是无价的，理论上没有保险金额的限制，没有量的规定，因此对人身保险考察投保人有无保险利益时，不问其金额多少。当然在实际业务中，是要受投保人缴费能力等因素制约的。只有在一些特殊情况下，人身保险的保险利益才有量的规定，如债权人为债务人投保死亡保险，保险利益以债权金额为限；医疗保险若采用补偿方式，保险利益也必须与实际医疗费用相联系。

另一方面，在财产保险中，保险利益不仅是订立保险合同的前提条件，而且是维持保险合同有效、保险人支付赔款的条件，一旦保险人对保险标的丧失保险利益，即使发生保险事故，保险人也不负赔款责任。而在人身保险中，保险利益只是订立保险合同的前提条件，而不是维持合同效力或给付保金的条件。人身保险中只考虑在订立合同时投保人是否对被保险人具有保险利益，而不考虑在保险合同成立以后投保人对被保险人的可保利益有无变化。比如，妻子为丈夫投保人身保险后，两人离异；企业为雇员投保人身保险后，雇员与企业解除了劳动合同离开原企业，在此情况下若发生了保险事故，虽然投保人对被保险人已丧失保险利益，但是，只要保险合同继续缴纳保险费、保险合同有效，人身保险人仍然要给付保险金。

二、人身保险的分类

人身保险可以划分为三大类：人寿保险与年金，健康保险，人身意外伤害保险。

人寿保险是以人的生命为保险标的，以保险人在保险期限内死亡或生存到保险满期为保险事故的一种人身保险，也称生命保险。人身保险合同期限一般较长，而且带有投资性质。根据合同规定的不同，人寿保险可以分为定期寿险、终身寿险、两全保险、年金保险等多种。在全部人身保险业务中，人寿保险占绝大部分。因而人寿保险是人身保险中主要和基本的种类。

健康保险是以人的身体为保险对象，保证被保险人在保险期间内因保险责任范围内的疾病或意外事故所致伤害时的费用支出或损失获得补偿的一种人身保险。如同人寿保险并不是保证被保险人在保险期限内避免生命危险一样，健康保险并不是保证被保险人不受疾病困扰、不受伤害，而是以被保险人因疾病等原因需要支付医疗费、护理费，因疾病造成残疾以及因生育、疾病或意外伤害暂时或永久不能工作而减少劳动收入为保险事故的一种人身保险。健康保险可以单独承保，也可以作为人寿保险或意外伤害保险的附加责任承保。习惯上，往往把不属于人寿保险、意外伤害保险的人身保险业务全都归入健康保险中。健康保险业务的发展潜力与一国人口结构、收入水平及社会保障机制完善程度的高低、覆盖范围的大小密切相关。

人身意外伤害保险，简称意外伤害保险，是以被保险人因在保险期限内遭受意外伤害造成死亡或残疾为保险金给付条件的一种保险。其中，意外伤害是指在被保险人没有预见到或与被保险人意愿相悖的情况下，突然发生的外来致害物对被保险人的身体明显、剧烈侵害的客观事实。意外伤害保险的保险责任仅限于意外伤害造成的死亡、残疾，其他原因（如疾病、生育等）引起的残、亡不属于意外伤害保险的保险责任。意外伤害保险可以单独承保，也可作为人寿保险的附加责任保险。单独承保的意外伤害保险，保险期限较短，一般不超过一年。意外伤害保险在全部人身保险业务中所占比重虽然不大，但因其保费低廉、保障程度高、投保简便、不需办理体检等复杂手续，因而投保人次较多。

第二节　人寿保险与年金

一、保障型人寿保险

1. 定期寿险

定期寿险又叫定期死亡保险。它是以在合同约定期限内被保险人发生死亡事故、由保险人一次性给付保险金的一种人寿保险。如果被保险人在保险期间未发生死亡事故，则到期合同终止，保险人不给付保险金。

定期人寿险通常有以下特点：第一，保险期限固定，其保险期限可以为 1 年、5 年、10 年、15 年、20 年、25 年不等，或者是以被保险人达到特定年龄如 65 岁、70 岁等为保险期满，也有应保户要求而提供的短于一年的定期保险。因此，如果被保险人 16 岁投保，其保险期限可以有多种选择，最长可达到 54 年。第二，属于纯保障型寿险，保费不退还。如果保险期满，被保险人仍生存，保险人不承担给付责任，同时不退还投保人已缴纳的保险费和现金价值。因为生存者在保险期内所缴纳的保险费及保险费所产生的投资收入已作为死亡保险金的一部分，由保险公司支付给被保险人的受益人。第三，定期寿险费率低廉。在相同保险金额、相同投保条件下，其保险费低于任何一种人寿保险。这是定期寿险的最大优点。这是因为死亡保险提供的完全是危险保障，一年定期保险的纯保费就是根据被保险人死亡概率计算而来的危险保险费，没有储蓄的性质。定期保险的保险人承担死亡风险责任的时间有确定的期限，并且不超过被保险人年满 65 岁，所以即便是保险期间内采用"均衡保费"的方法，其计收的保险费也低于其他任何一种人寿保险，而保险金额并不因此而压低。如被保险人生存，则其缴纳的保费及其利息成为死亡者的保险金的一部分。因此，定期死亡保险成为在其他条件相同时保费最低的险种。第四，定期保险的低价和高保障，使得被保险人的逆选择增加，也易诱发道德危险。因此，需要严格控制。第五，定期保险的保险期限和保险金额可以考虑投保人的经济状况进行变更，以灵活地满足不同需要。第六，投保人的逆选择倾向与保险人的风险选择并存。投保定期保险可以较少的支出获取较大的保障，所以极容易产生逆选择，表现为人们在感到有某种极度危险存在或已经存在着身体不适感时，往往会投保较大金额的定期保险；而在自我感觉身体健康、状态良好的时候，往往退保或不再续保。第七，定期寿险的一个特别重要的特点是具有可续保性及可转换性。几乎所有的 1 年期、5 年期、10 年期等定期寿险保单都含有一项续保选择权条款，该条款允许投保人按约定的保险费率在定期寿险期满时续保，并且在续保时不必提供被保险人的可保证明。但一般都规定被保险人续保的年龄及续保次数。很多定期寿险都可以转换，即允许投保人将定期寿险保险转换为终身寿险或两全保险，而且在行使转换权时，不必提供被保险人的可保证明。通常，定期寿险的可转换期较保单有效期要短，过了可转换期而没有提出保单转换的要求的，则视为自动放弃该权利。

为了使承保的风险在保险人掌握之中，保险公司对保户要进行严格的选择，以保证公司财务的稳定，通常采取的措施有：对超过一定保险金额的保户的身体做全面、细致的检查；对身体状况略差或一些从事某种危险工作的保户，提高收费标准；对年龄较高身体又较差者拒绝承保。

那些在短期内急需保障的人以及家庭经济收入较低、子女尚未成年的家庭主户等往往特别需要定期保险的保障。

2. 生存保险

生存保险是以被保险人在保险期满或达到某一年龄时仍然生存为给付条件，并一次性给付保险金的保险。只要被保险人生存到约定的时间，保险人就给付保险金。若在此期间被保险人死亡，则被保险人不能得到保险金，且所缴保费不予退还。通常，单纯的生存保险不作为独立的保险险种销售。而生存保险在保障被保险人年老时的生活需要时通常采取所谓的年金保险形式。年金保险与一般普通人寿保险合同的性质有所不同，属于特种人寿保险品种，我们将在以后进行介绍。

生存保险是以被保险人在保险期满时仍生存，由保险人依照合同给付保险金的一种保险。其特点主要有：（1）类似定期死亡保险，如果在保险期间内被保险人死亡视为未发生保险事故，保险人不负保险责任，也不退回已缴纳的保险费。因此，保险公司依照合同给付生存者保险金。不仅包括其本人所缴纳的保费及其衍生利息，而且包括保险期内死亡者所缴纳的保险费及衍生利息。（2）投保生存保险的主要目的，是一定时间之后被保险人可以领取一笔保险金，以满足生活等方面的需要。例如，为年幼的子女投保子女教育保险，可以使其在读大学时有一笔教育基金，或者使得被保险人在未来可以获得创业基金等。（3）生存保险是为保障被保险人今后的生活或工作有一笔基金，以满足未来消费开支，实际上相当于一种强制性的储蓄。而保险人为了使之比银行储蓄更有吸引力，每年为投保生存保险的生存者派发红利。

表面上，生存保险的保费较低，但越近晚年，保险费增加的速度越快。所以，事实上定期寿险的实质保费偏高于其他两种普通人寿保险。这是因为根据经验，定期寿险的被保险人死亡率比其他两种要高。此外，因为生存保险保单不具有现金价值，对投保人吸引力较小，不具有储蓄性因而佣金不高，对寿险业务推销人员的促动作用不大，其本身又受到保险期间、身体检查等许多限制，所以业务量发展到一定阶段就趋向稳定，逐渐丧失最初急速上升的势头。

3. 两全保险

两全保险又称生死合险，它要求保险公司不仅当被保险人在保险期内死亡时向其受益人给付死亡保险金，而且在被保险人生存至期满也向其本人给付生存保险金。两全保险是死亡保险与生存保险的结合，既为被保险人提供死亡保障，又提供生存保障。在保险有效期内，被保险人死亡，保险人给付受益人约定数额的死亡保险金；若被保险人生存至保险期满，被保险人得到约定数额的生存保险金。因此，两全保险具有下列特点：

（1）两全保险是人身保险中承保责任最全面的一个险种，被保险人无论是生、是死都可以得到保险人的给付。它是死亡保险和生存保险的结合。

（2）两全保险的每张保单的保险金给付都是必然的。人不是生存，就是死亡，非此即彼，保险公司作出了两种承诺：一是被保险人在保险期限内死亡，保险人给付死亡保险金；二是保险期满时被保险人仍生存则给付生存保险金。因此，两全保险的保险金给付就是必然的。正因为如此，其保险费率也较高。

（3）两全保险具有储蓄性。两全保险是定期的死亡保险和生存保险的结合。被保险人生存与死亡，保险人都要支付保险金，使两全保险具有储蓄性质。该性质使保单与终身寿险一样具有现金价值，保单所有人享有各种由保单的现金价值带来的权益。而且，在被保险人生存时，与终身寿险不同，被保险人可以得到相当于银行储蓄的保险金。

（4）从寿险数理角度分析，两全保险的纯保费是同一期限生存保险纯保费和死亡险纯保费之和。

（5）从寿险保单价值分析，两全保险保费中的危险保费，随投保时间的延长逐年递减，至保险期满时为零，而储蓄保费则逐年增加，到保险期满时累积为保单的保险金额。因此，两全保险最能体现人寿保险中保险与储蓄的两重性。

两全保险的保险期限可以设定为一定年限，如5年、10年、20年等，也可以约定被保险人达到某一年龄时为限，如60岁、70岁等。

两全保险主要有以下业务种类：

（1）普通两全保险，此种保险的死亡保险金与生存保险金是相同的，即无论被保险人在保险期内是生存还是死亡，都会得到相同数额的保险金。

（2）期满双赔或多赔两全保险，此种保险是为被保险人生存考虑的，其生存保险金高于死亡保险金，指如果被保险人在保险期内生存将得到两倍于保险金额的保险金；而如果被保险人在保险期内死亡，只能得到约定数量的保险金。

（3）养老附加两全保险，是为被保险人家人考虑的。如果被保险人在保险期内死亡，能得到约定数额的保险金；但如果被保险人在保险期内健在，将得到约定数额几倍乃至几十倍的保险金，这使得被保险人死后，其家属仍能获得必要的生存费用。

（4）联合两全保险，是由几个人共同投保的两全保险。在保险期内，如果被保险人中的任何一人死亡，其余人将得到全部保险金，保单终止；如果无任何一人死亡，在保险期满时，由全体被保险人共同领取保险金。这种保险多适用于夫妻投保。

4. 终身寿险

终身寿险又称终身死亡保险，是指从保险合同生效之日起，被保险人在任何时间内死亡，保险人均向受益人给付保险金，或被保险人生存到100岁，保险人向被保险人给付保险金。

终身寿险有以下特点：第一，该险种的给付具有必然性，为被保险人提供终身保障，终身寿险没有确定保险期限，自保险合同生效之日起，至被保险人死亡，无论被保险人何时死亡，保险人均须按照合同约定给付死亡保险金。第二，几乎所有的终身寿险都基于生命表所假设的 100 岁为人的生命极限，因此，保险费的计算也按照最高年龄 100 岁确定，即终身寿险相当于是保险期限截至被保险人 100 周岁的定期寿险。当被保险人生存至 100 岁时，从保险人的角度看相当于定期寿险到期，保险人给付全部保险金。第三，终身寿险的保险费中含有储蓄成分，保单具有现金价值，若保单所有人中途退保可获得一定数额的退保金。

终身寿险的主要险种有以下几种：

（1）普通终身寿险，又称终生缴费的终身寿险。要求投保人在被保险人的生存期间，每年都要缴付均衡保费。

（2）限期缴清保费的终身寿险，即要求投保人在规定的期限内每年都缴付保费，期满后不再付费，保单有效至被保险人死亡。

（3）趸缴保费的终身寿险，要求投保人在投保时一次缴清全部保费的终身寿险。可以理解为限期缴费的一种极端形式。

二、创新型人寿保险

创新型人寿保险，又称非传统型寿险，主要有变额人寿保险、万能人寿保险和变额万能人寿保险等。

1. 变额寿险

变额寿险是一种死亡保险金和现金价值随分立账户资产的投资业绩上下波动的终身寿险。

变额人寿保险与传统寿险相比较，通常具有以下特点：

（1）保证最低死亡给付金额。

（2）变额寿险除具有保障的功能外，最显著的特点是通过分立投资账户的投资运作实现投资的功能。

（3）所有投资风险转嫁给客户，没有最低的收益承诺。

（4）将来获得的保险金不确定，取决于投资账户中资金的投资收益。变额寿险保单的现金价值随着客户所选择投资组合中投资业绩的状况而变动，某一时刻保单的现金价值决定于该时刻其投资组合中投资分立账户资产的市场价值。

2. 万能寿险

万能寿险又称为综合人寿保险，它是一种缴费灵活、保险金额可以调整的终身寿险。

万能寿险的最大特点在于其灵活性，该保单的出现是为了满足保费支出较低、缴纳方式要求灵活的消费者的需求。万能寿险的保费缴纳方式很灵活，保险金额也可以调整。投保人在缴纳了首期保费后，可以选择在以后任何时候缴纳任意数额的保费（但有时会有一定的整数要求，例如以 100 元为单位），只要保单的现金价值足以支付保单的各项保险成本和相关费用，保单就持续有效。投保人还可以在具有可保性的前提下，提高保额或降低保额。出于上述特点，万能寿险可以适应客户对人寿保险的个性化需求。

万能寿险的灵活性不仅表现在保费的缴纳方式上，还表现在保单持有者可以在一定的限制范围内选择所需要的保额。万能寿险的死亡给付通常有两种方式可供选择：A 计划和 B 计划。A 计划是一种死亡保险金不变，始终等于保单保险金额的万能寿险。B 计划是一种死亡保险金会不断变化的万能寿险，其保险金等于保单保额与现金价值之和。在投保人投保时，可选择 A 计划或 B 计划。A 计划与传统的具有现金价值的终身寿险相似：在保险有效期内，发生保险事故，受益人得到约定的死亡给付金。该计划的净风险额随着保单的现金价值的增加而减少。在 A 计划下净风险额随现金价值的增加而减少，所需的死亡保障成本也相应减少，对应所需缴纳的保费也将减少。在 B 计划中，死亡保险金在任何时点都等于保险金额与现金价值之和，B 计划的死亡保险金会随现金价值的增加而增加。净风险额始终等于保单的保额。净风险额是指保险人在任何时候支付保险金所需的金额。即

A 计划：

死亡保险金 = 保险金额

净风险额 = 死亡保险金 − 现金价值

B 计划：

死亡保险金 = 保险金额 + 现金价值

净风险额 = 保险金额

万能寿险的另一个特点是保单运作的透明性。寿险公司向客户公开组成商品价格结构的各种因素，客户每年可以得到一份保单信息状况表，向客户说明保费、保险金额、利息、保险成本、各项费用及保单现金价值的发生数额及变动状况，从而便于客户进行不同产品间的对比，并监督保险公司的经营状况。

3. 变额万能寿险

变额万能寿险结合了变额寿险的投资弹性与万能寿险的缴费灵活的优点，缴费方式及死亡给付遵循万能寿险方式，保单持有人可以在规定限度内自行决定每期缴费额或在满足可保性或最低保额条件下自行选择降低或调高保额；其投资与变额寿险一样，是多种投资基金的集合，可在一定时期内将现金价值从一个账户转至另一账户，保单所有人承担投资账户上的全部投资风险。

变额万能寿险遵循万能寿险的保费缴纳方式，保单持有人可以在规定限度内自行决定每期保费支付金额，或在具备可保性及符合保单最低保额的条件下，任意选择降低或调高保额；但其资产由分立账户保存，其现金价值的变化与变额寿险相同，且没有最低投资收益率和本金的保证。换而言之，最坏的预计现金价值可能会降为零。

变额万能寿险的投资与变额寿险一样，是多种投资基金的集合。保单所有人可以在一定时期内将其现金价值从一个账户转移到另一个账户。但其死亡给付采取与万能寿险相同的方式，可由投保人选择。如为 B 计划，死亡给付随投资资产价值的大小不同而不同；如为 A 计划，则为均衡死亡给付额，投资收益的大小只反映保单的现金价值。

在变额万能寿险中，保单所有人承担了其投资账户上资产的全部投资风险。如果投资账户的投资增值则不会发生收益的减少，而且保单也有效；一旦保单的现金价值减少为零，若投保人没有足够地缴纳保费，保单将会失效。

4. 分红保险

分红保险又称利益分配保险，是指签订保险合同的双方事先在合同中约定，当投保人所购险种经营盈利时，保单所有人或被保险人享有红利的分配权。

分红保险的红利主要来源于"三差收益"，即利差益、死差益、费差益，此外还有可能取得解约益和资产增值等收益。

$$利差益 = （实际资金运用收益 - 预定利率）× 责任准备金$$
$$死差益 = （预定死亡率 - 实际死亡率）× 风险保额$$
$$费差益 = （预定费用率 - 实际费用率）× 保险金额$$

红利的分配方式有现金红利法和增额红利法。我国分红保险的红利分配方式有累积生息、抵缴保费、购买缴清增额保险等。

5. 投资连结保险

投资连结保险是一种将保险和投资结合起来的新型金融产品，相当于美国的变额寿险或变额万能寿险。它是指包含保险保障功能并至少在一个投资账户拥有一定资产价值的保险产品。

投资连结保险除了同传统寿险一样给予保户生命保障外，还可以让客户直接参与由保险公司管理的投资活动，将保单的价值与保险公司的投资业绩联系起来。大部分缴费用来购买由保险公司设立的投资账户单位，由投资专家负责账户内资金的调动和投资决策，将保户的资金投入在各种投资工具上。"投资账户"中的资产价值将随着保险公司实际投资收益情况发生变动，所以客户在享受专家理财好处的同时，一般也将面临一定的投资风险。传统寿险都有一个固定的预定利率，保险合同一旦生效，无论保险公司经营状况如何，都将按预定利率赔付给客户。而"投资连结保险"则不存在固定利率，保险公司将客户交付的保险费分成"保障"和"投资"两个部分。其中，"投资"部分的回报率是不固定的。如果保险公司投资收益比较好，客户的资金将获得较高回报；反之，如果保险公司投资不理想，客户也将承担一定的风险。

投资连结保险是近年中国寿险市场上最引人注目的亮点，其销量几乎压倒了传统寿险产品。我国的投资连结保险有两种类型：一种是固定保费、固定保额性质的变额寿险，客户定期、定额缴纳保费，每期保险费扣除各种费用后，其余部分进入投资账户用于投资，停止缴纳保费则保单失效；另一种是万能变额寿险，保费缴纳和保险金额均可调整，保险费扣除销售费用后全部进入投资账户，保险成本、维持费用以卖出投资账户各基金单位的形式扣除。

6. 住房反向抵押养老保险

反向抵押养老保险是一种将"住房抵押"与"终身养老年金保险"相结合的创新型养老保险，即拥有房屋完全产权的老人，将其房产抵押给保险公司，继续拥有房屋占有、使用、收益和经抵押权人统一的处置权。保险公司对借款人的年龄、预计寿命、房屋的现值、未来的增值、折损情况及借款人去世时房产的价值进行综合评估后，按其房屋的评估价值减去预期折损和预支利息，并按人的平均寿命计算，将其房屋的价值化整为零，分摊到预期寿命年限中去，按月或年支付现金给借款人，一直延续到借款人去世。并按照约定条件领取养老金直至身故；老年人身故后，保险公司获得抵押房产处置权，处置所得将优先用于偿付养老保险相关费用。

住房反向抵押贷款的优势：（1）可以减轻国家在社会保障方面的压力，缓解养老金严重不足的问题。即老年人不需卖掉房子也能拥有一笔固定收入用于维持和改善晚年生活。它促进了社会福利制度的完善和发展，保证了社会弱势群体的生活安定，维护了社会的稳定。（2）可以促进保险公司的业务向多元化方向转变，也使保险公司将社会责任和盈利目标紧密结合在一起。（3）可以弱化存钱养老的观念，转变人们的消费意识。借由反向抵押贷款，买房不仅是一种消费行为，同时也成为了一种投资和积蓄行为。这样不仅刺激和挖掘了消费，拉动了内需，也促进了国民经济的增长。（4）促进了房地产市场的健康发展。在当前房屋价格飞涨的情况下，"住房反向抵押贷款保险"的推出，可以有效地活跃房地产二级市场，增加二手住房的上市量，可以有效地缓解当前我国房地产市场供需矛盾，有效地抑制房价上涨，使房地产市场更加健康、稳定地发展。

7. 个人税收递延型养老保险

个人税收递延型养老保险是指投保人在税前列支保费，在领取保险金时再缴纳个人所得税。由于在购买保险和领取保险金的时候，投保人处于不同的生命阶段，其边际税率有非常大的区别，对于投保人有一定的税收优惠，从而能拉动个人购买养老保险的需求，也是拉动内需的催化剂。

目前个人税收递延型养老保险在我国还处于试点阶段。但其积极影响还是非常显著的。

对个人而言，"税延养老"凸显"减负"效应，退休后税负更轻。假设一名30岁的普通工薪阶层，其工资计税金额（扣除三险一金等税前列支项目后）为10 000元，如其每月购买700元税延型商业养老保险，根据其收入所对应的20%最高税率来计算，税延政策使他延后缴纳的个人所得税为每月140元，一年即为1 680元。30年后其达到退休年龄，从个人账户支取商业养老金，根据30年后起征点及税率进行缴税，由于退休后的收入通常不会高于工作时的收入，因此退休后缴纳的个人所得税通常较低，再扣除通胀因素，税收负担就更轻了。

对于政府而言，"税延养老"能够舒缓养老财政压力，弥补养老资金缺口。据权威人士测算，当期延迟纳税1元，就可以建立20元的养老保险基金，因此，该制度的启动，不但可以舒缓我国养老的财政压力，而且也有助于提升整体养老保障体系的内在品质。

对于保险行业而言，"税延养老"有助于推动其发展，将为全国保费增量提供不竭动力。同时会在很大程度上增强投资者的信心，从而促进广大民间投资转向保险业，甚至投向养老保险相关实业建设，如养老基地、社区设施、疗养院建设等。

三、年金的主要种类

年金是指一系列按照相等时间间隔支付的款项。年金保险是指保险人承诺在一个约定时期或者是在被保险人的生存期内按照合同的约定进行定期给付的一种人身保险。这种定期给付可以按年、半年、季、月计，通常多为按月给付。如果保险金的给付取决于被保险人的生存，就称之为生存年金；反之就是确定年金，即在约定时期内给付年金。如果年金受领者在未满期前死亡，则把剩余年金支付给其受益人。生存年金可以是定期的（支付一个固定时期或者支付到年金受领者死亡时为止，以两者先发生者为准），也可以是终身的（支付到年金受领者死亡时为止）。年金保险为被保险人因寿命过长而不能依靠自己收入维持生活提供了经济保障。年金保险主要有以下一些类别。

1. 按缴费方法不同，年金保险可划分为趸缴年金与分期缴费年金两类

趸缴年金又称为一次缴清保费年金，投保人一次性地缴清全部保险费，然后从约定的年金给付开始日起，受领人按期领取年金。

分期缴费年金的投保人在保险金给付开始日之前分期缴纳保险费，在约定的年金给付开始日起按期由受领人领取年金。

2. 按年金给付开始时间的不同，年金保险可划分为即期年金和延期年金两类

即期年金是指在投保人缴纳所有保费且保险合同成立生效后，保险人立即按期给付保险年金的年金保险。通常即期年金采用趸缴方式缴纳保费，因此，趸缴即期年金是即期年金的主要形式。

延期年金是指保险合同成立生效后且被保险人到达一定年龄或经过一定时期后，保险人在被保险人仍然生存的条件下开始给付年金的年金保险。

3. 按被保险人的不同，年金保险可划分为个人年金、联合及生存者年金和联合年金三类

个人年金又称为单生年金，被保险人为独立的一人，以其生存为给付条件的年金。

联合及生存者年金是指两个或两个以上的被保险人中，在约定的给付开始日，至少有一个生存即给付保险年金，直至最后一个生存者死亡为止的年金。因此，该年金又称为联合及最后生存者年金。但通常此种年金的给付数额规定，若一人死亡则年金按约定比例减少金额。此种年金的投保人多为夫妻。

联合年金是指两个或两个以上的被保险人中，只要其中一个死亡则保险金给付终止的年金。它是以两个或两个以上的被保险人同时生存为给付条件。

4. 按给付期限的不同，年金保险可划分为定期年金、终身年金和最低保证年金三类

定期年金是指保险人与被保险人有约定的保险年金给付期限的年金。一种定期年金是确定年金，只要在约定的期限内，无论被保险人是否生存，保险人的年金给付直至保险年金给付期限结束；一种是定期生存年金，在约定给付期限内，只要被保险人生存就给付年金，直至被保险人死亡。

终身年金是指保险人以被保险人死亡为终止给付保险年金的时间。也就是说，只要被保险人生存，被保险人将一直领取年金。对于长寿的被保险人，该险种最为有利。一旦被保险人死亡，给付即终止。

最低保证年金是为了防止被保险人过早死亡而丧失领取年金的权利而产生的年金形式。它具有两种给付方式：一种是按给付年度数来保证被保险人及其受益人的利益，该

种最低保证年金形式确定有给付的最少年数，若在规定期内被保险人死亡，被保险人指定的受益人将继续领取年金到期限结束；一种是按给付的金额来保证被保险人及其受益人的利益，该种最低保证年金形式确定有给付的最低金额，若当被保险人领取的年金总额低于最低保证金额时，保险人以现金方式一次或分期退还其差额。第一种方式为确定给付年金，第二种为退还年金。

5. 按保险年金给付额是否变动，年金保险可划分为定额年金与变额年金两类

定额年金的保险年金给付额是固定的，不因为市场通货膨胀的存在而变化。因此，定额年金与银行储蓄有类似性质。

变额年金属于创新型寿险产品，通常变额年金也具有投资分离账户，变额年金的保险年金给付额随投资分离账户的资产收益不同而不同。通过投资，此类保险有力地解决了通货膨胀对年金领取者生活状况的不利影响问题。变额年金因与投资收益相连接而具有投资性质。

第三节　健康保险

一、健康保险的概念与特点

1. 健康保险的概念

健康保险是指以人的身体为保险标的，在保险期限内被保险人因疾病、生育或意外事故导致医疗费用和收入损失时，由保险公司予以补偿或给付保险金的人身保险。如同人寿保险并不是保证被保险人在保险期限内避免生命危险一样，健康保险并不是保证被保险人不受疾病困扰、不受伤害，而是以被保险人因疾病等原因需要支付医疗费、护理费，因疾病造成残疾以及因生育、疾病或意外伤害暂时或永久不能工作而减少劳动收入为保险事故的一种人身保险。根据人身保险业界的习惯，往往把不属于人寿保险、意外伤害保险的人身保险业务全都归入健康保险中。一般来说，健康保险的承保范围主要有两大类：

一是由于疾病或意外事故所致的医疗费用。一般将承保医疗费用的健康保险称为医疗保险或医疗费用保险。

二是由于疾病或意外事故致残所致的收入损失，如果被保险人完全不能工作，则其收入损失是全部的；如果无法恢复所有工作，只能从事比原工作收入低的工作，那么收入损失是部分的，损失数额就是原收入与新收入的差额，一般将该类健康保险称为残疾收入保险。

2. 健康保险的特点

（1）健康保险是一种综合保险。健康保险的内容广泛而复杂，一般来说，凡不属于人寿保险、人身意外伤害保险的人身保险都可以归为健康保险。健康保险的保险事故可分为疾病、生育、意外事故等，这些原因所致残疾、死亡、医疗费用支出、收入损失等均属于健康保险的责任范围。因此，健康保险既是独立的保险业务，又具有综合保险的

性质。

（2）健康保险的保险标的、保险事故具有特殊性。健康保险的风险具有变动性和不易预测性。健康保险涉及许多医学上的技术问题，尤其是风险的估测、保险费的测定都比较复杂。人类疾病的种类越来越多，医疗技术日益发展，医疗器械和药品也不断更新，医疗费用的支出水平也不断上升。而且，健康保险日益增长的医疗费用中存在诸多人为因素，其中既有合理的因素，也有不合理的因素，且二者之间难以区分，这就进一步使得健康保险的风险不易预测及防范。另外，从保险事故上来看，健康保险的保险事故还包括其他一切人寿保险、意外伤害保险不承保的人身危险事故。

（3）健康保险的经营内容具有复杂性。首先，健康保险的承保标准比较复杂。由于健康保险的保险事故不同于其他人身保险，并且健康保险承保了许多其他人身保险不承保的风险，因此，健康保险的承保条件相对于其他人身保险而言要严格得多。其次，健康保险因保险内容与其他人身保险有所差别，所以在保费确定上也略有区别，决定健康保险费率的因素比人寿保险及其他险种要多，并且这些因素很难进行可靠、稳定的测量。同时，由于医疗费用等支出中还具有很多人为因素，健康保险的理赔更加难以把握。这些原因都导致了健康保险的经营较其他人身保险更加复杂。

（4）健康保险保险金给付基础具有多样性。人寿保险的给付通常根据保险合同规定为定额给付，所以也有"定额保险"之称。健康保险则不同，其给付金额通常具有不确定性。总体看来依据保险合同的规定，健康保险的给付既有补偿性，又有定额给付性的。因为不同险种在保险人履行保险金支付上遵循的原则不同，所以经常有人将健康保险称作"集补偿性与给付性于一体的人身保险"。另外，对于健康保险，被保险人可以进行多次索赔，而人寿保险只有在被保险人死亡或生存至满期时才可提出索赔。

二、健康保险的主要险种

1. 医疗费用保险

医疗费用保险，又称医疗保险，是指对被保险人因疾病或意外伤害支出的药费、检查费、手术费和床位费等费用由保险人承担给付责任的保险。人们投保医疗保险的目的就在于补偿医疗费用的支出，是健康保险最重要的组成部分。医疗保险提供医疗费用保障，保障的是被保险人因患疾病或生育需要治疗时的医疗费用支出，包括医生的医疗费和手术费、药费、诊疗费、护理费、各种检查费和住院费及医院杂费等。各种不同的医疗保险所保障的费用一般是其中一项或若干项医疗费用的组合。

医疗保险的险种主要有以下几种：

（1）普通医疗保险。普通医疗保险为被保险人治疗疾病的一般医疗费用提供保障，主要包括门诊费、医药费、检查费等。此险种是一种简单的医疗保险，比较适合一般社会公众，并且这种保险的保费成本较低。但由于医药费用和检查费用支出控制有一定难度，因此，合同条款中一般都有免赔额和比例给付的规定，保险费则每年规定一次。该险种通常没有观察期规定。当治疗疾病的医疗费用累计额超过保险金额时，保险人不再负责赔付保险金。

（2）住院保险。住院保险是为特定的住院费用提供保障的医疗保险。一般来说，由于住院所发生的费用比较大，因此住院保险可作为一项单独的保险承保。住院费用主要包括住院期间的床位费用、住院期间医生费用、手术费、医院杂费、各种检查费等。这些费用往往与住院的时间长短成正比，因此，为了防止被保险人的道德风险、无故延长住院时间，此险种的合同中一般都约定每日的给付金额、免赔天数和最长给付天数，保险人只负责承担超过免赔天数而未超过最长给付天数的住院费用。有些则在保险合同中规定保险人只负责全部费用的一定百分比，如70%。

（3）手术保险。手术保险是为被保险人在患病治疗过程中进行必要的各种大小外科手术而消耗的医疗费用提供保障的医疗保险，保险人对于被保险人所花费的手术费用给予赔偿。该险种既可作为独立的险种，也可作为住院费用保险的一项附加险。

（4）综合医疗保险。综合医疗保险是保险人为被保险人提供的一种保障范围较全面的医疗保险，其保障项目包括医疗和住院、手术等的一切费用，它实际上是前面几个险种的板块式组合，如住院医疗费用保险已包括了住院的外科手术费用，但没涵盖在门诊接受外科手术的费用，如果将三者结合在一起，就形成了综合医疗保险。因为承保的范围较广泛，综合医疗保险的保险费率也较高，同时还会确定一个较低的免赔额及适当的分摊比例。

（5）高额医疗费用保险。高额医疗保险对重大且不可预期的疾病提供广泛的保障。保险合同约定当被保险人的医疗费用超过一定数额后，对于超过部分，保险人按约定的比例承担给付责任。这是在人身保险比较发达的地区非常流行的险种。此险种只限于医药费给付，包括住院费、医院杂费、手术费、就诊费、急诊费以及看护费。而除住院费一项之外，其他各项都设有最高金额的限制，但每一次患病就医的医药费总数却有一定金额的限制。

（6）特种医疗费用保险。有特种疾病保险，或称大病医疗费用保险；牙科费用保险；眼科保健保险，为被保险人接受眼科常规检查和视力矫正时所发生的医疗费用提供保险保障；生育保险。

2. 疾病保险

疾病保险是以疾病作为保险金给付条件的人身保险。当被保险人罹患合同约定的疾病时，保险人按照合同约定的保险金额给付保险金，而不考虑被保险人实际支出的医疗费用。由此可见，疾病保险属于定额给付性人身保险。

保险人出于经营需要，一般都要对可保疾病加以限制，主要是指由于人身体内部原因所引起的病症，包括精神上的，或是身体方面的疾病或是不健全等。

目前，在保险市场中提供疾病保险的主要是重大疾病保险。重大疾病与一般疾病相比需满足三个条件：一是危及生命，二是需要支付高额的医疗费用，三是影响生活质量。

重大疾病保险是指被保险人在保险期限内被确诊患有保单规定的重大疾病或因疾病身故时由保险人一次性给付保险金的保险。重大疾病保险属于定额给付性的保险，但其与一般寿险产品的差别在于一般寿险产品以被保险人的死亡作为保险金的给付条件，而重大疾病保险以被保险人诊断出患有约定的重大疾病为给付条件，并且保险金一般给付被保险人本人而不是受益人。

3. 残疾收入保险

残疾收入保险又称丧失工作能力收入保险，在我国称为收入保障保险。残疾收入保险是对被保险人因疾病或遭受意外事故而导致残疾、丧失部分或全部工作能力而不能获得正常收入或收入水平明显下降所造成的损失提供保障的保险。它并不承保被保险人因疾病或意外伤害所发生的医疗费用。残疾收入保险一般可分为两类，一类是补偿被保险人因疾病致残的收入损失，另一类是补偿被保险人因意外伤害致残的收入损失。残疾收入保险并不承保被保险人因疾病或意外伤害所支出的医疗费用，因此，残疾收入保险属于给付型健康保险。

在残疾收入保险中，最关键的一点是对全残的定义。每一份残疾收入保险单都要明确给出全残的定义，并规定相应的全残保险金。被保险人只有符合全残定义时，才能领取保险金。传统残疾收入保险对全残所下的定义属于绝对全残，即要求被保险人由于意外事故或疾病而丧失不能从事任何职业。但这一要求过于严格，它使得大多数被保险人不能领取残疾收入保险金。目前，国外大多数保险公司已经放宽了全残的限制条件。有关全残的定义，大致有如下几种：

（1）原职业全残。原职业全残是指被保险人丧失从事其原先工作的能力，不能完成原职业的基本任务。依据此定义，只要被保险人因残疾不能履行其原职业的基本职责，就可以领取约定的残疾收入保险金，而不论被保险人是否可以从事其他有收入的职业。原职业全残定义常见于个人保单。

（2）通用的全残定义。目前，大多数的残疾收入保险对全残的定义是：如果被保险人在致残初期，由于残疾不能履行惯常职业的基本职责，则可以认定被保险人全残，被保险人可以按照保险合同的约定领取收入保险金。在致残以后的约定时期内（通常为2～5年）若被保险人仍不能从事任何与其所受教育、训练或经验相当的职业时，才可认定为全残，并继续领取残疾收入保险金，直到保单规定的给付期满。

不过，采用该全残定义的保单通常规定：致残后凡从事有收入职业的被保险人就不能认为是全残。因此，如果被保险人自愿重返任何一种有收入的职业，他就不能领取相应的保险金了。

（3）收入损失全残。20世纪70年代末，美国和加拿大产生了一种特殊的残疾收入保险即收入保障保险，并受到了高收入阶层的欢迎。它将全残定义为被保险人因病或遭受意外伤害致残而收入损失的情况，具体又分为两种情况：一是被保险人因全残而丧失从事工作能力，并且无法从事任何可获取收益的（或合适的）职业；二是被保险人尚能工作，但因残疾导致收入减少。也就是说，被保险人在因全残而丧失工作能力或者即使可以工作但因伤残致使收入减少时，均可从保险人处获得保险金的赔付。

（4）推定全残。残疾收入保险单针对某些特殊情况还作出了推定全残定义。推定全残是一种特定情况，如果该情况出现，被保险人将自动被视为全残，保险人一次性给付全额残疾收入保险金，即使被保险人以后继续从事原职业也是如此。

（5）列举式的全残定义。有的保险公司在残疾收入保险单中列举了被保险人可被认定为"全残"的情况，并规定全残的鉴定应在治疗结束后由保险人指定或认可的医疗机构作出。但如果被保险人在治疗180日后仍未结束，则按照180日的身体状况进行鉴定。

残疾收入保险金的给付方式一般有以下几种：

第一，一次性给付。在全残的情况下，如果保单规定保险金的给付方式为一次性给付，那么保险公司应按照合同约定将保险金额一次性给付被保险人；在部分残疾的情况下，如果残疾收入保险合同规定被保险人可以领取部分残疾收入保险金，那么保险公司一般根据被保险人的残疾程度及其对应的给付比例支付保险金。

第二，按月或按周给付。保险人可以根据被保险人的选择，每月或每周提供合同约定金额的收入补偿。由保险公司在等待期末开始给付，直至最长给付期间。

第三，按给付期限给付。给付期限分为短期或长期两种。短期给付补偿是被保险人在身体恢复以前不能工作的收入损失补偿，期限一般为1~2年。长期给付补偿是被保险人因全部残疾而不能恢复工作的收入补偿，具有较长的给付期限，通常规定给付至被保险人年满60周岁或退休年龄；若此期间被保险人死亡，保险责任即告终止。

第四，按推迟期给付。在被保险人残疾后的一段时期为推迟期，一般为90天或半年，在此期间被保险人不能获得任何给付补偿。超过推迟期，被保险人仍不能正常工作的，保险人才开始承担保险金给付责任。推迟期的规定，是由于被保险人在短期内通常可以维持一定的生活；同时设定推迟期也可以降低保险成本，有利于为确实需要保险帮助的人提供更好的保障。

4. 长期护理保险

长期护理保险是针对那些身体衰弱、生活无法自理或不能完全自理、需要他人辅助全部或部分日常生活的被保险人，为其在疗养所、医院或者家中接受的长期护理或者照顾性护理服务提供经济保障的一种保险。随着人口老龄化的到来，对年老患病的人，尤其是长年卧床不起、痴呆老年人的护理工作，越来越成为一项重要的医疗服务工作，而这类的护理费用往往是很高的，我国保险市场上此类险种还没有得到进一步的推广和普及。从国外经验来看，此类保险对被保险人的年龄都有所限制，如50岁到84岁等，其保险责任可定为24小时特护，或非全天护理，或者为不带治疗性质的护理和家庭护理等。保险期限一般为1~10年，很少有终身的。

第四节　意外伤害保险

一、意外伤害保险的概念

人身意外伤害保险，简称意外伤害保险或意外险，是人身保险中的一种，指在保险效力期间内，被保险人由于外来的、突然的、剧烈的事故（即意外事故）造成身体的伤害，并因此致使被保险人死亡或残疾时，由保险人按合同规定向被保险人或受益人给付死亡保险金、残疾保险金或医疗保险金的一种保险。

由于人身意外伤害保险承保的风险是意外伤害，只有正确理解意外伤害的含义才能准确把握意外伤害的保险责任。意外伤害是指意外事故导致身体上的伤害，由意外和伤害构成。

意外是指伤害事件的发生非被保险人的主观愿望或伤害的发生是被保险人事先没有预见到的。对于意外的理解应把握两个方面：一是被保险人事先对伤害的发生没有预见到，因此无法躲避。例如，被保险人走在路上被身后疾驰而来的失控汽车撞伤，或者天空突然坠物引起下面路人的伤亡。二是被保险人虽然已经预见到伤害，但伤害仍然违背被保险人的主观意愿最终发生。例如楼房失火，大火将房门及通道封住，被保险人无路可走，迫不得已从窗口跳下摔成重伤等情况。

所谓伤害，是指被保险人身体遭受外来事故的侵害的客观事实，被保险人发生了损失、损伤，其人体完整性遭到破坏或器官组织生理机能遭受阻碍。伤害必须由致害物、侵害对象、侵害事实三个要素构成，缺一不可。致害物是指直接造成伤害的物体或物质，是导致伤害的物质基础，没有致害物的存在，就不可能构成伤害。只有外来的致害物作用于身体导致伤害，才被认为是伤害。侵害对象是指遭受致害物侵害的客体，在意外伤害保险只有致害物侵害的对象是被保险人的身体才构成伤害。侵害事实就是要求致害物以一定的方式破坏性地接触或作用于被保险人的身体，造成被保险人的死亡或残废。如果没有侵害事实，就不构成伤害。

人身意外伤害保险中的意外伤害是指在被保险人事先没有预见或违背被保险人意愿的情况下，突然发生的外来致害物对被保险人身体的剧烈地、明显地侵害的客观事实。

二、意外伤害保险的分类

1. 按照所保危险的不同，人身意外伤害保险可以划分为普通意外伤害保险和特种意外伤害保险两类

（1）普通意外伤害保险，又称一般意外伤害保险或个人意外伤害保险，即指被保险人在保险有效期内，因遭受普通的一般意外伤害而致死亡、残疾时，由保险人给付保险金的保险。它所承保的危险是一般的意外伤害。它通常是一种独立的险种，多采用短期保险的形式。普通意外伤害保险以被保险人因意外事故而造成死亡或者残废为保险责任，但不具体规定事故发生的原因和地点。

（2）特种意外伤害保险承保的保险责任仅限于特定原因、特定时间、特定地点遭受的意外伤害保险。通常需要投保人与保险人特别约定，有时保险人还要求加收保险费。此类保险承保的意外伤害包括：战争所致意外伤害；从事剧烈体育运动、危险娱乐运动所致意外伤害；核辐射造成的意外伤害；医疗事故所致意外伤害等。这些特约承保的意外伤害可以单独承保，也可以在其他保险单中附加，或签注特约或出具批单从除外责任中剔除。

2. 按照保险责任不同，人身意外伤害保险可以划分为意外伤害死亡残疾保险、意外伤害医疗保险、意外伤害收入损失保险

（1）意外伤害死亡残疾保险，通常简称为意外伤害保险，是以被保险人因遭受意外

伤害造成死亡或残疾为保险金给付条件的人身保险，满足被保险人对意外伤害的保险需求。它的保障项目包括意外伤害造成的死亡和意外伤害造成的残疾等两项。因被保险人死亡给付的保险金称死亡保险金，因被保险人残疾给付的保险金则称残疾保险金。此种保险通常作为附加条款附加在其他主险上，但也有作为单独的险种投保的。

（2）意外伤害医疗保险，是以被保险人因遭受意外伤害需要治疗时发生的医疗费用支出为保险事故的人身保险。它的保险责任是被保险人因遭受意外伤害，且在责任期限内，因该意外伤害需要治疗时支付的医疗费用，由保险人按合同规定进行支付。在此险种中，因疾病所致医疗住院费用等属于除外责任。意外伤害医疗保险的赔付方式有两种：一种是补偿式，即在保险金额的限度内根据实际的医疗费用进行补偿；另一种是定额给付式，即在一定时期内，不问被保险人实际支付的医疗费用是多少，而是按照合同约定的保险金额给付医疗保险金。意外伤害医疗保险大多作为人身意外伤害保险的附加险附加在主险上。

（3）意外伤害收入损失保险。意外伤害收入损失保险是以被保险人因遭受意外伤害暂时丧失劳动能力而无法工作期间的收入损失作为保险人给付保险金条件的人身保险。它的保险责任通常规定，被保险人因遭受意外伤害造成死亡或残疾达到一定程度时，在一定时期内不能从事有劳动收入的工作时，由保险人按合同约定对被保险人或受益人给付保险金。该种保险旨在补偿被保险人因意外伤害暂时不能工作而导致收入的损失，减少对被保险人本人及其家庭生活造成的困难。

三、意外伤害保险的内容

1. 意外伤害的保险责任

人身意外伤害保险的保险责任是被保险人因遭受意外伤害而导致的残疾或死亡，不负责因疾病所导致的残疾或死亡。构成人身意外伤害保险的保险责任必须具备三个必要条件，这三者缺一不可，即被保险人在保险期限内遭受了意外伤害事故、被保险人在责任期限内死亡或残疾、意外伤害是造成被保险人死亡或残疾的直接原因或近因。

（1）被保险人在保险期限内遭受了意外伤害事故。被保险人在保险期限内遭受了意外伤害是构成人身意外伤害保险的保险责任的前提条件。一方面被保险人遭受意外伤害必须是客观发生的事实，而不是主观臆测或者推测的；另一方面，被保险人遭受意外伤害的客观事实必须是发生在保险期限内的。如果被保险人在保险期限开始之前遭受意外伤害而在保险期限内死亡或者残废，都不能构成保险人的保险责任。

（2）被保险人在责任期限内死亡或残疾。被保险人在责任期限内死亡或残疾，是构成意外险的保险责任的第二个必要条件。

2. 意外伤害保险的给付方式

（1）死亡保险金的给付。意外伤害保险属于定额给付性保险，当被保险人因意外伤害导致死亡，只要意外伤害发生在保险期限内，并且被保险人的死亡是在责任期限内，保险人就要按照保险单的规定给付死亡保险金。

（2）残疾保险金的给付。当被保险人因意外伤害导致残疾，只要意外伤害发生在保险期限内，并且被保险人的残疾也是在责任期限内，保险人就要按照保险单的规定给付残疾保险金。如果意外伤害造成被保险人全残，保险人则按照保险合同约定的保险金额给付残疾保险金；如果意外伤害造成被保险人部分残疾，保险人则按照残疾程度对应的给付比例给付残疾保险金：

$$残疾保险金 = 保险金额 \times 残疾程度对应的给付比例$$

重要术语

人身保险	人寿保险	健康保险	意外伤害保险	变额寿险
万能寿险	变额万能寿险	分红保险	投资连结保险	

复习思考题

1. 人身保险的分类有哪些？
2. 人身保险有哪些特点？
3. 两全保险有哪些特点？
4. 构成可保疾病必须满足哪些条件？
5. 全残的分类有哪些？
6. 意外伤害保险有哪些种类？意外伤害保险的特点有哪些？
7. 简述年金保险的概念及其分类。
8. 试分析比较变额人寿保险、万能人寿保险和变额万能人寿保险的异同。

第七章

财产保险

第一节　财产保险概述

一、财产保险的概念和特征

（一）财产保险的概念

财产是金钱、财物以及民事权利义务的总和，既包括有形的物质财产（如房屋、机器设备、家庭用具等），也包括无形的财产权利（如债权、著作权等）、财产责任（如产品责任）、商业信用或其他经济利润（如预期利润）等。这些有形财产和无形财产均可以作为财产保险的标的。根据我国《保险法》规定，财产保险是以财产及其有关利益为保险标的的保险。在财产保险中，投保人根据合同约定，向保险人支付保险费，保险人对于合同约定的可能发生的事故因其发生所造成的财产损失承担赔偿保险金的责任。

（二）财产保险的特征

与人身保险相比较，财产保险具有以下特征。

1. 保险标的具有可估价性

财产保险的保险标的的价值是可以用金钱来衡量的。对于有形财产而言，其本身就具有客观的市场价；对于无形财产而言，投保人对其具有的经济利益也必须是确定的、可以用货币来估算的。而作为人身保险标的的人的生命和身体，是难以用金钱衡量其价值的。

2. 保险金额的确定以保险价值为标准

财产保险的保险金额是在对保险标的进行估价的基础上确定的，既可以按照保险标的的市场价值确定，也可以按照其账面价值或重置价值确定。而人身保险的保险金额通常是根据投保方的需求和缴费能力，由投保人与保险人协商确定的。

3. 财产保险是补偿性保险

基于财产保险标的的性质，财产保险是补偿性保险，保险标的的损失可以用货币来衡量。保险事故发生后，保险人对被保险人的赔偿要遵循损失补偿原则，即在保险金额限度内，按保单约定的赔偿方式，损失多少赔偿多少，被保险人不得获得超过实际损失的利益。而多数人身保险，特别是人寿保险是给付性保险，人的生命和身体不能用金钱衡量其价值，因此不存在通过保险不正当得利的问题。

4. 财产保险的期限较短

财产保险与人身保险（特别是人寿保险）不同，其期限一般为一年或一年以内。由于期限较短，保险实务中一般要求投保人投保时一次性缴清保费；其形成的保险基金一般不能作为保险人中长期投资的资金来源；财产保险只具有保障性，一般不具有储蓄性，保单不存在现金价值。

二、财产保险的保险价值与保险金额

（一）保险价值与保险金额的概念和确定方式

1. 保险价值

保险价值是保险标的在某一特定时期内用货币估算的经济价值。财产保险的保险标的可以用金钱衡量其价值，保险价值是财产保险特有的概念，是确定保险金额与赔偿计算的依据。保险价值的确定可以按照保险标的的账面原值、重置价值或出险时的实际价值确定，具体采用哪种方式通常由保险合同双方当事人协商约定。

2. 保险金额

保险金额是指保险人在保险合同中承担赔偿或者给付保险金责任的最高限额。财产保险的保险金额是根据保险价值确定的，一般作为保险人承担赔偿及施救费用的最高额度。

（二）足额保险、不足额保险和超额保险

根据保险标的出险时的保险价值与保险金额的大小不同，财产保险可以分为足额保险、不足额保险和超额保险。

1. 足额保险

足额保险是指保险金额等于保险标的出险时的保险价值的财产保险。对于足额保险，当保险标的发生保险事故造成损失时，保险人按照实际损失进行赔偿，损失多少赔偿多少。

2. 不足额保险

不足额保险是指保险金额小于保险标的出险时的保险价值的财产保险。不足额保险的产生通常有两种情况：一是投保时投保人仅以保险价值的一部分投保，即出于节约保险费或其他考虑有意识地投保不足额保险；二是投保时保险金额等于保险价值，但在保险合同的有效期内，保险标的的市场价值上涨，结果出险时保险金额小于保险价值。在发生保险事故导致损失时，除合同另有约定外，保险人对于不足额保险一般按照保险金额与保险价值的比例承担赔偿责任。

3. 超额保险

超额保险是指保险金额大于保险标的出险时的保险价值的财产保险。超额保险的产生通常有两种情况：一是投保时投保人以高于保险价值的金额投保，使得保险金额大于保险标的出险时的保险价值；二是投保时保险金额等于保险价值，但在保险合同有效期内，保险标的的市场价值下跌，结果出险时保险金额大于保险价值。根据损失补偿原则，保险人对于超过保险价值的部分不予赔偿。

（三）定值保险和不定值保险

1. 定值保险

定值保险是指保险合同双方当事人事先确定保险标的的价值并在合同中载明的财产保险。发生保险事故时，不论出险时保险标的的价值实际是多少，保险人均按保险单上约定的保险价值及保险金额计算赔偿。在保险实务中，定值保险一般应用于不易确定价值或无客观市场价值的特殊标的，如艺术品等，以避免发生纠纷。除此之外，运输中的货物由于流动性较大，各地货物价格差别也较大，一般实务中也采用定值保险的方式承保。

2. 不定值保险

不定值保险是投保人和保险人在订立保险合同时不在合同中载明保险价值，只确定保险金额的财产保险。不定值保险的保险价值是在出险时确定的，通常可以按照出险时的实际价值或出险时的重置价值确定。

三、财产保险的赔偿方式

在本书第五章保险的基本原则的第四节损失补偿原则中，我们分别介绍了定值保险、不定值保险以及足额保险、不足额保险和超额保险的损失赔偿方式，同时简述了损失赔偿的实现方式，在此不做重述。

四、财产保险的分类

财产保险有狭义和广义之分。狭义的财产保险仅指财产损失保险；广义的财产保险，按照保险标的不同可以划分为财产损失保险、责任保险和信用保证保险。

（一）财产损失保险

财产损失保险是以物质财产（或有形财产）为保险标的的保险。狭义的财产保险是对财产损失保险而言，主要包括火灾保险、货物运输保险、运输工具保险以及工程保险等。

1. 火灾保险

火灾保险是指以存放在固定场所并处于相对静止状态的财产及其有关利益为保险标的的保险，保险人承保被保险人的财产因火灾、爆炸、雷击及其他合同约定的灾害事故所造成的损失。我国目前开展的火灾保险主要有企业财产保险、家庭财产保险、家庭财产两全保险、涉外财产保险以及各种附加险和特约保险，如盗窃保险、现金保险和机器损坏保险等。

2. 货物运输保险

货物运输保险是指保险人承保货物在运输过程中因灾害事故及外来风险的发生而遭受损失的保险。我国的货物运输保险分为海上货物运输保险、内陆货物运输保险和邮包保险等。

3. 运输工具保险

运输工具保险是指保险人承保因灾害事故发生所造成的运输工具本身的损失及第三者责任的保险，也可以承保各种附加险。我国的运输工具保险主要有机动车辆保险、船舶保险和飞机保险等。

4. 工程保险

工程保险是指保险人承保建筑工程和安装工程等在建设和施工过程中，因灾害事故发生所造成的损失、费用和责任的保险。工程保险是一种包括财产损失保险和责任保险在内的综合性保险，它分为建筑工程保险和安装工程保险等。

（二）责任保险

责任保险是以被保险人依法应承担的民事损害赔偿责任为保险标的的保险。责任保险一般可以分为产品责任保险、雇主责任保险、职业责任保险和公众责任保险等。

（三）信用保证保险

信用保证保险是以被保证人的信用风险为保险标的的保险，是由保险人作为保证人为被保证人向权利人提供担保的保险。其中，信用保险是信用关系中的权利人（被保险人）要求保险人担保义务人信用的一种保险，保险公司承担义务人不按合同履行义务给权利人造成的损失；保证保险则是被保证人根据权利人的要求，由保险人担保自己信用的保险，当被保证人不履行合同义务致使权利人遭受损失时，由保险人承担赔偿责任。

第二节　企业财产保险

企业财产保险在我国财产保险中占有重要地位，它是在火灾保险的基础上演变和发展而来的，主要承保火灾以及其他自然灾害和意外事故造成保险财产的直接损失。

一、企业财产保险的含义

目前，企业财产保险主要险种有财产保险基本险和财产保险综合险。这两个险种都是以投保人存放在固定场所并处于相对静止状态下的财产为保险标的，适用于企事业单位、机关团体等被保险人面临的主要财产损失风险。

二、保险标的

1. 可保财产

可保财产是指保险人可以直接承保的财产。可保财产包括：属于被保险人所有或与他人共有而由被保险人负责的财产；由被保险人经营管理或替他人保管的财产；具有其他法律上承认的与被保险人有经济利害关系的财产。可保财产的物质形态有固定资产和流动资产，通常包括房屋及其他建筑物和附属设备、机器及设备、生产工具、管理用具及低值易耗品、原材料、半成品、成品、账外及已摊销的财产等。

2. 特约可保财产

特约可保财产是指须经被保险人与保险人特别约定，并且在保险单上载明，才能由保险人承保的财产。特约可保财产可以分为三类：（1）财产的市场价格变化大，保险金额难以确定的财产，如金银、珠宝、玉器、首饰、古玩、古书、字画、邮票、艺术品、稀有金属和其他珍贵财物；（2）价值高、风险特别的财产，如堤堰、水闸、铁路、道路、涵洞、桥梁、码头；（3）风险较大，需提高费率的财产，如矿井、矿坑内的设备和物资。其中第一类和第二类特约可保财产一般不增加费率。

3. 不保财产

企业财产保险基本险和综合险不予承保的财产主要包括：（1）不能用货币衡量其价值的财产和利益，如土地、矿藏、矿井、矿坑、森林、水产资源及文件、账册、图表、技术资料；（2）不是实际的物质，容易引起道德风险的财产，如货币、票证、有价证券等；（3）与有关法律、法规及政策相抵触的财产，如违章建筑、危险建筑、非法占用的财产等；（4）不属于企业财产保险基本险和综合险的承保范围，应投保其他险种的财产，如运输过程中的物资，领取营运执照并正常运行的机动车辆等。

三、保险责任与除外责任

企业财产保险基本险和综合险均采用列明承保风险与除外责任的方式确定保险责任，但两者在承保风险上存在区别。

1. 财产保险基本险的保险责任和除外责任

根据我国现行财产保险基本险条款，该险种承担的保险责任包括：（1）火灾、爆炸、雷击、飞行物体及其他空中运行物体坠落造成的损失；（2）被保险人拥有财产所有权的自用的供电、供水、供气设备因保险事故遭受损坏，引起停电、停水、停气以致造成保险标的的直接损失；（3）在发生保险事故时，为抢救保险标的或防止灾害蔓延，采取合理的必要措施而造成保险标的的损失；（4）保险事故发生后，被保险人为防止或者减少保险标的的损失所支付的必要的、合理的费用。

财产保险基本险的除外责任包括：（1）战争、敌对行为、军事行动、武装冲突、罢工、暴动；（2）被保险人及其代表的故意行为或纵容所致；（3）核反应、核辐射和放射性污染；（4）地震、暴雨、洪水、台风、暴风、龙卷风、雪灾、雹灾、冰凌、泥石流、崖崩、滑坡、水暖管爆裂、抢劫、盗窃；（5）保险标的遭受保险事故引起的各种间接损失；（6）保险标的本身缺陷、保管不善导致的损毁，保险标的变质、霉烂、受潮、虫咬、自然磨损、自然损耗、自燃、烘焙所造成的损失；（7）由于行政行为或执法行为所致的损失；（8）其他不属于保险责任范围内的损失和费用。

2. 财产保险综合险的保险责任和除外责任

财产保险综合险的责任范围比财产保险基本险要广泛得多，它除了承保财产保险基本险的全部保险责任外，还承保由暴雨、洪水、台风、暴风、龙卷风、雪灾、雹灾、冰凌、泥石流、崖崩、突发性滑坡、地面下陷下沉等自然灾害造成的损失。

财产保险综合险的除外责任包括地震所造成的一切损失和堆放在露天或罩棚下的保险标的以及罩棚由于暴风、暴雨造成的损失，其余的除外责任与财产保险基本险相同。

四、保险金额

财产保险的保险金额一般分项确定，它主要分为固定资产和流动资产两大类。其中固定资产还要进一步按固定资产的分类进行分项，每项固定资产仅适用于该项固定资产的保险金额。企业财产保险的保险金额根据财产的种类不同、企业财务制度的健全与否分别采用不同方法加以确定。

1. 固定资产保险金额的确定

固定资产是指企事业单位、机关团体或其他经济组织中可供长期使用，并在其使用过程中保持原有物质形态的劳动资料和消费资料。确定固定资产的保险金额一般有以下几种方式：

（1）按照账面原值确定。账面原值是指在建造或购置固定资产时所支出的货币总额，可以投保人的固定资产明细账卡等为依据。

（2）按账面原值加成数确定，即在保险双方当事人协商一致的情况下，在固定资产账面原值的基础上再附加一定的成数。

（3）按重置重建价值确定。重置重建价值即重新购置或重建某项固定资产所需支付的全部费用。

（4）按其他方式确定。一般可以根据公估价或评估后的市价由被保险人确定。

2. 流动资产保险金额的确定

流动资产是指企业在生产经营过程中，经常改变其存在状态的那些资产项目，但保险人承保的流动资产只限于投保人或被保险人的物化流动资产。确定流动资产的保险金额一般有以下几种方式：

（1）按最近 12 个月的平均账面余额确定保险金额。最近 12 个月的平均账面余额是指从投保月份往前推 12 个月的流动资产账面平均数。

（2）按最近账面余额确定保险金额，即按投保月份上月的流动资产账面余额投保。

（3）按最近 12 个月任意月份账面余额确定保险金额。最近 12 个月任意月份的账面余额是指从投保月份往前推 12 个月的其中任意 1 个月的流动资产账面余额。

此外，账外财产和代保管财产可以由被保险人自行估价或按重置价值确定保险金额。

五、保险价值

固定资产的保险价值一般是按出险时的重置价值确定。流动资产的保险价值一般是按出险时的账面余额确定。账外财产和代保管财产的保险价值是出险时重置价值或账面余额。

六、赔偿处理

在企业财产保险的赔偿处理中，要对固定资产和流动资产分别根据损失程度进行计算。

1. 固定资产赔偿金额的计算

（1）全部损失。受损保险财产的保险金额等于或高于出险时重置价值时，其赔偿金额以不超过出险时重置价值为限；受损财产的保险金额低于出险时重置价值时，其赔款不得超过该项财产的保险金额。

（2）部分损失。受损保险财产的保险金额等于或高于出险时重置价值时，按实际损失计算赔偿金额；受损保险财产的保险金额低于出险时重置价值时，应根据保险财产的实际损失或修复费用，按保险金额占出险时重置价值的比例计算赔偿金额。

2. 流动资产赔偿金额的计算

（1）全部损失。受损保险财产的保险金额等于或高于出险时账面余额的，其赔偿金额以不超过出险时账面余额为限；受损财产的保险金额低于出险时账面余额的，其赔款不得超过该项财产的保险金额。

（2）部分损失。受损保险财产的保险金额等于或高于出险时账面余额的，按实际损失计算赔偿金额；受损保险财产的保险金额低于出险时账面余额的，应根据保险财产的实际损失或修复费用，按保险金额占出险时账面余额的比例计算赔偿金额。

3. 账外财产和代保管财产赔偿金额的计算

（1）全部损失。受损保险财产的保险金额等于或高于出险时重置价值或账面余额的，其赔偿金额以不超过出险时重置价值或账面余额为限；受损财产的保险金额低于出险时重置价值或账面余额的，其赔款不得超过该项财产的保险金额。

（2）部分损失。受损保险财产的保险金额等于或高于出险时重置价值或账面余额的，按实际损失计算赔偿金额；受损保险财产的保险金额低于出险时重置价值或账面余额的，应根据保险财产的实际损失或修复费用，按保险金额占出险时重置价值或账面余额的比例计算赔偿金额。

4. 有关赔偿的其他注意事项

（1）施救费用的赔偿另行计算。发生保险事故时，被保险人所支付的、必要的、合理的施救费用的赔偿金额在保险标的损失以外另行计算，最高不超过保险金额的数额。若受损保险标的按比例赔偿时，则该项费用也按与财产损失赔款相同的比例赔偿。

（2）对被保险财产分项计赔。固定资产、流动资产、账外财产和代保管财产的赔偿金额应根据会计明细账、卡分项计算，每项财产仅适用自身的赔偿限额。

（3）合理扣除残值。保险标的遭受损失后的残余部分，须经协议作价折归被保险人，保险人在支付赔款时扣除残值。

（4）保险金额的减少与恢复。保险标的遭受部分损失经保险人赔偿后，其保险金额应相应减少，被保险人需恢复保险金额时，应补交保险费，由保险人出具批单批注。

（5）重复保险的赔偿。若保险财产存在重复保险时，各保险人以按比例分摊损失的方式承担各自应负的赔偿责任，其总赔偿金额以该财产的实际损失为限。

第三节 机动车辆保险

一、机动车辆保险的含义

机动车辆保险是以汽车本身及其相关利益为保险标的的一种不定值财产保险。这里的汽车是指汽车、电车、电瓶车、摩托车、拖拉机、各种专用机械车、特种车等。机动车辆保险一般分为两大类：基本保险和附加保险。其中，基本保险主要是指车辆损失险、第三者责任险和交通事故责任强制保险，保险人按承保险别分别承担保险责任。在投保基本险的前提下，客户还可以选择投保各种附加险。

2003 年 1 月 1 日之前，我国实行的机动车辆保险条款是 1999 年由中国保监会统一颁布实施并于 2000 年重新修订的。为了推进车险市场化进程，中国保监会决定从 2003 年 1 月 1 日起对我国机动车辆保险实行全面改革，由各保险公司自主制订车险条款和费率改革方案。2006 年 7 月，中国保险行业协会推出 A、B、C 三套行业商业车险条款，由各保险公司选择使用。行业条款包括商业三者险和车辆损失险两个险种，三套条款虽然表现形式不同，但从保险责任和价格水平上看差异不大。虽然有行业条款面世，但是各家保险公司仍可以在行业条款以外制定个性化的车险产品，从而在市场中形成了行业条款与各家公司特色条款相结合的产品体系，在满足基本需求的同时消费者仍然可以购买特色产品，实现保障的充分性和差异性。以下主要介绍中国人民保险公司 2006 年版机动车辆保险条款。

二、车辆损失保险

中国人民保险公司 2006 年 7 月 1 日启用的机动车辆保险条款体现了细分市场需求、细分客户群体、细分风险特性，量体裁衣、实行个性化产品、差别化费率的方案。设计开发的险种，既有按客户种类和车辆用途划分的家庭自用、非营业、营业三大类客户群为主的汽车损失主险条款，又有以车辆类型划分的特种车辆、摩托车、拖拉机专用条款，还有综合不同客户一些车辆综合性保险需求，不分客户群和车辆类型的机动车辆保险条款。在这里只对非营业用汽车损失保险条款加以介绍。

1. 适用范围

在中华人民共和国境内（不含港、澳、台地区）行驶的党政机关、企事业单位、社会团体、使领馆等机构从事公务或在生产经营活动中不以直接或间接方式收取运费或租金的自用汽车，包括客车、货车、客货两用车（以下简称被保险机动车）。

2. 保险责任

保险期间内，被保险人或其允许的合法驾驶人在使用被保险机动车过程中，因下列原因造成被保险机动车的损失，保险人依照保险合同的约定负责赔偿：

（1）碰撞、倾覆、坠落；

（2）火灾、爆炸、自燃；

（3）外界物体坠落、倒塌；

（4）暴风、龙卷风；

（5）雷击、雹灾、暴雨、洪水、海啸；

（6）地陷、冰陷、崖崩、雪崩、泥石流、滑坡；

（7）载运被保险机动车的渡船遭受自然灾害（只限于驾驶人随船的情形）。

此外，发生保险事故时，被保险人为防止或者减少被保险机动车的损失所支付的必要的、合理的施救费用由保险人承担，最高不超过保险金额的数额。

3. 责任免除

下列情况下，不论任何原因造成被保险机动车损失，保险人均不负责赔偿：

（1）地震。

（2）战争、军事冲突、恐怖活动、暴乱、扣押、收缴、没收、政府征用。

（3）竞赛、测试、教练，在营业性维修、养护场所修理、养护期间。

（4）利用被保险机动车从事违法活动。

（5）驾驶人饮酒、吸食或注射毒品、被药物麻醉后使用被保险机动车。

（6）事故发生后，被保险人或其允许的驾驶人在未依法采取措施的情况下驾驶被保险机动车或者遗弃被保险机动车逃离事故现场，或故意破坏、伪造现场、毁灭证据。

（7）驾驶人有下列情形之一者：①无驾驶证或驾驶证有效期已届满；②驾驶的被保险机动车与驾驶证载明的准驾车型不符；③实习期内驾驶执行任务的警车、消防车、救护车、工程救险车以及载有爆炸物品、易燃易爆化学物品、剧毒或者放射性等危险物品的被保险机动车，实习期内驾驶的被保险机动车牵引挂车；④持未按规定审验的驾驶证，以及在暂扣、扣留、吊销、注销驾驶证期间驾驶被保险机动车；⑤使用各种专用机械车、特种车的人员无国家有关部门核发的有效操作证；⑥依照法律法规或公安机关交通管理部门有关规定不允许驾驶被保险机动车的其他情况下驾车。

（8）非被保险人允许的驾驶人使用被保险机动车。

（9）被保险机动车转让他人，未向保险人办理批改手续。

（10）除另有约定外，发生保险事故时被保险机动车无公安机关交通管理部门核发的行驶证和号牌，或未按规定检验或检验不合格。

被保险机动车的下列损失和费用，保险人不负责赔偿：

（1）自然磨损、锈蚀、腐蚀、故障；

（2）玻璃单独破碎，车轮单独损坏；

（3）无明显碰撞痕迹的车身划痕；

（4）人工直接供油、高温烘烤造成的损失；

（5）自燃仅造成电器、线路、供油系统、供气系统的损失；

（6）遭受保险责任范围内的损失后，未经必要修理继续使用被保险机动车，致使损失扩大的部分；

（7）因污染（含放射性污染）造成的损失；

（8）市场价格变动造成的贬值、修理后价值降低引起的损失；

（9）标准配置以外新增设备的损失；

（10）发动机进水后导致的发动机损坏；

（11）被保险机动车所载货物坠落、倒塌、撞击、泄漏造成的损失；

（12）被盗窃、抢劫、抢夺，以及因被盗窃、抢劫、抢夺受到损坏或车上零部件、附属设备丢失；

（13）被保险人或驾驶人的故意行为造成的损失；

（14）应当由机动车交通事故责任强制保险赔偿的金额。

4. 保险金额

车辆损失险的保险金额由投保人和保险人从下列三种方式中选择确定：

（1）按投保时被保险车辆的新车购置价确定。新车购置价是指在保险合同签订地购置与被保险车辆同类型新车（含车辆购置税）的市场销售价格。无同类型新车市场销售价格的，由投保人与保险人协商确定。

（2）按投保时被保险车辆的实际价值确定。实际价值根据投保时的新车购置价减去折旧金额后的价格确定。折旧按月计算，不足一个月的部分，不计折旧，最高折旧金额不超过投保时被保险机动车新车购置价的80%。

折旧金额 = 投保时的新车购置价 × 被保险机动车已使用月数 × 月折旧率

（3）在投保时被保险车辆的新车购置价内协商确定。对投保车辆标准配置以外的新增设备，应在保险合同中列明设备名称与价格清单，并按设备的实际价值相应增加保险金额。新增设备随保险车辆一并折旧。

5. 赔偿处理

车辆损失险为不定值保险合同，即双方当事人在订立保险合同时不预先确定保险标的的保险价值，而是按照保险事故发生时保险标的的实际价值确定保险价值。车辆损失险的保险人根据保险价值和确定保险金额的不同方式、损失程度以及保险车辆驾驶人员在事故中所负责任比例等因素承担相应的赔偿责任。

（1）按投保时被保险机动车的新车购置价确定保险金额的：①发生全部损失时，在保险金额内计算赔偿，保险金额高于保险事故发生时被保险机动车实际价值的，按保险事故发生时被保险机动车的实际价值计算赔偿；②发生部分损失时，按核定修理费用计算赔偿，但不得超过保险事故发生时被保险机动车的实际价值。

（2）按投保时被保险机动车的实际价值确定保险金额或协商确定保险金额的：①发生全部损失时，保险金额高于保险事故发生时被保险机动车实际价值的，以保险事故发生时被保险机动车的实际价值计算赔偿；保险金额等于或低于保险事故发生时被保险机动车实际价值的，按保险金额计算赔偿。②发生部分损失时，按保险金额与投保时被保险机动车的新车购置价的比例计算赔偿，但不得超过保险事故发生时被保险机动车的实际价值。

（3）施救费用的赔偿方式同上述（1）、（2），在被保险机动车损失赔偿金额以外另行计算，最高不超过保险金额的数额。被施救的财产中，含有车辆损失保险未承保财产的，按保险车辆与被施救财产价值的比例分摊施救费用。

（4）被保险机动车遭受损失后的残余部分由保险人、被保险人协商处理。

（5）根据被保险车辆驾驶人员在事故中所负责任，保险人在依据条款约定计算赔款的基础上，按下列免赔率免赔：①负次要事故责任的免赔率为5%，负同等事故责任的免赔率为8%，负主要事故责任的免赔率为10%，负全部事故责任或单方肇事事故责任的免赔率为15%；②被保险机动车的损失应当由第三方负责赔偿的，无法找到第三方时，免赔率为30%；③被保险人根据有关法律法规规定选择自行协商方式处理交通事故，不能证明事故原因的，免赔率为 20%；④投保时约定过被保险车辆的行驶区域，保险事故发生在约定行驶区域以外的，增加免赔率 10%。

（6）被保险机动车重复保险的，保险人按照本保险合同的保险金额与各保险合同保险金额的总和的比例承担赔偿责任。其他保险人应承担的赔偿金额，保险人不负责赔偿和垫付。因保险事故损坏的被保险机动车，应当尽量修复。修理前被保险人应当会同保险人检验，协商确定修理项目、方式和费用。否则，保险人有权重新核定；无法重新核定的，保险人有权拒绝赔偿。保险人受理报案、现场查勘、参与诉讼、进行抗辩、向被保险人提供专业建议等行为，均不构成保险人对赔偿责任的承诺。

6. 保险费及其调整

保险人按照保险监管部门批准的机动车保险费率方案计算保险费。保险费调整的比例和方式以保险监管部门批准的机动车保险费率方案的规定为准。机动车辆损失保险及其附加险根据上一保险期间发生保险赔偿的次数，在续保时实行保险费浮动。

7. 保险人义务

（1）保险人在承保时，应向投保人说明投保险种的保险责任、责任免除、保险期限、保险费及支付办法、投保人和被保险人义务等内容。

（2）保险人应及时受理被保险人的事故报案，并尽快进行查勘。保险人接到报案后48 小时内未进行查勘并未给予受理意见，造成财产损失无法确定的，以被保险人提供的财产损毁照片、损失清单、事故证明和修理发票作为赔付理算依据。

（3）保险人收到被保险人的索赔请求后，应当及时作出核定。①保险人应根据事故性质、损失情况，及时向被保险人提供索赔须知；审核索赔材料后认为有关的证明和资料不完整的，应当及时通知被保险人补充提供有关的证明和资料。②在被保险人提供了各种必要单证后，保险人应当迅速审查核定，并将核定结果及时通知被保险人。③对属于保险责任的，保险人应在与被保险人达成赔偿协议后 10 日内支付赔款。

（4）保险人对在办理保险业务中知道的投保人、被保险人的业务和财产情况及个人隐私，负有保密的义务。

8. 投保人、被保险人义务

（1）投保人应如实填写投保单并回答保险人提出的询问，履行如实告知义务，并提供被保险机动车行驶证复印件、机动车登记证书复印件。在保险期限内，保险车辆改装、加装或非营业用车辆从事营业运输等，导致保险车辆危险程度增加的，应当及时书面通知保险人。否则，因保险车辆危险程度增加而发生的保险事故，保险人不承担赔偿责任。

（2）除另有约定外，投保人应当在本保险合同成立时交清保险费；保险费交清前发生的保险事故，保险人不承担赔偿责任。

（3）发生保险事故时，被保险人应当及时采取合理的、必要的施救和保护措施，防止或者减少损失，并在保险事故发生后 48 小时内通知保险人。否则，造成损失无法确定或扩大的部分，保险人不承担赔偿责任。

（4）发生保险事故后，被保险人应当积极协助保险人进行现场查勘。被保险人在索赔时应当提供有关证明和资料。引起与保险赔偿有关的仲裁或者诉讼时，被保险人应当及时书面通知保险人。

（5）因第三方对被保险机动车的损害而造成保险事故的，保险人自向被保险人赔偿保险金之日起，在赔偿金额范围内代位行使被保险人对第三方请求赔偿的权利，但被保险人必须协助保险人向第三方追偿。由于被保险人放弃对第三方的请求赔偿的权利或过错致使保险人不能行使代位追偿权利的，保险人不承担赔偿责任或相应扣减保险赔偿金。

9. 保险合同变更和解除

保险合同的内容如需变更，须经保险人与投保人书面协商一致，在保险期间内，被保险机动车转让他人的，投保人应当书面通知保险人并办理批改手续。保险责任开始前，投保人要求解除保险合同的，应当向保险人支付应交保险费5%的退保手续费，保险人应当退还保险费。保险责任开始后，投保人要求解除保险合同的，自通知保险人之日起，保险合同解除，保险人按短期月费率收取自保险责任开始之日起至合同解除之日的保险费，并退还剩余部分保险费。

10. 保险合同终止

下列情况下，保险人支付赔款后，保险合同终止，保险人不退还机动车辆损失保险及其附加险的保险费：

（1）被保险机动车发生全部损失；

（2）按投保时保险车辆的实际价值确定保险金额的，一次赔款金额与免赔金额之和（不含施救费）达到保险事故发生时被保险车辆的实际价值；

（3）保险金额低于投保时被保险机动车的实际价值的，一次赔款金额与免赔金额之和（不含施救费）达到保险金额。

三、第三者责任保险（商业三者险）

1. 适用范围

在中华人民共和国境内（不含港、澳、台地区）行驶，以动力装置驱动或者牵引，上道路行驶的供人员乘用或者用于运送物品以及进行专项作业的轮式车辆（含挂车）、履带式车辆和其他运载工具（以下简称被保险机动车），可以投保第三者责任保险，但不包括摩托车、拖拉机和特种车。

2. 保险责任

（1）被保险人或其允许的合法驾驶人在使用被保险机动车过程中发生意外事故，致使第三者遭受人身伤亡或财产直接损毁，依法应当由被保险人承担的损害赔偿责任，保险人依照保险合同的约定，对于超过机动车交通事故责任强制保险各分项赔偿限额以上的部分负责赔偿。第三者责任保险合同中的第三者是指因被保险机动车发生意外事故遭受人身伤亡或者财产损失的人，但不包括被保险机动车本车上的人员、投保人、被保险人和保险人。

（2）经保险人事先书面同意，保险人负责赔偿应由被保险人支付的仲裁或者诉讼费用以及其他费用，赔偿的数额在保险单载明的责任限额以外另行计算，最高不超过责任限额的30%。

3. 责任免除

被保险机动车造成下列人身伤亡或财产损失，不论在法律上是否应当由被保险人承担赔偿责任，保险人均不负责赔偿：

（1）被保险人及其家庭成员的人身伤亡、所有或代管的财产的损失；

（2）被保险机动车本车驾驶人及其家庭成员的人身伤亡、所有或代管的财产的损失；

（3）被保险机动车本车上其他人员的人身伤亡或财产损失。

下列情况下，不论任何原因造成的对第三者的损害赔偿责任，保险人均不负责赔偿：

（1）地震、战争、军事冲突、恐怖活动、暴乱、扣押、收缴、没收、政府征用。

（2）竞赛、测试、教练，在营业性维修、养护场所修理、养护期间。

（3）利用被保险机动车从事违法活动。

（4）驾驶人饮酒、吸食或注射毒品、被药物麻醉后使用被保险机动车。

（5）事故发生后，被保险人或其允许的驾驶人在未依法采取措施的情况下驾驶被保险机动车或者遗弃被保险机动车逃离事故现场，或故意破坏、伪造现场、毁灭证据。

（6）驾驶人有下列情形之一者：①无驾驶证或驾驶证有效期已届满；②驾驶的被保险机动车与驾驶证载明的准驾车型不符；③实习期内驾驶公共汽车、营运客车或者载有爆炸物品、易燃易爆化学物品、剧毒或者放射性等危险物品的被保险机动车，实习期内驾驶的被保险机动车牵引挂车；④持未按规定审验的驾驶证，以及在暂扣、扣留、吊销、注销驾驶证期间驾驶被保险机动车；⑤使用各种专用机械车、特种车的人员无国家有关部门核发的有效操作证，驾驶营业性客车的驾驶人无国家有关部门核发的有效资格证书；⑥依照法律法规或公安机关交通管理部门有关规定不允许驾驶被保险机动车的其他情况下驾车。

（7）非被保险人允许的驾驶人使用被保险机动车。

（8）被保险机动车转让他人，未向保险人办理批改手续。

（9）除另有约定外，发生保险事故时被保险机动车无公安机关交通管理部门核发的行驶证和号牌，或未按规定检验或检验不合格。

（10）被保险机动车拖带未投保机动车交通事故责任强制保险的机动车（含挂车）或被未投保机动车交通事故责任强制保险的其他机动车拖带。

下列损失和费用，保险人不负责赔偿：

（1）被保险机动车发生意外事故，致使第三者停业、停驶、停电、停水、停气、停产、通信或者网络中断、数据丢失、电压变化等造成的损失以及其他各种间接损失；

（2）精神损害赔偿；

（3）因污染（含放射性污染）造成的损失；

（4）第三者财产因市场价格变动造成的贬值、修理后因价值降低引起的损失；

（5）被保险机动车被盗窃、抢劫、抢夺期间造成第三者人身伤亡或财产损失；

（6）被保险人或驾驶人的故意行为造成的损失；

（7）仲裁或者诉讼费用以及其他相关费用。

应当由机动车交通事故责任强制保险赔偿的损失和费用，保险人不负责赔偿。保险事故发生时，被保险机动车未投保机动车交通事故责任强制保险或机动车交通事故责任强制保险合同已经失效的，对于机动车交通事故责任强制保险各分项赔偿限额以内的损失和费用，保险人不负责赔偿。其他不属于保险责任范围内的损失和费用，保险人不负责赔偿。

4. 责任限额

每次事故的责任限额，由投保人和保险人在签订保险合同时按保险监管部门批准的限额档次协商确定。主车和挂车连接使用时视为一体，发生保险事故时，由主车保险人和挂车保险人按照保险单上载明的机动车第三者责任保险责任限额的比例，在各自的责任限额内承担赔偿责任，但赔偿金额总和以主车的责任限额为限。

5. 赔偿处理

被保险人索赔时，应当向保险人提供与确认保险事故的性质、原因、损失程度等有关的证明和资料。因保险事故损坏的第三者财产，应当尽量修复。修理前被保险人应当会同保险人检验，协商确定修理项目、方式和费用。否则，保险人有权重新核定或拒绝赔偿。保险人按照国家基本医疗保险的标准核定医疗费用的赔偿金额。未经保险人书面同意，被保险人自行承诺或支付的赔偿金额，保险人有权重新核定。不属于保险人赔偿范围或超出保险人应赔偿金额的，保险人不承担赔偿责任。保险人受理报案、现场查勘、参与诉讼、进行抗辩、向被保险人提供专业建议等行为，均不构成保险人对赔偿责任的承诺。

保险事故发生后，保险人按照国家有关法律、法规规定的赔偿范围、项目和标准以及保险合同的约定，在保险单载明的责任限额内核定赔偿金额。保险人支付赔款后，对被保险人追加的索赔请求，保险人不承担赔偿责任。被保险人获得赔偿后，保险合同继续有效，直至保险期间届满。

保险人依据被保险机动车驾驶人在事故中所负的事故责任比例，依据保险合同约定计算赔款的基础上，在保险单载明的责任限额内，按下列免赔率免赔：（1）负次要事故责任的免赔率为5%，负同等事故责任的免赔率为10%，负主要事故责任的免赔率为15%，负全部事故责任的免赔率为20%；（2）违反安全装载规定的，增加免赔率10%；（3）投保时指定驾驶人，保险事故发生时为非指定驾驶人使用被保险机动车的，增加免赔率10%；（4）投保时约定行驶区域，保险事故发生时在约定行驶区域以外的，增加免赔率10%。

被保险机动车重复保险的，保险人按照本保险合同的责任限额与各保险合同责任限额的总和的比例承担赔偿责任。其他保险人应承担的赔偿金额，保险人不负责赔偿和垫付。

四、机动车交通事故责任强制保险

2004 年 5 月 1 日，我国《道路交通安全法》开始实施。该法第一次以法律的形式明确规定我国实行机动车第三者责任强制保险制度。根据该法第十七条规定，机动车第三者责任强制保险制度的具体办法由国务院规定。2006 年 3 月 28 日，国务院第 462 号令公布了《机动车交通事故责任强制保险条例》，强制三责险从此更名为交强险，但该条例并未立即对人们最关心的交强险的赔偿限额作出规定，而是再次授权保监会会同国务院公安部门、卫生主管部门和农业主管部门作出规定。6 月 19 日，保监会批复中国保险行业协会，同意该协会制定的《机动车交通事故责任强制保险条款》和《机动车交通事故责任强制保险费率方案》，交强险制度于 2006 年 7 月 1 日开始实施。这之后，在综合各方面意见的基础上，对原条款进行了局部的修订，形成了新版的交强险，并于 2008 年 2 月 1 日零时起开始实施。

机动车交通事故责任强制保险（以下简称交强险）与消费者熟悉的机动车第三者责任保险（以下简称三责险）在保险种类上属于同一个险种，都是保障道路交通事故中第三方受害人获得及时有效赔偿的险种。但交强险是法定强制性保险，而三责险是商业性的保险。二者存在以下差别：（1）商业三责险采取的是过错责任原则，即保险公司根据被保险人在交通事故中所承担的事故责任来确定其赔偿责任；而交强险实行的是"无过错责任"原则，即无论被保险人是否在交通事故中负有责任，保险公司均将在 12.2 万元责任限额内予以赔偿。（2）出于有效控制风险的考虑，商业三责险规定了较多的责任免除事项和免赔率（额）；而交强险的保险责任几乎涵盖了所有道路交通风险，且不设免赔率和免赔额，其保障范围远远大于商业三责险。（3）商业三责险以盈利为目的，属于商业保险业务。而交强险实行不盈利、不亏损的经营原则，要求分开管理，单独核算。（4）各保险公司商业三责险的条款费率相互存在差异，并设有 5 万元、10 万元、20 万元乃至 100 万元以上等不同档次的责任限额。而交强险的责任限额全国统一定为 12.2 万元，并在全国范围内执行统一保险条款和基础费率。消费者如果认为 12.2 万元交强险不能满足自身的保障需求，可以通过自愿购买商业三责险的方式解决。

以下介绍机动车交通事故责任强制保险的主要内容。

1. 当事人与关系人

交强险合同中的被保险人是指投保人及其允许的合法驾驶人。投保人是指与保险人订立交强险合同，并按照合同负有支付保险费义务的机动车的所有人、管理人。交强险合同中的受害人是指因被保险机动车发生交通事故遭受人身伤亡或者财产损失的人，但不包括被保险机动车本车车上人员、被保险人。机动车交通事故责任强制保险的保险人，必须是经保监会批准，可以从事机动车交通事故责任强制保险业务的中资保险公司。由于我国加入世界贸易组织时未承诺允许外资保险公司经营强制保险业务，因此，目前机动车交通事故责任强制保险暂时不对外资开放。为了保证机动车交通事故责任强制保险制度的实行，保监会有权要求保险公司从事机动车交通事故责任强制保险业务。

2. 保险责任

在中华人民共和国境内（不含港、澳、台地区），被保险人在使用被保险机动车过程中发生交通事故，致使受害人遭受人身伤亡或者财产损失，依法应当由被保险人承担的损害赔偿责任，保险人按照交强险合同的约定对每次事故在赔偿限额内负责赔偿。

3. 责任免除

下列损失和费用，交强险不负责赔偿和垫付：

（1）因受害人故意造成的交通事故的损失；

（2）被保险人所有的财产及被保险机动车上的财产遭受的损失；

（3）被保险机动车发生交通事故，致使受害人停业、停驶、停电、停水、停气、停产、通信或者网络中断、数据丢失、电压变化等造成的损失，以及受害人财产因市场价格变动造成的贬值、修理后因价值降低造成的损失等其他各种间接损失；

（4）因交通事故产生的仲裁或者诉讼费用以及其他相关费用。

4. 责任限额

交强险合同中的责任限额是指被保险机动车发生交通事故，保险人对每次保险事故所有受害人的人身伤亡和财产损失所承担的最高赔偿金额。责任限额分为下列几种情况：

（1）死亡伤残赔偿限额为110 000元；

（2）医疗费用赔偿限额为10 000元；

（3）财产损失赔偿限额为2 000元；

（4）被保险人无责任时，无责任死亡伤残赔偿限额为11 000元，无责任医疗费用赔偿限额为1 000元，无责任财产损失赔偿限额为100元。

死亡伤残赔偿限额和无责任死亡伤残赔偿限额项下负责赔偿的项目有丧葬费、死亡补偿费、受害人亲属办理丧葬事宜支出的交通费用、残疾赔偿金、残疾辅助器具费、护理费、康复费、交通费、被扶养人生活费、住宿费、误工费和被保险人依照法院判决或者调解承担的精神损害抚慰金。

医疗费用赔偿限额和无责任医疗费用赔偿限额项下负责赔偿的项目有医药费、诊疗费、住院费、住院伙食补助费，必要的、合理的后续治疗费、整容费、营养费。

5. 垫付与追偿

为了确保交通事故受害人能得到及时有效的救治，对于驾驶人未取得驾驶资格或者醉酒、被保险机动车被盗抢期间肇事的以及被保险人故意制造道路交通事故等情况下发生道路交通事故，受害人受伤需要抢救的，保险人在接到公安机关交通管理部门的书面通知和医疗机构出具的抢救费用清单后，按照国务院卫生主管部门组织制定的交通事故人员创伤临床诊疗指南和国家基本医疗保险标准进行核实，对于符合规定的抢救费用，保险人在医疗费用赔偿限额内垫付。被保险人在交通事故中无责任的，保险人在无责任医疗费用赔偿限额内垫付。对于其他损失和费用，保险人不负责垫付和赔偿。对于垫付的抢救费用，保险人有权向致害人追偿。

6. 合同变更与终止

在交强险合同有效期内，被保险机动车所有权发生转移的，投保人应当及时通知保险人，并办理交强险合同变更手续。在下列三种情况下，投保人可以要求解除交强险合同：（1）被保险机动车被依法注销登记的；（2）被保险机动车办理停驶的；（3）被保险机动车经公安机关证实丢失的。交强险合同解除后，投保人应当及时将保险单、保险标志交还保险人；无法交回保险标志的，应当向保险人说明情况，征得保险人同意。

7. 交强险费率

交强险费率实行与被保险机动车道路交通安全违法行为、交通事故记录相联系的浮动机制。

8. 保险期间

除国家法律、行政法规另有规定外，交强险合同的保险期间为一年，以保险单载明的起止时间为准。

五、机动车车上人员责任保险条款

1. 适用范围

在中华人民共和国境内（不含港、澳、台地区）行驶的，以动力装置驱动或者牵引，上道路行驶的供人员乘用或者用于运送物品以及进行专项作业的轮式车辆、履带式车辆及其他运载工具（以下简称被保险机动车），可以投保机动车车上人员责任保险。在投保机动车车上人员责任保险的基础上，投保人可投保附加险。

2. 保险责任

保险期间内，被保险机动车发生意外事故造成车上人员的人身伤亡，依法应当由被保险人承担的损害赔偿责任，保险人依照保险合同的约定负责赔偿。机动车车上人员责任保险中的车上人员是指保险事故发生时在被保险机动车上的自然人。

3. 责任免除

被保险机动车造成下列人身伤亡，不论在法律上是否应当由被保险人承担赔偿责任，保险人均不负责赔偿：

（1）被保险人或驾驶人的故意行为造成的人身伤亡；

（2）被保险人及驾驶人以外的其他车上人员的故意、重大过失行为造成的自身伤亡；

（3）违法、违章搭乘人员的人身伤亡；

（4）车上人员因疾病、分娩、自残、斗殴、自杀、犯罪行为造成的自身伤亡；

（5）车上人员在被保险机动车车下时遭受的人身伤亡。

下列情况下，不论任何原因造成的对车上人员的损害赔偿责任，保险人均不负责赔偿：

（1）地震、战争、军事冲突、恐怖活动、暴乱、扣押、收缴、没收、政府征用。

（2）竞赛、测试、教练，在营业性维修、养护场所修理、养护期间。

（3）利用被保险机动车从事违法活动。

（4）驾驶人饮酒、吸食或注射毒品、被药物麻醉后使用被保险机动车。

（5）事故发生后，被保险人或其允许的驾驶人在未依法采取措施的情况下驾驶被保险机动车或者遗弃被保险机动车离开事故现场，或故意破坏、伪造现场、毁灭证据。

（6）驾驶人有下列情形之一者：①无驾驶证或驾驶证有效期已届满；②驾驶的被保险机动车与驾驶证载明的准驾车型不符；③实习期内驾驶公共汽车、营运客车或者载有爆炸物品、易燃易爆化学物品、剧毒或者放射性等危险物品的被保险机动车，实习期内驾驶的被保险机动车牵引挂车；④持未按规定审验的驾驶证，以及在暂扣、扣留、吊销、注销驾驶证期间驾驶被保险机动车；⑤使用各种专用机械车、特种车的人员无国家有关部门核发的有效操作证，驾驶营业性客车的驾驶人无国家有关部门核发的有效资格证书；⑥依照法律法规或公安机关交通管理部门有关规定不允许驾驶被保险机动车的其他情况下驾车。

（7）非被保险人允许的驾驶人驾驶被保险机动车。

（8）被保险机动车转让他人，未向保险人办理批改手续。

（9）除另有约定外，发生保险事故时被保险机动车无公安机关交通管理部门核发的行驶证和号牌，或未按规定检验或检验不合格。

下列损失和费用，保险人不负责赔偿：①精神损害赔偿；②因污染（含放射性污染）造成的人身伤亡；③仲裁或者诉讼费用以及其他相关费用；④应当由机动车交通事故责任强制保险赔偿的损失和费用。其他不属于本保险责任范围内的损失和费用。

4. 保险赔偿

车上人员每次事故每人限额和投保座位数由投保人和保险人在投保时协商确定。投保座位数以被保险机动车的核定载客数为限。

车上人员的人身伤亡按照国家有关法律、法规规定的赔偿范围、项目和标准以及保险合同的约定进行赔偿，车上人员的每人赔偿金额不超过保险单载明的每人责任限额，赔偿人数以投保座位数为限。保险人按照国家基本医疗保险的标准核定医疗费用的赔偿金额。

被保险机动车与其他机动车之间发生交通事故的，保险人依据被保险机动车驾驶人在事故中所负的责任比例，承担相应的赔偿责任。

保险人在依据保险合同约定计算赔款的基础上，在保险单载明的责任限额内，按下列免赔率免赔：（1）投保时指定驾驶人，保险事故发生时为非指定驾驶人使用被保险机动车的，增加免赔率10%；（2）投保时约定行驶区域，保险事故发生在约定行驶区域以外的，增加免赔率10%。

六、机动车辆保险附加险

一般而言，在投保了机动车损失保险或机动车辆第三者责任保险的基础上，投保人可投保附加险，主要附加险如下。

1. 不计免赔率特约险条款

（1）保险责任。保险事故发生后，按照对应投保的主险条款规定的免赔率计算的、应当由被保险人自行承担的免赔金额部分，保险人负责赔偿。

（2）责任免除。下列情况下，应当由被保险人自行承担的免赔金额，保险人不负责赔偿：①机动车损失保险中应当由第三方负责赔偿而无法找到第三方的；②因违反安全装载规定增加的；③被保险人根据有关法律法规规定选择自行协商方式处理交通事故，但不能证明事故原因的；④投保时指定驾驶人，保险事故发生时为非指定驾驶人使用被保险机动车而增加的；⑤投保时约定行驶区域，保险事故发生在约定行驶区域以外而增加的；⑥因保险期间内发生多次保险赔偿而增加的；⑦附加险条款中规定的。

2. 交通事故精神损害赔偿责任险条款

（1）保险责任。被保险机动车在使用过程中发生意外事故，致使第三者人员或本车上人员的残疾、烧伤、死亡或怀孕妇女流产，受害方据此提出精神损害赔偿请求，依照法院生效判决或者经事故双方当事人协商一致并经保险人书面同意的，应由被保险人承担的精神损害赔偿责任，保险人在本保险合同约定的责任限额内负责赔偿。

（2）责任免除。发生以下情形或损失之一者，保险人不承担精神损害赔偿责任：①被保险机动车驾驶人在事故中无过错；②被保险机动车未发生直接碰撞事故，仅因第三者人员或本车上人员的惊恐而引起的损害；③怀孕妇女的流产发生在交通事故发生之日起30天以外的；④被保险机动车违反安全装载规定；⑤应当由机动车交通事故责任强制保险赔偿的损失和费用。

（3）责任限额。每次事故责任限额由投保人和保险人在签订保险合同时协商确定。其中，每人每次事故的最高赔偿金额不超过5万元。

（4）保险赔偿。按人民法院对被保险人应承担精神损害赔偿责任的生效判决以及保险合同的约定进行赔偿；协商、调解结果中所确定的被保险人的精神损害赔偿责任，经保险人书面同意后，保险人负责赔偿。每次事故赔偿实行20%的免赔率。

3. 车上货物责任险条款

（1）保险责任。发生意外事故，致使被保险机动车所载货物遭受直接损毁，依法应由被保险人承担的损害赔偿责任，保险人负责赔偿。

（2）责任免除。①偷盗、哄抢、自然损耗、本身缺陷、短少、死亡、腐烂、变质造成的货物损失；②违法、违章载运或因包装不善造成的损失；③车上人员携带的私人物品；④应当由机动车交通事故责任强制保险赔偿的损失和费用。

（3）责任限额。责任限额由投保人和保险人在投保时协商确定。

（4）保险赔偿。被保险人索赔时，应提供运单、起运地货物价格证明等相关单据。保险人在责任限额内按起运地价格计算赔偿。每次赔偿实行20%的免赔率。

4. 机动车停驶损失险条款

（1）保险责任。因发生机动车损失保险的保险事故，致使被保险机动车停驶，保险人在保险单载明的保险金额内承担赔偿责任。

（2）责任免除。下列情况导致被保险机动车停驶的，保险人不承担赔偿责任：①被保险人或驾驶人未及时将被保险机动车送修或拖延修理时间；②因修理质量不合格重新返修。

（3）保险金额。保险金额按照投保时约定的日赔偿金额乘以约定的赔偿天数确定；

约定的日赔偿金额最高为 300 元，约定的赔偿天数最长为 60 天。

（4）保险赔偿。全车损失，按保险单载明的保险金额计算赔偿；部分损失，在保险金额内按约定的日赔偿金额乘以从送修之日起至修复之日的实际天数计算赔偿，实际天数超过双方约定修理天数的，以双方约定的修理天数为准。在保险期间内，赔款金额累计达到保险单载明的保险金额，机动车停驶损失险保险责任终止。

5. 新增加设备损失险条款

投保人对投保了机动车损失保险的机动车，可投保新增加设备损失附加险。新增加设备是指被保险机动车出厂时原有各项设备以外，被保险人加装的设备及设施，投保时，应当列明车上新增加设备明细表及价格。

（1）保险责任。投保了新增加设备损失险的被保险机动车因发生机动车损失保险责任范围内的事故，造成车上新增加设备的直接损毁，保险人在保险单载明的附加险的保险金额内，按照实际损失计算赔偿。

（2）保险金额。保险金额根据新增加设备的实际价值确定。新增加设备的实际价值是指新增加设备的购置价减去折旧金额后的金额。新增设备的折旧率以附加险所对应的主险条款规定为准。

（3）赔偿处理。每次赔偿的免赔率以附加险所对应的主险条款规定为准。

6. 车身划痕损失险条款

投保了家庭自用汽车损失保险或非营业用汽车损失保险的使用年限在 3 年以内 9 座以下的客车，可投保车身划痕损失附加险。

（1）保险责任。无明显碰撞痕迹的车身划痕损失，保险人负责赔偿。

（2）责任免除。被保险人及其家庭成员、驾驶人及其家庭成员的故意行为造成的损失保险人不负责赔偿。

（3）保险金额。保险金额为 5 000 元。

（4）赔偿处理。保险人在保险金额内按实际修理费用计算赔偿。在保险期间内，赔款金额累计达到保险金额，保险责任终止。

7. 自燃损失险条款

（1）保险责任。①因被保险机动车电器、线路、供油系统、供气系统发生故障或所载货物自身原因引起燃烧造成本车的损失；②发生保险事故时，被保险人为防止或者减少被保险机动车的损失所支付的必要的、合理的施救费用。

（2）责任免除。①自燃仅造成电器、线路、供油系统、供气系统的损失；②所载货物自身的损失。

（3）保险金额。保险金额由投保人和保险人在投保时在被保险机动车的实际价值内协商确定。

（4）赔偿处理。每次赔偿实行 20% 的免赔率。全部损失，在保险金额内计算赔偿；部分损失，在保险金额内按实际修理费用计算赔偿。

8. 玻璃单独破碎险条款

（1）保险责任。被保险机动车挡风玻璃或车窗玻璃的单独破碎，保险人负责赔偿。

（2）投保方式。投保人与保险人可协商选择按进口或国产玻璃投保。保险人根据协商选择的投保方式承担相应的赔偿责任。

（3）责任免除。安装、维修机动车过程中造成的玻璃单独破碎。

9. 盗抢险条款

（1）保险责任。①被保险机动车被盗窃、抢劫、抢夺，经出险当地县级以上公安刑侦部门立案证明，满60天未查明下落的全车损失；②被保险机动车全车被盗窃、抢劫、抢夺后，受到损坏或车上零部件、附属设备丢失需要修复的合理费用；③被保险机动车在被抢劫、抢夺过程中，受到损坏需要修复的合理费用。

（2）责任免除。①非全车遭盗窃，仅车上零部件或附属设备被盗窃或损坏；②被保险机动车被诈骗、收缴、没收、扣押造成的损失；③被保险人因民事、经济纠纷而导致被保险机动车被抢劫、抢夺；④租赁机动车与承租人同时失踪；⑤全车被盗窃、抢劫、抢夺期间，被保险机动车造成第三者人身伤亡或财产损失；⑥被保险人及其家庭成员、被保险人允许的驾驶人的故意行为或违法行为造成的损失；⑦被保险人索赔时，未能提供机动车停驶手续或出险当地县级以上公安刑侦部门出具的盗抢立案证明。

（3）保险金额。保险金额由投保人和保险人在投保时被保险机动车的实际价值内协商确定。

（4）赔偿处理。①被保险人知道被保险机动车被盗窃、抢劫、抢夺后，应在24小时内向出险当地公安刑侦部门报案，并通知保险人。②被保险人索赔时，须提供保险单、机动车行驶证、机动车登记证、机动车来历凭证、车辆购置税完税证明（车辆购置附加费缴费证明）或免税证明、机动车停驶手续以及出险当地县级以上公安刑侦部门出具的盗抢立案证明。③全车损失，在保险金额内计算赔偿，并实行20%的免赔率。被保险人未能提供机动车行驶证、机动车登记证、机动车来历凭证、车辆购置税完税证明（车辆购置附加费缴费证明）或免税证明的，每缺少一项，增加1%的免赔率。部分损失，在保险金额内按实际修复费用计算赔偿。④保险人确认索赔单证齐全、有效后，被保险人签具权益转让书，保险人赔付结案。⑤被保险机动车全车被盗窃、抢劫、抢夺后被找回的，保险人尚未支付赔款的，被保险机动车应归还被保险人。保险人已支付赔款的，被保险机动车应归还被保险人，被保险人应将赔款返还给保险人；被保险人不同意收回被保险机动车，被保险机动车的所有权归保险人，被保险人应协助保险人办理有关手续。

第四节　工程保险

一、建筑工程保险

建筑工程保险承保的是各类建筑工程，即使用于各种民用、工业用和公共事业用的建筑工程，如房屋、道路、桥梁、港口、机场、水坝、娱乐场所、管道以及各种市政工程项目等，均可以投保建筑工程保险。

1. 保险标的

建筑工程保险的保险标的范围广泛，既有物质财产部分，也有第三者责任部分。物质损失部分包括建筑工程本身，工程所有人提供的物料和项目，安装工程项目，建筑用机器、装置及设备，工地内现成的建筑物，场地清理费，以及所有人或承保人在工地上的其他财产七项。每一个项目均须独自确定保险金额，七个项目保险金额之和构成建筑工程险物质损失项目的总保险金额。第三者责任是指被保险人在工程保险期间内，因意外事故造成工地及工地附近的第三者人身伤亡或财产损失依法应负的赔偿责任，保险人对该项责任采用赔偿限额制。

2. 保险责任

物质损失部分的保险责任包括：自然灾害，指地震、海啸、雷电、飓风、台风、龙卷风、风暴、暴雨、洪水、水灾、冻灾、冰雹、地崩、山崩、雪崩、火山爆发、地面下陷下沉及其他人力不可抗拒的破坏力强大的自然现象；意外事故，指不可预料的以及被保险人无法控制并造成物质损失或人身伤亡的突发性事件，包括火灾和爆炸；人为风险，指盗窃、工人或技术人员缺乏经验、疏忽、过失、恶意行为。

第三者责任险的保险责任包括：在保险期限内，因发生与保险单所承保工程直接相关的意外事故引起工地内及邻近区域的第三者人身伤亡、疾病或财产损失，依法应由被保险人承担的经济赔偿责任，以及对被保险人因上述原因而支付的诉讼费用以及事先经本公司书面同意而支付的其他费用。

3. 除外责任

在建筑工程保险中，既适用于物质损失的除外责任，又适用于第三者责任的除外责任，主要体现在以下几方面：战争、类似战争行为、敌对行为等引起的任何损失、费用和责任；政府命令或任何公共当局的没收、征用、销毁或毁坏；罢工、暴动、民众骚乱引起的任何损失、费用和责任；被保险人及其代表的故意行为或重大过失引起的任何损失、费用和责任；核变等放射性污染及其他各种污染引起的任何损失、费用和责任；工程部分停工或全部停工引起的任何损失、费用和责任；罚金、延误、丧失合同及其他后果损失；保单中列明的被保险人自行负担的免赔额。

物质损失部分的除外责任：设计错误引起的损失和费用；自然磨损、内在或潜在缺陷、物质本身变化、自燃、自热、氧化、锈蚀、渗漏、鼠咬、虫蛀、大气变化、正常水位变化或其他渐变原因造成保险财产自身的损失和费用；因原材料缺陷或工艺不善引起保险财产本身的损失以及为置换、修理或矫正这些缺点错误所支付的费用；非外力引起的机械或电器装置的本身损失，或施工用机具、设备、机械装置失灵造成的本身损失；维修保养或正常检修费用；档案、文件、账簿、票据、现金、有价证券、图表资料及包装物料的损失；盘点时发现的短缺；领有公共运输行驶执照的，或已由其他保险予以保障的车辆、船舶和飞机的损失；除另有约定外，在保险工程开始之前已经存在或形成的位于工地范围内或其周围的属于被保险人财产的损失；除另有约定外，在保险单的有效期内，保险财产中已由工程所有人签发完工验收证书，或验收合格，或实际占有，或已使用，或已接受的部分发生损失。

第三者责任险的除外责任：凡建筑工程险物质损失项下或应在该项下予以负责赔偿的损失及各种费用；由于振动、移动或减弱支撑而造成的财产、土地、建筑物的损失及由此造成的任何人身伤害和物质损失；工程所有人、承包人或其他关系人或他们所雇用的在工地现场从事与工程有关工作的职员、工人及他们的家庭成员的人身伤亡或疾病；工程所有人、承包人或其他关系方或他们所雇用的职员、工人所有的，或由其照管、控制的财产发生的损失；领有公共运输行驶执照的车辆、船舶、飞机造成的事故；被保险人根据与他人协议应支付的赔款或其他款项。

4. 建筑工程保险的保险金额

建筑工程保险物质损失部分的保险金额应是建筑工程完成时的总价值，包括原材料费、设备费用、建造费、安装费、运输费和保险费、关税、其他税项和费用，以及由工程所有人提供的原材料和设备的费用。被保险人在投保时可按保险工程合同的工程概算总造价确定投保金额，并根据决算进行调整。第三者责任险的赔偿限额应根据责任风险的大小确定。

5. 建筑工程保险的保险期限

建筑工程通常采用的是工期保单，即承保从开工到竣工过程中的风险。投保人也可以根据工程的具体情况向前追溯至运输期和制造期，向后延至试车期、保证期。

6. 建筑工程保险的赔偿处理

建筑工程保险的赔偿处理方式有三种：支付赔款，修复，重置。对于可以修复的部分损失，保险人支付修理费将保险财产修复到受损前的状态；在全部损失的情况下，保险人赔偿保险财产损失前的实际价值扣除残值后的余额。保险人在赔偿时，应先按保险合同规定扣除每次事故的免赔额。

二、安装工程保险

安装工程保险专门承保新建、扩建或改造的工矿企业的机器设备或钢结构建筑物在整个安装、调试期间，由于保险责任范围内的风险造成的保险财产的物质损失和列明费用的损失。

物质损失的除外责任：因设计错误、铸造或原材料缺陷或工艺不善引起的被保险财产本身的损失，以及置换、修理或矫正这些缺点错误所支付的费用，保险人不予负责赔偿；由于超负荷、超电压、碰线等电气原因造成电气设备或电气用具本身的损失，保险人不予负责。

安装工程保险的保险金额是按保险工程安装完成时的总价值确定的，包括设备费用、原材料费、安装费、建造费、运输费和保险费、关税、其他税项和费用，以及由工程所有人提供的原材料和设备费用。

第五节　海洋货物运输保险

一、海洋货物运输保险的主要险种和保险责任

海洋货物运输保险主要承保因自然灾害和意外事故以及外来原因所造成的货物的灭

失与损坏，包括平安险、水渍险和一切险三种。

1. 平安险

平安险承保责任包括：保险货物在运输途中由于恶劣气候、雷电、海啸、地震、洪水等自然灾害造成整批货物的全部损失或推定全损；由于运输工具遭受搁浅、触礁、沉没、互撞与流冰或其他物体碰撞，以及失火、爆炸等意外事故造成货物的全部或部分损失；在运输工具已经发生搁浅、触礁、沉没、焚毁等意外事故的情况下，货物在此前后又在海上遭受恶劣气候，雷电、海啸等自然灾害所造成的部分损失；在装卸或转运时，由一件或数件货物落海造成的全部损失或部分损失；被保险人对遭受承保责任内危险的货物采取抢救，防止或减少货损的措施而支付的合理费用，但以不超过该批被救货物的保险金额为限；运输工具遭受海难后，在避难港由于卸货所引起的损失以及中途港、避难港由于卸货、存仓以及运送货物所产生的特别费用；共同海损的牺牲、分摊和救助费用；运输契约订有"船舶碰撞互有过失责任"条款，根据该条款规定应由货方偿还船方的损失。

2. 水渍险

水渍险除承保上列平安险的各项责任外，还负责被保险货物由于恶劣气候、雷电、海啸、地震、洪水自然灾害所造成的部分损失。

3. 一切险

一切险的保险责任范围除包括上列平安险和水渍险各项责任外，还负责被保险货物在运输途中由于外来原因所造成的全部或部分损失。

4. 附加险

（1）一般附加险。承保一般外来原因所造成的货物损失，我国海上货物运输保险承保的一般附加险共有 11 种。一般附加险包括在一切险的责任范围内，如果投保一切险，则这 11 种一般附加险别都包括在内了。

（2）特别附加险。它与一般附加险的区别在于它不包括在一切险责任范围之内，导致它的货物损失的原因往往同政治、国家行政管理以及一些特殊风险相关联。我国现行的特别附加险有 6 种：交货不到险，进口关税险，舱面险，拒收险，出口货物到中国香港或中国澳门存舱火险责任扩展条款，黄曲霉素险。

（3）特殊附加险。特殊附加险包括战争险和罢工险两种。

二、海洋货物运输保险的除外责任

海洋货物运输保险的除外责任有：被保险人的故意行为或过失所造成的损失；属于发货人责任所引起的损失；在保险责任开始前，保险货物已存在的品质不良或数量短差所造成的损失；保险货物的自然损耗、本质缺陷、特性以及市价跌落、运输延迟所引起的损失和费用；海洋货物运输战争险和罢工险条款规定的责任范围和责任免除。

三、海洋货物运输保险的保险期限

海洋货物运输保险的保险期限是指保险人根据保险合同规定，承担保险责任的起讫时间。在我国海上货物运输保险基本险中，保险期限均采用"仓至仓条款"，它规定了保险人对被保险货物所承担责任的空间范围，即从货物运离保险单所载明起运港发货人的仓库时开始，一直到货物运抵保险单所载明的目的港收货人的仓库时为止。保险人的责任起讫分为正常运输和非正常运输两种情况。

1. 正常运输情况下的责任起讫

保险责任从被保险货物运离保险单所载明起运地仓库开始运输时生效，直至该项货物运抵保险单所载明的目的港收货人的仓库时为止。一旦货物到达收货人的最后仓库，保险责任即行终止。

2. 非正常运输情况下的责任起讫

在非正常运输情况下，保险公司要求被保险人在获知货物被迫卸下、重装或转运等情况时，及时通知保险人，保险人酌情收取部分费用后，原保单继续有效。

四、海洋货物运输保险的保险金额

海洋货物运输保险通常属于定值保险，其保险金额一般按货价确定，具体金额计算则因价格条件不同而有所不同。

1. CIF 价格条件下的保险金额计算

CIF 价格条件明确规定货物价格中已包括成本、保险费和运费。按照国际商会的有关规定，一般在 CIF 价格基础上加成 10% 作为保险金额。

2. CFR 价格条件下保险金额的计算

CFR 即成本加运费价格条件。由于海上货物运输保险价格是以 CIF 价格为计算基础的，因此，买方投保时需要先将 CFR 价格换算成 CIF 价格，然后再加成计算保险金额。

3. FOB 价格条件下保险金额的计算

FOB 是指装运港船上交货价格条件。以 FOB 价格成交的货物，其投保金额以 CIF 价格加成 10% 为基础进行计算。

五、海洋货物运输保险的保险费

国际贸易价格条件和保险费率确定之后，保险费的计算主要有 CIF 价格条件下保险费计算、CFR 价格改为 CIF 价格的保险费计算、FOB 价格改为 CIF 价格的保险费计算三种。影响海上货物运输保险的保险费率厘定的主要因素包括：承运货物的运输工具和航程情况，货物的性质及包装和装载情况，装卸货物港口的管理和装卸情况，被保险人以往的索赔记录，保险险别，免赔额规定等。

六、海洋货物运输保险的赔偿

1. 全部损失赔偿金额的计算

在货物发生全部损失的情况下，不论是实际全损还是推定全损，其赔偿金额都是被保险货物的全部保险金额。

2. 部分损失赔偿金额的计算

货物遭受部分损失时，其赔偿金额的计算因货物种类、损失性质不同而采用各种不同的计算方法。

七、海洋货物运输保险被保险人的义务

在海洋货物运输保险中被保险人应当承担的义务有：当被保险货物运抵保险单所载明的目的港以后，被保险人应及时提货；被保险货物遭受保险责任内的损失时，被保险人和保险人都应迅速采取合理的抢救措施，防止或减少货物的损失，被保险人采取此项措施，不应视为放弃委付的表示，保险人采取抢救措施，也不应视为接受委付的表示；如遇航程变更或发现保险单所载明的货物、船名或航程有遗漏或错误时，被保险人在获悉这种情况后应立即通知保险公司，如有必要还应加缴一定的保险费，保险则继续有效；若被保险货物遭受损失，被保险人向保险公司索赔时，必须提供保险单正本、提单、发票、装箱单、磅码单、货损货差证明、检验报告及索赔清单等单证；被保险人在获悉有关运输契约中"船舶互撞责任"条款后，应及时通知保险人。

第六节　责任保险

一、责任保险概述

（一）责任保险及其特征

责任保险是一种以被保险人对第三者依法应负的民事赔偿责任为保险标的的保险，责任保险包括产品责任保险、雇主责任保险、职业责任保险和公众责任保险等。责任保险属于广义财产保险的范畴，适用于广义财产的一般经营理论，但又具有鲜明的特色。

1. 健全的法律制度是其存在和发展的基础

如果说风险是保险产生、存在、发展的基础，那么，民事法律风险则是责任保险产生和发展的基础。按照有关的法律规定，民事主体造成他人的人身伤害和财产损失时就要承担相应的法律责任，进行经济赔偿。责任风险的存在，促使有关单位和个人寻求规避和转移责任风险的途径，于是责任保险的重要性逐渐为人们所认识，责任保险逐步为人们所接受。

2. 保险人替代被保险人赔偿受害人经济损失

通过责任保险，被保险人将因自己疏忽或过失致使他人身体受到伤害、财产遭受损失的民事损害赔偿责任的风险转移给了保险公司。因此，一旦发生保险事故，保险人履行保险责任就要向受害人支付保险金，而造成损失的"罪魁祸首"则是被保险人，保险人进行赔偿实际上是代替被保险人承担了对受害者的赔偿责任。

3. 只有赔偿限额而无保险金额

责任保险承保的是被保险人的赔偿责任，而非有固定价值的标的，且赔偿责任因损害事故大小而不同，很难在投保时准确预测。因此，不论何种责任保险均无保险金额的

规定，而是采用由保险双方约定赔偿限额的方式来确定保险人承担责任的最高限额，凡超过责任限额的索赔由被保险人自己承担。

（二）责任保险的主要内容

1. 责任范围

责任保险的保险责任，一般包括两项内容：

（1）被保险人依法对因过失或意外事故造成第三者人身伤亡或财产损失应承担的经济赔偿责任。这是责任保险的基本责任，保险人以受害人的损害程度以及保险单上的赔偿限额为依据进行赔偿。

（2）因赔偿纠纷引起的由被保险人支付的诉讼、律师费用及其他事先经过保险人同意支付的费用。这项费用保险人可在赔偿限额之外支付。

2. 赔偿限额

赔偿限额作为保险人承担赔偿责任的最高金额，通常有以下两种类型：

（1）事故赔偿限额，即每次责任事故或同一原因引起的一系列责任事故的赔偿限额，它可以分为财产损失赔偿限额和人身伤亡赔偿限额两种。

（2）累计赔偿限额，即保险期内累计的赔偿限额，它也可分为累计的财产损失赔偿限额和累计的人身伤亡赔偿限额两种。

在某些情况下，保险人只规定事故赔偿限额而不规定累计赔偿限额，或者将财产损失和人身伤亡两者合成一个限额。

3. 保险费率

责任保险的费率是根据责任风险的大小及损失率的高低来制定的，一般而言，在厘定责任保险费率时，主要应考虑：被保险人的业务性质及其发生意外损害赔偿责任可能性的大小；赔偿限额以及免赔额的高低；法律制度对损害赔偿的规定；承保风险的区域范围；同类业务的历史资料等。

二、产品责任保险

产品责任保险是指以产品生产者或销售者等的产品责任为承保风险的责任保险。产品责任保险承保两项责任：在保险有效期内，被保险人生产、销售的产品或商品在承保区域内发生事故，造成用户、消费者或其他任何人的人身伤害或财产损失，依法应当由被保险人负责时，保险人在保单规定的赔偿限额内予以赔偿；被保险人为产品责任所支付的诉讼、抗辩费用及其他经保险人事先同意支付的费用，保险人予以赔偿。

除外责任：被保险人根据合同或协议应承担的责任，但即使没有这种协议，被保险人仍应承担的责任不在此项；被保险人根据劳工法或雇佣合同对其雇员及有关人员应承担的责任；被保险人所有或照管或控制的财产损失；被保险人故意违法生产、销售的产品或商品发生事故造成的任何人身伤害或财产损失；被保险产品本身的损失及退换、回收有缺陷产品造成的费用及损失；被保险产品造成大气、土地、水污染及其他各种污染引起的责任；被保险产品造成对飞机或轮船的损害责任；战争、罢工、核风险引起的产品责任事故造成的损害不予赔偿。

期内发生式的责任期限：产品事故必须发生在保险期限内；不论产品是否在保险期限内生产或销售；不论意外事故或损失何时发现；不论被保险人提出的索赔是在保险期限内还是期满后。期内索赔式：不管保险事故发生在保险期限内还是保险期限前，只要被保险人在保险期限内请求赔偿，保险人都予以负责。

保险费率取决于风险的大小、受保险产品的特点、赔偿限额的高低、承保范围的大小、产品数量和产品价格的区别、保险公司以往经营此项业务的损失或赔付统计资料、产品制造者的技术和质量管理情况。保险费的计算通常是按上年的生产、销售总额或营业收入总额及规定的费率计算出预收保费，待保险期满时再按实际营业收入总额计算出保险费，多退少补。赔偿限额由被保险人根据需要提出，经保险人同意后在保单中订明。赔偿限额应根据不同产品发生事故后可能引起赔偿责任的大小确定。承保范围由保险双方根据具体需要商定，并在保单中列明。

三、雇主责任保险

雇主责任保险保障雇主对雇员在受雇过程中伤亡、疾病的赔偿责任。

保险责任包括：被保险人雇用的人员在保单有效期内，在受雇过程中在保单列明的地点从事保单列明的被保险人的业务活动时，遭受意外而受伤、致残、伤亡，或患有与业务有关的职业疾病所致的伤残或伤亡的赔偿责任；被保险人的有关诉讼费用。

除外责任：战争、类似战争行为、叛乱、罢工、暴动或由于核辐射所致的被雇人员伤残、伤亡或疾病；被雇人员由于疾病、传染病、分娩、流产以及因这些疾病而实行内外科治疗手术所致的伤残或伤亡；由于被雇人员自加伤害、自杀、犯罪行为、酗酒及无照驾驶各种机动车辆所致的伤残或死亡；被保险人的故意行为或重大过失；被保险人对其承包商雇用的员工的责任。

附加责任：附加医药费保险，附加第三者责任保险。

责任期限一般为一年，以保险双方约定的时间为始终，也有的合同以承包工程期为保险期间。

赔偿限额：死亡按保单规定的雇员死亡的赔偿限额赔偿；永久性完全伤残按每一雇员的最高赔偿限额赔付；永久性局部残废按赔偿金额表中规定的百分比赔偿；雇员在工作中受伤，暂时丧失工作能力超过5天，经医生证明，按雇员工资给予赔偿。

雇主责任保险的保险费率根据被保险人的工资总额、工作地址、职业性质以及被保险人选定的赔偿限额来确定。

四、职业责任保险

职业责任保险是以各种专业技术人员的职业责任为承保风险的责任保险，主要有内科医生、外科医生及牙科医生，药剂师，会计师，律师，保险代理人及经纪人的职业责任保险。

责任范围：保单只负责专业人员由于职业上的疏忽行为、错误或失职造成的损失；保单负责被保险人的职业疏忽行为；职业责任保险采取以期内索赔为承保基础；承担的赔偿责任包括赔偿金和法律诉讼费用。

除外责任：战争和罢工，核风险，被保险人的故意行为，被保险人的家属、雇员的人身伤害或财务损失，被保险人的契约责任，被保险人所有或由其照管、控制的财产损失。

责任期限通常为一年。赔偿限额为累计限额，而不规定每次事故的限额。费率依据业务不同计算。

五、公众责任保险

公众责任保险是指以损害公众利益的民事赔偿责任为保险标的的责任保险。

保险责任是保障被保险人在保单有效期间从事所保业务活动因意外事故对第三者造成的人身伤害和财产的损害或灭失引起的法律赔偿责任。

除外责任：可以用其他专业保单承保的责任；由于核燃料、核废料或核爆炸引起的责任；由被保险人照顾、监护或控制的财产的损失责任；战争、暴乱等后果责任；包括在产品质量保证范围内的有缺陷产品的回收、修理或换置费用责任。

责任期限以保险双方约定时间为始终，多以事故发生为承保基础。

公众责任保险的种类有场所责任保险、电梯责任保险、承包人责任保险和个人责任保险。赔偿限额的高低由双方根据可能发生的赔偿范围风险的大小协商确定；规定累计赔偿限额，即保单在一次有效期内能够负责的最高赔偿限额。一般按承保业务的风险大小规定免赔额。费率以每次事故累计赔偿限额和业务性质分类，以赔偿限额乘以适当费率计收保险费。

第七节　信用保证保险

一、信用保证保险的含义

信用保证保险是一种以经济合同所指定的有形财产或与其应得的经济利益为保险标的的保险。这种保险实际上是一种担保性质的保险，保险人在其中充当了担保人的角色。依担保对象不同，信用保证保险可分为信用保险和保证保险两类。

信用保险是信用关系中的权利人（被保险人）要求保险人担保义务人信用的一种保险，保险公司承担义务人不按合同履行义务给权利人造成的损失。例如，某进出口公司出口一批货物，担心对方违约投保了出口信用保险，则一旦对方不付款或不能如期付款，保险公司承担赔偿责任。

保证保险是被保证人根据权利人的要求，由保险人担保自己信用的保险。当被保证人不履行合同义务致使权利人遭受损失时，由保险人承担赔偿责任。例如，某建筑工程公司与业主签订工程承包合同，规定18个月内交付工程项目，若违约，工程承包方将支付给业主一定的经济补偿。为转移风险，建筑工程公司投保了履约保证保险，则一旦工程承包人不能如期完工使业主遭受经济损失时，由保险公司给予赔偿。

二、信用保险与保证保险的联系与区别

1. 信用保险与保证保险的联系

（1）承保的都是信用。为此，保险人在接受承保前必须严格审查被保证人的财力、资信、声誉以及以往的履约情况，以求最大限度地减少承保风险。

（2）都是一种担保性质的保险，当合同关系中的被保证人不履行合同义务给权利人造成经济损失时，由保险公司这个"担保人"负赔偿责任。

2. 信用保险与保证保险的区别

（1）投保的信用对象不同。投保人投保他人信用的是信用保险，投保人投保自己信用的是保证保险。

（2）当事人不同。信用保险只有双方当事人，即投保人（也是被保险人、权利人）和保险人（信用保证人）。保证保险则涉及三方当事人，即投保人（被保证人）、权利人（被保险人）和保险人（保证人）。

三、信用保险

目前我国信用保险主要有三种类型，即出口信用保险、投资保险和国内商业信用保险。

1. 出口信用保险

出口信用保险是承保出口商在经营出口业务的过程中因进口商方面的商业风险或进口国方面的政治风险而遭受损失的一种保险。按照承保期限的长短，出口信用保险可分为短期出口信用保险和中长期出口信用保险。

（1）短期出口信用保险。短期出口信用保险是指承保信用期不超过 180 天，出口货物一般是大批量重复性的初级产品和消费性工业产品出口收汇风险的一种保险，适用于：付款条件为商业信用方式；信用期不超过 180 天；出口产品全部或部分在中国生产或制造。短期出口信用综合保险承保被保险人发运货物后由于商业信用风险和政治风险原因引起的损失。除外责任：货物运输险项下的损失；汇率变动的损失；被保险人违约或违法所产生的损失；买方违约在先的情况下被保险人坚持发货所产生的损失；由于买方违反本国法令未获进口许可所致的损失；被保险人的代理人或卖方的代理人所致的损失；被保险人未按时办妥投保手续的出口业务发生的损失；被保险人向未经保险公司批准买方信用限额，或不适用被保险人而自行掌握的信用限额的买方出口所发生的损失；在损失发生起两年内，被保险人仍未向保险公司索赔的损失。短期出口信用保险的承保工作分为保单的承保、国家的承保、买家的承保和出运的承保。

短期出口信用保险费的计算公式为

$$保险费 = 申报发票总值 \times 保险费率$$

索赔时效，当获悉买家破产的消息，或买家拖欠货款已经超过一定时间，或买家提出不赎单收货，或买方所在国发生事变影响到买家无法按时支付货款时，被保险人须及时通知保险公司。理赔人员首先考虑如何知道被保险人及时采取减少和挽回损失的措

施。索赔时被保险人需提供有关证明文件。保险公司一般规定相应的赔偿等待期。如果被保险人在赔案发生前，要求将其在保险项下的权益转让给贷款机构，保险公司可以同意在保险生效时，将赔款受益人明确为贷款银行，出口企业可以一次作为提供给银行的贷款抵押。出口信用保险一定要做好追偿工作。

（2）中长期出口信用保险。中长期出口信用保险适用于贷款期限超过180天至5年或8年的资本性或半资本性货物的出口项目。保险责任：买方、借款人或其还款担保人倒闭、破产、被接管或清盘或丧失偿付能力；买方、借款人或其还款担保人在商务合同或贷款协议规定的还款日起逾6个月仍未履行还款义务；买方因故单方面停止或终止执行贸易合同；买方所在国，或借款人所在国，或任何与履行商务合同或贷款有关的第三国政府颁布政令、法令，实行外汇管制，限制汇兑；买方所在国或借款人所在国与中国或与任何第三国发生战争、革命、暴乱等事件，或发生不可抗力特别事件造成进口商不能履行商务合同或借款人不能履行贷款协议项下的还款义务。

中长期出口信用保险的赔偿处理与短期出口信用保险基本相同。

2. 投资保险

投资保险又称政治风险保险，保险人对本国投资者在外国投资期间，或外国投资者来本国投资期间，由于投资所在国发生战争或类似战争行为、政府当局的征用或没收以及政府有关部门的汇兑限制致使投资者遭受的损失进行赔偿。投资保险主要承保外汇风险、征用风险和战争风险。由于外国投资者对我国的投资日益增多，因此，我国自开办投资保险以来，业务不断扩大，不仅为外国投资者提供投资风险保障，也为我国在海外的投资提供风险保障。

3. 国内商业信用保险

国内商业信用保险承保企业延期付款或分期付款时，卖方因买方不能如期偿还全部或部分货款而遭受的经济损失。我国目前尚未开办国内商业信用保险业务，但在国际保险市场上国内商业信用保险业务涉及的面很广，如美国有信用人寿保险、住宅抵押贷款保险等。

四、保证保险

目前我国保证保险主要有三种类型，即合同保证保险、诚实保证保险和产品保证保险。

1. 合同保证保险

合同保证保险又称“履约保险”，是对各种经济合同的权利人因对方（被保证人）违约给其造成的经济损失进行补偿的保险。合同保证保险中最常见的是工程类的合同保证保险，如投标保证保险、履约保证保险、完工保证保险等。我国已开办这类履约保险险种。

2. 诚实保证保险

诚实保证保险承保被保证人的不诚实行为致使被保险人遭受的经济损失。诚实保证保险的保险标的是被保证人的诚实信用，比如，因雇员的贪污、挪用和诈骗等不诚实行为，造成雇主经济损失。为适应三资企业的投保需要，我国已开办了雇员忠诚保证保险。

3. 产品保证保险

产品保证保险承保产品生产者和销售商因制造或销售的产品质量有缺陷而给用户造成的经济损失，包括产品本身的损失以及引起的间接损失和费用，其责任范围是产品责任保险中的除外责任。

重要术语

企业财产基本险	机动车辆保险	建筑工程保险	安装工程保险
责任保险	赔偿限额	公众责任	产品责任
雇主责任	职业责任	信用保险	保证保险

复习思考题

1. 企业财产保险的赔偿如何计算？
2. 我国机动车辆保险费率改革的原因和情况是什么？
3. 工程保险的特点是什么？
4. 平安险、水渍险和一切险及其区别是什么？
5. 如何确定货物运输保险的期限？
6. 责任保险的特征是什么？
7. 如何确定责任保险中的赔偿限额？
8. 阐述产品保证保险与产品责任保险异同。
9. 阐述信用保险与保证保险的联系与区别。

第八章

再保险

第一节　再保险概述

一、再保险的定义

再保险（Reinsurance），又称"分保"，是指保险人将自己所承保的部分或全部风险责任向其他保险人进行保险的行为。

分出保险业务的保险人称为原保险人（Original Insurer）或分出公司（Ceding Company），接受分保业务的保险人称为再保险人（Reinsurer）或接受公司（Ceded Company）。与直接保险一样，原保险人通过办理再保险将其所承保的一部分风险责任转移给再保险人，也要相应支付一定的保险费，这种保险费称为再保险费或分保费（Reinsurance Premium）；同时，为了弥补原保险人在直接承保业务过程中支出的费用开支，再保险人也必须向原保险人支付一定的费用报酬，这种费用报酬称为分保手续费或分保佣金（Reinsurance Commission）。

二、再保险与原保险

（一）再保险与原保险的关系

1. 再保险与原保险的联系

再保险是保险人将原保险业务（即直接保险业务）分给其他保险人的过程。当原保险合同约定的保险事故发生时，再保险人按照再保险合同的规定对原保险人承担的损失给予补偿。可见，再保险与原保险具有十分密切的关系，二者是相辅相成、相互促进的。一方面，原保险是再保险的基础，再保险是由原保险派生的；另一方面，再保险是对原保险的保险，再保险支持和促进原保险的发展。

2. 再保险与原保险的区别

原保险和再保险都是为了分散风险、补偿损失，但在保险经营中两者有很大的区别：首先，保险关系的主体不同。原保险关系的主体是保险人与投保人或被保险人，原保险体现的是保险人与被保险人之间的经济关系；再保险关系的主体是原保险人与再保险人，再保险体现的是保险人之间的经济关系。其次，保险标的不同。原保险的保险标的包括财产、人身、责任、信用及与财产有关的利益；再保险的标的则是原保险人所承担的赔偿责任，具有责任保险的性质。最后，保险赔付的性质不同。原保险人对财产保险履行的责任是损失补偿性质的；对人身保险则是给付性质的；但在再保险中，无论是财产还是人身的再保险，再保险人对原保险人承担的都是损失赔偿责任，也就是说再保险合同都是补偿性的合同。

3. 再保险是独立于原保险的保险

再保险是在原保险的基础上产生的，没有原保险就不可能有再保险，再保险合同必须以原保险合同的存在为前提。但是，再保险与原保险没有必然的连续性，再保险是一项独立的保险业务。一方面，再保险合同不是原保险合同的从属合同，而是独立的合同，它与原保险合同没有任何法律上的继承关系。另一方面，再保险合同只对原保险人和再保险人具有法律的约束力，再保险人只对原保险人负责，而与原保险合同中的投保人或被保险人没有任何法律关系。也就是说，再保险人无权向投保人收取保险费，被保险人也无权向再保险人索赔。原保险人也不能以再保险人未摊付赔款为由，拒绝对原被保险人履行赔偿责任。

（二）再保险与共同保险的关系

所谓共同保险（Coinsurance），是指由两个或两个以上的保险人联合直接承保同一保险标的及共同承担同一风险责任，保险金额总和不超过保险标的可保价值的保险。共同保险通常是在保险标的的风险或保额巨大时，一家保险公司承保能力有限，由投保人与数个保险人协商，请求联合共同为其承保，保险人在各自承保金额限度内对被保险人负赔偿责任。共同保险与再保险皆有分散风险、控制损失、扩大承保能力、稳定经营的功能，但两者仍有不同之处。第一，与投保人或被保险人的法律关系不同。共同保险的每一个保险人与投保人或被保险人都有直接的法律关系，也就是说投保人或被保险人同时与多个保险人有直接的合同关系，属于原保险，是原保险的特殊形式。每一个保险人有权按其承保的金额向投保人收取保费，并在其保险金额的限度内承担损失赔偿责任；被保险人也有权在损失发生时向每一个保险人索取保险赔款。而在再保险中，再保险人与投保人或被保险人没有任何的法律关系，只与原保险人有直接的法律关系，而投保人或被保险人也只与原保险人有直接的法律关系。第二，风险分散的方式不同。共同保险是由几个保险人同时对某一风险责任共同直接承保，属于风险的第一次分散，其风险分散的路径是横向的。而再保险是在原保险的基础上进一步分散风险，是风险的第二次分散，其风险分散的路径是纵向的。

三、再保险的分类

（一）按责任限制分类

1. 比例再保险

比例再保险（Proportional Reinsurance）是按保险金额的一定比例确定原保险人的自

留额（Retention）和再保险人的分保额（Reinsurance Amount），同时也按该比例分配保费和分摊赔款的再保险。比例再保险包括成数再保险、溢额再保险和成数溢额混合再保险。

2. 非比例再保险

非比例再保险（Non‑proportional Reinsurance）是以赔款金额为基础，当原保险人的赔款超过一定额度或标准时，由再保险人承担超过部分的赔款的再保险，也就是说，非比例再保险是通过分割未来赔款来确定原保险人的自负责任和再保险人的超赔责任的一种再保险方式。由于这种再保险的分保费不按原保险费率计算，而是由原保险人和再保险人协议商定，再保险人承担的责任、分入的保费与原保险金额无比例关系，因此称为非比例再保险。

（二）按分保安排方式分类

按分保安排方式分类，再保险可以分为临时再保险、合同再保险和预约再保险。

1. 临时再保险

临时再保险（Facultative Reinsurance）是最早采用的再保险方式，是指在保险人有分保需要时，临时与再保险人协商，订立再保险合同，合同的有关条件也都是临时议定的。

临时再保险有两个显著的优点：一是具有灵活性。在临时再保险关系中，原保险人和再保险人双方对每笔保险业务的分出和分入都有自由选择的权利。二是具有针对性。临时再保险通常是以一张保险单或一个危险单位为基础逐笔办理分保，分保的风险责任、摊赔的条件等都具有很强的针对性，便于再保险人了解、掌握业务的具体情况，正确作出分入与否的决策。

2. 合同再保险

合同再保险（Treaty Reinsurance）也称固定再保险，是由原保险人和再保险事先签订再保险合同，约定分保、业务范围、条件、额度、费用等。在合同期内，对于约定的业务，原保险人必须按约定的条件分出，再保险人也必须按约定的条件接受，双方无须逐笔洽谈，也不能对分保业务进行选择，合同约定的分保业务在原保险人与再保险人之间自动分出与分入。合同再保险是一种长期性的再保险，但订约双方都有终止合同的权利，通常是要求终止合同的一方于当年年底前三个月以书面形式通知对方，在年底终止合同。

3. 预约再保险

预约再保险（Open Cover）又称临时固定再保险（Factultative Obligatory Reinsurance），是一种介于临时再保险和合同再保险之间的再保险。它规定对于约定的业务，原保险人可以自由决定是否分出，而原保险人一经决定分出，再保险人就必须接受，不能拒绝。也就是说，对于合同约定的业务，原保险人有选择是否分出的权利，而再保险人则没有选择的权利。这种再保险的特点是，对原保险人没有强制性，而对再保险人则具有强制性。因此，预约再保险对原保险人来说是有利的，既可以享有临时再保险的灵活性，又可以享有合同再保险及时分散风险的优点。但对于再保险人来说则较为不利，因为原保险人可能将业务分给再保险人，也可能不分，再保险人业务来源的稳定性较差；而且原保险人通常会选择将风险大、质量欠佳的业务分给再保险人，而再保险人却没有对分入的业务进行选择的权利，业务的质量难以控制，因而预约再保险并不受再保险人的欢迎。

（三）按分保对象分类

针对不同的责任和风险，分出公司可以与接受公司订立不同的再保险合同，从而形成了财产风险的再保险、责任风险的再保险、运输风险的再保险、人身风险的再保险、巨灾风险的再保险等。

第二节 再保险业务的种类

一、比例再保险

比例再保险（Proportional Reinsurance）是以保险金额为基础来确定分出公司自负责任和接受公司分保责任的再保险方式。在比例再保险中，分出公司自负责任和接受公司分保责任均表现为保险金额的一定比例，分出公司与接受公司对保险费的分配和赔款的分摊也按照这一比例进行。这充分显示了保险人与再保险人利益的一致性，以及双方共命运的特点。在实际运用中，比例再保险又具体地分为成数再保险、溢额再保险和成数溢额混合再保险。

（一）成数再保险

1. 成数再保险的内涵

成数再保险（Quota Share Reinsurance）是指原保险人将每一危险单位的保险金额按照约定的比例分给再保险人的分保方式。在成数再保险合同项下，不论分出公司承保的每一危险单位的保险金额大小，只要在合同规定的限额内，都按照合同双方约定的比例来分配责任。每一危险单位的保险费和发生的赔款，也按双方约定的比例进行分配或分摊。成数分保是最典型，也是最简便的再保险方式。

在成数分保中，分出公司和接受公司对每一危险单位的责任划分都是按照保险金额的一定比例进行的，因此，在遇到巨额风险责任时，分出公司和接受公司承担的责任仍然很大。为了控制再保险双方的责任，成数再保险合同对于每一危险单位或每一张保单都有最高限额的规定。分出公司和接受公司在合同限额内分配责任。

例如，分出公司组织一个海洋货物运输险成数分保合同，每一危险单位的最高限额为500万元，自留额规定为40%，分出60%，这称为60%货运成数合同。合同双方的责任分配如表8-1所示。

表8-1　　　　　　　　　　　　　成数分保责任分配表　　　　　　　　　　　单位：元

保险金额	自留部分40%	分出部分60%	其他
1 000 000	400 000	600 000	0
5 000 000	2 000 000	3 000 000	0
6 000 000	2 000 000	3 000 000	1 000 000

在本例中，由于第三笔业务的保险金额为 600 万元，超过了合同限额，超过部分（100 万元）可另安排其他分保方式，或由分出人自己承担。

关于成数再保险的保险金额、保险费分配以及赔款分摊的计算方法说明如下。

例如，某分出公司组织一份海上货运险成数分保合同，规定每艘船的合同最高限额为 1 000 万美元，分出公司自留 20%，分出 80%，则分出公司与接受公司关于责任、保费的分配及赔款分摊计算如表 8 - 2 所示。

表 8 - 2   成数再保险计算表   单位：万元

船名	总额 100%			自留 20%			分出 80%		
	保额	保费	赔款	自留额	保费	赔款	分保额	分保费	摊回赔款
A	200	2	0	40	0.4	0	160	1.6	0
B	600	6	20	120	1.2	4	480	4.8	16
C	1 000	10	0	200	2	0	800	8	0
总计	1 800	18	20	360	3.6	4	1 440	14.4	16

2. 成数再保险的特点

（1）合同双方利益一致。由于分出公司和接受公司对每一危险单位的责任是按事先约定的比例承担，因此不分业务良莠大小，双方始终是共命运的，无论经营结果的盈亏，双方利害关系是一致的。

（2）手续简化，节省人力和费用。由于分出公司与接受公司之间的责任、保费和赔款分配均按事先约定的同一比率计算，因此，在分保实务和分保账单编制方面手续简便，省时省力，可以减少费用开支。

（3）缺乏弹性。成数再保险合同的分保比例一经确定，分出公司与接受公司都不能根据每一危险单位的具体情况来选择分保比例。分出公司对于质量好、保额不大的业务也不能多作自留，必须按比例分出，从而支付较多的分保费。而质量差的业务也不能减少自留，无法获得所需要的再保险保障。

（4）不能均衡风险责任。由于成数分保按保险金额的一定比例划分双方的责任，因此，无论每一业务的保额大小均按这一比例分保，无法均衡风险责任。也就是说，如果原保险合同中存在保险金额高低不均的问题，成数分保也无法改变这一状况。可见，成数分保还需要借助其他分保形式，才能达到彻底分散风险的目的。

3. 成数分保的适用范围

（1）适用于新公司、新险种、新业务。无论是新创办的保险公司，还是新开办的保险业务，均缺乏业务经验和统计资料，难以准确预测风险和确定自留额。采用成数分保方式，不仅可以得到再保险人的财务支持，还可以在风险分析、核保、赔款处理等技术方面得到帮助，以便积累经验。

（2）适合某些赔案发生频率高的业务。如汽车保险、航空保险等危险性高，赔案频繁发生的业务，采用成数分保方式可以简便手续，发挥双方共命运的优势。

（3）适合各类转分保业务。各类转分保业务由于手续烦琐，采用成数分保，手续简单，易于计算。

（4）适合交换业务。成数再保险因其条件优惠，在国际再保险市场中常用作交换以获取回头业务。

（5）适合集团分保业务。为简化手续，保险集团内部的分保、再保险集团内部的分保，一般都采用成数再保险的方式。

（二）溢额再保险

1. 溢额再保险的含义

溢额再保险（Surplus Reinsurance）是原保险人与再保险人在合同中约定自留额和合同限额。分出公司先按每一危险单位确定自留额，将超过自留额后的部分，即溢额分给接受公司。保额在自留额以内无须办理分保。

在溢额再保险中，原保险人和再保险人之间的保险费、赔款的分配是按照自留比例和分保比例来计算的。自留额与保险金额的比例称为自留比例；溢额与保险金额的比例称为分保比例。例如，某一溢额分保合同的自留额确定为 50 万元，现有三笔业务，保险金额分别为 50 万元、100 万元、200 万元。第一笔业务保险金额为 50 万元，在自留额之内无须分保；第二笔业务自留额为 50 万元，分出额为 50 万元；第三笔业务自留额为 50 万元，分出额为 150 万元。第二笔业务的自留比例为 50%，分保比例为 50%；第三笔业务自留比例为 25%，分保比例为 75%。由于每笔业务的保险金额不同，其责任分配的比例也就不同。

可见，溢额再保险中，分出公司首先规定一定的金额作为自留额，将其超过部分分给接受公司，即为分保额。分保额通常以自留额的一定倍数即"线数"为限。合同规定的自留额的大小，决定分出公司承担责任的大小。自留额一旦确定，线数的多少就决定接受公司可能承担的责任大小。自留额与分保额之和叫做合同的容量。

溢额再保险中，原保险人的自留额、再保险人的分保责任额与总保险金额之间存在一定的比例关系，而且这一比例关系随着承保金额的大小而变动。

溢额分保中，分出公司根据其承保业务量和年保费的收入来制定自留额和安排溢额分保合同的最高限额。若承保业务的保额增加，或是由于业务的发展，有时仅仅第一溢额分保的限额往往不能满足分出公司的业务需要，此时可组织第二溢额、第三溢额甚至更多层次的溢额再保险合同作为补充，以适应业务的需要。第一溢额是指保险金额超过自留额以上的部分，第二溢额是指保险金额超过自留额加上第一溢额中再保险人责任总额以上的部分，第三溢额依此类推。

2. 溢额再保险的计算

下面我们举例说明溢额再保险的责任、保费分配和赔款分摊计算。

例如，某一船舶溢额再保险合同，分出公司自留额为 200 万元，接受公司的限额 4 线，为 800 万元，则此合同称为 4 线溢额分保合同。那么，再保险合同双方有关保险金额和保险费的分配以及赔款分摊如表 8－3 所示。

表 8 - 3　　　　　　　　　溢额再保险责任、保费和赔款计算　　　　　　单位：万元

船名	总额			自留部分			分出部分		
	保额	保费	赔款	保额	保费	赔款	保额	保费	赔款
A	200	2	4	200 100%	2 100%	4 100%	0	0	0
B	400	4	10	200 50%	2 50%	5 50%	200 50%	2 50%	5 50%
C	800	8	3	200 25%	2 25%	0.75 25%	600 75%	6 75%	2.25 75%
D	1 000	10	5	200 20%	2 20%	1 20%	800 80%	8 80%	4 80%
总计	2 400	24	22	800	8	10.75	1 600	16	11.25

再例如，某分出公司就海上运输货物保险安排了两个层次的溢额再保险合同。每一航次每一船上的货物为一个危险单位。分出公司的自留额为 50 万美元，第一溢额合同限额为 4 线，第二溢额合同限额为 3 线，则分出公司与各再保险公司之间的保险金额、保费的分配和赔款的分摊计算如表 8 - 4 所示。

表 8 - 4　　　　　　　　　　分层溢额再保险计算表　　　　　　　　单位：美元

	船名	A	B	C	D
总额	保险金额	500 000	1 000 000	2 000 000	4 000 000
	总保费	5 000	10 000	20 000	40 000
	总赔款	10 000	20 000	400 000	0
自留部分	保额	500 000	500 000	500 000	500 000
	比例	100%	50%	25%	12.5%
	保费	5 000	5 000	5 000	5 000
	赔款	10 000	10 000	100 000	0
第一溢额 4 线	分保额	0	500 000	1 500 000	2 000 000
	分保比例		50%	75%	50%
	分保费	0	5 000	15 000	20 000
	分摊赔款	0	10 000	300 000	0
第二溢额 3 线	分保额	0	0	0	1 500 000
	分保比例				37.5%
	分保费	0	0	0	15 000
	分摊赔款	0	0	0	0

3. 溢额再保险的特点

相对于成数再保险方式，溢额再保险具有以下特点：

（1）对再保险业务的安排灵活而有弹性。溢额再保险中，分出公司可以根据不同业务种类、质量以及自身承担风险的能力来自主决定自留额，把握责任限制。因此，无论在业务选择，还是在保费支出方面都有较大灵活性。对保险金额较大的业务，分出公司在安排第一溢额的基础上，还可以根据需要安排第二溢额、第三溢额，对巨额业务的风险分散具有较大弹性。

（2）有利于均衡风险责任。对于业务质量不齐、保险金额不均匀的业务，采用再保险可以均衡保险责任。

（3）手续烦琐，费时费力。由于每笔业务的保险金额不同，会导致溢额再保险业务自留比例和分保比例不同，因此，有关保费和赔款分摊要逐笔计算，在编制账单和进行统计分析时费时费力。

4. 溢额分保的运用

溢额再保险是保险实务中应用最广泛的再保险方式，适用于各类业务。对于危险性小、风险较为分散的保险业务，采用溢额分保方式可以自留较多的保费；对于业务质量不齐、保额不均匀的业务，采用溢额分保方式可以均衡保险责任；对于巨额保险业务，溢额分保可以通过其分层设计来分散消化风险。

（三）成数和溢额混合分保

成数和溢额混合分保就是将成数再保险和溢额再保险组织在一个合同内。在实际运用中有两种形式：其一，分出公司先安排一个溢额分保合同，然后对其自留部分按另订的成数合同处理；其二，分出公司先安排成数合同，规定限额，将成数分保合同视作溢额分保的自留限额，然后再以成数分保合同限额的若干线数组成溢额分保的最高限额。例如：成数分保的最高限额为 50 万元，分出公司自留 40%，即 20 万元；分出60%，即 30 万元。溢额分保的最高限额为 50 万元的 4 线即 200 万元，总的承保能力为250 万元。

采用成数溢额混合方式，是先用成数分保解决一般业务问题，如保额较大成数分保限额不够使用，再利用溢额分保限额，从而避免组织成数分保支付较多的分保费，而组织溢额合同，保费和责任又欠平衡。进而弥补成数分保和溢额分保两种方式单独运用时存在的不足。

成数溢额混合分保合同并无一定形式，可视分出公司的需要和业务质量而定。这种混合合同通常只适用于转分保业务和海上保险业务。

二、非比例再保险

（一）非比例再保险的概念

非比例再保险（Non - Proportional Reinsurance）是以赔款为基础来确定再保险当事人双方责任的分保方式。当赔款超过一定额度和标准时，再保险人对超过部分负责。

非比例再保险中，分出公司先根据自身财力确定自负责任额，即非比例分保的起赔点，也称作免赔额。然后，再保险双方当事人约定接受公司承担的最高责任限额。如果损失额在自负责任额以内，赔款由分出公司负责；损失额超过自负责任额的，自负额以上直至约定的最高责任限额由接受公司负责。

（二）非比例再保险与比例再保险的比较

比例再保险与非比例再保险都是转移和分散原保险人责任的方式，但两者之间存在明显的差异，表现在：

（1）分配责任的基础不同。比例分保以保险金额为基础来确定自负责任和分保责任，接受公司参与对分出公司承保责任、保险费以及赔款的分配，并按同一比例进行。而非比例分保是以赔款为基础确定分出公司自负责任和接受公司分保责任，接受公司不参与分出公司对承保责任的分配，只在赔款超过分出公司自负责任额时才承担赔偿责任。

（2）分保费计算方式不同。比例再保险按原保险费率计收再保费，非比例再保险执行单独的费率制度。

（3）在提存保费准备金上存在区别。比例再保险通常规定扣留保费准备金，以应付未了责任和其他意外。非比例再保险的接受公司通常不对个别风险负责，仅在赔款超过起赔点时才予以负责，因此，一般不扣存保费准备金。

（4）在是否支付手续费上存在区别。在比例再保险中，分出公司一般要求接受公司支付一定比例的分保手续费，而非比例再保险的接受公司不必支付分保手续费。

（5）期限不同。比例再保险合同通常是不定期的，而非比例再保险合同多为 1 年期的。

（6）赔款偿付方式不同。在比例再保险中，除了个别巨灾赔款分出公司要求接受公司以现金赔偿外，其余赔款都通过账户处理，按期结算，而非比例再保险的赔款多以现金偿付，接受公司在接到分出公司损失清单后短期内如数赔付。

（三）非比例再保险的基本类型

非比例再保险有多种形式，但最常用的有三种，即险位超赔分保、事故超赔分保和赔付率超赔分保。

1. 险位超赔分保（Excess of Loss Per Risk Basis）

险位超赔分保是以每一危险单位所发生的赔款来计算自负责任额和分保责任额。如果总赔款金额不超过自负责任额，全部损失由分出公司赔付。若总赔款金额超过自负责任额，其超过部分由接受公司赔付，但分保责任额根据分保合同的规定，是有一定限度的。

关于险位超赔在一次事故中的赔款计算有两种情况：一是按危险单位分别计算，没有限制；二是有事故限额，即对每次事故总的赔款有限制，一般为险位限额的 2 ~ 3 倍。这就是说，每次事故接受公司只能赔付 2 ~ 3 个危险单位的损失。

例如，某一超过 10 万美元以后的 90 万美元的火险险位超赔分保，在一次事故中有 3 个危险单位遭受损失，每一危险单位损失 15 万美元。如果每次事故对危险单位没有限制，那么计算如表 8 - 5 所示。

表 8－5　　　　　　　　　　　　　险位超赔分保赔款分摊表　　　　　　　　　　单位：美元

赔款	分出公司	接受公司
150 000	100 000	50 000
150 000	100 000	50 000
150 000	100 000	50 000
共计 450 000	300 000	150 000

如果对每次事故有 2 个危险单位赔款的限制，则接受公司只承担 2 个危险单位的超赔责任，第三个危险单位的损失全由分出公司自己负责。

2. 事故超赔分保（Exeess of Loss Event Basis）

事故超赔分保是以一次巨灾事故所发生赔款的总和来计算自负责任额和分保责任额的再保险方式。事故超赔分保主要用于巨灾事故的保障，避免一次事故所造成的责任累积，因此，又称其为巨灾超赔保障再保险。

事故超赔分保的关键问题在于如何划分一次事故，只有明确一次事故的范围，才能确定分出公司和接受公司的责任。地震、洪水、风暴和森林火灾等灾害事故持续时间较长，按一次事故还是按几次事故来计算分出公司的自负赔款和接受公司的分摊赔款，会有截然不同的结果。因此，超赔分保合同中通常订有"时间条款"，用于规定"一次事故"持续的时间。如规定台风、飓风、暴风雨连续 48 小时为一次事故；地震、洪水、火山爆发连续 72 小时为一次事故；暴动、罢工持续 72 小时为一次事故，等等。

例如，有一超过 100 万元以后的 200 万元的巨灾超赔分保合同，一次洪水持续了 6 天，该事故共损失了 500 万元。如果按一次事故计算，原保险人先自负 100 万元，再保险人承担 200 万元赔款，剩下的 200 万元赔款仍由原保险人负责，即原保险人共承担 300 万元赔款。如果按两次事故计算，如第一个 72 小时损失 200 万元，第二个 72 小时损失 300 万元。则对第一次事故，原保险人和再保险人各承担 100 万元。第二次事故原保险人与再保险人分别承担赔款 100 万元和 200 万元，即分出公司共负责 200 万元赔款，接受公司共分摊 300 万元赔款。

如果一次事故的责任较大，事故超赔分保合同可以分层设计，即将整个超赔保障数额分为几个层次，以便于不同的接受公司有选择地接受。

例如，某业务需要安排超过 50 万欧元以后的 1 000 万欧元的巨灾超赔分保，分出公司可以安排四个层次的超赔分保合同：

第一层为超过 50 万欧元以后的 50 万欧元；

第二层为超过 100 万欧元以后的 150 万欧元；

第三层为超过 250 万欧元以后的 250 万欧元；

第四层为超过 500 万欧元以后的 550 万欧元。

事故超赔分保在火灾保险、海上保险、责任保险、汽车保险和意外伤害险等方面都有广泛的运用，尤其在应对巨灾风险损失时，通常作为比例再保险的补充。

3. 赔付率超赔分保（Excess of Loss Ratio Reinsurance）

赔付率超赔分保也称损失终止再保险，是按年度赔付率，即赔款与保费的比例来计算自负责任额和分保责任额。当赔款超过规定的赔付率时，由接受公司负责超过部分的赔款。

赔付率超赔合同一般约定两个限制性比率：一是分出公司自负责任的比率，二是接受公司所负最高责任比率。当实际赔付率未超过合同约定自负比率时，全部赔款由分出公司负责；如果实际赔付率超过合同约定的自负比率时，那么分出公司只负责自负责任比率以内的赔款，超过自负责任比率以上直至最高责任比率的赔款由接受公司负责。

因此，正确恰当地确定分出公司的自负责任比率和接受公司的最高责任比率，是赔付率超赔分保应该着力解决的核心问题。

此外，赔付率超赔分保合同不仅约定赔付率限制，还要约定一定金额的责任限制，两者以较小的为准。

例如，有一赔付率超赔分保合同，约定分出公司自负责任比率为70%，接受公司最高责任比率为超过70%后的50%，即实际赔付率在70%以下的赔款由分出公司负责，超过70%～120%的赔款由接受公司负责。为了控制接受公司的绝对赔付责任，合同还规定接受公司的赔付责任以60万元为限。

假设年净保费收入为100万元，已发生赔款为80万元，赔付率为80%，则分出公司与接受公司赔款分担如下：分出公司负责70%，即70万元赔款；接受公司负责10%，即10万元赔款。

如果当年已发生赔款为135万元，赔付率为135%，则分出公司负责其中的70%，即70万元赔款；接受公司负责其中的50%，即50万元赔款；余下的15%，即15万元赔款仍由分出公司负责。

第三节　再保险业务的管理

一、分出业务的经营管理

再保险分出业务的管理属于保险微观管理的范畴，主要包括分出业务的计划和经营管理方面的内容。分出业务的经营管理指为实现再保险分出业务活动的合理化，取得最佳的经济效益，稳定保险业务经营，而实施的计划、组织、指挥、协调和控制的一系列动态的活动过程。其宗旨是提高企业的经济效益，降低企业的费用成本，保证保险企业经营的稳定性。

分出业务管理的一个重要方面就是正确识别承保业务的风险，客观地评估累积责任，特别要防止巨灾事故的累积责任，避免因一次巨灾事故的出现而危及保险企业的财务稳定。分出业务是保险企业计划的基础，分出业务管理科学与否直接关系到整个保险业务活动能否正常进行，从而直接影响保险公司的信誉和效率的提高。而保险企业的人员素质和承保业务的质量和技术，是决定分出业务管理优劣的重要影响因素。

（一）分出业务管理的一般准则及主要任务

1. 分出业务管理的一般准则

（1）稳定公司业务经营，实现最佳经济效益。保险公司是经营风险的企业，其经营必须达到保险费收入与赔款费用支出相平衡，才能保证经营稳定。而再保险恰恰是能使保险业务经营趋于稳定的重要技术手段。为实现这一目标，保险企业一方面必须认真研究国际保险市场的行情变化，选择理想的分保经纪人和接受人；另一方面对分出业务的构成情况准确把握，尽可能将高风险业务分出，将风险小、保费收入多的业务自留，合理确定自留比例、临时分保和合同分保比例，确定每年重点分出的险种；同时还要收集国际市场的信息，及时反馈到国内承保市场，与直接承保部门协调合作，使直接承保环节能与国际市场接轨。

（2）管理现代化原则。管理现代化，在不同历史时期有不同标准。现阶段分保业务管理现代化体现在管理思想现代化、管理手段现代化和管理方法现代化上。第一，现代化的管理思想应着眼于分出公司的整体经济利益，以最少的分保费用获得最大的风险保障，达到稳定业务经营，扩大公司对直接业务的承保能力的目的。这是分出业务管理的核心。其影响因素有公司资本实力、承保风险的评估、分保技术力量及国际再保险市场的供求状况等。第二，管理手段现代化，应强调运用技术管理手段来管理分出业务，如应用电脑化管理。第三，管理方法现代化，一般对社会经济的管理采用五种方法，即权威管理、科学管理、人际关系管理、目标管理和社会责任管理。保险企业的本质决定了保险公司更应采取社会责任管理方法。

（3）面向国际市场的原则。面向国际市场的原则就是在维护本国、本公司利益不受侵害的前提下，按照国际同业间遵循的原则办事，遵守国际再保险业的一般惯例。面向国际市场的原则要求分出公司做到：与国外经营保险、再保险业务的大公司建立长期、稳定、良好的业务合作关系；塑造保险公司的良好信誉形象；注意培养国际型人才，参与国际市场竞争；加强分出公司间的国际交流与合作。

2. 分出业务管理的主要任务

（1）分出业务人员的工作职责。分出业务人员由设计人员、推销人员和辅助人员三部分构成。设计人员的主要工作是对业务进行组织分析、制定及修改条款。分出业务的设计人员的基本任务是根据公司对业务的总体设计方案和再保险规划，对分出业务作出具体安排及设计构思。在公司总体规划的基础上，设计人员对某个险种设计的分保方式要与分出公司总体业务发展规划相适应，并应写出可行性报告。推销人员的任务是在业务计划完成后，立即将条件提供给参加这项业务的公司，并尽量寻求资信好的大公司积极参与，这是因为大公司的参与将对市场产生十分重要的作用。推销人员是落实再保险计划的关键，他们不仅要把业务安排出去，而且要确保将业务分保给资信可靠的公司。因此，在技术上要求推销人员做到熟悉掌握所推销业务的全部情况、了解接受人的心理、了解国际再保险市场的承保能力及其分布。辅助人员的工作主要是配合、协助推销人员处理日常事务。因此，在技术上要求辅助人员了解业务需要，具有专业人员对数字的敏感性及综合分析能力，还要熟练掌握电脑的使用和操作技能。

（2）分出业务的内部管理。分出业务的内部管理包括三个方面内容：

一是明确分出部门的职责。分出部门必须要了解其所安排的分出业务的有关情况，如直接业务的承保条件、费率水平、风险的分布状况等；还要了解同类业务在国际市场的费率、承保条件及分保情况，只有这样才能根据自身情况和国际市场行情，安排好业务的分出，并在此基础上，根据自留额、分保额、保费收入、赔款状况、分保费和分保手续费、利息及其他收益和费用开支等对业务经营结果进行测算，以此验证分保规划的合理性。

二是协调分出部门和直接业务承保部门的关系，分清各自责任。直接业务的承保与管理在承保部门，分保安排在分出部门进行。但直接业务与分保业务之间有着密切联系，直接业务是分保业务的基础，而分保业务条件是由直接承保部门确定后通知分出部门的。一般分出部门对承保条件的审查包括以下几个方面：第一，分保时应对外通知的项目是否填报完全、正确无误；第二，承保的条件是否符合分保合同的规定；第三，限额是否超过合同的容量，是否特约分保，是否需办理临时分保。

三是密切分出部门和账务部门之间的关系。分出部门完成分保安排后，就应将合同摘要表、分保成分表及账务的结算事项通知账务部门。合同条件如有变动也应通知账务部门。在一般情况下，合同账单是在编制账单期以后6个星期内发送，账单发送后的45天之内结付。临时分保账单一般在业务起保后（分保成分确定之后）即编制，同时应尽快结付。当遇到向接受人分摊现金赔款时，分出公司应将摊回比例通知账务部门，在账务部门编制好账单后，通知会计部门结算。在一般情况下，分保接受人应在收到现金赔款账单后的15日之内结付。因此，会计部门应及时将分保接受人对现金赔款的结付情况通报给分出部门，包括某些国家对外汇管理和限制的信息。分出公司在掌握和了解这些情况后，对存在问题的公司应及时采取措施，以防本公司蒙受损失。

（二）分出业务的规划

1. 再保险业务规划的目的

再保险规划是指在再保险合同订立之前，分出公司根据不同类别业务和自身财务状况以及市场状况，灵活运用各种再保险方式与方法，将其承担的风险责任在保险同业间进行转让和分散，以稳定业务经营、取得最佳经营效果。

从业务经营管理上考虑，再保险规划主要有两个目的：一是扩大承保能力，使自身能接受较高的承保额和较大的业务量；二是对所承担的风险和责任要有合适的分保安排，对自留额要有足够的保障，从而稳定业务的经营成果。从技术上考虑再保险规划必须具有可行性和稳定性。这就是说制订的再保险规划不仅要达到稳定经营的目的，而且在合同条款和条件方面还要符合再保险的通常做法和市场趋势，从而能为接受公司所认同并愿意接受所转让的风险和责任，并且避免支付不必要的分保费。同时，还要有利于分出公司和接受公司之间建立长期的、稳定的业务关系，增强双方的合作和相互的了解信任。因此，制订再保险规划时必须考虑双方在经济上的长远利益。

再保险规划的核心：合理制定自留额，选择合适的分保方式，加强费用核算，实现业务扩展，稳定经营成果。

2. 确定自留额需要考虑的因素

自留额的确定取决于多方面的因素，如政府对再保险的有关规定，市场情况以及分出公司的经营方针、财务和业务状况等，其中财务和业务发展情况是确定自留额的基本因素。仅从分出公司的业务和财务上考虑，确定自留额主要考虑以下几个因素：

（1）资本额。确定自留额首先要考虑资本这个因素。因为资本对分出公司的经营来说至关重要，资本越雄厚，可经营的业务量就越大，自留额也就可以留得越多；反之，自留额就低。根据英国、德国和瑞士等国保险市场的经验，保险公司的主要业务，如火险和水险等，对每一个危险单位的最高自留额一般是资本的 0.5% ~ 5%，而不致影响其业务经营上的稳定性。当然各个分出公司之间根据自身情况所确定的自留额是有很大差距的，小公司因其资本少，其自留额对资本的百分率一般要高于大公司，而自留额的绝对数要低于大公司。总的来说，保险公司的资本包括积累的总准备金越多，自留额也就可以越大。

（2）保费。保险公司所经营的保费收入受其资本的制约。对于资本与保费之间的比例关系，世界上许多国家的保险立法都有一定的规定。例如，要求保险公司资本与保费收入之间的最高比例为 1:10，即 1 元资本可经营 10 元的保费业务，也就是说 10 元保费的业务，要有 1 元的资本做准备。分出公司除了要考虑法定的偿付能力要求外，还要考虑一些波动因素，如股市的涨落、货币的贬值及业务发展等因素，这些因素会造成资本的相对减少和不足，因此分出公司的经营方针一般是 1:2 或 1:3 的比例，即 1 元的资本可经营 2 元或 3 元保费的业务。

根据西欧保险市场的资料，自留额一般在保费的 0.5% ~ 3%，一般 1% 左右，但也有高达 10% 的。

（3）赔款和费用。保险公司是通过收取保费建立保险基金，并以此对遭受损失的保户进行补偿。因此，保费收入应当能抵补赔款和业务费用。当保费收入不足以抵付赔款和业务费用时，就要动用资本。所以在确定自留额时，除了考虑资本和保费外，还要考虑赔款和费用因素。

综上所述，自留额的确定应以资本为基础，并考虑业务上的关于保费收入和赔款支出这两方面。因此，分出公司有必要建立比较完备的业务统计制度，以提供所需的资料。在实务中，自留额的确定是一项十分复杂的工作，分出公司必须根据自己的实际情况来考虑各种影响因素。

（三）分出业务的流程和账单编制

1. 分出业务的流程

分出业务的流程分为三个阶段：分保建议、完备手续和赔款处理。

（1）分保建议。当分出合同的条件确定、拟定了分保接受人的名单后，分出人应以最迅速、最准确的方式将分保条件发送给选定的接受公司及经纪人。分保建议一般应尽量将接受人需要了解的情况详细列明。例如，非水险合同的分保建议应提供的资料有分保条件、统计数字、大额赔款一览表和业务构成的详细资料、合同承保范围和承保地区。在实际工作中，由于不同的接受公司、不同的承保人考虑问题的角度不同，希望得到的资料和信息也就不同，因此，分出人在提出分保建议时应综合各种信息，在了解世界保险市场变化的基础上，提供尽可能翔实的资料。分出人提供的信息越详尽，资料的质量越高，越有利于接受人作出决定，从而缩短分保安排的时间。

分保接受人在接到这样一个合同资料后，首先要考虑的是是否愿意与该公司发生业务关系，然后再从技术的角度详细地审查合同的条件。接受人如果愿意接受分保，应以最快的方式通知分出人，并最终以书面予以证实。当某些分保接受人对分保条件提出反对建议时，分出人应予以认真、审慎地考虑。如果认为对方所提出的建议符合实际，并对分出人的直接承保影响不大，分出人就应在权衡利弊之后作出修改，并以书面证实。分出人在考虑接受人提出的反对建议时，应遵循以下几个原则：第一，在保障分出人的利益的同时兼顾接受人的利益；第二，不违背市场上的习惯做法；第三，应认真对待首席承保人的意见和要求；第四，对接受人普遍提出的具有共性的问题要予以考虑和研究。

（2）完备手续。在合同续转和分出谈判结束后，分出人和接受人双方应尽快完备缔约手续。一般在续转结束后的第一个季度内，分出人应将合同文本及摘要表或者修改条件的附约发送给接受人。每次发送时各类需要签字的文件应一式两份或三份。接受人应在审核无误的情况下及时予以签回。在合同签订后，签约双方都必须遵守，不得单方面修改和变动。如合同确有必要修改和变动的，必须事先提出并与对方协商达成一致后，才能作为合同的组成部分；如果协商之后双方仍不能取得一致意见，这种修改和变动就不能生效。此时解决的办法只能是提议放弃或等待下一个合同年度起期时再提出，直至被采纳，甚至注销其在合同中的成分。

（3）赔款处理。一般分出分保合同中都规定，分出人可以全权处理分保合同项下的一切赔款，并应迅速将赔款处理情况及时通知分保接受人。对已经支付的赔款和费用，分出人应及时地向接受人摊回。一般分保合同中都规定了通知的金额和通知的时限。分出公司在接到直接承保部门的出险通知后，首先应计算出合同项下接受人应承担责任的比例和金额，然后向接受人发送出险通知。分出人的出险通知大体应包括以下内容：合同名称及业务年度，保险标的名称及坐落地点，保单金额及分出比例，估计的赔款金额及合同项下应摊回金额，赔款发生的时间、地点，损失原因、是否委托检验人及可能产生的费用。

总之，在实务中分出人要选择最佳接受人，就必须有一套完备的信息资料系统，包括国际市场上接受人的承保业务种类、承保能力、经营近况、历史记录、习惯做法、与本公司业务往来记录等，据此选择所需分出业务的接受人。选择接受人应本着择优录用原则，选择一个好的首席接受人作为长期合作伙伴，互惠互利。此外还应注意：尽可能地分散风险，尽量避免将高保额的业务集中分给一两个接受公司；区域分布要尽量合理，即接受人所在地区不要集中，否则一旦发生重大损失事件，将影响接受人的偿付能力，从而使分出合同的补偿责任落空；直接和间接分出比例要合理；直接分出是指不通过中介人，一般来说直接关系比通过中间人有利，但有些特殊性的业务通过经纪人的间接安排比较方便，效果也更好；通常较好的业务直接分出比例应大于间接，交换合同也应直接分出而不宜间接，高额保险标的的合同或需要到特定市场分保的合同可以间接安排分保；争取好的分保条件，好的分保条件是指提高限额、提高手续费、加收纯益手续费等；但优惠条件是相对的，需要根据不同时期国际保险市场的形势而定。

2. 分出业务账单的编制

分出业务账单编制是分出分保管理程序中十分关键的一步，也是分保实务中最繁重的工作，是履行分保协定和条款的凭据。分出业务账单能否及时、准确地编制出来，可以反映出分出公司的管理水平和技术力量。在当今国际保险市场上，承保人越来越强调账单的及时、准确，以便及时结付。编制分保账单是分出人安排分保业务的一个组成部分，分出业务账单有季度账单、半年账单和全年账单三种。分保合同中均标明账单的编制方法和时间。不同的保险市场会采用不同形式的分保账单。分保账单通常有标准账单和非标准账单两种：标准账单是在特定的国家和市场统一使用的账单格式；非标准账单是各分保公司自行设计的。尽管它们的格式不同，但主要项目基本相同，如表 8 - 6 所示。

表 8 - 6 　　　　　　　　　　　　　　账单项目

公司名称：　　　　　　　接受人名称：

账单期：　　　　　　　　业务年度：

险别：　　　　　　　　　货币单位：

合同名称：

借方		贷方	
项目	金额	项目	金额
分保手续费		分保费	
原手续费		未满期保费转入	
转分手续费		利息	
已付赔款和费用		上年保费准备金退还	
保费准备金		赔款追回	
赔款准备金		退回分保手续费	
经纪人手续费		退回转分手续费	
税款及杂项		返还现金赔款	
原纯益手续费		返还赔款准备金	
未满期保费转出		准备金利息	
未决赔款转出			
分保费退还			
纯益手续费			
应付你方余额		应付我方余额	

你方成分百分比：

未决赔款：

表8－6中所列项目是比例分保业务账单中常设项目，有时也会有临时项目。

比例分保合同账单通常半年编制一次，一般在编制账单以后的六个星期内寄送。如果分保接受人在收到账单两个星期内未提出异议，分出人就应结付余额。结付时间一般为发送账单后45天左右。能否按时寄送账单、按时结付是国际保险市场审核分出公司信誉等级的首要标准。因此，分出公司一定要做好账单的编制和账务结算工作，以维护本公司的信誉。

非比例分保合同账单与比例分保账单有所不同：非比例分保账单的项目比较简单，账单中保险费、经纪人手续费等项目与比例分保业务相同；不同的项目是加费、退费、无赔款退费等；非比例再保险账单设有准备金的扣存和未了责任的转移等。除了内容上有些项目有所不同外，最明显的区别在于编制时间上。非比例分保账单要求在业务成交后立即发送，并立即支付保费。在一般情况下，非比例合同分保账单的发送不能迟于业务起期后两周。

（四）分保手续

分保手续因分保安排的方法不同，可分为临时分保手续、合同分保手续及预约分保手续。

1. 临时分保手续

（1）临时分保的安排。当某种业务确定办理临时分保之后，分出公司应考虑的问题是：选择分保接受人。分出公司根据已有的接受人的资料结合分出公司业务的性质，选择最好的接受人发出分保建议，确保临时分保安排的实现。所谓好的分保接受人主要是指那些资信好、技术能力强、对某种风险有接受兴趣、承受能力强以及同本公司关系较为密切的公司。当然这些情况是通过调查研究、通过平日工作经验和资料的积累才能掌握的。临时分保缺少相对的稳定性，在没有选择好接受人之前，分出人处于无保障状态。因此，选择合适的分保接受人，促使临时分保顺利成交，是临时分保安排中的重要的一环。

向接受人提供分保条件。在拟定的分保接受人名单列出后，分出部门应以最有效、最迅速的方式向接受人提供分保条件。实务中不是所有的分保接受人都能在接受分保条件后立即明确表示接受与否，通常会有一个"讨价还价"的接洽过程。接受人往往会提出许多分保条中未列明或认为不够明确的项目，或有些公司会提出意见，比如手续费太高，是否需要降低。但分出公司要根据自己的实际情况作出决定。如需要分出的风险按原条件能够分出的话，当然可以不必改变条件；如果分保有一定困难或者受市场影响，分出人也不一定坚持分保条件一成不变，但一般而言，分保条件对所有分保接受人都应是相同的。

（2）分保条件和附约。当分保接受人表示承诺，双方达成分保协议后，分保双方的权利义务便开始生效。为完备手续，分出人应向分保接受人发送正式的分保条。分保条是临时分保的契约。分保条中所列常规项目有：分出人名称，分保项目名称，被保险人名称及地址，险别，承保范围，承保期限，保险余额，保险费，自留额，付费方式，分保数字，原保单承保条件，手续费。如果有特殊需要加以说明的方面，如附加条款、折扣和纯益手续费等，也可加入分保条，分保条经双方签字后即被视为具有法律效力的文件，双方的权利义务也据此履行。分保条签订后，如发现有疏忽、遗漏和错误的内容，以及原始保险条件中途变更，一经发现，应立即通知分保接受人并以批单或附约予以补充。附约与分保条具有同样的法律效力。

（3）赔款通知的发送。临时分保如有赔款发生，无论金额大小必须通知分保接受人。在赔款确定后，分出人可在给付保费的同时要求分保接受人摊付部分赔款。临时再保险一般不订明赔款处理方法，但按国际市场习惯，分出公司可以全权决定赔款。只要支付的赔款是合理的，分保接受人应按照所达成的协议的规定予以摊付。但由于有些临时分保承保的是特殊风险，分保接受人对超过一定数额的赔款有参与处理的权利，应按该协议的规定处理。当遇有通融赔款时，习惯做法是分保接受人应跟随分出人的决定。但是近些年来，分保接受人特别注意要求分出公司在决定通融赔付之前，要征得他们的同意。假如分出人与原保户之间发生争议而提出诉讼，分出人应事先通知分保接受人，征得他们的同意。

（4）临时分保账单的编制。临时分保账单是由分出公司根据不同项目逐笔编制和发送的。其项目较少，但时间性较强。临时分保账单一般不迟于业务起期后的两周。按照付款方式的不同，可分为一次付清和分期付清。

（5）临时分保的责任终止和续转。临时分保的有效期限，一般都在协议或分保条中加以明确，到期责任终止。根据原保单，临时分保的许多业务都是12个月为一期，如果需要续转都要经过重新协议并办理续转手续。有些临时分保为了维护分出人在原保单续保时来不及办理续转手续而失去再保险保障，通常在协议或分保条中订有自动续保条款，说明除非分出人到期时发出不续保的通知，临时分保应按原条件自动续转一年。

需要说明的是，临时分保有效期限内发生的损失，在有效期限届满后，损失仍在继续或扩大，临时分保接受人对这部分扩大的损失继续负责。

2. 合同分保手续

（1）合同分保的安排。合同分保的手续与临时分保大致相同。首先，应确定分保的市场、分出的规模和选择经纪人；其次，在选择好市场后，将分保建议及有关的资料通知或送给接受人，以便接受人考虑是否接受；最后，接受人和分出人双方以书面承诺和确认所接受的成分。与临时分保不同，合同分保的安排以年度为期限，临时分保则要逐笔洽商，因此，合同分保省时、省力、省费用，但协商过程也要比临时分保复杂得多。合同分保和临时分保一般都由分出公司在所在地或国外市场与分保接受人直接联系，但也有通过其代表机构或分保经纪人与国外市场进行联系的。

（2）分保条的编制和项目。分保接受人收到分出人提供的分保条后，应对所列项目和分保条件进行审核和考虑，然后回复分出人是否接受，接受成分一经确认，分保即告成立。分保条的一般项目有分出人名称、合同名称、合同期限、承保范围、分保手续费、合同限额和自留额、保费和赔款准备金、纯益手续费和现金赔款数额等。

（3）合同文本和附约的发送、签回和保管。在一般情况下，分出人根据各接受人的不同成分向接受人发送合同文本，接受人在收到合同文本后应及时认真审核，如发现什么问题应及时通知分出人，如没有问题应及时签回。在文本签订之后，对已达成协议的规定，任何一方都不得擅自改动；如有些条件需做改动，应在下一年度续转时提出，并以批单形式附在合同之后，作为合同的组成部分。

（4）赔款处理。在合同项下的业务发生赔款，由分出人负责处理，涉及分保接受人的责任应及时发送出险通知。对于较大的赔案，分出人应随时告知接受人赔案协商的进程、所估计损失的规模以及产生的费用，使接受人对现金赔款的摊付有所准备。

合同分保业务中，只在损失超过一定额度时，才要求立即通知再保险人，对于小额损失分出人以月报或季报通知接受人。

有时接受人要求分出人在处理赔案时与其进行合作，特别是分出人是缺乏经验的新公司时。当然对分出公司而言，有接受人的参与对赔案的处理更为有利。如果赔案处理过程发生争议，在诉讼之前，也可与接受人进行协商。

关于对索赔案件进行抗辩，分出人有权处理，所发生的诉讼费用分保接受人应予分摊。分保合同关于诉讼费的通用条款内容如下："如果分出人断定其所进行的活动是有利的，则分出人可以单独直接开始、继续抗辩、协议、结付、法律申诉以及起诉，或撤回申诉和对有关索赔采取一切行动。"

年度终了，分出人应通知分保接受人关于未决赔款准备金的数额及递送一份未决赔款清单。

（5）分保合同账单的编制。分保账单是分出手续或程序中很关键的技术环节，也是分保实务中一项最繁重的工作，也是很重要的工作。关于账单的编制详细内容前面已有论述，此处不再重复。

（6）合同的注销。分保合同通常是长期有效的，除非缔约双方的任何一方根据合同注销通知的规定事先通知对方。一般要掌握特殊终止和注销的时间性。合同终了时，对未了责任（即未满期保费和未决赔款）的处理，均按协议的方式处理。

3. 预约分保手续

预约分保对分出人具有临时分保的性质，因此对放入合同的业务，分出人应每月或每季度提供业务清单，列明每笔业务的保户、保额和保费项目以及赔款清单，以便接受人了解所承担的责任和对赔款的审核处理。其他手续大致与比例合同分保相同。

二、分入业务的经营管理

与分出业务相反，分入业务是承担和接受其他保险人所转让的危险或责任。由于分保业务具有较强的国际性，各国保险市场都有一些特殊的做法，因此，分入业务的经营管理和技术要求比国内直接业务更为复杂，如果经营不善将导致严重的亏损。因此，应经常总结业务经营中的经验教训，改善经营管理，以提高经济效益。

（一）分入业务经营应注意的问题

分入业务的经营管理是指对分入业务的性质做全面细致的分析，并在实践中逐笔考察，其内容包括承保前对分保建议的审查，承保后的核算与考察、对已经接受业务的管理、对已经注销的业务未了责任及应收未收款项的管理。

分保前对分入业务质量的审核是决定分保业务能否成交的决定性工作。分入业务质量审核的一般内容包括：分入业务来源的国家或地区的政治经济形势、外汇制度、业务技术方面有无特殊规定等。承保后的管理主要是对业务成绩的考核与保费支付情况的检查，严格检验接受业务的质量，核对和审查合同文本，做好摘要表，审核账单和结算情况，做好登记和业务统计，做好出险通知、赔款处理、未决赔款和未了责任以及开出信用证记录，并将有关资料输进电脑。要注意与分出公司和经纪公司核对账务和办理结算，要特别注意账单寄送是否及时，有无截留保费支付和拖延返还准备金的情况。

分入业务经营管理应注意：

（1）接受业务的地点，即是在业务当地还是在其他地方接受业务，一般以接近当地市场为好，但有些大型业务或特殊性质的业务必须集中在总公司做。从技术上考虑授权给分支公司的限额应低于总限额。

（2）要充分了解市场和分出公司的各项情况，加强人员之间的往来和接触，了解对方人员的作风、特点和技术水平等。

（3）对分入业务应采取谨慎的态度接受，确定适当的承保额度，一般在资本额的1%左右。

（4）要对经纪人的资信、业务技术、作风等进行详细的审查，特别是在付费方面是否迅速。

（5）要认真审核每一笔赔款是否属于承保范围、是否符合承保年度等，不应盲从首席接受人的决定。

（6）要有清楚的统计和分析，随时掌握收付情况，了解各地区、各业务种类、各经纪人、分出人所分来的业务的成绩。

（7）要提存充分的准备金，因为准备金不足是很危险的。有些险别的赔款结案时间拖延很长，如水险的共同海损理算有的历时4~5年，所以对再保险合同成绩的考核，对会计和统计数字都要细致分析，必须尽可能准确地掌握已发生的未决赔款和已发生尚未报案的赔款的情况，以便编制决算表时有一个比较可靠的数据，并尽可能反映某一业务年度的经营成果。

（8）对分入业务要有超额赔款的分保安排，对于易受巨灾袭击的地区性业务，要安排巨灾超赔保障。

（9）对代理人承办的分入业务应予以拒绝接受。

（10）对转分保性质的分入业务尽可能少接或不接。

（11）拒绝将承保权交由经纪公司、分出公司或代理人等承办。

（12）严格审核合同文件的规定、严格控制批改和附约要求扩展的各项内容。

（13）制订全面的年度业务计划，以建立在业务年度结束时进行核算的制度。

（14）制定和建立较为完备的业务统计制度，包括对每一个合同的业务情况的统计和管理，以及各种业务的综合统计的制度。

分入业务在电子数据处理、资料的输入、存储等方面的管理程序必须与分出人同一规范运行，不能孤立进行。分出人提供的信息是接受人要加工的"原料"，接受人绝不是完全被动的。接受人要在完成本身的管理功能的基础上，通过主动行动，作出决定，以合适的方法承担和分配风险，必要时采取转分保的方式控制风险。

（二）承保额的确定与运用

承保额是分保接受人对于分出人转让的危险或责任所能接受或承担的限额。承保额与自留额性质相同，因此，确定承保额所考虑的因素大致也与自留额相同，但因为分保业务是间接承保，分保接受人对于承保风险的情况并不直接掌握，所以一般承保额要比直接业务的自留额低，掌握更加从严。

确定承保额要考虑的因素很多，但最基本的因素是资本金和保费收入。例如，某公司资本金为1 000万元，年保费收入为3 000万元，确定承保额为资本金的3%、保费收入的1%，即30万元。但运用不同的分保方式和业务种类，所考虑的因素有所不同，现根据分保方式并结合业务种类予以说明。

1. 比例合同的承保额

比例分保合同的承保额应按险别分别确定，以财产险承保额的确定为例，应从两方面考虑：一是合同的分保限额；二是业务量，即保费和所估计的赔款额之间的比率关系。具体步骤：先按规定的承保额分别计算出对这两者的百分率，从而选择其中比较低的百分率对分保限额加以计算，将所得数额作为所接受的实际承保额。

例如，接受人对财产险比例合同的业务所规定的承保额为30万元，现由经纪公司介绍两笔财产险分保建议，对于所接受的实际承保额的计算如下：

第一笔：合同分保限额500万元，按规定的承保额30万元，为限额的6%；估计保费200万元，根据分保建议中提供的资料，估计赔付率可达150%，据此估计赔款额为300万元，承保额是赔款额的10%。因此，选择两者中较低的百分率6%，对分保限额500万元加以计算，得出的30万元作为所接受的实际承保额。

第二笔：合同分保限额500万元，按规定的承保额30万元，同样为限额的6%；估计保费为300万元，最高赔付率为200%，所以赔款额可达600万元，承保额30万元是赔款额的5%。按较低的百分率5%对分保限额500万元加以计算，所得金额25万元作为所接受的实际承保额。但在实际工作中，对这笔业务应拒绝接受，这是因为赔付率过高。

上述例子说明：如果合同对于每个危险单位的分保限额较大，而业务量即保费较小，则可按分保限额来考虑接受的实际承保额；如果合同的分保限额较小而业务量较大，则应按业务量和所估计的赔款额来考虑所接受的实际承保额。

其他财产保险业务，如货运险、船舶险、建工险、航空险等均可参照上述办法考虑承保额。此外，还应考虑到各种业务的责任累积。

2. 非比例合同的承保额

（1）险位超赔。关于财产险、水险、航空险及各种意外险的险位超赔，虽然合同的分保责任额是按每个危险单位或每次损失规定，但是所接受的承保额度的确定也应从两个方面去考虑：一是按分保责任额，二是按所估计的年度最高损失额减去分保费后的可能亏损额。

例如，有一财产险的险位超赔合同建议，分保责任额为超过 50 万元以后的 150 万元，按每次损失计算而无责任恢复限制，分保费为 100 万元，接受人所规定的承保额度是 30 万元，那么分保接受人实际应接受的承保额度的确定有两种计算方法：

一是按承保额度对分保责任额的百分率。本例分保责任限额是 150 万元。规定的承保额度为 30 万元，是限额的 20%。

二是按承保额度对可能亏损额的百分率。如本例估计年度的最高损失为三个责任限额，计 450 万元，从中减去分保费 100 万元，所余为可能亏损额，计 350 万元，规定的承保额度 30 万元是亏损额的 8.5%。按分保责任额 150 万元的 8.5% 计算，实际承保额为 12.75 万元。

虽然这种合同的分保责任额是按每个危险单位或每次损失规定，但是接受人应以合同作为一个整体或危险单位来考虑。因此，对该建议所要接受的承保额不应是责任额 150 万元的 20%（30 万元），而应是分保责任额的 8.5%（12.75 万元），后者较为合适。

（2）事故超赔。事故超赔一般是按层次安排分保，接受人为了达到分保的目的，可将事故超赔分为高、中、低三个层次，分别考虑确定所要接受的承保额度。低层，预计有损失发生，并且可能每年有一次赔付发生；中层，仅在有较大的巨灾事故时才会有对损失的赔付，预计在 10~39 年的时间可能发生一次；高层，只有在有严重的巨灾事故时才会有对损失的赔付，预计在 40 年或 40 年以上的时间可能发生一次。

根据对超赔层次的分类，如接受公司对承保额度的规定一般为 30 万元，最高为 35 万元，则对各层次所能接受的承保额度的确定大致如下：

低层应在 10 万 ~15 万元，一般为 10 万元。如果没有接受中层和高层而直接接受 30 万元，是不合适的。因为一年内可能有两个或更多个全损发生。

低层和中层同时接受，则承保额度共计应在 15 万 ~25 万元，一般为 20 万元；如低层接受 10 万元，则中层是余下的 10 万元。

对于高层，在没有接受低层和中层的情况下，可接受 30 万元或 35 万元。

如果所有层次都接受，则累积承保额度最高不超过 35 万元，一般为 30 万元。

此外，还必须考虑到责任累积的因素。当认为有可能时，应对上述所确定的承保额度做适当的降低调整，以便将所承担的责任控制在责任累积的限度内。

（3）赔付率超赔或损失终止超赔。从接受公司的承保目的出发，可将赔付率超赔分为两层：低层和高层。低层所接受的承保额度可确定为 10 万元；低层和高层同时接受，则承保额最高不能超过 30 万元。

赔付率超赔合同一般适用于赔付率波动大的农作物冰雹保险和医疗事故保险，在实际工作中，尤其是在当前国际市场赔付率普遍上升的情况下，对这种业务的接受应从严掌握。

3. 临时分保

确定临时分保所接受的承保额度有两种情况：一是按可能最大损失，为 10 万元；二是按某个地点，为 30 万元。此外，还应考虑到与合同业务发生责任积累的可能性。

4. 规定最高接受限额

为了防止每个合同和每笔临时分保业务所承担的责任过大，还可规定以分保责任额的 10% 作为最高的接受百分比。

（三）分入再保险业务的承保

分入业务的承保是通过对分出公司或经纪公司提供的分保建议进行审查，从而作出承保与否的判断。对分保业务的承保通常要从一般情况和具体分保建议两个方面来考虑。

对一般情况的考虑涉及：业务来源的国家或地区的政治经济形势，特别是有关通货和外汇管制方面的政策；业务发展的一般市场趋势，包括国际上和所在国家或地区的关于该业务的费率和佣金等情况；提供分保建议的分出公司和经纪人的资信情况，如资本、业务情况和经营作风等。

对于具体的分保建议，主要考虑以下几个方面的问题：

1. 业务种类、分保的方式方法、承保范围和地区

对可能分入的业务首先看是财产险还是意外险，其次看是临时分保还是合同分保，是比例分保还是非比例分保，最后还应考虑业务是否由住家、商业和工业危险混合组成；是直接业务的分保还是分入业务的转分；责任范围是否包括后果损失险或地震险等；地区是仅限于分出公司所在地区或国家还是世界范围的。

2. 分出公司的自留额与分保额之间的关系

了解分出公司的自留额与分保额之间的关系，是为了了解分出公司对分保安排的意图和所预期的作用。例如，分出公司安排 95% 的成数分保合同，自留额仅有 5%，比较低。这说明该公司对业务的经营缺乏信心，不想从业务的承保方面谋求收益，而是将自己置于代理人的地位，通过向接受公司收取佣金获得利益，这很可能影响直接业务的承保质量。

3. 分保额与分保费之间的关系

对分保额和分保费的掌握及两者相互关系的分析，是审查分保建议质量的关键因素，对接受公司至关重要。

在比例合同方面，分保额与分保费两者之间的关系，由于分保情况不同，对接受公司的承保结果也就有所不同：（1）分保费过分小于合同分保额。例如，分保额为 10 万元，分保费 2 万元，是限额的 20%。如果接受 10%，则承保额为 1 万元，分保费为 2 000 元。由于保费过少，危险不够分散，如有一个危险单位发生全损，就需 5 年的时间才能得到偿还，同时还必须假定在 5 年的时间内将保持同样的保费水平，而再无赔款发生。这说明此种合同是不平衡的，因为如有一个危险单位的全损就会造成严重的亏损。由于保费较少，即使不发生全损，而赔付率较高也同样会导致亏损；或者赔付率较低有收益，但由于金额较小，故对整个业务的影响不大。因此，对这种情况应着重从每个危险单位的分保额方面考虑。（2）分保费过分大于合同的分保额。例如，分保额 3.5 万元，分保费 26 万元，为分保额的 8 倍，赔付率为 130%，计 33.8 万元，约为 10 个危险单位的全损。如果接受 10%，承保额为 3 500 元，分保费为 2.6 万元，赔款 3.38 万元，

业务亏损计 7 800 元。由于保费较多，而赔款金额较大，故对整个业务是有影响的。虽然分保费过分大于分保额，但是也不能认为分保费可赔付几个全损就可能有较大的收益，而应注意到会产生严重的亏损，因此，对于这种情况不应只从分保费一方面考虑。（3）分保费与合同分保额大致相当。例 1，合同分保额 10 万元，分保费 25 万元，是限额的 2.5 倍，赔付率 103%，计赔款 25.7 万元，亏损 3%，为 7 500 元。如接受 10%，责任为 1 万元，保费 2.5 万元，赔款 2.575 万元，业务亏损 750 元。这种合同分保费与分保额之间的关系是较平衡的。例 2，合同限额 100 万元，保费 250 万元，为限额的 2.5 倍，赔付率 103%，计赔款 257.5 万元，亏损 3%，为 7.5 万元。如果接受 10%，责任为 10 万元，保费 25 万元，赔款 25.75 万元，业务亏损为 7 500 元。这说明例 2 的分保费与分保额的比例关系与例 1 的相同，是比较平衡的。但例 2 中的分保费与分保额的金额较大，因此，其结论不论是收益还是损失对整个业务的影响也是较大的。在这种情况下，对分保费和分保额两方面都应注意考虑。

上述三种情况所举的例子大都是财产保险和海上货物运输险的成数合同和溢额合同的情况。一般来说，平衡的合同由于保费与限额大致相当，因而危险也比较分散，被认为是较好的业务。但由于业务种类和分保方式不同，分保费与分保额之间保持怎样的比例关系被认为是相当或平衡的，是很难作出定论的，应从保险市场和业务的实际情况出发，并结合接受公司自己的经验，视具体情况而定。

在非比例合同方面，分保费与分保额两者之间的关系大致也有如下三种情况：（1）合同责任限额较大，分保费较少。这是由于合同损失率较低。分保费对限额的百分率也较低。例如，分保责任限额为超过 100 万元以后的 100 万元，分保费 5 万元，为限额的 5%，无赔款记录。又如，责任限额为超过 200 万元以后的 300 万元，分保费 6.75 万元，为限额的 2.25%，无赔款记录。这一般是事故超赔合同，对责任恢复次数是有规定的。因此，对这种合同的分保建议，应着重考虑分保责任限额和责任恢复的规定。（2）责任限额较小，分保费较多。这是由于损失发生率较高，因而分保费对限额的百分率也高。举例 1，分保责任限额为超过 2 万元以后的 5 万元，保费 5.5 万元，为限额的 110%，但赔付率高达 310%，计赔款 17.05 万元，亏损 11.55 万元，亏损率为 210%。举例 2，分保责任限额为超过 1 万元以后的 3 万元，保费 3.6 万元，为限额的 120%，赔付率 80%，则赔款 2.88 万元，收益 7 200 元，收益率为 20%。这一般为险位超赔合同，对责任的恢复次数，有的是无限制的。因此，对这种分保建议，应着重从分保费和责任恢复的规定方面考虑。这是因为保费越多，赔款可能越多，从而造成的亏损也越严重。（3）分保合同责任限额较大，分保费较多。这是由于损失发生率较高，分保费对限额的百分率也较高。例如，分保责任限额为超过 50 万元以后的 50 万元，保费 10 万元，为限额的 20%，赔付率 130%，赔款计 13 万元，亏损 3 万元，亏损率为 30%。这一般为中间层次的合同，由于分保责任限额和分保费均较高，所以对分保费、分保责任限额及责任恢复的规定均应注意考虑。

4. 分保条件

在对分保建议有关业务种类和承保范围，分出公司的自留额以及分保限额和分保费是否平衡这些因素加以考虑之后，应对分保条件进行细致的审查。（1）比例合同。比例合同应审查的分保条件主要有分保手续费、纯益手续费、保费和赔款准备金、未满期保费和未决赔款的转移等。由于各个保险市场的情况不同，这些条件在合同中的具体规定也会有较大差别。因此，应结合所掌握的市场情况，审查分保建议中对这些条件的规定是否恰当，如分保手续是否符合当地市场情况。如果是续转业务，应结合过去的经营成果考虑。如果合同是亏损的，应对分保手续费进行调整。（2）非比例合同。对非比例合同应审查的分保条件主要有历年成绩分析、分保费或费率以及责任恢复的规定。分保费和责任恢复是有关接受公司的保费收入和责任的承担，因此，应结合市场情况和在分保建议中所提供的资料，审查这些条件在合同中的具体规定是否恰当和符合市场情况。

5. 对分入业务收益的估算

在分保建议中，分出公司一般应提供有关该业务过去的赔款经验和经营成果的统计资料，如果缺少这些资料，接受公司可要求提供，以便对所建议的业务进行估算。在审核所提供的资料时应注意以下几个方面：（1）如对合同有分保安排，则所提供的数字应以未扣除分保前的毛保费和赔款为基础。（2）要按所提供的业务的同样条件编制。如所建议的比例合同业务有未满期保费和未决赔款的转出和转入，则统计资料也同样处理，以便进行比较。（3）毛保费、分保手续费、已付赔款、未决赔款、赔付率和盈亏率等项目应按业务年度进行统计，并至少要有 5 个业务年度的资料。

接受公司应研究建议中所提出的分保条件和资料，如果是续转业务，还应结合自己的统计数字对所建议的业务进行估价，并结合对其他因素的考虑，最后作出是否接受和应接受多少的判断。

（四）分入业务的手续

1. 对分保建议的审查和填制摘要表

当接受公司接到分出公司或经纪公司的分保建议后，经审查，如果不同意，应以电复委婉拒绝；如果同意接受，应电告接受成分，并进行登记和填制摘要表。摘要表是对接受业务的有关情况的记录，如分出公司、业务种类、分保方式、责任限额、接受成分、估计保费和经纪公司等。

2. 承保文件的处理

对于分出公司或经纪公司寄来的分保条、合同文本，接受公司要认真核对，签署后一份归卷，其余退还。当接到有关修改合同条文和承保条件等的函电，经核对后，应电复证实，并对摘要表有关栏目进行更改和登记。对寄来的附约，经审核后一份自留，与合同一并归卷备查，其余归还。

3. 业务账单的收审登录

接受公司在收到业务账单后，经审核无误，要在统计表上登录，然后送会计部门记账和进行结算。建立电子计算机系统的，应将业务账单的有关项目，如保费、佣金、赔款、准备金和余额等输入计算机，按照所设计的程序进行业务统计和记账。

4. 现金赔款的处理

接到现金赔款通知后，接受公司应填制现金赔款审核单，并登录现金赔款登记簿，经审核批准后送会计部门结付。

5. 信用证

关于未满期保费和未决赔款有要求提供信用证的，应填制信用证审核单，并登录信用证登记簿，经核准后送会计部门办理信用证手续。

6. 到期续转和注销

接受公司为了争取主动，在合同到期前，且在合同规定的期限内，向对方发出临时注销通知。如经洽商同意续转，可将临时注销通知撤回；如不同意续转，可将临时注销通知作为正式通知，合同即告终止。

7. 归档

分入业务的文件归档有两种情况：一是分散归档，即由业务部门对合同文本出险通知等进行归档，由会计部门对业务账单等归档；二是集中归档，是指已建立计算机系统的公司，业务账单由业务部门输入并按合同分别归档，而无须送交会计部门。

在分出公司与接受公司对分入业务发生争议，需要查阅原始文件核对有关业务数字的情况下，集中归档比分散归档更容易查找相关的资料。

重要术语

再保险	临时再保险	合同再保险	预约再保险
比例再保险	非比例再保险	成数再保险	事故超赔再保险
险位超赔再保险	赔付率超赔再保险	溢额再保险	

复习思考题

1. 试述再保险与原保险、共同保险的关系。
2. 最大诚信原则在再保险中如何运用？
3. 再保险安排的方式有哪些？比较它们的优劣利弊。
4. 比较比例再保险与非比例再保险存在的区别。
5. 确定自留额通常考虑哪些因素？
6. 分出业务经营管理的一般原则及主要内容是什么？

第九章

社会保险

第一节 社会保险概述

一、社会保险及其特征

社会保险是以国家为主体，在社会劳动者暂时或永久丧失劳动能力或失业导致收入减少的情况下，通过立法手段，运用社会力量，对这些劳动者提供一定的物质帮助以保障其基本生活的社会保障制度，具体包括养老、疾病、工伤和失业等保险保障。

社会保险的内涵决定了其具有的基本特征。

1. 非营利性

社会保险以实施社会政策为目的，不以经济效益的高低来决定社会保险项目的取舍和保障水平的高低。若社会保险财务出现赤字影响其运作则由国家财政负最终责任。

2. 强制性

社会保险是一种强制性保险，国家通过立法强行建立和实施社会保险制度。缴纳社会保险费是每个社会劳动者的义务，获得社会保险保障也是每个社会劳动者应享有的权利。经法律确定的保险范围内的所有企业和劳动者同社会保险机构之间不必事先订立契约认可即建立社会保险关系。社会保险的缴费标准、待遇项目和保险金的给付标准等，均由国家或地方政府的法律、法规统一规定，劳动者个人作为被保险人一方，对于是否参加社会保险，参加的项目和待遇标准等，无权任意选择和更改。社会保险的强制性保证了社会保险基金来源的可靠性、保险覆盖面的广泛性，同时有效地避免了逆向选择。

3. 社会性

社会保险涵盖的对象具有普遍性。社会保险对于社会所属成员，不论其年龄、工作年限、收入水平和健康状况如何，一旦丧失劳动能力或失业，即依法对其提供基本生活保障。社会保险的广泛覆盖性，充分体现了其"社会稳定器"的功能。

4. 基本保障性

社会保险提供的保障标准是满足劳动者及其家属最基本的生活需要，它既不是社会救济提供的最低生存保障，也不是超过社会平均生活水平的社会福利。如果提供的保障水平过低，则发挥不了稳定社会、促进经济增长的根本目的；相反，若保障水平过高就会造成社会保险资源的滥用，导致成本上升，诱发道德风险。因此，劳动者在劳动中断、收入中断时所获得的物质补偿并不与其工资收入对等，即应该是略低于劳动者本人在正常工作情况下为自己和家人所能提供的生活水平。保障大多数劳动者的基本生活需要，稳定社会秩序，是实施社会保险的根本目的。

二、社会保险的功能

1. 防范风险

这里所说的风险有两大类：一是人身风险，包括年老、疾病、工伤、生育风险。二是工作风险，主要是失业风险。这些风险是客观存在不可避免的，当风险来临时，个人往往难以凭借自身的力量来应对，因而给家庭和生活带来种种困难。通过社会保险，在风险发生时对个人提供的收入损失补偿，能够保证个人在暂时或者永久失去劳动能力以及暂时失去工作岗位从而造成收入中断或者减少时，仍然能够继续享有基本生活保障，这就等于将个人风险转化为社会风险，让社会为个人风险埋单，避免个人因"独木难支"而陷入困境，使其在风险来临时仍能维护家庭及个人的生存尊严，从而保障基本生活，免除后顾之忧。

2. 稳定社会

社会保险被称为社会运行的"安全网"和"稳定器"。一方面，社会保险制度通过向劳动者提供基本的生活保障，使社会成员产生安全感，对未来生活有良好的心理预期，安居乐业；另一方面，社会保险制度还可有效地调节收入分配差距，缓和社会矛盾，通过构建和谐的社会环境来实现整个社会的稳定。

3. 调节收入水平

由于人们在文化水平、劳动能力、资本积累等方面的差异，形成收入上的差距，差距过大，就会造成贫富悬殊的社会问题。社会保险可以通过强制征收保险费，聚集成保险基金，对收入较低或失去收入来源的劳动者给予补助，提高其生活水平，在一定程度上实现社会的公平分配。

4. 保证社会劳动力再生产顺利进行

市场经济需要劳动力的正常再生产，而市场竞争所形成的优胜劣汰，必然会造成部分劳动者暂时退出劳动岗位，这就有可能使部分劳动者及其家庭失去收入而陷入生存危机，而社会保险则确保了这部分成员的基本生活需要，使劳动力的供给和正常再生产成为可能，为维持市场经济正常运行提供劳动力后备军。

三、社会保险基金

（一）社会保险基金及其来源

1. 社会保险基金

社会保险基金是在社会经济生活中，国家根据相应的法律和政策规定，为实施各项社会保险计划而预先建立，在社会范围内以向劳动者及其所在用人单位征缴保险税（费）的形式建立起来的专款专用基金。社会保险基金的构成包括养老保险基金、医疗保险基金、失业保险基金、工伤保险基金和生育保险基金。

2. 社会保险基金的来源

由于社会保险的特殊性，社会保险基金的主要来源为其保费收入。从世界范围观察，社会保险基金的主要出资方式有三种：个人、企业和国家共同负担；企业和国家共同出资分担；企业和个人分担的形式。其中，由个人、企业和国家三方共同筹资的方式较为多用，我国就属于这一种。

（1）企业缴纳的社会保险费。企业缴纳的社会保险费实际上是劳动者必要劳动的一部分，是企业人工成本的组成部分。社会保险基金水平越高，企业需要缴纳的费用就越多，企业的人工成本就越高。这种成本最终以产品的形式转移给消费者，即转移给全社会进行负担。企业缴纳的社会保险费一般以职工工资总额为基数，依据法定的社会保险费（税）率缴纳。

（2）劳动者个人缴纳的社会保险费。劳动者个人缴纳社会保险费体现了社会保险的互济功能。在实践中，社会保险的个人缴费通常与其工资收入相关，且一般设有最低和最高缴费线限制。最低缴费线的设定是为了保护低工资收入者，因为对于低收入者来说，微小的收入减少都会对他们已经很困难的家庭产生巨大的影响。为了保护劳动者的劳动积极性，社会保险个人缴费部分往往设定个人缴费基数的上限，劳动报酬高过上限部分则不再缴纳。劳动者个人缴费通常为其工资的一定比例或统一数额缴费，一般采取直接扣除的方式。

（3）国家财政资助或补贴。国家财政对社会保险基金进行资助，既是国家支持法定社会保险的体现，也是政府承担最终支持者角色的需要。国家财政资助分为直接资助和间接资助：直接资助是指公共财政通过预算形式直接拨款，弥补赤字缺口，或承担部分保费支出，或弥补行政管理费用等形式，对基金的收支平衡承担直接的托底责任；间接资助是指政府通过政策实施税收或投资优惠，如通过对企业和个人的缴费减免税收的方式间接地给予资助。

（4）其他来源。随着世界各国逐步推行部分基金制和基金制模式，社会保险基金的规模不断扩大，基金的投资收益也成为社会保险基金的重要来源，其重要性和在总收入中的比例呈现不断上升的趋势。另外，企业以各种方式欠缴、少缴社会保险费而征收的滞纳金等罚款收入也全部纳入社会保险基金。

（二）社会保险基金的筹资模式

1. 现收现付制

现收现付制是按照"以收定支"的原则确定缴费收入，当期的缴费收入只能满足当期的养老金支出（包括管理费用），收支相抵后没有过多的结余；养老保险计划只留有少量的储备基金，以应付保险计划临时性支大于收的局面。因此，从长期来看，这种现收现付的养老金计划并不能形成一笔数额很大的储备基金。

现收现付制体现了社会保险互助调剂的功能，即正处于工作阶段一代人的一部分收入用于提供当年已退休一代人的社会保险支出，实际上是代际间收入的再分配，费率越高，代际再分配的程度越高。现收现付制在一定程度上与传统的家庭养老方式相似。

现收现付制是一种静态平衡模式，其优势主要表现在：（1）易于依据需求变动和外界因素变化及时调整缴费或征税比例，保证给付；（2）操作简便，无须过多的个人信息，管理成本相对较低；（3）以年度短期平衡为基准，避免长期积累可能遇到的通货膨胀风险；（4）通过代际再分配和同代劳动者之间的收入转移体现社会公平性；（5）容易纳入年度国家预算。

现收现付制存在的主要问题是：（1）只以现实收支为基础，缺乏数量上的长期规划，基金没有必要的积累。面对老龄化时代的加速到来，供款一代人的规模相对缩小，领款一代人规模相对扩大，赡养率提高，导致了在业者的平均负担不断加重的被动局面。（2）现收现付制下的养老金给付一般采取确定给付方式，其收入替代具有刚性增长的特点。随着社会劳动生产率的提高与经济的发展，为保障劳动者退休后一定的生活水平，养老金给付水平必须不断提高。居高不下的养老金给付水平可能导致基金收不抵支或被迫逐年提高费率，不利于经济的发展。（3）现收现付制的本质是"代际赡养"，具有明显的收入再分配色彩。当制度运行几代人之后，尤其是人口结构失衡的情况下，在业者的负担增加到一定程度就会激发代际矛盾，在特定的社会背景下，甚至使社会保险制度瓦解。

2. 完全积累制

完全积累制是指养老金计划缴费所形成的储备基金应能满足未来向全体缴费人支付养老金的资金需要。或者说，完全积累制的养老保险计划应当能够做到一旦养老保险计划终止时，其所积累的资产价值完全能够偿付计划终止前养老保险计划所承担的养老金支付责任。为此，养老金计划必须做到各期缴费总额的现值与未来各期支付的养老金总额的现值相等，从而实现保险统计上的平衡。这实际上是按保险精算的原则来确定缴费水平，显然这种方式会形成相当大规模的储备基金。

完全积累制的优点体现在：（1）通过预提并积累保险基金，有利于实现人口老龄化背景下对劳动者的经济保障，避免支付危机。（2）通过劳动者个人不同生命周期收入的再分配来解决自身的养老问题，不存在现收现付制下的代际矛盾。（3）基金累积制能够形成金额巨大的一笔资金，除保障养老金给付充足外，还有利于增加储蓄和资金的积累，促进资本市场发展。（4）透明度高，增强社会保险的内在激励机制。

完全积累制也有其局限性：（1）往往采用个人账户的形式实施，要求具有较多的个人信息和先进精细的信息处理系统，管理成本高。（2）需要对大量的相关变量加以估计、量化及测定，而工资、失业率、通货膨胀率等变量难以在长时期内准确测定和预计，这将影响养老金给付的稳定性。（3）缴费与受益之间时间间隔较长，期间难免出现不可控制的风险干扰，如通货膨胀、资本市场环境、政府政策等，在动态经济中，基金保值增值的难度大。（4）低收入者难以通过自身预提积累的保险金给付支持必要的晚年生活需要。

3. 部分积累制

部分积累制是介于现收现付制与完全积累制之间的一种养老计划筹资模式。在这种模式下，保险计划当期的缴费除了满足当期的支出需要以外，还必须留有一定的积累，以应付未来养老金和管理费用支出的需要，其积累的规模远大于现收现付制下应急储备基金的规模，但是又不能满足未来向全部缴费人支付养老金的资金需要。由于在现收现付制下养老金计划也可以留有一定的储备积累，所以现收现付制与部分积累制如何区分就需要一定的标准。

第二节   社会养老保险

一、我国现行社会养老保险制度

（一）社会养老保险制度

社会养老保险制度是社会保障制度的重要组成部分，它是指国家和社会根据一定的法律法规，为解决劳动者在达到国家规定的解除劳动义务的劳动年龄界限，或因年老丧失劳动能力退出劳动岗位后的基本生活而建立的一种社会保险制度。

（二）社会养老保险制度构成

经过近十年的探索、改革与建设，我国新的养老保险制度已初步建立，形成了包括基本养老保险、企业补充养老保险和个人储蓄性养老保险为主的多层次、多支柱的新型养老保险体系（见图9－1）。

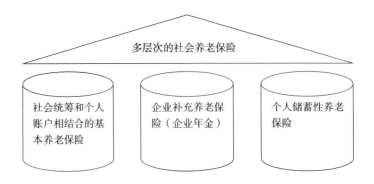

图9－1   我国多层次的社会养老保险体系

1. 基本养老保险

基本养老保险又称国家基本养老保险，是按国家统一政策规定强制实施的，以保证广大离、退休人员基本生活需要为目标的一种养老保险制度。其覆盖范围为城镇所有企业及其职工、自由职业人员和城镇个体工商户。我国当前基本养老保险采取"统账结合"的管理模式，要求参保单位和个人分别缴纳工资总额的20%和8%的比例，分别参加社会统筹调剂和存入职工个人账户中，缴费满15年并达到退休年龄者可以领取养老金，计发办法采取"新人新制度、老人老办法、中人（新规定实施后退休的参保人员）

逐步过渡"的方式。

基础养老金计发比例缴费满 15 年一律发给 15%，以后每多缴一年增发一个百分点，上不封顶。计发基数为当地上年度在岗职工月平均工资和本人指数化月平均缴费工资的平均值；个人账户养老金按个人账户储存额除以计发月数，计发月数根据职工退休时城镇人口平均预期寿命、本人退休年龄、利息等因素计算。对于中人按照合理衔接、平稳过渡等原则，在发给基础养老金和个人账户养老金的基础上，再发给过渡性养老金。老人仍按过去的由企业缴费形成的社会统筹部分来解决。基本养老保险可称为多层次养老保险体系中的第一层次，也是最高层次。"十一五"期末，全国参加职工基本养老保险达 25 673 万人。

2. 企业补充养老保险

企业补充养老保险又称为企业年金，是指企业在参加国家基本养老保险的基础上，依据国家政策和本企业经济状况建立的，旨在提高职工退休后的生活水平，对国家基本养老保险进行重要补充的一种养老保险形式。它由国家宏观指导，企业内部决策执行。企业年金实行市场化运营和管理，建立完全积累的个人账户。企业年金的缴费比例，单位不超过工资总额的 1/12，约为 8.33%；单位缴费和个人缴费合计不超过工资总额的 1/6，约为 16.66%。截至 2010 年底，全国建立企业年金计划的企业已有 3.71 万家，参加的职工人数达 1 335 万人，积累基金 2 809 亿元。

3. 职工个人储蓄性养老保险

职工个人储蓄性养老保险是由职工自愿参加、自愿选择经办机构的一种补充保险形式。职工个人根据自己的工资收入情况，按规定缴纳个人储蓄性养老保险费，计入当地社会保险机构在有关银行开设的养老保险个人账户，并应按不低于或高于同期城乡居民储蓄存款利率计息。个人储蓄性养老保险可以实行与企业补充养老保险挂钩的办法，以促进和提高职工参与的积极性。

二、我国社会养老保险的发展历程

我国的社会养老保险以 1951 年 2 月 26 日政务院颁布的《中华人民共和国劳动保险条例》为起点，经历了几十年风风雨雨，其发展可概括为四个阶段：

1951—1965 年为养老保险制度的创建阶段。该阶段以政务院颁布的《中华人民共和国劳动保险条例》为标志，主要工作是着手建立全国统一的养老保险制度，并逐步趋向正规化和制度化。

1966—1976 年是养老保险制度严重破坏阶段。当时中国社会保险事业与全国社会经济文化一样遭受到严重破坏，社会保险基金统筹调剂制度停止，相关负担全部由各企业自理，社会保险变成了企业保险，正常的退休制度中断。

1977—1992 年为养老保险制度恢复和调整阶段。在十年动乱结束后，我国采取渐进的方式对养老保险进行了调整，恢复了正常的退休制度，调整了养老待遇计算办法，部分地区实行了退休费统筹制度。

1993 年到现在是养老保险制度实施创新改革阶段。本阶段主要是创建了适应中国国情、具有中国特色的社会统筹与个人账户相结合的养老保险模式，改变了计算养老金办法，建立了基本养老金增长机制，实施了基本养老金社会化发放，最终基本建成了我国多层次养老保险体系。

三、我国养老保险制度存在的问题及改革措施

（一）存在的主要问题

1. 养老保险覆盖面仍然狭窄

近年来，我国养老保险实施范围不断扩大，其中，国有企业基本实现全覆盖，城镇集体企业覆盖率为75.39%，但其他经济类型企业仅为17%，还有很多外商投资企业和民营企业未参保。虽然各级政府重点抓"扩覆"工作，但离全覆盖的目标仍有距离。截至2010年底，参加城镇基本养老保险人数为2.57亿人（含农民工参保人员3 000多万人），参加新型农村养老保险试点农民人数为1.03亿人。这样，参加各种养老保险的总人数为3.6亿人，仅占当年全部20岁以上人口总数的36.7%，也就是说，养老保险全国的覆盖率只有大约30%。这样的覆盖率显然不能发挥社会保险的保障功能，也不能适合我国经济社会发展的需要。

2. 养老保险基金统筹层次较低

我国养老保险的统筹层次至今依然很低。就全国养老保险制度改革的进展情况看，少数省份实行了省级调剂金制，但调剂的比例和数额极为有限，大部分省、市、县仍实行分级统筹。这样带来诸多问题：养老保险基金抗御风险的能力脆弱，很容易造成养老保险基金的流失；养老保险跨地区关系转续以及领取不便；不利于建立全国统一的社会保险制度。

另外，养老费用畸轻畸重还会加剧区域发展差距。如2010年广东一个省就有3 000多亿元的养老保险基金结余，可有的省份却基本没有结余，年年都有缺口，需要中央补贴。一般来说，经济发达省份，财政实力较为雄厚，再加上流动人口多，他们的养老金就多，因为流动人口不在那里养老，光在那里缴费做贡献了。而人口输出大省就陷入困境了，这些省份剩下的不是小孩就是老人，青年人都到外省打工去了，钱都贡献给工作所在省了，但对本省的老人是要支付养老金的，从而造成收入少、支出多。所以养老金数量跟人口分布的空间和流动是有关系的，而人口流动又受经济发展水平的影响。

流动人口聚集的地区，往往是发达地区。于是造成了恶性循环，越来越不平衡。越富的地方养老金越多，越穷的地方养老金越少，越富的地方经济越发达，越穷的地方经济就越落后。

3. 转制隐性债务以及个人账户"空账"问题

为应对人口老龄化高峰，我国政府1997年决定把长期实行的现收现付养老保险制度转变为社会统筹和个人账户相结合的新型养老保险制度，这就出现了养老保险的隐性债务问题。所谓隐性债务，是指在养老金制度从现收现付制向基金积累制或半基金积累制转变过程中，由于已经工作和退休的人员没有过去的积累，而他们又必须按新制度领取养老金，那么他们应得的实际又没有"积累"的那部分资金就是隐性债务。隐性债务包

括两部分：一部分是应继续付给新制度实施前已离退休人员的离退休金总额；另一部分是新制度实施前参加工作、实施后退休的人员，在新制度实施前没有积累的养老金总额。这两部分债务的具体规模依赖于退休年龄、缴费率和投资回报率等重要参数。根据中国养老保险隐性债务课题组的推算，隐性债务最小为 1.8 万亿元，最大接近 12 万亿元。我国庞大的隐性债务将是悬在养老保险制度上方的"达摩克利斯之剑"。

中国养老保险实行改革后的新制度，按照制度设计，对已经退休人员发放的养老金应该用社会统筹资金。但是，由于现在的退休者没有（或很少有）个人账户的资金，又要按标准发放，社会统筹的资金远远不够支付庞大的退休群体的需要。各省、市、县为了按时足额发放养老金，就挪用了本应是将来才能支付的现在在职职工个人账户的资金（社会统筹和个人账户没有分开管理），从而造成了全国范围内养老基金的有名无实，空账运行。究其根源，空账的出现还要归因于我国养老保险体制转轨所形成的隐性债务。

公开数据显示，我国养老保险个人账户空账运行规模已超过 1 万多亿元，虽然做实空账工作已经开展几年，但空账规模仍在扩大。从债务关系来说，养老金的空账运转是现在向未来透支，是老一代向年轻一代的透支。长此下去必然蕴含巨大的资金风险，也会降低改革后新制度的信誉，动摇新制度的根基。

（二）改革的主要措施

1. 弥补隐性债务，做实个人账户

弥补养老保险基金隐性债务不仅资金需要量大，而且影响深远。实践证明，试图用养老统筹基金偿还历史债务是行不通的，政府应该承担这个责任，可行的方式包括出售部分国有资产、发行长期专项债券、财政支出等手段。在弥补隐性债务的基础上，将目前养老保险个人账户逐步做实，达到积累的目标。将个人账户基金和社会统筹账户基金分开管理，通过不同的组织机构，按照不同的管理方式分别实施，这样既可以明确政府和个人在养老问题上各自承担的责任，同时也避免了社会统筹与个人账户之间的资金挪用。此外还要求个人账户基金采用完全积累制，只有到个人退休时才能使用。

2. 加快发展企业年金，建立多层次的养老保险制度

企业年金是企业实施的养老保险计划，国家不承担责任。发展企业年金制度，可实现真正意义上的多层次的养老保险，使退休人员不只依赖国家基本养老金，而通过企业年金、个人养老金以及多层次的养老保障，分散养老保险责任、缓解日趋尖锐的退休费用供求矛盾问题，提高退休人员的养老待遇水平。建立多层次的养老保险制度，应从我国实际出发，逐步将已经较高的养老金工资替代率降下来。国家只为企业退休人员提供基本生活保障，要进一步确定提高养老待遇水平，应通过建立企业年金还有个人储蓄的多层次养老保险制度来实现。一方面可以向个人提供补充收入保障，弥补国家实施的养老保险计划的不足；另一方面又可以为经济发展积累更多的资金。

3. 不断探索新的养老保险基金投资方式和领域

在目前基金规模不大、基金运营管理机制不健全、资本市场不成熟等现实条件下，实施以购买国债为主的政策具有合理性，但也有必要探索与资本市场相结合的养老保险基金投资方式和领域。允许养老保险基金进行适当的投资组合，适当放宽投资领域。同

时，可以尝试推行投资委托代理制，将部分养老保险基金委托给专门投资机构进行投资，可以提高积累资金的增值率，也促进了资本市场的发展。值得注意的是，社会保险行政管理部门与基金管理机构要同投资主管部门及投资机构加强沟通与协作，但也应当保持社会保险管理部门自主性和独立性，因为养老保险基金作为最重要的社会保险公共后备基金，安全性的维护仍然是最重要的。

4. 扩大养老保险的社会覆盖面

扩大养老保险覆盖范围，要建立起包括城乡各类企事业单位和行政单位职工在内的统一的职工养老保险制度。要加强对尚未参加养老保险的国有企业、城镇集体企业进行清理，尽快将企业化管理的事业单位、股份制企业、三资企业、私营企业的职工和城镇个体劳动者都纳入进来，扩大统筹基础。另外还应该加大灵活就业人员的社会保障。随着市场经济的发展和劳动力的市场化，灵活就业者将成为我国劳动者的重要组成部分，解决好灵活就业者参加社会保险问题对社会保障体系的建设具有特别重要的意义。除此之外，我们还应对公务员和享受公务员待遇的事业单位职工，采取由政府出面建立公务员附加年金制度和养老保险关系转移制度，以保证这些人能享受相对较高的养老保险待遇和在企业、事业单位之间合理流动，这样既体现了人人享受平等的基本养老保险待遇的原则，又体现了区别对待的原则，还可以适当降低管理成本。

5. 通过实施统一的社会保险税来获得养老保险基金

如果考察目前各国普遍采用的基本养老保险资金筹集方式，我们可以看到社会保险税具有较高的征管效率和较强的约束力，是较为科学合理的一种筹资模式。我国现行的社会统筹与个人账户相结合的模式虽然吸收了强制储蓄的优点和社会统筹互济性的特点，但是仅仅解决了社会保险资金的分配问题，并没有解决好社会保障的筹资问题。可以考虑将养老、失业、医疗、工伤、生育等几项保险合并起来，开征社会保险税，再根据各险种所占比例进行合理分配使用，以建立起一个比较规范、稳定的收入来源渠道，同时节省人力、物力资源，降低社会保障筹资成本。

第三节　社会医疗保险

一、我国的社会医疗保险制度

社会医疗保险是指国家和社会为补偿劳动者因疾病风险造成的经济损失，保障劳动者身心健康，通过立法形式建立的一项为劳动者提供一定医疗费用和医疗技术服务的社会保险制度。

我国现阶段已经建立了城镇职工基本医疗保险制度、新型农村合作医疗制度和城镇居民基本医疗保险制度。

（一）城镇职工基本医疗保险制度

城镇职工基本医疗保险由用人单位和职工按照国家规定共同缴纳基本医疗保险费，建立医疗保险基金，参保人员患病就诊发生医疗费用后，由医疗保险经办机构给予一定的经济补偿，以避免或减轻劳动者因患病、治疗等所带来的经济风险。

城镇职工基本医疗保险制度框架包括以下内容。

1. 合理负担的共同缴费机制

基本医疗保险费由用人单位和个人共同缴纳，体现了国家社会保险的强制特征和权利与义务的统一。医疗保险费由单位和个人共同缴纳，不仅可以扩大医疗保险资金的来源，更重要的是明确了单位和职工的责任，增强个人自我保障意识。用人单位缴费率和个人缴费率的控制标准：用人单位缴费率控制在职工工资总额的 6% 左右，具体比例由各地确定，职工缴费率一般为本人工资收入的 2%。

2. 统筹基金与个人账户相结合

统筹基金和个人账户支付范围分开。统筹基金和个人账户划定各自的支付范围，分别核算，不得互相挤占。个人账户主要支付本人门诊或自购药品等小额医疗费用，统筹基金主要支付住院或大额医疗费用和部分特殊疾病费用。对统筹基金的支付规定了起付标准和最高支付标准（一般分别为当地职工年平均工资的 10% 和当地职工年平均工资的 4 倍左右，个人在一个年度内连续住院，起付标准依次降低），起付标准以下的医疗费用由个人和个人账户负担；起付标准之上、最高支付额之下的医疗费用，主要从统筹基金支付，个人也要负担一定比例，具体的负担比例由各地区按照以收定支、收支平衡的原则自行确定，不同等级的医院个人自付比例有所差异。基本医疗保险统筹基金的起付标准（起付线）指在使用统筹基金支付医疗费用之前，按规定必须由个人负担医疗费的一定额度，即进入统筹基金的"门槛"。基本医疗保险统筹基金的最高支付限额（封顶线）指统筹基金所能支付的最高限额，即"上限"。

3. 统账分开、支付范围明确

统筹基金和个人账户确定各自的支付范围，统筹基金主要支付大额和住院医疗费用，个人账户主要支付小额和门诊医疗费用。

4. 医疗服务管理责任清晰

基本医疗保险支付范围仅限于规定的基本医疗保险药品目录、诊疗项目和医疗服务设施标准内的医疗费用；对提供基本医疗保险服务的医疗机构和药店实行定点管理；社会保险经办机构与基本医疗保险服务机构（定点医疗机构和定点零售药店）要按协议规定的结算办法进行费用结算。

5. 统一的社会化管理体制

基本医疗保险实行一定统筹层次的社会经办，原则上以地级以上行政区（包括地、市、州、盟）为统筹单位，也可以县为统筹单位，由统筹地区的社会保险经办机构负责基金的统一征缴、使用和管理，保证基金的足额征缴、合理使用和及时支付。

（二）新型农村合作医疗制度

新型农村合作医疗，简称"新农合"，是指由政府组织、引导、支持，农民自愿参加，个人、集体和政府多方筹资，以大病统筹为主的农民医疗互助共济制度。采取个人缴费、集体扶持和政府资助的方式筹集资金。

2002 年 10 月，《中共中央、国务院关于进一步加强农村卫生工作的决定》明确指出：要逐步建立以大病统筹为主的新型农村合作医疗制度，到 2010 年，新型农村合作医疗制度要基本覆盖农村居民。从 2003 年起，中央财政对中西部地区除市区以外的参加新型合作医疗的农民每年按人均 10 元安排合作医疗补助资金，地方财政对参加新型合作医疗的农民补助每年不低于人均 10 元。这是我国政府历史上第一次为解决农民的基本医疗卫生问题进行的大规模投入。从 2003 年开始，本着多方筹资、农民自愿参加的原则，新型农村合作医疗的试点地区正在不断地增加，通过试点地区的经验总结，为将来新型农村合作医疗在全国的全面开展奠定了坚实的理论与实践基础，截至 2004 年 12 月，全国共有 310 个县参加了新型农村合作医疗，有 1 945 万户 6 899 万名农民参合，参合率达到了 72.6%。按照"十一五"规划的要求，新型农村合作医疗到 2010 年的覆盖面达到农村的 80% 以上。2011 年 2 月 17 日，中国政府网发布了《医药卫生体制五项重点改革 2011 年度主要工作安排》。这份文件明确，2011 年政府对新农合和城镇居民医保补助标准均由上一年每人每年 120 元提高到 200 元；城镇居民医保、新农合政策范围内住院费用支付比例力争达到 70% 左右。

2012 年起，各级财政对新农合的补助标准从每人每年 200 元提高到每人每年 240 元。其中，原有 200 元部分，中央财政继续按照原有补助标准给予补助，新增 40 元部分，中央财政对西部地区补助 80%，对中部地区补助 60%，对东部地区按一定比例补助。农民个人缴费原则上提高到每人每年 60 元，有困难的地区，个人缴费部分可分两年到位。个人筹资水平提高后，各地要加大医疗救助工作力度，资助符合条件的困难群众参合。新生儿出生当年，随父母自动获取参合资格并享受新农合待遇，自第二年起按规定缴纳参合费用。

2013 年 9 月 11 日，国家卫生和计划生育委员会下发《关于做好 2013 年新型农村合作医疗工作的通知》：自 2013 年起，各级财政对新农合的补助标准从每人每年 240 元提高到每人每年 280 元。政策范围内住院费用报销比例提高到 75% 左右，并全面推开儿童白血病、先天性心脏病、结肠癌、直肠癌等 20 个病种的重大疾病保障试点工作。

2014 年 5 月 27 日据财政部网站消息，财政部、国家卫生计生委、人力资源和社会保障部 4 月 25 日发布《关于提高 2014 年新型农村合作医疗和城镇居民基本医疗保险筹资标准的通知》，2014 年新型农村合作医疗和城镇居民基本医疗保险筹资方法为：各级财政对新农合和居民医保人均补助标准在 2013 年的基础上提高 40 元，达到 320 元。其中：中央财政对原有 120 元的补助标准不变，对 200 元部分按照西部地区 80% 和中部地区 60% 的比例安排补助，对东部地区各省份分别按一定比例补助。农民和城镇居民个人缴费标准在 2013 年的基础上提高 20 元，全国平均个人缴费标准达到每人每年 90 元左右。个人缴费应在参保（合）时按年度一次性缴清。

（三）城镇居民基本医疗保险

城镇居民基本医疗保险是以没有参加城镇职工医疗保险的城镇未成年人和没有工作的居民为主要参保对象的医疗保险制度。

1. 城镇居民基本医疗保险基本构成

（1）参保范围。不属于城镇职工基本医疗保险制度覆盖范围的中小学阶段的学生

（包括职业高中、中专、技校学生）、少年儿童和其他非从业城镇居民。

（2）筹资水平。试点城市应根据当地的经济发展水平以及成年人和未成年人等不同人群的基本医疗消费需求，并考虑当地居民家庭和财政的负担能力，恰当确定筹资水平；探索建立筹资水平、缴费年限和待遇水平相挂钩的机制。

（3）缴费和补助。城镇居民基本医疗保险以家庭缴费为主，政府给予适当补助。参保居民按规定缴纳基本医疗保险费，享受相应的医疗保险待遇，有条件的用人单位可以对职工家属参保缴费给予补助。国家对个人缴费和单位补助资金制定税收鼓励政策。

2. 城镇居民基本医疗保险与城镇职工基本医疗保险的主要区别

（1）面对人群不同。城镇职工医保主要面向有工作单位或从事个体经济的在职职工和退休人员。城镇居民医保主要面对具有城镇户籍的没有工作的老年居民、低保对象、重度残疾人、学生儿童及其他城镇非从业人员。

（2）缴费标准及来源不同。城镇职工医保由用人单位和职工个人共同缴纳，不享受政府补贴。城镇居民医保缴费标准总体上低于职工医保，在个人缴费基础上政府给予适当补贴。

（3）待遇标准不同。城镇居民医保由于筹资水平较低，医疗待遇标准总体上略低于职工医保。

（4）缴费要求不同。城镇职工医疗保险设立最低缴费年限，达到缴费年限（男25年、女20年）的，退休后不再缴费即可享受基本医疗保险待遇；城镇居民医疗保险不设立最低缴费年限，必须每年缴费，不缴费不享受待遇。

第四节　其他社会保险

一、失业保险

失业保险是指国家通过立法强制实行的，由社会集中建立基金，对因失业而暂时中断生活来源的劳动者提供物质帮助进而保障失业人员失业期间的基本生活，促进其再就业的制度。

1. 失业保险制度的内容

（1）失业保险覆盖城镇国有企业、集体企业、外商投资企业、港澳台投资企业、私营企业等各类企业，以及事业单位及其职工，社会团体及其专职人员，民办非企业单位及其职工，城镇中有雇工的个体工商户及其雇工。

（2）失业保险基金主要由四个部分构成：个人及单位缴纳的失业保险费；政府负担的财政补贴部分；基金利息，即基金存入银行或购买国债的收益部分；对不按期缴纳失业保险费的单位征收的滞纳金等其他资金（罚款不在此列）。

（3）失业保险采取征缴保险费的方式建立基金。

（4）失业保险缴费基数、缴费比例单位和个人不同：城镇企业、事业单位的缴费基数为单位工资总额，单位工资总额按照国家有关工资政策认定其构成和计算方式。个人缴费基数为个人工资额。本人工资是指由单位支付的劳动报酬，包括计时工资或计件工资、奖金、津贴和补贴、加班加点工资等，不包括其他来源的收入。

失业保险费由城镇企业、事业单位按照本单位工资总额的2%缴纳，城镇企业、事业单位职工按照本人缴费工资的1%缴纳失业保险费。各省、自治区、直辖市人民政府可以根据本行政区域失业人员的数量和失业保险基金数额，报经国务院批准，可适当调整本行政区域失业保险费率。城镇企业、事业单位招用的农民合同制工人本人不缴纳失业保险费。

2. 失业保险待遇

在我国，失业人员在满足三个条件后，方可享受失业保险待遇：非因本人意愿中断就业；已办理失业登记，并有求职要求；按照规定参加失业保险，所在单位和本人已按照规定履行缴费义务满1年。待遇内容主要涉及以下几个方面：

（1）按月领取失业保险金，即失业保险经办机构按照规定支付给符合条件的失业人员的基本生活费用。

（2）领取失业保险金期间的医疗补助金，即支付给失业人员领取失业保险金期间发生的医疗费用的补助。

（3）失业人员领取失业保险金期间死亡的丧葬补助金和供养其配偶直系亲属的抚恤金。

（4）为失业人员在领取失业保险金期间开展职业培训、介绍的机构或接受职业培训、介绍的本人给予补偿，帮助其再就业。

二、工伤保险

（一）工伤保险及其特点

1. 工伤保险

工伤保险，又称职业伤害保险。工伤保险是通过社会统筹的办法，集中用人单位缴纳的工伤保险费，建立工伤保险基金，对劳动者在生产经营活动中遭受意外伤害或患职业病，并由此造成死亡、暂时或永久丧失劳动能力时，给予劳动者法定的医疗救治以及必要的经济补偿的一种社会保障制度。这种补偿既包括医疗、康复所需费用，也包括保障基本生活的费用。

2. 工伤保险特点

（1）工伤保险的对象是生产劳动过程中的劳动者。由于职业危害无所不在、无时不在，任何人都不能完全避免职业伤害。因此，工伤保险作为抗御职业危害的保险制度适用于所有职工，任何职工发生工伤事故或遭受职业疾病，都应毫无例外地获得工伤保险待遇。

（2）工伤保险的责任具有赔偿性。工伤保险是基于对工伤职工的赔偿责任而设立的一种社会保险制度，其他社会保险是基于对职工生活困难的帮助和补偿责任而设立的。统一专属工伤保险方案与社保完全对接，补充了一次性伤残就业补助金的赔偿。

（3）工伤保险实行无过错责任原则。无论工伤事故的责任归于用人单位还是职工个人或第三者，用人单位均应承担保险责任。

（4）工伤保险不同于养老保险等险种，劳动者不缴纳保险费，全部费用由用人单位负担，即工伤保险的投保人为用人单位。

（5）工伤保险待遇相对优厚，标准较高，但因工伤事故的不同而有所差别。

（6）工伤保险作为社会福利，其保障内容比商业意外保险要丰富。除了在工作时的意外伤害，也包括职业病的报销、急性病猝死保险金、丧葬补助（工伤身故）。商业意外险提供的则是工作和休息时遭受的意外伤害保障，优势体现为时间、空间上的广度，比如上下班途中遭遇的意外，假如是机动车交通事故伤害可以由工伤赔偿，其他情况的意外伤害则不属于工伤的保障。

（二）工伤保险原则

1. 无过失责任原则

无过失责任是指劳动者在各种伤害事故中，只要不是受害者本人故意行为所致，就应该按照规定标准对其进行伤害补偿。只要事故发生，不论雇主或雇员是否存在过错，无论责任在谁，原则上受害者都可以得到赔偿，即无过错赔偿。一些国家在建立工伤保险制度时，摒弃了民法中的损害赔偿举证责任，确立了无过错赔偿原则。一旦发生意外，不追究过失，无条件地进行经济补偿。但不追究个人的责任并不意味着不追究事故责任，相反，对于发生的事故必须认真调查，分析事故原因，查明事故责任，吸取教训。

2. 损害补偿原则

工伤保险以减免劳动者因执行工作任务而导致伤亡或职业病时遭受经济上的损失为目的。一旦发生事故，劳动者付出的不仅是经济收入损失，而且是身体与生命的代价。因此，工伤保险应坚持损害补偿原则，即不仅要考虑劳动者维持原来本人及家庭基本生活所需要的收入，同时还要根据伤害程度、伤害性质及职业康复等因素进行适当经济补偿。工伤事故不同于一般民事责任事故。对于既有工伤，又有民事责任的工伤事故，受害者不应享有双重待遇，即受害者只能在享受工伤待遇和民事索赔权益两者之间选择其一，不能重复享受。

3. 严格区别工伤和非工伤的原则

劳动者受伤害，一般可以分因工和非因工两类。前者是由执行公务或在工作过程中，为社会或为集体奉献而受到的职业伤害所致，与工作和职业有直接关系；后者则与职业无关，完全是个人行为所致。意外事故实行无过失责任原则并非取消因工和非因工的界限。必须严格区分因工和非因工界限，明确因工伤害事故发生的费用应由工伤保险基金来承担，而且医疗康复待遇、伤残待遇和死亡抚恤待遇均要比因疾病和非因工伤亡待遇优厚。这样有利于对那些为国家或集体作出奉献者进行褒扬抚恤。

4. 预防、补偿和康复相结合的原则

为保障工伤职工的合法权益，维护、增进和恢复劳动者的身体健康，必须把经济补偿和医疗康复以及工伤预防有机结合起来。工伤保险最直接的任务是经济补偿，保障伤残职工和遗属的基本生活。同时要做好事故预防和医疗康复，保障职工安全与健康。预防、补偿、康复三者结合起来，形成一条龙的社会化服务体系，是工伤保险发展的必然趋势。

（三）工伤的认定

根据《工伤保险条例》第十四条的规定，职工有下列情形之一的，应当认定为工伤：

（1）在工作时间和工作场所内，因工作原因受到事故伤害的；

（2）工作时间前后在工作场所内，从事与工作有关的预备性或者收尾性工作受到事故伤害的；

（3）在工作时间和工作场所内，因履行工作职责受到暴力等意外伤害的；

（4）患职业病的；

（5）因工外出期间，由于工作原因受到伤害或者发生事故下落不明的；

（6）在上下班途中，受到非本人主要责任的交通事故或者城市轨道交通、客运轮渡、火车事故伤害的；

（7）法律、行政法规规定应当认定为工伤的其他情形。

同时，根据本条例第十五条的规定，职工有下列情形之一的，视同工伤：在工作时间和工作岗位，突发疾病死亡或者在48小时之内经抢救无效死亡的；在抢险救灾等维护国家利益、公共利益活动中受到伤害的；职工原在军队服役，因战、因公负伤致残，已取得革命伤残军人证，到用人单位后旧伤复发的。

三、生育保险

1. 生育保险制度内容

生育保险是通过国家立法规定，在劳动者因生育子女而导致劳动力暂时中断时，由国家和社会及时给予物质帮助的一项社会保险制度。我国生育保险待遇主要包括两项：一是生育津贴，二是生育医疗待遇。其宗旨在于通过向职业妇女提供生育津贴、医疗服务和产假，帮助她们恢复劳动能力，重返工作岗位。

生育津贴：女职工依法享受产假期间的生育津贴，按本企业上年度职工月平均工资计发，由生育保险基金支付。

生育医疗费：女职工生育的检查费、接生费、手术费、住院费和药费由生育保险基金支付。超出规定的医疗业务费和药费（含自费药品和营养药品的药费）由职工个人负担。女职工生育出院后，因生育引起疾病的医疗费，由生育保险基金支付；其他疾病的医疗费，按照医疗保险待遇的规定办理。女职工产假期满后，因病需要休息治疗的，按照有关病假待遇和医疗保险待遇规定办理。

2. 我国现行生育保险制度

我国生育保险的现状是实行两种制度并存：

第一种是由女职工所在单位负担生育女职工的产假工资和生育医疗费。根据国务院《女职工劳动保护规定》以及劳动部《关于女职工生育待遇若干问题的通知》，女职工怀孕期间的检查费、接生费、手术费、住院费和药费由所在单位负担。产假期间工资照发。

　　第二种是生育社会保险。根据劳动部《企业职工生育保险试行办法》规定，参加生育保险社会统筹的用人单位，应向当地社会保险经办机构缴纳生育保险费；生育保险费的缴费比例由当地人民政府根据计划内生育女职工的生育津贴、生育医疗费支出情况等确定，最高不得超过工资总额的1%，职工个人不缴费。参保单位女职工生育或流产后，其生育津贴和生育医疗费由生育保险基金支付。生育津贴按照本企业上年度职工月平均工资计发；生育医疗费包括女职工生育或流产的检查费、接生费、手术费、住院费和药费（超出规定的医疗服务费和药费由职工个人负担）以及女职工生育出院后因生育引起疾病的医疗费。

重要术语

社会保险　　养老保险　　医疗保险　　失业保险　　工伤保险　　生育保险

复习思考题

　　1. 社会保险的功能是什么？
　　2. 社会保险的筹资模式是什么？
　　3. 社会养老保险构成是什么？
　　4. 阐述我国现行社会养老保险的问题与对策。
　　5. 基本社会医疗保险架构是什么？
　　6. 工伤保险原则有哪些？

第十章

保险经营环节

第一节　保险营销

一、保险营销内涵

（一）保险营销概念

保险营销是在变化的市场环境中，以保险为商品，以市场交易为中心，以满足被保险人的需要为目的，实现保险企业目标的一系列活动。这一概念从保险营销的目的、中心和手段三个方面，概括了现代保险营销思想。

（二）保险营销观念

保险企业的市场营销活动是在特定营销观念的指导下进行的，所谓营销观念是指在营销活动中企业应遵从的指导思想，对处理企业、顾客与社会三者利益关系所处的态度。从西方企业的发展历史看，存在着五种营销观念：

（1）生产观念。该观念认为，消费者喜欢那些随处可以买到且价格低廉的产品，而生产厂商只要所生产产品的价格被消费者接受，就不存在销售问题。所以，企业生产活动应以生产为导向，致力于提高生产率，扩大生产规模，降低成本，以拓展市场。

（2）产品观念。该观念认为，消费者喜欢高质量、多功能、具有多种特色的产品，所以企业应致力于生产高质量产品，并不断地加以改进。

（3）推销观念。该观念认为，消费者普遍存在着购买惰性和对卖主的抗衡心理，购买惰性是消费者不寻求不熟悉的产品，不愿对市场上的好产品加以额外的注意；抗衡心理则是消费者认为卖主想骗钱，所以对卖主缺乏信任。因此，消费者在无外力的影响下，不会购买足够的本企业的产品，这就需要企业向消费者施加影响，多做说服工作，向顾客推销本企业产品。

（4）市场营销观念。该观念认为，实现企业组织目标和利益，关键在于正确确定目标市场的需求与欲望，并且比竞争者更有效地传送目标市场所期望的产品和服务，进而比竞争者更有效地满足目标市场的需求与欲望。

市场营销观念的核心特征：顾客至上，即以消费者为中心，以满足消费者的需求为出发点和归宿点；竞争优势，即注重企业的长远利益，获取长期的最大限度的利润，为此企业要制定正确的竞争策略，不断提升综合实力；整体营销，即企业在营销过程中从各个方面去满足顾客的需要，为此企业各个部门要相互配合充分发挥企业整体营销的功能。

（5）社会市场营销观念。该观念认为，组织的任务是确定目标市场的需求、欲望和利益，并以保护和提高消费者和社会福利的方式，比竞争者更有效地提供所期望满足的产品和服务，要将企业利润、消费需要和社会福利三者统一起来。

二、保险营销渠道

对于保险公司来说，如果不能使准客户在想购买保险的时间和地点买到自己销售的产品，就不能达到最终的营销目标。因此，保险公司必须考虑在何时、何地、由谁来提供保险产品，即研究产品从保险公司向客户转移的途径。这一途径就是保险营销渠道，保险营销渠道又称保险分销渠道、保险分销体系，是指那些为实现保险产品交换而从事一系列营销活动的组织和个人构成的体系。

（一）直接营销渠道

直接营销体系是指保险公司利用支付薪金的直属员工或利用网络、电话等传媒向顾客直接提供保险产品和服务。直接营销渠道依据所利用的手段不同分为自销和直接推销。

1. 自销

自销是指依靠保险公司的雇员推销保险产品和提供服务，雇员从保险公司领取薪金，并根据销售业绩获取一定的奖励和报酬。自销方式主要有以下几种：

（1）内部营销。内部营销是指在保险公司内部全面贯彻市场营销观念，使每一个与顾客接触的部门和个人均从事营销活动，而不仅仅由营销部门和外勤人员承担营销任务。

（2）保险超市。保险超市是指同一地区的各家保险公司在同一场所设立保险门店，从事保险咨询、保险商品推销服务。保险超市的优点：一是节约成本。成立保险超市，集中保险精英人员，回答顾客的提问、出售保险产品，能够节省登门拜访的时间和由此产生的费用。二是增强保险意识。保险超市具有一定的吸引和辐射功能，人们或出于新奇，或受他人（亲属、朋友、邻居、同学）影响来到保险超市，他们中的绝大多数未必初来乍到就购买保险产品，但至少会询问有关保险事宜，倾听有关人员的解答，无形中增长了保险知识，提高了保险意识。三是提高保险服务质量。各家保险公司在一起经营，各自的险种和人员的服务同时展现在顾客面前，谁优谁劣，越来越精明的顾客自有分晓。在这样既公平又真刀真枪的较量中，产品的优劣，服务的好坏，将对公司的声誉进而对公司产品的推销产生重要影响，于是迫使各家保险公司努力开发新险种，不断提高服务质量。

（3）金融超级市场。金融超级市场是指在一个固定的金融服务场所，人们可以同时接受银行、保险、股票交易和投资基金等多项服务。区别于我们日常生活起居所认识的超级市场，这种金融超市通常提供一家金融集团所开办的各种金融业务，范围涵盖一个金融产品消费者所需要的包括银行储蓄、银行结算、人身保险、财产保险、股票买卖、债券、基金买卖等全部金融业务。金融超市于20世纪80年代中期发源于欧美，因其突出的优势而迅速被一些国家所接受。在金融超级市场中，各种金融业务的相互兼容，不仅为金融产品消费者提供了极大的便利，也使得金融集团的成本大大降低。

（4）银行保险。20世纪80年代后期，国际金融竞争加剧，西方国家的银行业与保险业开始融合渗透，从而产生了银行保险这一新的保险营销形式。银行保险，即保险公司针对银行特定顾客群体设计保险商品，通过银行进行销售。在这种合作关系中，银行是主办人，保险公司只是利用银行的客户源，即银行信用卡客户推销保险，并在所推销的险种上注明由某保险公司承保。

银行保险的特点：①银行保险的销售是通过直接邮寄将投保建议书寄给持卡人，要求持卡人在短期内作出投保与否的选择，也就是说，在投保的过程中保险业务人员并不与客户直接见面，这种特定的方式以及保险产品的复杂性，使得通过银行保险销售的保险产品较为简单，包括投保方式、投保条件、缴费方式、保险费率设计都较为简单，通俗易懂，简单明了。②通过信用卡账户自动转账付费，无须持卡人亲自缴费。③与银行业务密切相关，有利于银行主产品的推销。④银行以自己的品牌推销保险公司的产品，保险公司充当幕后服务的角色。银行保险使银行和保险公司双双受益，银行可以得到一笔稳定的手续费收入，还可以巩固甚至扩大持卡人数量。保险公司则省却了保户开拓程序，利用银行的客户资源扩大业务。

在我国，银行与保险公司的合作早已开始，合作的领域也较为宽泛，包括代收保费、代付保险金、代售保险产品、融资业务、资金汇划网络结算、电子商务、联合发卡、保单质押贷款、客户信息共享等。

（5）摊位销售。保险公司在吸引顾客的场所（如零售店）设立摊位推销保险产品。在大多数情况下，保险公司与销售点有某种形式的关系或已达成销售协议，销售摊位按规定时间营业，并配备佣金制代理人或付薪销售人员。

2. 直接推销

（1）直接推销及其产品设计。直接推销是指供应商和消费者直接交易的方式，在这种推销中，保险信息往往通过电子邮件、报纸、杂志、电视和电台的广告直接传给顾客。直接推销包括三个步骤，即利用一个或多个媒体，诱导客户作出反应、咨询或购买；记录、跟踪分析这些反应；将信息储存在信息库内以备检索。这三个步骤又可归纳为两种活动类型，一是签约邀请，二是询问邀请。签约邀请是指专门为招揽顾客以及促成销售而设计的信息传播方式，它应包含客户作出投保决策需要的所有信息，诸如保险产品特点、功能、费率以及反馈方式等。询问邀请是指专门为诱发保险需求而设计的信息传播方式，主要内容是诱发顾客对本公司的保险产品感兴趣，向顾客提供咨询，送一份保险资料给顾客。

保险公司的所有产品都可用于直接推销，但许多公司还是要为直接推销单独设计产品，目的是使推销的效果更好一些。直接推销的产品设计可概括为四个简便：一是申请简便。在直接推销方式中，顾客不能与销售人员面对面接触，而只能根据保险公司寄送或从网络上得到的有关材料作出购买决策。这就要求用来直接销售的保险产品应尽量简单些，条款易于理解，费率容易看懂，相应的说明也不复杂。二是核保简便。直接推销的产品免体检，但对申请人的健康询问（如实告知）包含在投保单中，然而实践证明，随着投保单中询问的问题增多，投保人的数量在减少，为此，有必要将询问的问题减少到最低限度。三是管理简便。产品设计的简化，使其投保与理赔处理程序相对简化，有关人员可以进行核保与管理的流水作业。四是缴费简便。为顾客提供选择银行信用卡或银行转账结算方式。

（2）直接推销方式。采用直接推销方式的保险公司可利用多种不同的方法接近顾客，比如通过互联网和其他在线服务与潜在顾客相连的电子网址；电话推销；直接邮件、印刷及媒体活动；传真推销，用传真技术来传送促销信息或使用传真查询服务系统；交互式电视。在这些推销方式中，前三种推销方式发展得较为快一些，因此，本书对其重点介绍。

①网络销售。现在，因特网已经渗透到经济生活的各个领域，利用因特网发布及获取各种信息，处理保险业务，已经成为保险技术现代化的一个重要发展方向。许多保险公司通过设立主页介绍保险知识，解答疑问，推销保险商品，提供保险服务。人们只要坐在因特网的终端前，通过浏览器在网上找到保险公司的 Web/服务器，打开它的主页，就走进了保险公司，于是就可以选择自己喜欢的保险产品，在选定产品的电子意见书上填入保险金额、缴费方式、被保险人姓名、联系地址等，如符合条件，就会在网上收到保险公司发来的已填好的保险单，如果满意，只需通过银行将保险费划拨到保险公司的账户上，并输入密码，一份保险契约就完成了。

网络销售的优点：一是大大降低了营业成本。为了拓展业务，提高公司的竞争力，传统的做法是广泛建立分支机构，其代价是支出大量的费用，利用因特网能够省却这些费用。二是为顾客提供高效率的服务。利用因特网使顾客享有充分的信息，从而享有最大限度的自由度和选择权。因特网超越了时空界限，全天 24 小时不间断地提供服务。三是提高公司知名度。因特网的国际性特征，有利于提高公司知名度，进而占有更大的市场份额。

我国的一些保险公司早已开始了对网络保险的尝试，但利用水平一直较低，从长计议，应做好开发网络保险计划，有计划有步骤地开展网络保险业务。

②电话营销。电话营销并非通常所说的通过电话销售保单，而是紧随直接邮寄推销的一种跟踪服务，这种服务是由保险公司专门的电话营销员完成的。电话营销的对象主要是与保险公司有合作关系的银行持卡人。一般的运作过程是：保险公司利用银行提供的客户名单，向每个持卡人邮寄一份有关险种介绍的投保建议书，并附上供客户选择投保与否的回函，电话营销员在估计持卡人收到邮件后马上跟踪服务，督促持卡人拆阅邮件，作出选择。

电话营销有利于提高投保回复率，进一步挖掘客户资源。

③直接邮件营销。直接邮件是一种以印刷品形式通过邮政服务来推销保险产品的方式，这里所说的邮件包括保险产品介绍信、特定保险产品的宣传手册、投保单、商业回复信函。

直接邮件营销的基本步骤：第一，寄送直接邮件至发送清单上的潜在顾客。所谓发送清单有本公司清单、反馈清单和汇集清单。本公司清单通常是发送给那些对本公司感兴趣的人和单位，反馈清单通常是发送给那些通过直销方式购买了其他保险公司产品的人和单位，汇集清单通常是发送给那些从各种渠道得来的没有特殊营销购买经历的人和单位。第二，选择清单上的人或单位，注意其特点以及相应的保险需求。第三，进行邮寄。最初的邮寄完成后，对那些尚未作出反应的人或单位可再寄出几份邮件。直接邮件营销方式针对性强，且是量身定做，因此，反馈率高。

（二）间接营销渠道

间接营销渠道是指依靠销售中介（中间商）推销产品的营销体系。保险产品通过保险销售中介得以分销，保险中介参与代办、推销或提供专门技术服务等各种活动，从而辅助或促成保险经济关系的发生。间接营销渠道主要有自销，即依靠保险公司按销售业绩领取薪水的雇员推销保险产品；定点营销，即通过在一些吸引客户的场所（譬如零售店、储蓄所）设立办公室推销保险产品；上门服务营销，即依靠上门服务代表推销保险产品或提供服务；代理人营销，即依靠代理人推销保险产品；经纪人营销，即依靠经纪人推销保险产品。在间接营销渠道中，保险代理人和保险经纪人占有重要地位。

1. 保险代理人

保险代理人是根据保险人的委托，向保险公司收取代理手续费，并在保险人授权范围内代为办理保险业务的单位或个人。根据不同的标准，保险代理人可分为不同的类型：

（1）按代理性质不同，可分为专业代理人、兼业代理人和个人代理人。

专业代理人是指专门从事保险代理业务的公司。它应具备的基本条件：组织形式为有限责任公司；最低实收资本为人民币 50 万元；具有符合规定的公司章程；拥有至少 30 名持有《保险代理人展业证书》的代理人员；具有符合任职资格的高级管理人员；具有符合要求的营业场所。

兼业代理人是指受保险人委托，在从事自身业务的同时指定专人为保险人代办保险业务的单位。常见的代理人有银行代理、行业代理和单位代理三种。银行代理主要是代保险公司销售保险产品、代收保费、代发保险金等。行业代理的保险业务多为专项险种，比如由汽车销售商代理汽车保险业务、货运部门代理货运险业务等。单位代理主要是通过企业的工会和财务部门代理与职工工作和生活密切相关的险种。

个人代理人是指根据保险人的委托，向保险人收取代理手续费，并在保险人授权范围内代办保险业务的个人，个人代理人只为一家保险公司代理保险业务。

（2）按授权范围不同，可分为总代理人、地方代理人和特约代理人。

总代理人是经保险人授权，全面负责某一地区保险业务的人。其权限是在财产保险中可代表保险人签订保险合同，但在人寿保险中仅仅以招揽业务为主，保险单的签发权仍留在保险人手中。地方代理人又称营业代理人，他是由总代理人委托的，同时又可以与保险人保持直接联系，其权限仅限于招揽业务、交付保险单、收取首期保险费。特约代理人是受保险人委托处理某项特别事务的人，如医生，他受托检查投保寿险的被保险人的健康状况，其他如律师、保险公证人、保险理算师等。

（3）按代理对象不同，可分为独家代理人和独立代理人。

独家代理人又称专属代理人，他只为一个保险人或某一保险集团代理保险业务，对招揽的业务不能保留所有权，必须由保险人保留其占有、使用与控制保险单记录的权利。通常专属代理人可享有高于独立代理人的手续费。独立代理人则可以独立的身份和名义为几个保险人代理保险业务，他们一般享有较大的权利，可以代理保险人签发保险单、收取保险费，并享有续保的独占权利。独立代理人按代理业务的险种不同、新保和续保的难易度不同，分别向保险人收取不同档次的代理手续费。

（4）美国的保险代理人制度。美国的保险代理人由普通代理人、多险种代理人、上门服务代理、个人业务总代理构成。

普通代理人包括分公司销售体系和总代理销售体系。在分公司销售体系下，通过在各地分设机构来招揽业务，是总公司职能的延伸，分公司的经理均由总公司直接委派，依照总公司的命令处理日常事务，分公司通常可以获得一笔基本薪水，并可以基于公司的业绩获得特别佣金和奖金。在分公司工作的代理人虽然是与总公司签订合同，直接从总公司领取佣金，但实际上是由分公司经理指派，并受其监督和管理。分公司的所有费用包括房租、薪酬、设备成本等都由总公司支付。在总代理销售体系下，总代理人与保险公司签订合同，代表保险公司在指定地区开展保险业务，保险公司根据业务量向总代理人支付佣金。总代理人要开设代理处作为销售机构，其经费一般由自己负担，保险公司有时也会给予一定的补偿。

多险种代理体系又称多险种独家代理体系，即通过专业代理人推销保险产品，该专业代理人是一组（两家或两家以上）财务上有联系的或共同管理的代理公司。多险种专业代理人被看做独立承保商，而非保险公司的雇员。大多数多险种代理体系内的专业代理人建立并维持自己独立的办公室，支付办公费用，并且个人雇用全部必要的工作人员。

上门服务销售体系是利用全日制雇员（代理人为一组特定的保单所有人提供保险产品服务）上门收取续期保费。

个人业务总代理销售体系是一种利用个人业务总代理人推销保险产品的销售方式，个人业务总代理人从保险公司领取佣金，他们通常有自己的办公场所，可与多家保险公司签订合同，致力于寻找客户和推销保险产品。

2. 保险经纪人

保险经纪人是基于投保人的利益，为投保人与保险人订立保险合同提供中介服务，并依法收取佣金的单位或个人。保险经纪人的组织形式有三种：（1）个人经纪人；（2）合伙经纪人；（3）保险经纪公司。大多数国家允许个人保险经纪人从事保险经纪业务，在英国、美国、日本、韩国等国家，个人保险经纪人早已构成其保险经纪行业的重要组成部分。合伙经纪人是由各合伙人订立合伙协议，共同出资、合伙经营、共享收益、共担风险并对合伙企业债务承担连带责任的营利性组织。保险经纪公司是所有国家都认可的保险经纪人组织形式（我国现阶段只认可这种形式的经纪人），一般为有限责任公司。

三、保险促销策略

（一）目标市场策略

目标市场策略是在保险市场细分的基础上，针对目标市场的情况和保险营销的需要出发，作出的策略选择。

1. 无差异市场策略

无差异市场策略也称为整体市场策略，它是将整个保险市场看做一个目标市场，只注意保险消费者对保险消费的同一性，而不考虑他们对保险需求的差异性，以同一条款、同一标准的保险费率和同一营销方式向所有的保险消费者推销一种保险产品。保险公司的许多险种适用于无差异营销，比如机动车辆第三者责任险。

无差异市场营销策略适用那些差异性小、需求范围广、实用性强的险种推销。其优点是减少险种设计、印刷、广告宣传等费用；缺点是忽略了消费者的差异性，难以满足保险需求的多样性。

2. 差异性市场策略

差异性市场策略是指保险公司针对每个目标市场分别设计不同的险种和营销方案，以满足不同消费者的需要。其优点是针对性强，能有效地提高市场占有率；缺点是营销成本高，设计管理费用较多。

3. 集中性市场策略

集中性市场策略也称为密集性市场策略。保险公司选择一个或几个细分市场作为目标，制订一套销售方案，集中力量在这些细分市场上占有更大的份额，而不是在整个市场上占有较小的份额。其优点是能够集中力量迅速占领市场，提高保险商品知名度和市场占有率，使保险公司集中有限的精力获取更高的收益，可深入了解特定的细分市场，实行专业化经营；其缺点是经营的险种较少，经营风险较大，一旦市场上保险需求发生变化，或者有强大的竞争对手介入，可能使其陷入窘境。

（二）保险商品策略

1. 保险商品组合策略

保险商品组合策略是指保险公司根据市场需求、公司的经营能力以及市场竞争等因素，确定保险商品保障机能的组合方式。

（1）扩大保险商品组合策略。扩大保险商品组合有三个途径：一是增加保险商品组合的广度，即增加新的险种系列；二是加深保险商品组合的深度，即增加险种系列的数量，使保险险种系列化和综合化；三是保险深度和广度并举。

（2）缩减保险产品组合策略。缩减保险产品组合策略是指保险公司缩减保险商品的深度和广度，即减少一些利润低、无竞争力的险种。这是在保险市场处于饱和状态、竞争激烈、保险消费者缴费能力下降的情况下，保险公司为了更有效地进行保险销售，或集中力量进行专业化经营，取消某些市场占有率低、经营亏损、保险消费者需求不强烈的保险商品而采取的策略。

（3）关联性小的保险商品组合策略。随着保险市场需求的发展和保险公司间竞争的加剧，越来越多的保险公司将财产保险与人身保险进行组合，或以财产保险为主，或以人身保险为主，使新组合的保险产品能更好地满足消费者的需求。

2. 保险商品生命周期策略

保险商品生命周期包括投入期、成长期、成熟期和衰退期。

（1）投入期的营销策略。这一阶段，保险公司要强化广告宣传，诱导保险消费需求，可分别不同情况采用快速占领策略、缓慢占领策略、迅速渗透策略和缓慢渗透策略。

（2）成长期的营销策略。在销售额急剧上升的成长期，应不断地完善保险产品；广告宣传要依保险消费者需求的变化而变化；在适当的时机调整保险费率；开拓新的营销渠道。

（3）成熟期的营销策略。主要是开发新的保险市场；改进保险产品；争夺竞争者的客户。

（4）衰退期的营销策略。主要注意两个方面：避免仓促收兵和难以割舍的错误做法；有预见性、有计划地开发新产品。

（三）广告促销策略

1. 广告促销的目标

（1）以告知为目标。将有关保险公司、保险商品、保险理赔的信息及时准确地告知公众。告知性广告有助于提高保险公司及其产品的知名度。

（2）以说明为目标。向公众说明险种的基本内容和特色，以说明性为目标的广告又称为产品广告，分为直接反馈广告和产品意识广告。

（3）以提高声誉为目标。以提高保险企业声誉为目标的广告称为保险企业形象广告，它可以分为三类：一是形象树立性广告；二是观点性广告；三是信息性广告。

2. 广告媒体的选择

广告媒体是传播信息的工具，在实务操作中，正确选择广告媒体的目的，在于以最广泛、最准确、最节约的媒体传递方式，将保险信息传递给公众。广告媒体的选择策略包括：根据保险信息的特点选择媒体；根据保险公司接受媒体的习惯选择媒体；根据传播时间选择媒体；根据保险公司的支付能力以及成本效益分析的思想选择媒体。

（四）人员促销策略

人员促销是指保险企业营销人员直接与顾客接触、洽谈、宣传介绍保险商品以实现销售目的的活动过程。它是一种古老的、普遍的但又是最基本的销售方式。保险企业与客户之间的联系主要通过营销员这个桥梁。营销员、产品、顾客三者结合起来，才能成为统一的人员推销这一运动过程。

1. 人员促销的目的

（1）了解客户对本企业保险产品信息的接收情况以及市场需求情况，确定可成为产品购买者的顾客类型。了解目标市场和顾客对企业及其产品的反应及态度，准确选择和确定潜在客户。

（2）收集、整理、分析信息，并尽可能消除潜在客户对产品、推销员的疑虑，说服他们采取购买行动，成为产品真正的购买者。

（3）促使潜在客户成为现实购买者，维持和提高客户对企业、产品及推销员的满意程度。因此，为了进行成功地重复推销，推销员必须努力维持和不断提高客户对企业、产品及推销员本人的满意程度。

2. 促销人员应具备的能力

（1）策划能力。保险销售员是在区域市场开展保险签单工作。保险公司给销售人员设定一个销售任务，所有销售工作包括市场调研、市场规划、客户开发、客户管理、投诉处理等基础性工作都要销售人员亲力亲为。要做好这一切，确保所负责的客户持续健康发展，就需要销售员精心地策划。

（2）倾听的能力。不管是开发客户还是处理客户投诉，倾听比说更重要。一是倾听可以使你弄清对方的性格、爱好与兴趣；二是倾听可以使你了解对方到底在想什么、对方的真正意图是什么；三是倾听可以使对方感觉到你很尊重他、很重视他的想法，使他放开包袱与顾虑；四是当对方对保险有很多抱怨时，倾听可以使对方发泄，消除对方的怒气；五是倾听可以使你有充分的时间思考如何策略性地回复对方。

（3）说服能力。营销人员是保险公司的代表，公司的基本情况、销售政策都是通过销售人员向客户传递的。提高自己说服能力的方法是在正式说服客户之前，做充分的准备。

（4）专业能力。销售人员要具备专业能力，如掌握产品知识、销售技巧、消费心理、谈判等方面的知识和能力，才能面对市场挑战，应对自如。

第二节　保险核保

一、保险核保内容

（一）审核投保申请

1. 形式上的审核

看投保单上的字迹是否清晰，字体是否工整，是否用简化字书写，是否使用蓝黑、黑色或签字笔填写；如果投保人或被保险人的姓名或证件号码发生更改，是否在更改处盖章或签字认可；含有死亡责任的保险，被保险人是否在投保书上亲自签名；投保人的名称是否写全，姓名是否与有效证件相一致，地址是否写详细，所提供的证件是否为法律有效证件；被保险人的出生年月日和性别是否与身份证相一致，年龄计算是否正确；投保单的内容是否填全。

2. 实质性审核

（1）审核投保人的资格，即审查投保人是否具有民事权利能力和民事行为能力以及对保险标的是否具有可保利益。一般来说，在人身保险合同中，投保人对保险标的的可保利益来源于血缘关系、婚姻关系、赡养抚养关系、雇佣关系、债权债务关系以及对方同意。

（2）审核保险标的，即依据投保单或其他资料进一步核实标的的风险情况。审核财产保险时，要看财产的性能和构造，建筑物是木结构、钢筋水泥结构还是防火建筑，流动资产是一般的物品还是易燃易爆品；要看财产的占用性质和用途，房屋是商用还是民用，轿车是出租车还是私家车；要看保险财产的坐落位置及周围环境，厂房是坐落在工业区、商业区还是居民区，是否洪水易淹没区，附近有无易燃易爆的危险源；要看财产的防护措施，有无自动报警系统，有无自动喷水灭火装置，消防设施如何，等等。审核人身保险时，健康方面的因素要看年龄、性别、体格、现症和既往症、家族病史等；非健康方面的因素要看职业、生活习惯、生活环境、业余爱好、道德品质等。

（3）审核保险费率，即依据保险标的的风险程度确定相应的费率。一般的财产险和人身险可能遭遇的风险基本相同，因此，可以按照不同的标准，对风险进行分类，制定出不同的费率等级，以备核保确定费率之用。比如，将企业财产基本险分成若干个等级，核保时看该标的属于哪一等级，套用相应的费率就行了。当然并非千篇一律，有的保险业务，如海上保险，由于运输工具不同、航程航线不同，承保的每一笔业务都需要核保人员根据以往积累的经验，结合风险的特征，按照有关的规定制定单独的保险费率。

（二）控制保险责任

1. 控制逆向选择

逆向选择是指风险较大的投保人试图以平均费率购买保险，或者说是投保人作出的不利于保险公司的投保选择。例如，在人身保险中，那些已经、曾经或未来很有可能患有某种疾病的人，那些身体状况不佳的人，比身体健康的人更愿意购买健康保险；在财产保险中，那些受火灾威胁较大的财产所有者，更愿意以标准的费率将风险转移给保险公司。保险公司控制逆向选择的一种方法是对不符合承保条件的标的拒绝承保，比如对于那些已经患上重大疾病投保重大疾病保险的客户，保险公司不予承保；另一种方法是对风险大于一般水平的标的附加条件承保，比如对那些患心血管、脑血管疾病风险明显高于正常人的高血压患者，保险公司往往采用高于正常体（标准体）的费率承保；对于那些管理混乱、防护措施较差、火灾隐患较大的企业，投保与同类企业相同的保险，必定付出高于同类企业的保费。

2. 控制道德风险

道德风险是指由于人们的不诚实、不正直行为或企图，故意使风险事故发生，以致造成损失结果或扩大损失程度。比如投保人或被保险人为获取保险以外的额外利益，以欺诈手段签订保险合同，故意制造保险事故，在火灾发生时故意不施救；为获取巨额的保险金，故意使被保险的儿童处在危险状态等。在核保这个环节，道德风险的控制主要是严把"入口"关，将存在道德风险的保件拒之门外。比如在寿险中，以他人为被保险人，以自己为受益人，投保巨额死亡保险，并且应缴保费与投保人的财务状况严重不符，则存在着投保人非法牟取保险金风险；在较短的时间内，以他人为受益人，以自己为被保险人，连续购买带有死亡和医疗责任的保险，且每张保单的保险金额均为免体检的最高限，则被保险人可能大病在身，或来日无多。在财产保险中，故意高报保险金额，比如将一辆价值只有 2 万元的载重汽车以 8 万元的保险金额投保，则日后投保人故意制造保险事故欺诈保险公司的可能性极大。

在核保环节控制道德风险的可行措施是：

（1）建立严格的承保预防体系，具体的工作包括：①在公司内部建立一套科学的管理体制，对承保进行集中管理，形成专人展业，集中审核签单。②注重核保工作，把住"病从口入"关。一是要提高业务员的风险防范意识。保险公司与客户订立保险合同，是建立在自愿和诚信基础上的，投保人填写投保单是保险关系建立的必要步骤，实际上也是保险公司对保险标的进行核保的一个重要环节。因此，业务员与客户接触时，事实上担负着第一次风险选择的重任，就其职责而言，业务员应该通过对准保户身体状况、经济状况的了解，作出是否与其进一步接触的选择；通过听其言、观其行判断其投保动机，看是否存在道德风险；对于那些拿捏不准的客户，可通过报告书的形式陈述理由，以引起核保人员的注意。二是加强教育培训，提高核保人员的综合素质。要加强核保人员的政治理论、法制观念和职业道德教育，使其树立正确的人生观和价值观，爱岗敬业、恪尽职守；要加强核保人员的业务能力培养，总结道德风险防范正反两方面的经验教训，提高他们明辨是非的能力。

（2）建立业务员展业考评体系。根据业务员的业务数量、发生理赔的概率、拒付占理赔的比重、拒付案中属于道德风险的件数等指标，建立起展业质量与晋级加薪相结合的考评体系，以提升业务人员的责任心和事业心。

（3）控制保险金额，避免超额保险。在财产保险中，要注意保险金额不能超过其标的的实际价值，以防止被保险人因保险获得额外利益，避免和减少诱发道德风险因素。

3. 控制心理风险

心理风险是指投保人或被保险人在参加保险后对标的的粗心大意或漠不关心，以致风险因素增加，风险损失扩大。比如，在购买了机动车辆损失险后，不再谨慎驾驶；购买了火灾险后，放松了对火源的管理；发生了保险事故后，不进行积极的施救，等等。与道德风险相比，心理风险更为隐蔽，也更容易发生，但并不触及法律，因此，防范起来的难度也更大。对心理风险，保险人在承保时通常采用的方法有：

（1）控制责任范围，即控制保险人承担风险的范围和赔偿给付的范围。对于那些可能发生心理风险的标的，可以在基本条款的基础上增加限制性条款，规定被保险人自己承担一部分风险。这样发生保险事故时，在带来保险公司赔付支出的同时，被保险人自己也遭受到一定的损失。可以加大除外责任的范围，将一些明显的因被保险人心理风险因素造成的事故排除在保险责任之外。按照自身的偿付能力确定自留责任限额，超过部分进行再保险，以分散风险。

（2）规定免赔额，即规定保险人对保险标的在一定额度内损失不承担赔付责任的金额。免赔额有绝对免赔额和相对免赔额之分。两者的共同点是只有超过免赔额被保险人才能得到赔付；两者的不同点是绝对免赔额在计算赔付金额时保险人要从中扣除免赔额部分，相对免赔额在计算赔付金额时保险人不从中扣除免赔额部分。

（3）规定分担比例，即规定由保险人和被保险人各自承担的费用比例，在医疗费用保险、玻璃器皿破碎险中均有这种规定。让被保险人自己承担一定比例的损失，有助于增强他们的风险防范意识，抑制其心理风险因素发生，减少高风险承保的赔偿责任。实际上，前面两种方法也都具有同样的作用。

（4）采用保证条款。保证是保险人与投保人在合同中约定投保人在保险期内担保或承诺特定事项的作为与不作为。投保人和被保险人只有履行了保证义务，出险时保险人才负保险责任，一旦违反了保证义务，则保险人不予赔偿损失或给付保险金。因此，保证条款的采用，可以在一定程度上消除被保险人的心理风险因素。

二、保险核保程序

1. 保险核保的一般程序

（1）接受投保单。投保单是投保人向保险人申请订立保险合同的依据，如果保险合同最终成立，投保单也是保险合同的重要组成部分。投保人购买保险必须填写投保单，并通过各种渠道（业务员、代理人、经纪人等）交到核保人员手中。

（2）审核验险。核保人员收到投保单后，要对其进行审定与核实。一是详细审核投保单，发现问题及时纠正；二是对保险标的进行查验，以确定风险等级。

（3）接受业务。核保人在审核验险后，按照本公司规定的业务范围和承保权限，作出承保或拒保以及以什么条件承保的决定。

（4）缮制单证。作出承保决定之后，就要正式签发保险合同。保险合同是明确投保人与被保险人双方权利义务的书面证明，是保险人履行保险责任、被保险人获得赔付的依据，因此保险单的填写必须认真准确，具体要做到：①单证相符。投保单、保险单、批单、财产清单、人身险的体检报告书等都要符合制单要求。②合同要素明确。保险合同中有诸多项目，包括合同当事人、合同关系人、标的可保利益、保险责任、保险金额、保险期限、保险费率等，这些项目即合同要素，如果其中某一项出现差错，都将影响合同的法律效力，损害保险人的声誉。因此要认真填写保险合同，确保准确无误。③复核签章。投保单、验险报告、保险单、批单、明细表以及其他各种单证要齐全，内容符合要求，计算准确。一切复核无误后，在保险单上加盖公章和负责人及核保员名章，然后对外发送，即出单。

2. 人身险核保程序

人身险的核保工作是由契约部负责进行的，契约部包括综合室、核保室、调查室、体检室和承保室这些职能科室，它们围绕着保证公司获得优质的契约和有效地进行风险控制两大基本职能开展工作，具体的工作流程，也即核保程序，如图10-1所示。

（1）初审。初审员对代理人提交的投保单以及投保资料进行审核，发现问题及时处理，然后将这些资料按一定的程序交由下一个岗位。

（2）录入、复核。录入员将初审员上交的经过初审的投保资料录入电脑系统，如发

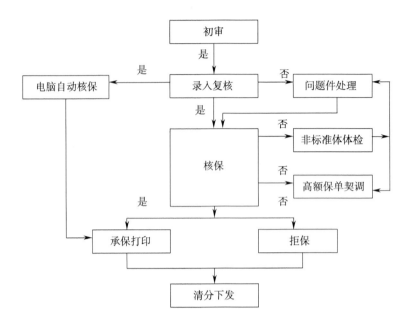

图 10-1　人身保险核保程序

现问题则录入问题件信息。复核员对录入电脑系统中的投保资料进行复核，如果发现录入不准确则交由录入员重新录入，如果投保资料准确无误且符合自动投保要求，则由电脑自动核保，不能自动核保的，交由核保室进行人工核保。

（3）核保、体检、契调。如果说上述的岗位主要是保证投保单的优良，那么核保岗位主要职责是进行风险控制。对标准体按标准费率核保通过，对非标准体和保额过大的契约，则根据核保规则下发体检件或开契调件。核保人员通过电脑系统将体检件下发到初审岗，由初审员打印体检通知书交由业务员，再由业务员带领被保险人到体检室进行体检，体检室将体检报告录入电脑系统，并将体检报告交由问题件处理岗回销。最后由核保室完成核保工作。对于需要契调的投保单，由核保岗交到问题件处理岗，打印契调函由契调人员完成契约调查工作，并将调查结果录入电脑系统，最后由核保岗位完成核保工作。

（4）问题件处理。各类问题件包括由录入复核岗发现的以及需要进行体检与契调的保件进行审核，需要改动的加以改动并将资料录入电脑系统，再由相关岗位处理。

（5）承保、打印。每日定时做承保并打印保单、保费收据和承保清单。

（6）清分、下发。对新契约件的保单正本、保费收据、条款进行清分，与承保清单核对并按营业区、部交初审岗发放，初审岗发放至营业部内勤，营业部内勤在承保清单上签字接收保单，投保资料整理归档。

（7）成品保单差错件处理。对于客户或业务员反馈的差错成品保单，由承保室将保单与原始投保资料核对，如确有差错，对该单的录入员、复核员姓名及相关信息进行记录，每月统计一次成品保单差错率。由承保室修改保单电脑资料，重新打印保单，按（6）下发。

3. 财产险核保程序

财产险核保是由保险公司核保员依据国家法律、保险条款以及相关业务规定，在授权范围内，按照保险公司指定的《核保细则》对投保人和标的的风险因素进行识别、评估，决定是否承保以及以什么样的条件承保的过程。下面仅以机动车辆险为例，说明财产险的核保流程，如图 10－2 所示。

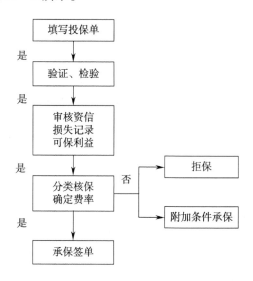

图 10－2 机动车辆核保流程图

（1）填写投保单。在业务员的指导下由投保人逐项如实填写投保单的各项内容，填写完毕由投保人签章并注明填写日期。投保单的背面有张贴标的的拍摄照片、发动机及车架号拓印号码以及验车报告栏。

（2）验证、验险。验证即核实车主与投保人、被保险人是否一致，车辆行驶证、临时牌号与投保标的是否相符，是否经公安车辆管理机关检审合格。验险即检验机动车辆的身份状况、安全技术状况和外观状况，重点是检验新保车辆、转保车辆、异地车牌车辆、脱保车辆、使用年限较久的车辆、私人车辆、出租车等。

（3）核保可保利益。核实投保人或被保险人对车辆是否具有可保利益，对那些发生租赁、转让、转销、变卖、抵押的标的尤其要注意，核保人有权要求业务经办人提供投保人及投保车辆的详细风险资料，以明确可保利益存在与否。

（4）对投保人与被保险人的资信和标的以往损失记录进行核保。核保人员必须了解投保人、被保险人的经营管理情况以及经营作风，以决定承保条件。此外，核保员还必须建立被保险人的风险档案，登录被保险人的以往损失情况，以限制损失严重、车辆状况差的投保人投保。

（5）分类核保、确定费率。核保员在核保时要根据标的的风险程度决定是正常承保、附加条件承保还是拒保。对绝大多数车辆，其费率根据投保人填写的投保单，按机动车辆保险费率表根据投保车辆的种类、使用性质等因素确定。

对那些存在不良风险的车辆采用增加保费或限制保额等方式承保，比如，对使用 10

年以上的出租车提高费率承保；对那些风险过大不宜承保的车辆则不予承保，比如，对连年赔付率超过 60% 又无明显改进措施的车辆拒绝承保。

（6）确定保险金额、赔偿限额。对车辆损失险的保险金额按每年编制的机动车辆新车购置价格表核定，以防止超额保险。对于使用 3 年以上的专业营运车辆的车辆损失险的保额，以投保时标的实际价值的 80% 为限。对大中型客车以及运载危险物品的车辆，适当限制第三者责任险赔偿限额。

（7）对双方特别约定的事项以及其他事项，如投保单的填写、业务经办员的签字、保险起讫期、验车报告等，进行认真审核。

（8）承保。在核保权限内，核保人核保完毕，在投保单上签署意见并签名，注明核保日期。对于超过核保权限的，应报上级公司核保。对需要分保的业务，按总公司的要求做分保处理。

（9）缮制保险单证。根据投保单及核保人员签署的意见，由出单人员通过电脑缮制机动车辆保险单，经复核人员复核后出单。

（10）单证清分、装订、归档。

第三节　保险理赔

一、保险理赔的一般程序

1. 受理登记

（1）损失通知。保险事故发生后，被保险人或受益人应将事故发生的地点、时间、原因以及有关情况及时通知保险人，并提出索赔申请。损失通知可采用电话（传真）报案、上门报案或向代理人、经纪人报案三种形式。出险后及时通知保险人，是被保险人或受益人必须履行的义务，对此各种保险条款均有相应的规定。例如，现行的家财险规定，被保险人在保险财产遭受保险责任内损失后应在 24 小时之内通知保险人；某保险公司的一款人寿保险规定，投保人、被保险人或受益人应于知道或应当知道保险事故发生之日起 5 天内通知保险公司。所以这样规定，在于保证保险人能够及时到出险现场，及时调查和取证，避免被保险人隐匿或销毁证据，或时过境迁现场被破坏。

（2）提供各项单证和证明材料。投保人或被保险人报案并提出索赔申请时，须提供各种单证和证明材料，包括保险单、保险凭证或批单正本；支付保险费的收据或证明；保险事故证明或损害结果证明。人身险主要有医疗费收据、住院证明、残疾证明、事故报告书等，财产险主要有财产损失清单、技术鉴定证明、事故报告书、救护费用发票以及账簿、单据和有关部门的证明。如果涉及第三者责任时，还需出具权益转让书。

2. 现场查勘

现场查勘是理赔工作的重要环节之一，是了解出险情况、掌握第一手资料处理赔案的重要依据。查勘工作质量的高低，对及时、准确、合理地处理赔案起着不可替代的作用。接到报案后，保险公司应派人到出险现场进行实际调查，了解事故情况，以便分析损失原因，确定损失程度。

3. 确定保险责任

理赔人员根据事故证明材料、出险查勘报告，按照保险条款的规定，全面分析主客观原因，确定事故是否属于保险责任。

4. 赔偿或给付保险金

事故属于保险责任后，应核定损失，确定赔偿或给付金额并立即履行赔偿给付义务。

二、人身险理赔程序

理赔是由理赔部负责进行的，理赔部负责寿险公司所有个险理赔作业，其主要职责是规范寿险理赔作业流程，保证及时、准确、合理地处理客户提出的理赔申请，确保理赔品质。如果说契约部是寿险公司控制风险的第一道关口，那么理赔部则是寿险公司进行风险控制的最后一关，同时，理赔部也是与客户接触最直接的部门，客户在出险时急于得到赔付，情绪容易激动，因此，这时理赔工作能否做好，将直接关系到客户的满意度和公司的形象。理赔部下设调查室、理赔室和综合室三个职能科室，它们之间分工协作、相互协调，构成一个完整的理赔作业流程，如图 10-3 所示。

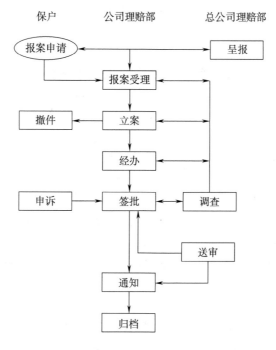

图 10-3 人身险理赔程序

1. 报案登记

客户出险后要尽快通知保险公司，接到投保人或被保险人报案后，报案岗应详细记录报案信息，及时录入电脑系统。此外，对于那些预计给付金额较大的案件，在接到报案 24 小时内通过理赔电脑系统呈报总公司理赔部，公司按总公司理赔部的指示对案件进行处理。

2. 理赔申请受理

在接到申请人提出的理赔申请后，受理岗位审核申请人资格、申请时效以及申请材料是否齐全，受理岗一般是由营业区和客户服务中心的客户服务人员担任。

3. 立案

立案岗位审核理赔申请人理赔申请书和所附材料，如果材料不齐全，以延迟立案处理。理赔材料齐全后，判定所受理赔案件是否符合立案条件。符合立案条件的，在理赔电脑系统做立案处理后移交经办人。不符合立案条件的，按撤销件处理。

4. 调查

报案岗、受理岗、立案岗、经办岗及签批岗按照提起调查的标准在理赔电脑系统中提起调查，注明疑点和需查事实。一般而言，要求进行调查的案件都是保险金额较大且疑点较多的案件。提起调查人员可与调查主管及调查人进行必要的沟通，帮助调查主管及调查人员确定调查方向。调查人员调查完毕后撰写调查报告，会同有关证明材料一同提交调查主管，调查主管负责审核调查结论的充分性和有效性，审核未通过的，调查人员在调查主管的指导下进行补充调查。调查报告及证明材料经调查主管审查通过后交给经办岗。对于那些各种因素显示可能是保险欺诈又无法拿到证据的案件，可委托公安经侦部门立案侦查。

5. 经办人员审核

经办人员发现立案岗对案件类型认定有疑问时，可修改案件类型，按案件类型审核程序审理。对于简易案件可独立审决给付，结案后直接移交理赔岗。对于常规非调查案件可直接理算，并移交签批人。对于常规调查案件根据调查结论进行审定，然后将案件交给签批人。经办人员在审理非常规案件时如果遇到疑难问题，可将案件列为合议案件，提请理赔合议会议进行讨论，并依据合议结果进行案件录入。

6. 签批人签批

签批人对经办人作出结论的案件进行复核，若同意则进行签批；若认定经办人所做核赔结论或理算有错误，则将案件退回经办人员或指定其他核赔人员重新审核。

7. 理赔通知与给付

对于签批后的案件通知给付岗要及时打印理赔批单，并及时通知理赔申请人前来办理理赔事宜。

8. 申诉重审

对于申请人不同意核赔结论的案件，最高级别核赔人应审核理赔申请人提出的申诉理由，从而作出相应的处理决定。

三、财产险理赔程序

财产险的理赔工作是由理赔部（或核保核赔部）完成的，其作业流程如图 10 - 4 所示。

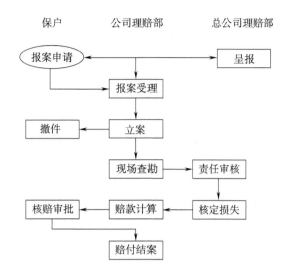

图 10 - 4 财产险理赔流程

1. 受理案件

接到报案后，接案人员应立即填写报案登记表，对通知事项予以记载，内容包括报案时间、被保险人称谓、出险时间、出险地点、出险原因、估计损失金额、报案人联系电话等。接案或理赔内勤人员依据报案登记表查抄单底，从电脑中调出保险单及批单，核对被保险人名称、承保险种、保险责任、保险期限等。

2. 现场查勘和调查取证

（1）查出险地点，以确认出险地点是否与保单相符，如地点不符需找出原因，依具体情况加以处理；看受损财产是否属保险财产，不属于保险财产即加以拒绝。查出险时间，以确认出险时间是否在保险责任期限之内。查出险原因，以确认该案是否属于保险责任事故。在现场查勘取证过程中，要多听、多问、多看、多想，要细中求细、精益求精，对于情节有出入的地方要反复论证，对保险标的故障部位和损失痕迹进行必要的调查取证与鉴定，必要时请有关部门和专家予以协助。

（2）进行现场拍照，显示出险地点、现场概貌、损失财产情况、人员伤亡情况，同时缮制事故现场平面图。

（3）查勘人员到达事故现场后，如果灾害尚未得到完全控制，财产还有继续损失可能时，应立即会同被保险人及有关部门，共同研究采取紧急措施进行施救，以尽量减少损失。

（4）通过核对有关的账簿记录和会计报表了解财产损失的具体数额，以及属于保险财产的损失数额，为核定赔偿金额提供依据。

（5）缮制出险查勘报告，做到项目齐全、内容完整、文字简练、情节明了。

3. 责任审核

根据出险查勘报告、事故证明材料，按照保险合同的规定，全面分析主客观原因，确定事故是否属于保险责任。为此，首先要审核保险单的有效性，如果合同是无效的，就不必开展下一步工作。其次，审查事故的性质、发生的原因、责任范围和各种证明材料的权威性、有限性和可靠性。最后，根据保险条款列举的责任范围和责任免除确定是否赔付。属于赔付责任的案件进入核定损失环节。不属于保险责任的案件，经过全面地分析论证作出拒赔结论，由经办人员填写"拒赔或注销案件报告表"，由公司有关负责人签批或报请上级批准后，向被保险人发出书面通知。重大案件和有争议的疑难案件在处理之前，应报上级公司批准，并在诉讼案件登记簿上登记。

如果保险事故是由第三者的过失或非法行为引起的，或者根据有关协议应由第三者负责的，保险人可先予赔付，但被保险人应将向第三者追偿的权利转让给保险人，并有责任协助保险人追偿。

4. 核定损失

根据被保险人提供的财产损失清单列明的财产损失数量、金额以及费用支出的原始凭证，逐项核对，从而确定赔付金额。

（1）核定受损标的范围。核定受损标的是否保险财产，凡未保、漏保财产均不在赔付范围之内；核定受损固定资产是否在会计账上明确记载；核定流动资产所属会计科目是否保险标的；核定保险单上的固定资产是否与投保时账面金额或加成后的金额相等；核定流动资产金额是否与投保时约定的账面金额相等。

（2）核定受损财产数额。根据投保人提供的财产损失清单与实物进行核对，审核报损是否准确。对于受损的固定资产，应逐项核实损失程度与损失金额，遇到技术结构复杂核算难度大的机器设备，可聘请公估公司或其他部门的专家进行技术鉴定。对于受损的流动资产，包括原材料、燃料、半成品、产成品等，主要核对报价是否与账面上记载的价格一致。

（3）核定施救整理费用。在发生保险事故时，被保险人为减少标的损失所支出的合理费用由保险人负责赔偿。核定这项费用主要是分清必要与不必要费用，直接用于与间接用于财产的费用，正常支付与额外支付的费用，取得实效与未取得实效的费用。

（4）填制"保险标的损失清单"。根据核实结果填制"保险标的损失清单"，经被保险人和保险人签章后作为计算赔款的依据。

5. 核赔审批

拥有核赔审批权的人员对案卷进行最终审查，通过之后进入下一道程序。

6. 赔付结案

通知被保险人领取赔款，做好赔款记录，并将单证清分。

第四节　保险资金运用

一、保险基金构成

保险基金由自有资本金、非寿险责任准备金和寿险责任准备金三部分构成。

1. 自有资本金

资本金即开业的本钱，与资本金相关的概念有三个，即法定资本金、注册资本金和实收资本金。法定资本金是指保险企业设立时筹集的资本金应该达到的法定最低数额，比如，我国有关法律规定，申请成立保险公司最低限额为 2 亿元人民币。注册资本金是指企业为办理设立登记手续时在工商行政机构登记的资本金总额，对于合资企业来说，应为合资各方认缴的合资额之和，也就是合资各方投入的股权资本，它是企业的有限责任资本。实收资本是指企业实际收到的投资者投入的资本，在一般情况下，与注册资本相等，根据有关规定，实收资本应与注册资本一致，注册资本金不得低于法定资本金。

保险公司设立时按国家的有关规定筹集的资本金是企业的自有资本金，在开业时可视作初始准备金，以建造或租用办公、营业场所，购置办公设备、办公用品，支付员工工资和其他费用，赔偿或给付保险金。自有资本金也是保险公司偿付能力或承保能力的重要标志。

保险公司的自有资金还包括其资本金的积累部分。除了实收资本之外，保险公司在经营过程中会形成资本金。积累的渠道有两条：一条是资本公积金的积累，它来源于投资者实际交付的出资额与其资本金的差额，法定财产重估增值资本，接受捐赠的财产，资本汇率折算差额；另一条是盈余公积金积累，它是每年从税后利润中按 10% 的比例提取的。资本金的积累与资本金的共同点在于都是所有者权益，也都要投入到企业的经营过程中去，而且可以按照法定程序转化为资本，因而把它们说成准资本金。与实收资本不同的是，这些资本金不是某个投资者所有的，而是投资各方拥有，它既不是投资者分配利润的依据，也不是投资者承担风险和分摊亏损的依据。

2. 非寿险责任准备金

非寿险责任准备金根据其用途可分为未到期责任准备金、赔款准备金和总准备金。

（1）未到期责任准备金（未了责任准备金、未满期责任准备金、未满期保费准备金）是指在会计期末，把应属下年度的部分保费按规定从本期保费中提取，用作赔款的一种准备金。其所以要提取未到期责任准备金，这是因为财产保险业务大都是一年期的，是按照投保日到保险责任到期日进行计算的，而保险会计核算则是按照日历年度进行，即从 1 月 1 日起到 12 月 31 日止，在这种情况下，只有 1 月 1 日签发的保单才会在 12 月末到期，全部有效期在同一个会计年度之内，而其他日期签发的保单或多或少都有一部分有效期推延到下一个会计年度之内，这种超过会计年度的保单有效期就叫做"未到期责任"。由于保单的一部分有效期是在第二年，因此，当年的保费收入中有一部分应该归属于第二年，这就需要在当年把属于预收性质的保费收入转到第二年，以准备金的形式提存起来，作为今后的赔偿之用。

未到期责任准备金是一种对未满期保单的责任准备金，其提取数额通常等于未满期保单的总保费收入中的未取得部分，如果视全年所签署的保单在年末还有一半的保险期间没经过，则当年的保费收入乘以 50% 即应该提存的责任准备金，这种方法即所谓半年法，也是我国官方规定的提取方法。

（2）赔款准备金。赔款准备金包括未决赔款准备金、已发生未报告赔款准备金和已决未付赔款准备金。①未决赔款准备金。在会计年度结束时，总会有一些悬而未决的赔案，即投保人或被保险人已经提出索赔，但是，因为接近年末，所以查勘定损和赔付无法在年内完成，或者对案件是否属于保险责任、保险赔付金额多少等未达成一致意见的案件，这就要为未决赔案提取责任准备金，即未决赔款准备金。提取的方法有逐案估算法，即逐个估算未决赔案在将来结案时需支付的赔款金额；有平均估算法，即根据以往的经验资料，计算出某类业务平均每件赔款金额，将年终决算时的未决赔案个数乘以这个平均数即可。②已发生未报告赔款准备金。有些事故在本年度发生，但索赔申请要在下年提出。这类赔案因为发生在本年度，当属本年支出，而支出行为却要推迟到下年，所以为其提取的准备金称为已发生未报告赔款准备金。对保险公司来说，已发生未报告的赔案是未知的，只能靠以往的经验来确定预留的准备金数额。③已决未付赔款准备金。对于那些已经调查清楚，赔付金额也已确定，但由于结算的原因尚未兑现的已决未付赔案，只需逐笔计算赔款准备金就行了。

（3）总准备金。保险公司用于满足年度超常赔付、巨额损失赔付以及巨灾损失赔付的要求提取的责任准备金，称为总准备金。总准备金是由总公司按照保险监管当局的规定，在税前利润中提取，逐年积累而成的。

3. 寿险责任准备金

寿险责任准备金是保单生效后，保险公司按应承担的未到期责任提存的准备金。每份保单的保费，在本年内投保人可能以趸缴的方式一次缴清，也可能以分期缴的方式持续多年缴清。但是，不论采用哪种方式，保险公司当年收到的保费并不是其当年的收入，这是因为每份保险单的责任并未终了。为此，保险公司必须以一定的方式从这些保费中提存一部分，即寿险责任准备金，以作为未来的保险金给付。

二、保险投资

保险投资（保险基金运用）即将保险公司暂时闲置的基金加以合理利用，使其增值的过程。

1. 保险投资的可行性

保险投资的来源是保险基金，其中的资本金属于所有者权益，保险公司自然有权使用这项基金，其中的准备金则具有以下三个典型的特征，从而决定了可以用它进行保险投资的可行性。

（1）负债性。保险企业开张后收取的保费，根据赔款义务的履行情况提存非寿险责任准备金和寿险责任准备金，它们都是暂时由保险公司管理并作为未来赔付的基金，对保险公司来说是一项负债。在赔付之前，能够不断积累并加以运用，特别是寿险责任准备金是一项不断积累、长期稳定的责任准备金，绝大部分可用来投资。

（2）收付的时间差。保险费的收取一般在合同签订时开始，而保险赔付则分布在整个合同有效期内，这种收付时间差使大量的未赚保费从保险基金的正常周转中游离出来，成为暂时闲置的资金。

（3）偿付的有条件性。保险人有收取保费的权利，也承担着赔付经济损失的责任，由于保险人支付赔款以约定的保险事故发生为前提条件，因此收取了保费，在保险期内没有发生保险事故保费并不退还。这部分保险费扣除出险的赔款支出的差额，就成为已赚保费，并从保险人的负债变成保险人的净资产，保险公司对此拥有绝对的支配权。

2. 保险投资的原则

（1）安全性。保险基金具有负债性质，虽然现在由保险公司掌控，但是将来要以赔款或给付保险金的方式支付给投保人或被保险人。由于寿险保单要按预定利率计算累计额，因此保险公司到期支付的数额肯定高于用来投资的非寿险责任准备金和寿险责任准备金的数额。这就从客观上要求保险基金必须保值增值，既可以保证保险投资本金的安全返还，又可以获得一定的投资回报，否则将会影响保险公司的偿付能力，损害保户的利益。为此，各国有关法律对保险基金的投向都有相应的规定，目的是防止保险人的投机行为，保证投资的安全，我国也是如此。任何投资实际上都会有风险，没有风险的投资是不存在的。坚持安全性原则，要求保险公司进行投资时遵循风险管理的程序和要求，认真识别和衡量风险以避免高风险投资，因此，要采取多样化的投资策略，即"不把鸡蛋装在一个篮子里"，在不同的投资项目间选择一组最佳搭配，以保证在一定收益率的前提下投资的安全性。

（2）收益性原则。保险投资如果不能盈利也就失去了意义，保险投资的积极作用也就无从发挥。特别是对储蓄性和投资性的保险来说，由于在计算这类保险的费率时已将保险基金在运用时可能获得的收益考虑在内，因此，对这类保单返还的保险金大大超过投保人所缴纳的保险费和储金的数额，若保险公司不能以投资获取收益回报，就只能动用资本金加以弥补，从而直接威胁到保险公司经营的稳定性和生存能力。

尽管国际保险界历来存在"山派"与"海派"之争①，但投资收益已成为保险公司利润的主要来源已是不争的事实。根据美国保险服务局公布的数据，1978～2003年这26年里，美国财险业的综合成本率连续保持在100%以上，承保业务连年亏损，但保险公司依靠保险资金运用取得的收益，不但能弥补出现的亏空，还能保证最终经营成果的盈利。除1982年、1992年和2001年外，美国财险业的投资收益都是大于承保亏损的。我国的保险业起步较晚，承保利润是其利润的主要来源。但是，随着保险市场开放程度的增加和竞争的加剧，随着资本要素在各行业间的流动，承保利润将不断下降，甚至出现亏损。依靠资金运用获得利润，以便失之东隅，收之桑榆，应当是保险公司的战略取向。

（3）流动性原则。流动性是指资金变现的能力。如果保险投资能够及时收回，就意味着它具有较强的流动性。保险是为被保险人提供经济保障，一旦发生保险事故，保险人必须及时履行赔偿给付责任，这就需要保险公司随时保留一定数量的可动用的资金。

---

① "山派"与"海派"理论："山派"理论认为，保险公司应遵循基尔特制度，提倡互助精神和共同分担，保险公司应在责任分担中追求利润。因而，公司利润应主要来源于承保利润，而资本投资则是为了对保险业务获得的资金保值增值。由于信奉该理论的国家大多数分布在阿尔卑斯山脉周围，因此被称为"山派"理论。"海派"理论强调保险是金融的一支，需注重公司未来的现金流，公司的利润主要来源于对公司资金的有效运用，承保过程是为了进行资本投资的融资过程。保险公司应该注重资金运用，通过资金运用获得投资收益来弥补承保利润的亏损。由于该理论源于地中海地区，因此被称为"海派"理论。

与银行面临挤兑风险相似，保险公司特别是寿险有时会因信誉危机或不可抗力造成大规模退保，如果准备不充分，可能造成现金流量严重不足。坚持流动性原则要求保险公司投资结构合理化，即根据保险基金的来源将其投入到不同的项目上去，比如，将非寿险责任准备金投入到容易变现但收益较低的项目上去，将寿险责任准备金投入到变现能力弱但收益较高的项目上去。

（4）社会性原则。保险公司进行投资不仅要考虑自身的经济效益，而且要兼顾社会效益，增进公益福利，以扩大保险企业的社会影响，提高保险企业的声誉。为此，应将保险基金投向社会急需的领域，以便通过投资活动促进国民经济发展，并得到政府对保险业的重视和支持。

3. 保险基金投向

从世界各国的情况看，保险投资形式包括下列几种：

（1）债券。债券是表明债权债务关系的一种凭证，债券持有人可以在约定的时间要求发行人还本付息。按发行的主体划分，可以把债券分为政府债券、金融债券和公司债券。

政府债券分为国债和地方债两种。国债即由中央政府直接发行的债券，在我国，国库券是其主体部分和主要的表现形式。其特点是，债务人是国家，其本息偿还的保证是国家的后续财政收入。因此，国库券几乎不存在信用违约风险，是债券市场上风险最小的一种债券；地方债券是市、县、镇等各级地方政府发行的债券，其目的是筹集开发公共设施建设资金。地方政府债券利率固定、免征所得税、本金安全、收入有保证。

金融债券是银行和非银行金融机构发行的债券，筹集的资金主要用于发放特种贷款，以便支持经济效益好的建设项目。金融机构的社会资信度高，其债券不仅有较高的安全性和收益性，也具有很好的流动性。

企业债券是企业筹集长期资本以债务人的身份承诺在一定时期内支付利息、偿还本金发行的一种债券。企业债券的发行往往需要信用评级，并且有担保，担保品为各种公认的动产和不动产。因此，投资于企业债券是较安全的。

（2）同业拆借市场。同业拆借市场是金融机构之间进行短期临时寸头调剂的市场。对于拆借人来说，可以及时获得足额的短期资金，拓展资产业务；对于拆出方而言，可为闲置的资金找到出路，增加收益。

（3）投资基金。投资基金是指专门的投资机构通过发行收益凭证或入股凭证，将社会上的闲散资金集中起来由专家进行经营，分散投资于特定金融产品，由投资者按投资比例分享基金增值收益的一种形式。按照设立方式不同，投资基金分为封闭式基金和开放式基金两种。封闭式基金是指基金的资本总额和基本单位的发行额在发行之前就已确定下来，在发行完毕后和规定的存续期内不得变动的基金。开放式基金是指基金的资本总额和基金单位的发行额可以随时变动，即可以根据市场供求状况发行新基金单位或赎回基金单位。

（4）股票。股票是保险公司发给股东的股权证书，也是一种有价证券。股票投资风险大，但可以随时变现，流动性好，收益性较高，因此，在各国的保险投资中占有较大比重。

（5）贷款。贷款可分为一般贷款和保单贷款。一般贷款是指保险公司作为非银行机构向社会提供的贷款。保单贷款是指保险公司以保险合同为依据向投保人提供的贷款。贷款不仅会使保险公司获得一定的利息收入，还有助于保险公司与其他行业的企业加强联系。从世界上大多数国家看，保险公司所放贷款主要是抵押贷款，即以不动产、有价证券或保单为抵押的贷款，因此，保险贷款具有较强的安全性。

（6）不动产。不动产投资是保险公司以直接占有财产为目的而进行的投资，它有利于保险公司对投资的控制与管理，且盈利性和安全性较好。但是，不动产投资的期限长、流动性差，这方面的投资过多，必然会严重影响保险金的及时给付。

4. 保险投资的组织形式

（1）内设投资部组织形式（见图 10-5）。保险公司内设投资部门，专门负责保险资金的运用。公司在总部设立专门的投资部，负责管理公司的投资账户资产，同时对国外子公司或分公司的投资业务进行监管。这些公司按部门、险种进行资金运用，有利于公司对其资产直接管理和运作。

图 10-5　内设投资部组织形式

（2）外部委托投资组织形式（见图 10-6）。保险资金将主要资产委托给其他专业化投资机构进行管理。而提供委托管理的专业化投资机构主要是一些独立的基金公司和部分综合性资产管理公司。目前多数国外产险公司、再保险公司和少部分小型寿险公司倾向于采用这种运作模式。

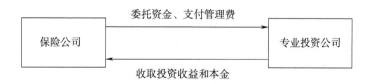

图 10-6　外部委托投资组织形式

（3）专业控股投资组织形式（见图 10-7）。由保险公司发起设立专门的保险投资基金管理公司对其进行经营管理，这是目前大型寿险公司较普遍采用的模式。采用这种方式最大的好处是由保险公司自己作为基金发起人，负责基金的投资和管理，可以实现对保险投资收益和风险的直接控制。同时，由于基金的运作过程透明度高，运作机制、组织结构、法律框架都比较规范，能够较好地保证投资者资金的安全。

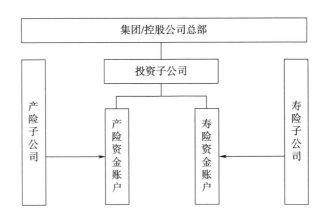

图10 -7   专业控股投资组织形式

综观三种模式，内设投资部组织形式曾经是国外保险公司传统上通行的做法，但因其不能适应管理专业化和服务多样化要求，现在已逐渐被大多数保险公司扬弃，而目前多数国内外产险公司、再保险公司和少部分小型寿险公司倾向于委托第三方资金管理公司运作模式。大型保险集团或寿险公司则大多采用专业控股组织形式。

三、我国保险运用渠道及其演变

目前，我国保险资金运用初步形成了以《保险法》为基础，一系列部门规章和规范性文件为补充的多层次法规体系。一是建立了保险资金运用基础制度，颁布《保险资金运用管理暂行办法》《保险资产管理公司管理暂行规定》等规章。二是建立了具体投资领域的专项管理制度，制定了保险资金投资债券、股票、基础设施、不动产、股权以及境外投资等制度。三是试行了属地监管工作，2014 年 12 月 5 日，保监会印发了《保险资金运用属地监管工作指引》，根据保险资金运用监管的工作实际，正式在北京、上海、江苏、湖北、广东、深圳等地开启了保险资金运用属地监管工作。

正是这些政策法规的颁发与实施，使得我国的保险资金运用渠道逐渐拓宽，特别是近年来，保监会密集出台的保险资金运用新政，更是为保险业投资拓展了广阔的空间。总结这些年来保险资金运用渠道的变化，可将其分为以下几个阶段：

（一）1980 年到 2004 年——保险资金运用渠道狭窄

从 1980 年到 2004 年，虽然保险资金运用有了些许的松动，但其"瓶颈"一直没有打开，渠道一直较为狭窄。在 1995 年以前，保险资金只能存银行，1995 年出台的《保险法》规定，保险公司的资金运用仅限于银行存款，买卖政府债券、金融债券和国务院规定的其他资金。1996 年 9 月央行发布《保险管理暂行规定》，对保险资金运用的规定基本上是《保险法》相关内容的翻版。1999 年 10 月，保险公司被允许以购买证券投资基金的方式间接进入资本市场，但比例不得超过总资产的 10%。

（二）2004 年到 2006 年 1 月——保险投资渠道依然过于单一

2004 年 10 月，中国保监会和中国证监会联合发布了《保险机构投资者股票投资管理办法》，允许保险基金直接进入股市。2006 年 1 月，国务院相继批准保险资金间接投资基础设施项目和渤海产业投资基金。尽管经过上述变化，但保险投资渠道过于单一、过于狭窄的问题并没有得到根本的解决，这对于提高投资收益率、增强公司偿付能力、壮大企业整体实力、有效地参与国际保险市场竞争都是不利的。

（三）2006 年到 2012 年——保险资金运用通道基本打开

2006 年 6 月 26 日，国务院《关于保险业改革发展的若干意见》的颁发，特别是其中有关保险资金运用的规定，意味着保险资金投资渠道的"瓶颈"已被全部打破：提高保险资金投资资本市场比例；扩大保险资金投资资产证券化产品的规模和品种；开展保险资金投资不动产和创业投资企业；支持保险资金参股商业银行；进行境外投资。可以说，几乎凡是钱可以去的通道，"国十条"原则上都已经对保险资金打开，或者正在打开。保险业广阔的投资"蓝海"市场，为保险公司描绘出了美好的"钱"景。

2009 年修订的《保险法》，在 1995 年的《保险法》规定的保险公司资金运用渠道的基础上，增加了股票、证券投资基金份额等有价证券、不动产。

而以下两个"通知"的印发，则更进一步拓宽了保险资金运用的"蓝海"。

2010 年 9 月 5 日，保监会颁发《保险资金投资股权暂行办法》的通知，同意保险资金可以直接投资企业股权或者间接投资企业股权（以下简称直接投资股权和间接投资股权）。直接投资股权，是指保险公司（含保险集团（控股）公司，下同）以出资人名义投资并持有企业股权的行为；间接投资股权，是指保险公司投资股权投资管理机构发起设立的股权投资基金等相关金融产品的行为。

2010 年 9 月 6 日，中国保监会印发的《保险资金投资不动产暂行办法》通知中明确，保险资金可以投资基础设施类不动产（保险资金投资的不动产，是指土地、建筑物及其他附着于土地上的定着物）、非基础设施类不动产及不动产相关金融产品。

（四）2012 年到现在——保险资金运用空间广阔

2012 年下半年以来，保监会集中发布了十余项保险资金运用新政策，进一步放宽了投资范围和比例，支持保险资产管理业务创新。

2012 年 7 月 25 日，中国保监会发布《关于保险资金投资股权和不动产有关问题的通知》（以下简称《通知》），《通知》在《保险资金投资股权暂行办法》和《保险资金投资不动产暂行办法》的基础上，结合市场实际需要，调整放松了部分限制，强化了风险控制要求。在股权投资方面，《通知》在保持偿付能力充足率合规的前提下，适度降低投资门槛，扩大投资范围，提高投资比例，满足保险公司的投资需求。进一步明确了股权基金投资机构的资本要求、退出项目和管理资产余额等概念，厘清了保险集团框架下另类投资的相关事项，增强了可操作性。在不动产投资方面，《通知》根据同质性原则，改进了基础设施与不动产金融产品投资比例的计算方法，增加了保险公司的操作空间；结合宏观调控和市场发展需要，明确了保障房建设和养老项目有关事项，允许保险资金采用多种投资方式支持国家重大民生和发展工程。

2014 年 8 月 20 日，被称为保险新"国十条"的《国务院关于加快发展现代保险服务业的若干意见》正式公布，新"国十条"指出，充分发挥保险资金长期投资的独特优势。在保证安全性、收益性的前提下，创新保险资金运用方式，提高保险资金配置效率。鼓励保险资金利用债权投资计划、股权投资计划等方式，支持重大基础设施、棚户区改造、城镇化建设等民生工程和国家重大工程。鼓励保险公司通过投资企业股权、债权、基金、资产支持计划等多种形式，在合理管控风险的前提下，为科技型企业、小微企业、战略性新兴产业等发展提供资金支持。

重要术语

保险营销渠道　　　间接营销体系　　　直接营销体系　　逆向选择
道德风险　　　　　法定资本　　　　　注册资本　　　　实收资本
未到期责任准备金　未决赔款准备金

复习思考题

1. 保险代理人与保险经纪人的区别是什么？
2. 承保时控制心理风险常用的方法有哪些？
3. 人身险核保流程（契约部各科室的配合）是什么？
4. 阐述保险投资的可行性。
5. 分析专业控股投资模式的优劣势。
6. 核保案例：

［案例一］经过营销员张某的反复动员，2000 年 8 月 3 日，王娜终于决定以其丈夫为被保险人购买投资连结保险 10 份，每年缴保费 12 060 元，缴费期为 10 年。张某还劝说王娜为其丈夫投保附加住院医疗险和住院安心险，王娜认为丈夫很少患病，且参加了社会医疗保险，无此必要。

由于王娜与其丈夫的收入较少，每年的工资加上其他收入只有 3 万元。这 3 万元除了支付全家生活费外，还要支付房贷本息 6 100 元，以及孩子读高中的费用，并且前几年购商品房已耗尽了全家的积蓄，以至于投保的第二年无力缴纳续期保费，加之"投连风波"给客户心理罩上的阴影，使王娜在遭受一定损失的情况下办理了退保手续。

请回答：针对本案的问题，作为保险专业人士，你应该给客户提供什么样的建议？

［案例二］某年 5 月 21 日，某煤矿向保险公司投保企业财产保险，保单载明：保险金额为 11 799 423 元，保险费率为 2‰，保险费为 23 599 元，免赔额以企业财产保险条款为准，期限为 1 年。7 月初，煤矿所在地区连降暴雨，淹没了矿井，经保险公司查勘定损和有关机构鉴定，煤矿地上财产损失 56 000 元，井下财产损失 3 149 100 元。

灾害过后，煤矿向保险公司提出索赔申请，要求保险公司对水灾造成的所有财产损失负赔偿责任。保险公司则认为，依据《企业财产保险条款》规定，井下财产的保险应经被保险人与保险人特别约定并在保单上载明，才能包括在保险财产之内。地上财产的保险费率为 2‰，地下财产的保险费率为 8‰。保险公司是依照地上财产的保险费率收取的费用。煤矿方则辩解道，本保险单后面附有财产保险条款，但没有井下财产保险应特别约定的规定，既然投保了企业财产险，无论是井上还是井下的财产都应包括在保险财产范围之内。商量无果，煤矿将保险公司推上了法庭，最后法院判煤矿胜诉。

请指出法院判煤矿胜诉的理由。

7. 理赔案例：

［案例一］2003 年 10 月 22 日，宏伟体育健身中心将其馆内的所有财产向当地一家保险公司投保了企业财产基本险，双方在保险合同中约定保险财产为健身器材、电气设备、室内装修以及存货，并在对投保财产以市场价格进行估价的基础上确定保险金额为 300 万元，还特别约定一楼保 200 万元，二楼保 100 万元，保险期限为 1 年。

2004 年 2 月 14 日夜，该健身中心发生火灾，消防支队经过近一个小时的奋战才将大火扑灭，但一应物品已被大火烧得面目全非，不能再用。经现场查勘，火灾是由电器短路引起的，排除了人为纵火的可能。

事故发生后，宏伟体育健身中心向保险公司提出索赔申请，要求保险公司履行合同中所规定的保险责任，给付赔款 300 万元，并给付宏伟体育健身中心为查找事故原因、损失程度而支付的鉴定费用 1.8 万元。理由是：投保时保险公司派专人查验了健身设备以及其他财产，并一一核对了有关账目，还按市价对财产进行了估价，在此基础上确定了保险金额。可见，本保险为定值保险，因此应按保险金额赔偿。保险公司则认为，此险非定值保险，鉴于出险时这些财产已经大幅跌价，因此只能按实际损失（市价 170 万元）和鉴定费进行赔偿。

请依据保险基本原理回答：本案应该赔偿的数额及理由。

［案例二］2003 年 6 月 12 日，宋某（35 岁，家庭年收入约 2 万元）为自己投保终身寿险，保额 10 万元，年缴保费为 8 400 元，缴费期为 20 年，受益人为其妻子和儿子；附加住院医疗保险 2 万元。在投保书的健康告知部分，宋某均做了否定回答，并出具了某卫生院出具的证明身体健康的体检报告。保险公司遂以标准体承保，合同生效日为同年 6 月 20 日。

2004 年 2 月 3 日，宋某的妻子向保险公司报案，称宋某因身体不适三个月前到某医院检查并住院，经诊断为肝硬化，医治无效最后死亡，为此请保险公司赔付医疗费用和给付死亡保险金。

请回答：假如你作为理赔人员对此案会产生哪些疑点？体检能否免除如实告知义务？

第十一章

保险市场

第一节　保险市场概述

一、保险市场及其特征

（一）保险市场的概念

最初的保险交换活动是保险供求双方在一定场所进行的，这时的保险市场即保险商品交换的场所，这是狭义的保险市场概念。

后来，随着保险商品交换领域和范围的不断扩大，特别是保险中介的出现，与现代通信手段密切结合的网络、电话营销的发展，使保险交换活动突破了时空限制，这时，只要是能完成保险商品交换活动，并为交易双方所认可，就可以视为保险市场。因此，从广义上来讲，保险市场是保险商品交换关系的总和。我们所讲的保险市场，一般是指广义的保险市场。

（二）保险市场的特征

1. 以风险转移为对象

保险商品交换对被保险人来说是转移风险，对保险人而言是承担风险，可见，保险商品的交换过程实质上就是风险的分散和聚集的过程。

2. 保险市场的无形性

现代的保险活动，包括展业、投保、签单、索赔、理赔、追偿等环节，都可通过现代化通信手段进行，不受固定场所和时间的限制，因此，保险市场从时间和空间概念来说是无形市场。

3. 交易结果事先无法确定

由于风险的不确定性和保险的射幸性，使得在订立保险合同时，合同当事人双方无法预知保险事故是否发生，赔付金额是多少。

4. 保险商品犹如期货

期货就是到了一定时期后才交货的商品，或者说是一种未来商品。保险商品的交易也具有这样的一种特征，交易完成后，保险人只是对未来保险事故发生履行赔付责任做了承诺，被保险人只是得到了一种未来的保险保障。

5. 市场机制作用有局限性

市场机制包括竞争机制、供求机制和价格机制。在保险市场上，尽管保险商品价格也受保险商品供求状况制约，但影响保险商品价格的主要因素则是风险频率或保额损失率。一旦供求关系发生变化，其对保险价格的影响没有其他商品那样明显。在其他市场上，价格往往是竞争的利器，而在保险市场上，与服务同为竞争手段的价格不得不降至次要的地位。随着金融一体化、保险国际化，各级保险公司推出的险种、价格趋同，于是竞争的唯一焦点就是服务。

6. 政府的积极干预性

由于保险具有社会的广泛性，保险业的经营活动直接关系到广大公众的利益，因此需要政府对保险业实施严格的监督和控制，如保单格式、保险费率、各项责任准备金、资金运用等，都受到政府限制。

(三) 保险市场的类别

依不同的标准，根据不同的研究目的，可以将保险市场进行多种分类。常见的分类如下。

1. 按保险市场竞争程度划分的保险市场

按保险市场竞争程度，可将保险市场分为自由竞争型保险市场、完全垄断型保险市场、垄断竞争型保险市场和寡头垄断型保险市场。

在自由竞争型保险市场上，存在数量众多的保险公司，投保人与保险人自由参加市场交易活动，价值规律和市场供求规律充分发挥作用，市场自发调节保险商品的价格。西方发达国家早期的保险市场通常属于这种类型。

在完全垄断型保险市场上，只有一家或几家保险公司，各自经营的保险品种不同，或各自垄断一个区域的业务，相互间没有竞争。

在垄断竞争型保险市场上，有众多的保险公司，竞争普遍存在，但少数大的保险公司取得垄断地位。美国及欧洲多数国家的保险市场均属这种类型。我国目前的保险市场也属于这种类型。

在寡头垄断型保险市场上，少数几家大保险公司之间相互竞争，其他资本难以进入。如韩国，只有 51 家保险公司，前四大保险公司的市场份额为 32.6%。

2. 按照保险标的划分的保险市场

按照保险标的，保险市场可分为寿险保险市场和非寿险保险市场。在非寿险保险市场中，又可分为财产保险市场、责任保险市场和信用保证保险市场等。在财产保险市场中，又可分为火灾保险市场、国内货物运输保险市场、海上货物运输和船舶保险市场等。

3. 按保险关系的层次划分的保险市场

按保险关系的层次，可将保险市场分为原保险市场和再保险市场。

保险公司与投保人进行的直接的保险交易活动，其保障对象是被保险人的经济利益，这种保险被称为原保险，原保险活动关系总和构成原保险市场，也称为直接业务市场。

原保险人将其承担风险的一部分转移给再保险人，其保障对象是原保险人的经济利益，这种保险被称为再保险，再保险活动关系的总和构成再保险市场，也称为分保市场。

4. 按保险业务活动地域划分的保险市场

按保险业务活动地域，保险市场可分为国内业务市场和国际业务市场。

国内保险市场是专门为本国境内提供各种保险商品的市场。国内保险市场又可分为区域性保险市场和全国性保险市场。

国际保险市场是保险公司经营国外保险业务的市场。国外保险市场也可以分为区域性国际保险市场和全球性国际保险市场。

二、保险市场的构成

保险市场由保险市场主体、保险市场客体（保险商品）和保险市场价格三个要素构成。

（一）保险市场主体

保险市场主体一般由投保人、保险人和保险中介三方构成。投保人是保险需求者，是保险商品的购买者；保险人是保险商品的供给者，保险商品的卖者；保险中介人是为保险商品的交易提供中介服务的人，主要包括保险代理人、保险经纪人和保险公估人。

（二）保险市场客体

保险市场的客体是保险商品。和其他商品一样，保险商品也具有价值和使用价值，它的价值是耗费在经济保障劳务上的劳动，生产保险产品的社会必要劳动量决定保险商品的价值量；它的使用价值是保障社会生产的顺利进行和人民生活安定。保险商品是保险人向被保险人提供的在保险事故发生时给予保障的承诺，其形式是保险合同，保险合同是保险商品的载体。保险商品具有以下几个特征。

1. 不可感知性

保险商品是一种劳务商品，是一种以风险为对象的特殊商品，是一种无形商品，它既不能在顾客购买之前向其展示某种样品，也不能在顾客购买之后使其保留某种实物。如果说保险商品含有有形成分，那通常是指保险的服务设施、服务场所和服务的标志，保险商品本身仍然是看不见、摸不着的。保险商品的无形性是它与一般工农业实物产品最重要的区别之一。

保险商品的不可感知性特征对其销售有重要影响。与有形商品相比，保险商品没有自己独立存在的实物形式，保险也很难通过陈列、展示等形式直接激发顾客的购买欲望或供消费者检查、对比、评价。对购买者而言，保险商品是抽象的、无法预知购买效用的。因此，保险商品的购买带有很强的不确定性，这使得保险商品销售比有形商品销售困难得多。解决这一问题的基本思路是"化无形为有形"、"化不可感知为可以感知"，即为无形的不可感知的保险商品增加有形的可以感知的成分。具体的办法是，在销售保险商品时尽量使顾客能够通过服务场所、服务人员、服务设备、服务价格以及保险宣传材料等各种有形的、可感知的"证据",判断保险商品的质量和效果,从而促使其作出购买决策。

2. 不可分离性

保险商品的生产过程和消费过程是同时进行的,即保险商品的生产与消费在时间上存在一致性,这与有形产品的生产与消费大不相同。有形商品的生产与消费在时间和空间上一般是分离的,从生产到最终消费往往要经过一系列的中间环节。而在保险市场上,保险商品的生产者——保险人与保险商品的消费者——投保人是直接发生联系的,保险商品是顾客在场的情况下生产出来的,保险商品的生产过程同时也就是保险商品的销售过程。

保险商品的不可分离性对保险市场供求有着重要的影响。首先,保险人与投保人在保险商品的生产过程中相互影响,进而共同作用于保险商品的质量。其次,保险商品不可能采用储备的方式供人们未来消费。保险商品不能被储存起来以备将来出售,消费者也不能将保险商品带回家以备使用。当然,提供保险服务的各种设施可能会提前准备好,但生产出来的保险商品如不同时被消费就会给保险企业造成损失,不过这种损失并不像有形商品那样明显,它只表现为机会的丧失和折旧的发生。于是要求保险企业在生产和销售保险商品时,正确地预测和把握营销环境的变化,即必须以现实的保险需求和一定的潜在保险需求为依据来制定和实施其营销策略,否则会给自身带来不利影响。

3. 质量的不稳定性

保险商品很难像一般工业品那样实行机械化、标准化生产,因此,其质量缺乏稳定性。一般而言,保险商品的质量取决于保险商品由谁提供、在何时何地以什么方式提供等因素。不同的保险服务人员所提供的同一保单项下的服务,会由于服务人员的业务素质及个性上的差异而有所不同,即使是同一个保险服务人员,因其心理状态变化等因素的影响,在不同时间和地点所提供的保险商品也会有不同的质量水平。

保险商品质量的不稳定性,可能会使顾客的忠诚度减弱,流动性增强。因此,提高服务质量、增强服务质量的稳定性对保险企业具有重要意义。其途径有四条:一是承保前拟订并实施一个对服务人员进行选拔和培训的计划,使他们熟练掌握标准的服务程序、服务内容和服务技巧,能够对顾客的各种要求作出恰当的反应,从而减少保险服务的可变性。二是增加保险服务的场所和服务人员,延长保险服务时间。三是提高对服务人员的奖励,以促进保险服务质量的提高。四是建立顾客意见跟踪系统,通过建议与投诉制度、顾客调查、比较性购买等,定期检查顾客对保险服务的满意程度,以便及时发现问题及时纠正。应该清楚,采取任何方法来解决由于服务不稳定所产生的质量不稳定问题,都会直接影响顾客对保险服务质量的看法,以及对保险公司的看法。

4. 价格的相对固定性

保险商品(以寿险为例)价格是根据生命表中的生存率和死亡率、未来保险投资可能获得的回报率以及预定费用率制定的,这些因素除了投资回报率以外变化不大,因此,一经确定便不会轻易变动,而且在销售时不允许讨价还价,没有与买方商议价格高低的余地。

5. 相互替代性和互补性

保险是处置风险的特殊商品，其相互替代性表现在：

（1）保险商品同其他处置风险的实物产品之间存在一定的替代性。例如，一个人购置了防盗门窗，其投保盗窃险的欲望就会降低；一栋新建大厦由于使用了新型防火材料，并安装了自动灭火装置，其投保火灾保险时对保险金额的确定就会大打折扣。

（2）保险商品同其他处置风险的技术性商品之间也有相互补充、相互促进的一面。比如，防盗门窗、自动喷淋设施的普及，必然扩大与之相关的产品责任保险市场。同样产品责任保险市场的发展，又会增加使用这类产品的需求。

（3）保险商品同其他控制和处置风险的技术之间始终可以相互替代。比如厂商为达到控制和减少风险的目的，既可以直接向保险公司购买相关的保险商品，也可以选择主动承担、回避、损失控制等其他风险管理技术。

（三）保险市场价格

保险费率是保险商品的价格，它是被保险人为取得保险保障而由投保人向保险人支付的价金。

第二节　保险市场的组织形式

一、国营保险组织

国有保险公司是指国家或政府授权投资的机构，或部门设立的经营保险业务的机构。国营保险机构的资本来源于国家，是独立法人，具有独立的人格特征和行为能力。在社会主义国家中，商业性保险业务主要由国营保险企业经营，如前苏联、朝鲜等国设立的国家保险局，既是行政机构，又是经营保险业务的经济实体。在一些资本主义国家，也有国营保险，如日本厚生省管辖的国营健康保险机构，欧洲各国设立的社会保险机构。

法国有10家国营保险公司。它们资本雄厚、规模宏大，在承保巨额保险业务中占有优势，其营业额占全国保险业务总额的30%左右。这10家保险公司分属于4个集团，其中3个集团组成了一个中央公司，资本属国家所有，但其1/4股权无偿地分给公司职工或有价出售给职工。美国联邦政府设立了存款保险公司，依法承保一般银行的存款，其他保险公司不得介入。可见该公司属于垄断经营。印度实行保险国有化，成立了5家国营保险公司，在本国保险业中居于统治地位。

国营保险组织的特点是：

第一，大多不以盈利或增加财政收入为目的，主要是贯彻国家社会政策。在一般情况下，所承保的风险多属民营保险不愿意或无能力经营的特殊风险，如失业保险、农业保险、投资保险、出口信用保险等。

第二，以举办强制保险为主。强制保险往往是根据国家特殊政策需要而实施的，这种保险的风险大、承保面广，因此，由国营保险组织举办较为可靠。为防止私营保险企业垄断市场，有些国家的国营保险组织也承保一些商业保险，如火险等，并且参与保险市场的竞争。发展中国家为推行保险国有化政策，也纷纷成立国营保险公司，其主要目的是为了维护本国的利益，减少或避免保险资金的外流。

国营保险有强制保险和非强制保险两种。非强制保险采取商业经营方式，它又可分为两种情况，一是政府垄断的保险，例如，美国联邦政府设立的联邦存款保险公司依法承保银行的存款，其他保险公司不得举办此项业务；日本现行的简易人身保险也是这种垄断性保险。二是参与市场自由竞争的非垄断性保险，例如，德国以前的公营火灾保险及人寿保险，日本现在的官营森林火灾保险等。

二、民营保险组织

与国营保险组织相对的就是民营保险组织，民营保险组织之一就是公司保险组织。根据责任形式可分为有限责任公司、股份有限公司、无限公司和相互公司等形式。

1. 保险股份有限责任公司

保险股份有限责任公司是各国保险业中主要的保险组织形式。特别是在财产保险的责任保险方面。

保险股份有限责任公司与一般的有限责任公司有共同的法律特征：（1）保险股份有限责任公司资本是由投资者（即股东）以认购股票的形式筹集构成，股票可以自由转让。（2）保险股份有限责任公司将企业的投资者和经营者分开，这样可以广招人才，适应保险业技术性强的特点。（3）保险股份有限责任公司实行有限责任制，股东对公司承担的责任仅限于出资额，这样使得公司的经营能力与投资人的经济状况相分离，保险公司作为法人组织可以长期经营。（4）利润以股份红利的形式在股东之间进行分配。

保险股份有限责任公司与一般股份有限责任公司的不同之处在于：（1）保险股份有限责任公司从股东积聚的资本在收取足够保费之前作为公司的经营资本，以支付各种损失及费用；在公司收足保险费之后，资本金即成为公司履约的保证金，这时公司营运的资金来自保险费的积聚。（2）支付股东的利润是作为保险费的构成部分，股东收取的利润是其承担保险风险的代价。当然，遇到巨灾损失、保险准备金不足以应付支出时，不仅股东的利润要落空，连股东所投入的资本金也将用来支付保险赔偿。

保险股份有限责任公司的优点：多为大规模经营，能广泛地分散风险。因受利益机制的刺激，经营效率较高，并且由于同业竞争激烈，更能开发新险种，并采用相适应的新方法和新技术。容易募集巨额资本，因而有利于业务扩展，经营较为安全；保险股份有限责任公司不像国有公司那样容易受到政府行政命令的左右，因而，经营的自由度更大一些，或者说能够按照市场经济规律来开展经营活动。

2. 相互保险公司

相互保险公司是公司保险与合作保险相结合的一种形式。它是由预料特定风险可能发生的多数经济单位，为达到保障目的而组成的非营利性的保险组织。公司的所有成员为保险参加者，既是会员，又是保险人，也是被保险人。当保险关系终止时，会员资格也随之消失。

相互保险公司的特点：（1）是一种非营利的保险组织。（2）最高权力机关是社员代表大会，其理事除了本公司的会员外，还招揽具有各种社会关系的成员，以利于业务扩展，公司管理的表决权属于全体保单持有人。（3）相互保险公司具有法人资格，公司以其整体对其成员负责。（4）公司不按资本进行利润分配。公司在支付各种保险赔款和各项经营费用之后，如有盈余，一部分可以"保单红利"名义分配给保单持有人，一部分充实公司财政作为扩充公司的保障基金；如遇不敷支出时，公司采用减额赔偿制，或者由保单持有人用分摊保险费的方式予以弥补，也可动用以前积累的盈余金。

相互保险的优点：（1）保险加入者同时即为社员，社员的利益也就是被保险人的利益，这就可以避免保险中的不当经营和被保险人的欺诈行为，因而适用于经营道德风险较大的风险。（2）相互保险以全体社员的利益为重，因而在经营上对被保险人的利益较为重视。而且，由于不以盈利为目的，保险费内就无须包括预期利润，从而可以降低保险费。（3）保险加入者可以参与分配经营活动的剩余部分，有利于激励他们关心保险经营。（4）投保人分配的红利实际上是退还多余的保险费。因为最初收取的保险费含有一个"安全系数"，红利并不表示投保人新的所得，不必缴纳所得税，这一点有别于股份保险公司股东所取得的股息。

相互保险公司主要有以下几种经营方式：

（1）摊收保费制。在签发保险单时，仅收取小额保险费用，如不足支付费用与赔偿损失时，再按每一保单持有人的保险金额比例摊收。保单持有人的责任可以是有限的，也可以是承担无限摊交保费的责任。

（2）预收保费制。在签发保险单时即收取足够支付一切损失和费用的保险费，即其收费标准基本上与股份制保险公司相同。但如遇到超过计算费率时所假设的损失，仍要向保单持有人补收保险费。这是目前相互保险公司经营的主要形式。

（3）永久保险制。相互保险公司签发的保单无终止日期，但合同双方都可随时终止。参加相互保险公司时，需要缴纳巨额保险费，用由此积存的资金所产生的投资收益来支付保险赔偿及经营费用。如有盈余，保单持有人可以分配红利。终止合同时，保单持有人可以取回最初缴纳的保险费。

相互保险公司一般不适于保险契约时间较短、投保人变动频繁的各种财产保险，而对于以长期契约为主、投保人之间相互关系较为持久的人身保险比较适合。在美国人寿保险业中约有7%的人寿保险公司采用相互公司的组织形式，但它们的保险费收入却占了全部寿险业务的一半。

3. 股份保险公司与相互保险公司的区别

（1）从经营性质上看，相互保险公司是非营利性质的公司，而股份保险公司是营利性质的公司。

（2）从企业主体上看，保险股份有限责任公司由股东组成，相互保险公司由社员组成。股份保险公司的股东并不限于保险加入者，而相互保险公司的社员与保险加入者为同一人。

（3）从权力机关上看，保险股份有限责任公司为股东大会，相互保险公司为社员大会，股份保险公司的董事限于股东，相互保险公司的理事并不以社员为限。

（4）从经营资金来看，保险股份有限责任公司的资金来源于股东所出的股本，相互保险公司的资金来源不仅限于社员，还可向外人借入，但偿还时必须支付利息。

（5）从保费形式看，保险股份有限责任公司采取确定保险费形式，保费剩余时计入营业利润，不足时由股东设法填补，不得向被保险人摊还和追补。相互保险公司资金剩余时分别摊还，不足时可向社员临时征收。

（6）从保险契约性质看，股份保险公司的契约属商业行为，对其营业可以征收税款。相互保险公司属非营利性质，故免除其营业所得税。

（7）从利益处理来看，股份保险公司股东对利益有全部处理权。相互保险公司的剩余须先支付借入资金及其利息后，其余方可由社员分配。

三、个人保险

个人保险是以个人名义经营保险业务的保险组织。各国为了保险消费者利益，加强对保险人的管理，一般不准个人经营保险业务，我国也如此。但是，从保险历史上看，个人承办保险曾经有过相当长的时间，只是随着社会经济的发展，个人保险经常出现不能胜任的局面。

个人保险在英国最为流行，这主要是由英国经济发展的特点，特别是由英国以判例制度为特点的法制发展史等综合因素所决定的。美国仅在德克萨斯、纽约和新墨西哥三个州有个人保险，其地位也不像在英国那样重要，而且，美国保险条例规定，不再接受个人保险登记。如今除英国伦敦劳合社社员仍然保持相当的承保能力外，其他国家个人保险逐渐减少，呈现出即将被淘汰的趋势。

伦敦劳合社，又称劳埃德保险人组织，是英国保险业的鼻祖。在历史上，伦敦劳合社曾是全世界水险、航空险和其他险种的最重要的市场之一，其海上保险至今仍在世界上占有特殊的地位。

伦敦劳合社本身不是保险公司，它是个人承保人的集合体。目前，劳合社约有34 000名社员，其中英国26 500名、美国2 700名、其他国家4 000多名，其成员相互独立，各自经营一定范围内的保险业务。劳合社历来规定每个社员要对其承保的业务承担无限的赔偿责任，即要把他们的动产作为赔付的抵押，并以个人的全部财产对承保的风险承担责任。因此，每个社员在参加时都经过严格挑选，只允许具有相当实力的人作为社员。例如，每位社员至少要有10万英镑的资产，并交付37 500英镑的保证金，每年至少要有15万英镑的保险费收入。

劳合社通过对承保人的年度审计进行内部控制，所有的保费一开始都要放入保费信用基金，索赔和费用也从基金支出。

为了经营方便，目前劳合社社员均自由结合组成联合承保的承保组合，即辛迪加组织。每一辛迪加组织聘请承保代理人经营业务，称为承保人。劳合社既有许多承保人，又有不少经纪人，投保人要经过经纪人才能投保。一般要由经纪人填写一份保单，递交给从事某种保险业务的辛迪加组织，再由一个牵头的承保人确定费率，并呈报一个份额，其余份额由同一组合中的其他成员承保。辛迪加的每一位成员都确定自己的承保比率，每一笔业务均按比率分入保险费和承担保险责任。经纪人还可以和其他组合联系，直到承保人认足份额后，再送签单部签单。

劳合社由其社员选举产生的一个理事会来管理，下设理赔、签单、会计、法律等部，并在 100 多个国家设有办事处。它的保险业务有直接保险业务和再保险业务两大类，业务遍及全世界。

在历史上，劳合社曾设计了第一张盗窃保险单，为第一辆汽车和第一架飞机出立保单，如今又是计算机犯罪、石油能源保险和卫星保险的先驱。劳合社承保的业务十分广泛，简直无所不保，包括钢琴家的手指、芭蕾舞演员的双脚、赛马优胜者的腿，且在海上保险和再保险方面起到了最为重要的作用。

四、合作保险组织

合作保险是由需要保险保障的人或单位组织起来，采取合作的方法集资共同经营保险，满足其成员对保险保障的需要，属于非营利的保险组织。合作保险与公司保险的一个重要区别在于前者不是一个法人组织，而后者则是一个法人组织。合作保险主要有相互保险社和保险合作社两种形式。

1. 相互保险社

相互保险社是由一群对某种风险有共同保障要求的人组成的一个集体，集体内的成员遭到约定的风险损失时，由全体成员共同分担。相互保险社的社员事先缴付一部分类似保险费的费用，用来作为损失赔偿金和经营费用。如果实际赔偿额或费用超过预缴的保险费，则由各社员补缴应分摊的金额；如果赔偿损失后有结余，可以全部或部分退还给所有社员。

相互保险社的经营原则，可用一个简单的例子来说明。假定 1 000 个拥有价值 10 000 元财产的人结成一个相互保险社，每个社员承保其余 999 个人的财产。如果一个社员的财产全部损毁，其余 999 人会补偿他的损失，每人给他 10.01 元。

相互保险社的组织形式更为简单，每个社员为其他社员提供保险，同时又获得其他成员提供的保险，因而社员既是保险加入者，也是保险享受者，所有赔款之需、管理开支大家共同负担。纯粹的相互保险社为每个社员开立单独账户，计入保险费和投资收入、扣除分摊的赔付和费用份额，当一个社员退出时，它可以提取其账户贷方余额。

相互保险社的管理机构是社员选举出来的管理委员会，在通常情况下，委员会往往指定一个有法人资格的代理人主持社务，负责接收新的社员、赔付损失、收取保险费、安排再保险和投资等。代理人通常是一家公司，按保险费和投资收入取得一定比例的报酬。

相互保险社虽然比较原始，但依然十分普遍，或以地方区域或以职业类别为其服务范围，且无论海上、火灾、人寿及其他各种保险都有。

相互保险社的典型形式是船东相互协会，其具体做法：各船东以船舶为单位参加协会，彼此成为保险人与被保险人，万一入会船东受到所保之损害，就由已入会的所有船东共同负担。船东保险协会的目的是要获得比保险业所提供得更充分的保障，而其保险费比保险公司更为低廉。

2. 保险合作社

它是由社员自己组织、共同经营的相互保险组织，虽然在性质上与相互保险社并没有多大差别，但在内容上颇有不同：

第一，相互保险社并无股本，其经营资金的来源仅为社员缴纳的分担额。保险合作社经营资金的来源是社员股金或非社员借入的基金，其盈亏按股分摊。

第二，相互保险社的社员之间是为了一时的目的而结合，如果保险契约终止，保险社与社员即自动解约。保险合作社与社员的关系比较长久，社员认缴股本后，也可以不利用合作社的服务，但仍与合作社保持联系。

第三，相互保险社社员应缴的保险费依实际需要或实际损失分摊，事先并不确定，而保险合作社则采取确定保费制，事后不再补缴。

五、专业自保公司

专业自保公司是大规模企业集团为节省费用，以及承保自己所拥有的风险单位而投资设立的附属保险公司。随着专业自保公司经营范围的不断扩大，除了承保母公司本身的业务外，专业自保子公司也与其他专业保险公司或传统保险市场的直接承保公司交换业务，以分散其承担的风险。而且，由于接受外来业务，渐次进入再保险市场，参与再保险业务活动，从而使专业自保公司演变成为传统保险市场的重要辅助力量。

（一）专业自保公司的经营方式

1. 承保政策

（1）专业自保公司的业务范围可以限定于组建人，也可以对外开放，接受与组建人毫无关系的其他业务。事实上，现在有一些专业自保公司已经发展成为常规的保险公司，这些公司的业务多数来自外部。

（2）可以承保直接业务，也可以承保再保险业务。过去，专业自保公司只为其组建人的直接业务提供保险，而现在则已经完全进入再保险市场。

2. 代出保单安排

在某些情况下，专业自保公司不能或者不愿意以一个有组织的专业自保公司直接办理保险业务，而是通过别的保险公司代为办理保险业务。这是因为：

（1）强制保险条例常常规定某些保险业务只能由当局认可的保险人承保。比如，在英国，由海外专业自保公司签发的保险单，不符合该国关于汽车第三者责任险和雇主责任险的规定。（2）一些国家要求居民把他们的全部保险业务在国内投保。（3）虽然没有法律上的规定，但是从政治和商业角度来考虑，把海外子公司的业务安排在当地保险公司承保是有益的。例如，建筑与市政工程承包商的客户，他们常常不愿意向海外保险公司投保。在这样的情况下，代出保单的方式为专业自保公司获得自己业务提供了一个有效的途径。有的国家通过国家垄断的再保险公司控制了全部再保险业务，专业自保公司又不能直接和这些国家打交道，但可以找到一个所在国的保险公司，由它完成出保单的手续、处理索赔等，然后通过再保险把大量的保险业务分保到专业自保公司。

（二）专业自保公司的优点和局限性

1. 专业自保公司的优点

（1）增加承保弹性。专业自保公司承保业务的伸缩性较大，对于传统保险市场所不愿意承保的风险也可予以承保，以解决公司风险管理上的困难。而且，从整个保险市场来看，专业自保公司的加入还相应地扩大了整个保险市场的承保能量。

（2）节约保险成本。有了专业自保公司，母公司可以节省各种附加费用，如业务招揽佣金及费用等。而且，专业自保公司可以在再保险市场上对费率进行直接谈判，获得较其他保险公司更有利的地位。

（3）减轻税负负担。设立专业自保公司的重要动机之一就是获得税负方面的利益。例如，在世界各地设立的专业自保公司中，70%位于大西洋中的百慕大，其所以如此，就在于其有关法律规定，凡缴付给专业自保公司的保险费，可从所得税中扣减，专业自保公司所有保险利益可以免除或缓缴所得税等。

（4）加强损失控制。如果专业自保公司的母公司注重损失预防措施，则可利用其专业自保公司的专业人才与管理技术，处理母公司及其所属机构的各种损失预防工作，使之能有效地控制损失的发生。

2. 专业自保公司的局限性

（1）业务能力有限。虽然大部分专业自保公司都接受外来业务，但是其大部分业务仍以母公司为其主要来源，风险单位有限，大数法则难以发挥其功能。

（2）风险品质较差。因为专业自保公司所承保的业务，多为财产保险及若干不易从传统保险市场获得保障的责任风险，所以风险过于集中，且其中责任风险品质较差，损失程度严重，而且不确定性大，损失补偿时间长，这些都足以增加业务经营的困难。

（3）组织结构简陋。专业自保公司通常规模较小，组织结构较为简陋，不易吸引专业人才，无法采用各种损失预防或财产维护的措施，难以创造良好的业绩。

（4）财务基础较弱。专业自保公司设立资本较小，资金运用常不能满足所需，财务基础脆弱，业务难以发展。而且，由于其所经营的业务品质良莠不齐，更加容易导致财务上的困难。

第三节　保险市场的供给与需求

一、保险市场供给

（一）保险市场供给的含义

保险市场的供给是指在一定费率的水平上，保险市场上各家保险企业愿意并能够提供的保险商品的数量。

保险市场供给包括质和量两个方面。质有两个方面的含义，一是指保险公司提供的保险种类的多少，例如人寿保险公司开办的少儿保险、住院医疗保险、年金保险等；二是指保险商品质量的高低，如条款是否合理、所收的保费与所承担的责任是否相符等。量也有两方面的含义：一是在一定时期内（通常为一年）保险公司所能提供的保险商品的数量，可用合同件数和保险金额两个指标来衡量；二是所能实现的保障水平，主要体现在承保金额上。

保险商品的质和量是相辅相成的，没有保险商品供给量的最大化，保险公司就缺乏开发众多新险种、进一步提高保险商品质量的动力和能力，从而质的方面也就难以得到保证。没有质的最佳状态和长久性，量的规定性就缺乏内在基础，不能达到最优。

（二）影响保险市场供给的因素

从根本上讲，保险需求是保险供给的决定性因素，没有需求就不可能产生供给。在给定保险需求的前提下，保险市场的供给主要受以下因素影响。

1. 保险费率

保险费率即保险商品的价格，保险费率上升，会使保险供给增加；反之，保险供给则会减少。保险商品价格或费率与保险商品供给量之间的关系，可以通过对保险商品总供给曲线和保险供给的价格弹性的分析得到更好的解释。

（1）保险总供给曲线。在短期内，保险总供给曲线形状如图 11－1 所示。

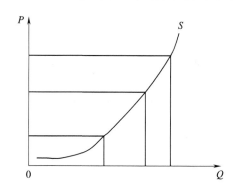

图 11－1　保险总供给曲线

图 11－1 中 P 表示保险产品价格，Q 表示保险总供给量，S 表示总供给曲线。曲线有两个显著特征：一是由左至右呈上升趋势，二是曲线由左至右越来越陡。这说明，一方面，在任何一个价格水平上，价格增加，都会刺激总供给的增加，因为在短期内价格增加会给保险公司带来更多的利润；另一方面，总供给增加的幅度却随着价格水平的提高而减小。这是因为，在较高的价格水平上，已经达到了一个较高的供给量，也即承保规模，由于承保能力的限制，可用于提高供给量的空间越来越小，而要扩大承保能力，所需要的投入会成倍增加，结果增加的成本就会超过增加的收益，特别是，如果保险公司的承保能力已经被充分利用，保险供给就不会因价格的提高而有所变化，此时，总供给曲线趋于一条垂直线，如图 11－2 所示。

相反，在较低的价格水平下，实际保险供给水平低于潜在的供给水平，保险公司还存在着未被利用的承保能力，不需要增加很多成本，就可以提高供给水平，这时增加供给量，所增加的收益应该大于所增加的成本。特别地，当价格低到增加供给量只能带来更多的收益，而几乎不需要增加任何成本时，价格的微小增加就会刺激供给量的无限增大，这时的总供给曲线趋于一条水平直线，如图 11 - 3 所示。

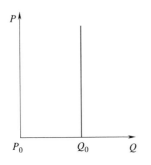

图 11 - 2　保险总供给曲线（供给不变）

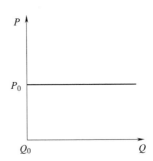

图 11 - 3　保险总供给曲线（价格不变）

（2）供给的价格弹性。保险商品供给的价格弹性表示在某价格水平上，某种保险商品价格每增加或减少百分之一，所引起的该保险商品供给量的百分比变化。供给价格弹性系数可用下式表示

$$E_S = \frac{\Delta Q/Q_0}{\Delta P/P_0}$$

式中，Q_0 表示变化前保险商品的供给量，ΔQ 表示保险商品的供给量的变动，P_0 表示变化前的保险费率，ΔP 表示保险费率的变动。

由于保险商品的供给受多种因素的影响，使得保险商品供给弹性表现出不同的情况：

供给无弹性，即 $E_s = 0$，无论保险费率如何变动，保险商品供给量都保持不变，如图 11 - 2 所示的情况，承保能力基本饱和；

供给无限弹性，即 $E_s = \infty$，即使保险费率不再上升，保险商品供给量也无限增长（如图 11 - 3 所示的情况），实际供给量远远小于潜在的承保能力；

供给单位弹性，即 $E_s = 1$，保险费率变动的比率与其供给量变动的比率相同，承保能力利用适中；

供给富于弹性，即 $E_s > 1$，保险商品供给量变动的比率大于保险费率变动的比率，价格水平较低，还有较大的承保能力尚未被利用；

供给缺乏弹性，即 $E_s < 1$，保险商品供给量变动的比率小于保险费率变动的比率，价格水平较高，尚存的承保能力有限。

虽然保险商品的供给弹性表现为不同种类，但是就保险产品总体来讲，保险商品供给弹性较大。因为保险企业属于第三产业，其固定资产投资比例较低，所以供给不必经大规模调整就能适应社会的需求。

2. 偿付能力

保险人经营保险业务必须有一定数量的经营资本，但是，在一定时期内，社会总资本量是一定的，能用于经营保险的资本量也是有限的，这样就限制了保险业的偿付能

力，保险供给因此会受到相应的制约。

3. 保险公司的数量及规模

保险公司是保险商品的供给者，在一般情况下，保险公司的数量与保险商品供给量成正比。这是因为，保险需求并不是一成不变的，而是随着一些因素变化而变化的量，其中对保险公司通过各种促销手段进行卓有成效的保险市场开发起着重要的作用。一家新成立的保险公司，要在激烈的市场竞争中求生存、求发展，就必须推出富有生命力的新险种，千方百计地招揽业务，开拓市场。于是，在满足了客户保险需求的同时增加了保险供给，且这种供给并非是在挤占其他保险公司的业务情况下完成的，而是众多保险公司一起把"蛋糕"做大的结果。

保险公司数量的增加之所以会引起保险商品供给的增加，还在于保险公司的增加直接扩大了经营资本。通常保险公司数量越多，投入到整个保险业的资金就越多，偿付能力就越大，承保能力就越强，就可能在更大范围内分散风险，使业务规模不断扩大。

保险公司的数量取决于：（1）保险市场准入机制。所谓市场准入是指一国允许外国货物、服务或资本参与其国内市场的程度。"准"字体现了国家法律的一种许可，"入"字则指外国服务、货物、资本的进入，亦即本国市场的对外开放，因而准入的含义是指国家通过实施各种法律和规章制度对本国市场开放程度的一种宏观的掌握和控制。在恢复国内保险业务以来的相当长一段时间内，我国对保险企业的市场准入监管十分严格，致使外资保险公司增长缓慢。加入世界贸易组织之后，履行开放保险市场的承诺，大量的外资保险企业或以独资或以合资的形式获准开业。（2）保险监管的政策导向。近年来，我国保险监管当局提倡并鼓励保险业的专业化经营、保险公司的集团化经营和中资公司的发展。于是在新批设的保险公司当中，专业的股份制农业保险公司、专业的健康保险公司、专业的养老保险公司占有一定比重；在原有六家集团公司的基础上，华泰、新华、太平人寿等公司也逐步通过新设立子公司实现集团化经营；批设中资公司的大门重新开启，中资保险公司的数量也快速增加。（3）保险市场的潜力。我国正处在经济转型期，经济发展速度快，居民收入水平提高迅速，人口众多，保险深度和保险密度指标低，多种因素综合在一起就说明中国保险市场潜力巨大，前景广阔。正因为如此，才使得外资保险企业纷纷进入中国保险市场，国内对保险领域的投资热情不减。

4. 保险经营技术和管理水平

保险是一项技术性、专业性、法律性和政策性都很强的经济活动，客观上对保险经营管理提出了相当高的要求。保险公司经营管理得好，则意味着企业的声誉好，市场份额大，向社会提供的保险产品多（保险品种多、保单数量多、保费收入多）；反之，经营无方、管理混乱，轻者造成业务萎缩（保险市场供给减少），重者使企业破产倒闭，退出保险市场。从事保险经营管理需要各方面的专业人才，包括精算人才、投资人才、市场开发人才等，如果缺乏这样的人才，必然影响经营管理水平，进而影响保险市场供给。

5. 保险经营成本

保险经营成本包括保险赔款和经营费用。对于保险人来说，保险成本高，所获利润就会少，会影响其扩大保险供给量；反之，保险成本低，保险供给量就会扩大。保险产业属第三产业，固定资产投入比率相对较低，一般保险公司不需要增加太多的投入，就可以增加供给量。

6. 市场规范程度

竞争无序的市场会抑制保险需求，从而减少保险的供给；而竞争有序，行为规范，则使保险市场信誉提高，从而刺激保险需求，扩大保险供给。

7. 保险业利润水平

当保险业利润水平高时，其他行业的资本（包括国外保险资本）必定纷纷转向保险领域，于是，保险供给增加。目前，我国保险业利润率偏高，吸引国外保险机构竞相抢占中国保险市场，国内一些单位也在积极申办保险公司。保险公司数量的增加，自然会提高保险市场的供给水平。

二、保险市场需求

（一）保险市场需求及其特征

保险市场需求是指在一定费率水平上，保险消费者从保险市场上愿意并有能力购买的保险商品的数量。保险需求是人们为转移风险而产生的渴求与欲望，是促成投保行为的内在动力。人们在一定条件下形成一定的保险需求，由一定的保险需求引发投保动机，由投保动机支配投保行为。

保险需求具有以下几个特征。

1. 保险需求的客观性

保险需求源于风险存在，风险的存在是客观的、不以人们的意志为转移的，风险存在的客观性决定了保险需求的客观性。保险需求的客观性是指人们在一定的现实条件下必然产生的保险需求，不管人们是否认识到它，它都客观存在。但在现实生活中人们对保险的认识往往存在差异，表现为：（1）认识不到保险需求。以人身保险为例，几乎每一个人都有需求，但有时意识不到。当身患绝症需要巨额医疗费用而苦无着落时，当家中的主要劳动力惨遭不幸家庭陷入经济危机时，才幡然醒悟。（2）保险意识淡薄。存在怕吃亏心理、侥幸心理、不信任心理。存在这些心理的人，很可能把本应实现的保险需求，或者转化为不找保险公司找银行，不靠保险靠子孙；或者顺其自然，听天由命，吞咽各种风险为其酿造的苦酒。（3）保险需求不能转化为投保行为。人们已经意识到保险需求，但由于保险公司的宣传不到位，影响了保险需求向投保行为转化。

2. 保险需求的多样性

危及人类的风险多种多样，风险的多样性决定了保险需求的多样性，表现为：（1）不同的保险需求主体对保险商品有不同需求，为了满足这些需求，需要有多种保险商品与之相适应。（2）同一保险需求主体对保险有多种需求，如一个家庭既需要人身保险，又需要财产保险。

3. 保险需求的差异性

保险需求的差异性是由保险标的可能遭受风险袭击的种类与程度，投保人和被保险人的经济状况、文化程度、性别年龄、对保险的感知认识程度、道德水平等多种因素决定的。保险需求的差异性，表现为人们对保险的种类和数量的不同需求。每个人对人身保险都有需求，但身体健康者和体弱多病者对医疗保险的需求不一样。先富起来的居民的保险需求旺盛，对投资类、分红类保险饶有兴趣；尚未解决温饱问题的贫困人口的保险需求乏力，如果让他们投保，传统的养老保险和医疗保险可能是其首选。同样是企业，经济效益好的既能够买企业财产保险，又可为职工购买人身保险；而亏损企业能投保企业财产保险就已经勉为其难了。

4. 保险需求的层次性

人们参加保险源于安全需要，所以保险需求可以以安全为标志划分层次。就个人（人身保险）而言，保险需求可以划分为五个层次：一是生理安全保险需求，二是劳动安全保险需求，三是职业安全保险需求，四是经济安全保险需求，五是心理安全保险需求。就企业而言，保险需求可划分为四个层次：一是财产安全保险需求，二是收益安全保险需求，三是责任安全保险需求，四是信用安全保险需求。保险公司可根据保险需求的层次进行分层次开发。

5. 保险需求的渐进性

随着人们收入水平的提高，面临风险的增多，保险意识的增强，他们对保险的需求也不会停留在原有的水平上。一个人最关心的是老有所养、病有所医的问题，当这些基本保险需求得到满足后，就会转向子女教育保险、婚姻保险等更高的需求层次。一个企业最关心的是有形财产的保险问题，当企业支付能力增强后，又会把目光投向利润损失保险、产品责任保险等更高层次的保险需求上来。

6. 保险需求的波动性

保险需求受经济大环境的影响，呈现出某种形式的动态变化。在经济繁荣物价波动较小时期，保险需求增长较快；在经济萧条通货膨胀时期，保险需求也呈疲软状态。保险需求的动态变化还体现在险种的寿命周期上，一个险种从设计到受益到退出市场，一般都要经过准备期、试办期、扩大销售期、稳定期、衰落期五个阶段。在这五个阶段上，人们对该保险的需求是不一样的。

7. 保险需求的隐蔽性

安全需要的产生是以风险的存在为前提的，但风险难以识别，从而导致与未被识别风险联系在一起的安全需求无法显现出来，只是一种潜在需求。保险经营的一项重要工作就是将这种潜在的保险需求转化为现实的保险需求，将保险需求变为购买行为。

8. 保险需求的非迫切性

保险需求的非迫切性表现在两个方面：一是保险需求可能是若干年以后的事情，也就是说现在购买保险是为将来做准备；二是风险的发生具有偶然性，发生的概率毕竟很小，不买保险未必大祸临头。

（二）影响保险需求的因素

保险商品需求量主要受下列因素影响：

1. 国内生产总值和消费者的货币收入

当国内生产总值增加时，作为保险商品的消费者，个人的货币收入、企业的利润也会随之增多，会有更强的缴费能力，保险的需求也会随之扩大。

2. 保险费率

保险费率就是保险商品的价格。人们希望以较少的保费支出，获得较大的保险保障，保险费率低，就有可能刺激保险需求的增加；反之，保险费率上升会使保险需求减少，保险费率与保险需求呈负相关关系。保险费率与保险需求之间的关系，可以通过对保险总需求曲线和保险需求的价格弹性的分析得到更好的解释。

（1）保险总需求曲线（见图 11-4）。

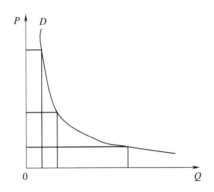

图 11-4　保险总需求曲线

图 11-4 中，P 表示保险产品价格，Q 表示保险总需求量，D 表示总需求曲线。

曲线有两个显著特征，一是由左至右呈下降趋势，二是曲线由左至右越来越平缓。说明在任何一个价格水平上，价格增加，都会使得需求量减少。但是，由于一方面保险商品对大多数人来说是奢侈品，而且又存在着众多的替代品，在满足了保险的基本需求后，购买量就会因价格上涨而显著减少，这时曲线就平一些。当价格增加到一定程度时，又由于某些保险商品具有强制性，而且大多数人对某些保险商品又有最基本的需求，这时再继续提高价格，也不会降低人们对保险的最低要求，需求渐进不变，需求曲线趋于一条垂直直线。

（2）保险商品需求的价格弹性。反映保险需求量对保险商品价格变化程度的指标是保险商品需求的价格弹性。保险商品需求的价格弹性是指在某个价格水平上，保险费率每变动百分之一，所引起的该保险商品需求量的百分比变化。保险商品需求的价格弹性系数可用下式表示

$$E_d = \frac{\Delta D / D_0}{\Delta P / P_0}$$

式中，D_0 表示变化前保险商品的需求量，ΔD 表示保险商品的需求量的变动，P_0 表示保险费率，ΔP 表示保险费率的变动。

由于保险商品与保险需求之间呈负相关关系，因此保险需求的费率弹性为负值，但是弹性大小可用其绝对值表示。不同险种的价格弹性一般不同。

当 $|E_d|=0$ 时，称为完全无弹性，即保险需求量不因费率的上升或下降有任何变化，如某些具有强制性的保险商品；

当 $|E_d|<1$ 时，称为缺乏弹性，即当该险种的费率下降时，保险需求的增加幅度小于费率的下降幅度，如大部分责任保险；

当 $|E_d|>1$ 时，称为富于弹性，即当该险种的费率下降时，保险需求的增加幅度大于费率的下降幅度，如大部分汽车保险；

当 $|E_d|=1$ 时，称为单位弹性，保险费率变动的比率与其需求量变动的比率相同；

当 $|E_d|=\infty$ 时，称为无限大弹性，即保险费率的微小变化，就会引起保险需求量的无限大反应。

保险需求与消费者的货币收入呈正相关关系，而且，一般来说，保险需求的收入弹性大于其他普通商品，亦即随着收入的增加，对保险需求的增加通常要大于对一般商品需求的增加。这是因为：首先，保险商品，特别是人身保险带有很大的储蓄性，随着消费者货币收入的增加，必然带动储蓄性保险需求量的增加。其次，人们的消费结构会随着货币收入的增加而变化，一些高额财产、文化娱乐、旅游等消费支出比例会增大，而与其具有互补作用的消费会随着消费者货币收入的增加而增加，例如，汽车保险、家庭财产保险、旅游意外伤害保险。最后，对于大多数低收入的消费者而言，保险尚属于奢侈品，当他们的货币收入增加时，必然会产生对保险商品的需求。

3. 风险因素

风险的普遍存在是保险需求存在的前提，保险需求与风险程度呈正相关，风险范围越广，严重程度越高，保险需求量就越大；反之，保险需求量就越小。

4. 互补商品与替代商品的价格

汽车保险与汽车是互补商品，当汽车的价格下降时，会引起汽车需求量的增加，从而导致汽车保险商品需求量的扩大；反之，则会引起汽车保险商品需求量的减少。一些保险商品特别是人寿保险商品是储蓄的替代商品，当储蓄利率上升时，人寿保险商品的需求就会减少，反之则会增加。

5. 风险管理因素

一般来说，风险管理好，风险因素就少，出险的频率就低，保险需求量就少；反之，保险需求量就会增加。

6. 社会保险

社会保险是指通过国家立法实施的，对那些暂时或永久丧失劳动能力的人，给予物质帮助的一种社会制度。社会保险主要内容有社会养老保险、社会医疗保险、失业保险、工伤保险和女工生育保险。社会保险与商业保险，尤其是人身保险标的一致，都是人的生命和身体；保险目的一致，都是保障个人和家庭生活的安定；涵盖的保险责任一致，都包括生存、死亡、残疾、疾病责任。因此，社会保险与商业保险具有一定的替代性，在同一时期内，社会保险越发达，保障的项目越多，保障的程度越高，则人们对商业保险的需求越小；反之亦然。一般而言，获取社会保险个人付出的代价很小，其成本近乎于零。根据微观经济学原理，当替代品（社会保险）的价格近乎为零时，被替代品（商业保险）的需求在被替代的范围内几乎为零。也就是说，社会保险与商业保险是一种负相关关系，社会保险的发展会在一定程度上减缓商业保险的发展速度。然而，社会保险毕竟不能取代商业保险，社会保险的种种局限性，为商业保险留下了巨大的发展空间。另外，商业保险的鲜明特点以及其在经济社会发展中的独特功能，也使其不仅仅是作为社会保险的补充而是作为社会的"安全稳定器"发挥着不可替代的巨大作用。这就不难理解，为什么在我国社会保险不断完善、保障范围不断扩大、保障程度不断提高的情况下，商业保险仍然一路高歌猛进、超速发展了。

7. 文化传统

保险需求在相当程度上受人们的风险和保险意识的影响，而人们的风险和保险意识又受特定文化传统的影响。在我国，由于长期受封建社会统治和封建迷信的影响，风险和保险意识比较薄弱，从而抑制了保险需求。

8. 经济体制

在市场经济条件下，个人与企业面临着更大的风险，在国家不充当保姆角色包揽化解一切风险的情况下，保险成为一种对付风险的最好方法，因此，经济体制的变化会影响到保险的需求。

9. 人口的数量及其结构

（1）人口数量与保险需求。人口数量越大，潜在的保险需求也就越大。截至2006年年末，我国的保险密度为431.3元（约合55美元），而2005年世界的平均水平为400美元。保险密度小，13亿人口，意味着保险尤其是人身保险存在着较大的潜在市场。

（2）人口的年龄结构与保险需求。从生理特点来看，人的一生有幼儿阶段、少年阶段、青年阶段、中年阶段和老年阶段，全部人口也可按此分成幼儿人口、少年人口、青年人口、中年人口和老年人口。不同的年龄有不同的保险需求，婴幼儿时期和老年时期是人口死亡率最高的两个阶段，所以他们对死亡保险需求迫切，同时这两个年龄组的人口和少年人口都是被抚养人口，因而抚育需求和养老需求也是他们保险需求的主要内容；青年和中年是死亡率最低的两个年龄组，但他们是抚养人口，一旦他们不幸去世或卧床不起，由其支撑的家庭大厦就可能轰然倒塌，因此，意外伤害保险和重大疾病保险是他们保险需求的主要内容。

（3）人口的职业结构与保险需求。每一种职业所面临的风险是不一样的，所需要保险的种类和程度有所不同，例如，飞行员非常需要人身意外伤害保险；医生、工程师、会计师、律师等的职业责任风险较大，更需要职业责任保险。

（4）人口的性别结构与保险需求。人口性别的差异，会导致保险内容的差异，显然，男性对生育保险没有需求；乳腺癌等女性特有的疾病，注定了女性对这些特种疾病保险的需求。

10. 银行利率

保险特别是人身保险，具有一定的储蓄性质，与银行储蓄具有一定的相互替代关系。当银行利率较高时，人们就可能将钱存入银行；当银行利率较低时，则保险需求会相应地增加。

总之，保险需求是一个综合的经济现象，众多的经济、社会因素都会对保险需求产生不同程度的影响。

（三）保险市场的供求平衡

保险市场供求情况可分为三种：保险市场供求平衡；保险供给大于保险需求；保险需求大于保险供给。

保险市场供求平衡，是指在一定条件下，保险供给恰好等于保险需求的状况，即保险供给与保险需求达到平衡点。保险市场均衡状态如图 11－5 所示。

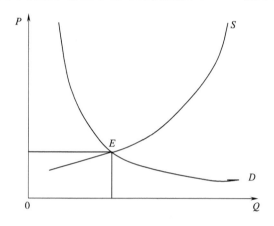

图 11－5　保险市场均衡状态图

图 11－5 中 D 曲线表示保险需求曲线，S 曲线表示保险市场供给曲线，供给曲线与需求曲线的相交点 E 为均衡点，在均衡点上的价格为均衡价格，在均衡点上的量，即供给量或需求量为均衡量，亦即在均衡价格下保险供给量等于保险需求量。

保险市场供求平衡包括总量平衡和结构平衡两个方面。保险供求的总量平衡是指保险供给规模与需求规模的平衡；保险供给的结构平衡是指保险供给的结构和保险需求的结构相匹配，包括保险供给的险种与消费者需求的险种相适应，保险费率与消费者缴费能力相适应，以及保险产业与国民经济产业结构相适应。

保险市场供求平衡是受市场竞争程度制约的，市场竞争程度决定了保险市场费率水平的高低。在不同的费率水平下，保险供给与需求的均衡状态也是不同的。如果保险市场达到均衡状态后市场费率高于均衡费率，则保险需求缩小，迫使供给缩小以维持市场均衡；反之，如果市场费率低于均衡费率，则保险供给缩小，从而迫使需求下降，以实现新的市场均衡。

重要术语

保险市场	股份保险公司	相互保险公司
劳合社	保险供给价格弹性	保险需求价格弹性

垄断竞争型保险市场   保险市场供求平衡

复习思考题

1. 保险市场的特征是什么？
2. 保险商品的特征是什么？
3. 常见的保险组织形式是什么？
4. 影响保险市场需求的因素有哪些？
5. 影响保险市场供给的因素有哪些？
6. 股份保险公司与相互保险公司的区别是什么？

第十二章

保险监管

第一节 保险监管的动因、原则和目标

一、保险监管的动因

保险监管是指一个国家对本国保险业的监督和管理。保险的监管制度通常由两个主要部分组成，一是国家通过制定有关保险法规，对本国保险业进行宏观指导与管理；二是国家专司保险监管职能的机构，依据法律或行政授权，对本国保险业进行行政管理，以确保保险法规的贯彻执行。

保险行业在当今是受到严格监管的行业之一，在国际上具有普遍性。那么保险监管何以受到各国政府的如此重视呢？

1. "市场失灵"使然

根据市场经济理论，在完全竞争的条件下，由于市场"看不见的手"的作用，市场上每一公司的要价（边际收入）会等于边际费用，在这一点上社会利益达到最大化，社会资源达到最佳配置。但是，市场并非万能，也有弱点和不足，也会出现"市场失灵"的问题。其主要表现是：（1）市场功能有缺陷。例如有些当事人没付出代价便可得到来自外部经济的好处。（2）市场竞争失灵。例如市场上价值规律的作用往往导致垄断，而垄断的存在会产生进入市场的障碍，从而破坏市场机制，排斥竞争，导致效率的损失。（3）市场调节本身具有一定的盲目性。因为市场调节是一种事后的调节，从价格形成、信号反馈到产品生产，有一定的时间差。加之，企业和个人掌握的经济信息不足，微观决策带有一定的被动性和盲目性。（4）市场信息的不对称性。市场中的买方和卖方所拥有的信息不对称是生活中常见的现象。比如，卖旧车的人比要买车的人更清楚车的质量，上市公司的经理比公司的普通投资者更知道公司的实际业绩。这种信息不对称会对市场的运行带来很大的影响，信息不对称程度越大，信用市场中产生逆向选择与道德风险的可能性就越大，市场的交易费用也就越大，这不仅降低了经济活动的效率，而且使交易者丧失了利益。

　　从我国保险实践看，同样存在着上述"市场失灵"的情况。（1）来自保险公司方面的市场失灵。保险公司依靠行政手段、采取强制的展业方式，违规经营，无序竞争，并形成垄断势力。由于保险经营特殊性，保险公司对市场调节信号缺乏敏感性，个人寿险市场发展已具有一定的盲目性；与保险人相比，被保险人的信息相对不足，在信息披露缺乏的情况下，投保人很难对保险公司的财务实力、资信等级、经营状况、服务质量和发展前景作出正确的评价，同时保险合同是附和合同，条款由保险公司单方面拟定，投保人只能被动地接受或拒绝格式化的保单，加之绝大部分保单的条款在表述上专业词汇过多，或晦涩难懂或模糊不清，致使投保人看不懂合同条款。于是，保险公司就有可能利用其掌握的信息优势和专业知识在合同条款、理赔和给付上做文章，损害投保人的利益。（2）来自客户方面的市场失灵。投保人或被保险人利用信息对称进行逆向选择。投保人风险意识降低，甚至诈保、骗保，从而造成保险公司因为居高不下的赔付率而陷入困境。因此，为了弥补保险市场运行本身的弱点和缺陷，为了减轻或消除这些"市场失灵"的情况及其影响，保险监管无疑具有必要性和合理性。

　　2. 保险经营特点使然

　　（1）保险主体的特殊性。保险公司是经营风险的特殊企业，其产品具有广泛的社会性和外部性，具有准公共产品的特点。因此，保险公司经营状况，不仅关系到企业自身的经济效益，而且关系到广大保单持有人的利益，甚至关系到广大社会公众的利益，从而影响到整个社会的稳定。由此决定了对保险经营主体的管理要求不同于对一般的经营主体：必须严格保险主体的市场准入制度，对保险经营主体的退出具有特殊的规定，对保险企业的"生产能力"具有特定的考核标准，保险经营必须遵循一定的原则。

　　（2）保险经营对象（保险产品）的特殊性。保险产品从外观形式上看只是一纸契约，据此根本无法判断其功能、质量和价值。投保人和被保险人只能依靠保险公司的社会声誉、保险公司的宣传以及自身的判断进行购买决策，至于所购买保险的效用如何，就只能等到发生了保险事故或享受到相关服务后才能真正体会到。保险产品的无形性、契约性对保险公司的信誉提出了比其他产品更高的要求和心理期待。

　　保险产品虽然只是一纸承诺，但其背后却是大量而复杂的专业化的技术工作，例如承保风险的估测、保险费率的厘定、保险准备金的提取等。保险产品生产的专业性和技术性，决定了保险产品的复杂性，一般消费者很难对其有透彻的了解。

　　保险产品服务的广泛性，随着人类生产范围的扩大，经济交往的增加，科学技术的进步，风险也随之发生变化，表现为空间范围加大，损失数额增加，新风险不断出现。与此相联系，作为风险承保载体的保险产品服务于国民经济和社会公众，更具普遍性，影响也更加广泛。

　　保险产品既有私人产品的特征，又有公共产品的特征，保险产品是一种准公共产品。它虽然是个别投保人和被保险人购买、消费的，但在其发挥使用价值的过程中客观上维护了社会的稳定，具有社会性。

　　保险产品的诸多特性，尤其是服务范围的广泛性和准公共产品特性，要求政府不仅应按市场经济理论来发展保险业务，还应借助公共政策推动保险业的发展，并且对保险业进行严格的监管。

（3）保险基金的返还性。保险公司通过承保收取保险费进而形成保险基金，这些基金虽然存放在保险公司，由保险公司支配和使用，但它的相当一部分是保险公司未来的责任准备金，是保险公司对客户的负债。所以，一旦保险公司经营不善出现亏损或倒闭，保险公司和客户的利益都会受到损害。

3. 维护被保险人的合法权益使然

经济越发展，社会越进步，保险越重要。随着保险业的快速发展，保险功能不断扩展，规模不断扩大，覆盖面不断拓宽，保险日益渗透到经济的各个行业、社会的各个领域和人民生活的各个方面。各国都将保险业看成是"受公众利益影响的"行业。全世界每年有数亿人口和单位购买保险，涉及社会各阶层、各部门和亿万个家庭，他（它）们在发生不幸时是否能够得到保险公司的赔偿，取决于保险公司的偿付能力和市场行为的合法性。如果保险公司经营不善，不能正常履行其补偿或给付职能，将会直接影响社会再生产的正常进行和人民生活安定；如果保险公司不遵守规定的操作规程或准则，公众的利益就将会受到侵害。为保护公众利益不受损失，要求实施对保险业的监管。

4. 保证保险业健康发展使然

加强保险监管，防范化解风险，事关保险业稳定运行和经济金融安全，是保险业健康持续发展的根本。通过强化市场行为监管，严肃查处保险经营中的违法违规问题；通过市场主体的培育和保险条款、费率的监管，建立和完善保险行业自律机制；通过以公司内控制度建设和业务经营风险管控为重点，实施分类监管，扶优限劣；通过严格保险市场准入制度，建立市场化退出机制；通过深入开展治理商业贿赂工作，建立健全治理商业贿赂的长效机制；通过建立保险纠纷快速处理机制；通过整顿规范行业或企业自办保险行为，将行业自保、互助合作保险等组织形式，统一纳入保险监管；通过建立保险监管部门与相关部门的工作联系机制和沟通协调机制，加强银行、证券、保险监管的协调合作和信息共享等，能够促进保险业公平竞争和有序发展，维护保险体系整体的安全和稳定，防范金融风险跨行业传递，切实保护被保险人合法权益，保证保险业健康发展。

二、保险监管的原则

1. 依法监管原则

保险业的依法监管是指保险监管部门必须依照有关法律或行政法规实施保险监管行为。保险监管作为行政行为的一种，其依法性体现着现代法治行政的理念。保险监管是政府在商业保险领域的行政行为，必须体现出现代行政的法治理念，而依法应成为保险监管的灵魂。保险监管部门的行政行为涉及保险业的方方面面，主要包括保险组织监管，即对保险业组织形式、中介机构、资本金额、保险经营人员资格、保险企业市场退出等方面的监管；保险经营监管，即业务经营范围、保险条款费率、经营行为等方面的监管；保险财务监管，即准备金财务核算、资金运用等的监管；偿付能力监管等。对上述各方面的监管行为的作出必须依照法定的实体规则，即法律、行政法规和规章。保险监管行为还必须依照法律程序进行。法律程序，顾名思义，是指法律调整或法律规定的程序。程序是法律制度的核心，是法律的关键，没有程序就意味着法律不会存在。作为行政行为有机组成部分的保险监管，其依法性自然应遵循程序性法律规则。例如，在保险监管尤其是行政处罚过程中，中国保监会按照《行政处罚法》的要求，制定了统一的现场检查通知书、现场检查事实笔录、行政处罚事先告知书、听证权利告知书等程序性行政法律文书，各保监办严格执行这些程序性规定，使保险监管呈现出现代法治行政的浓厚色彩。

2. 市场化监管原则

我国保险监管的一个重要背景就是保险市场化程度在不断地加深，因此，保险监管要重视市场对保险经营活动的影响，充分利用市场机制的作用来促进保险监管目标的实现。为此：（1）要坚持保险监管的市场化取向，主要通过经济法律手段对保险市场实施监督管理；（2）要积极推动保险监管的法治化进程，努力营造公开、公平、公正的市场竞争环境；（3）要尽可能减少通过行政审批、核准等前置性管制手段来防范风险，让市场主体享有更大的经营和投资自主权、选择权和风险判断权，增强发展的内生动力。

在保险监管中，也应防止出现以下两种倾向：一是干预的范围超越了弥补市场发育不足的职能，妨碍了市场功能的正常发挥。二是过分强调政府的调控职能，忽视了完善市场机制的任务。也就是说，应防止国家监管变成经济计划管理的情况发生。

3. 风险导向监管原则

监管规则要覆盖保险公司的可量化风险，将资本要求细分对应到保险风险、市场风险和信用风险，建立与风险更相关、对风险更敏感的定量资本监管标准。定量资本要求主要包括：（1）各类风险资本要求，如保险风险资本要求、市场风险资本要求、信用风险资本要求、宏观审慎性资本要求（对顺周期和系统重要性机构等风险的资本要求）、调控性资本要求；（2）由保险公司资产和负债决定的实际资本评估标准；（3）保险公司资本分级；（4）动态偿付能力测试。最低资本要求与各项计算指标的风险相关，通过对各公司所面临的风险和风险管理水平进行评定，可以用不同的比例计算风险不同的公司的最低资本要求额，从而降低风险管理完善的公司的资本占用，提高其资本使用效率和效益。

监管也要覆盖保险公司难以量化的风险，包括操作风险、战略风险、声誉风险和流动性风险。难以量化的风险主要包括操作风险、战略风险、声誉风险、流动性风险等，对于这些风险，一方面由于其特性难以量化，另一方面由于我国保险市场仍处于新兴市场，缺乏这些风险的历史数据和资料，难以量化，所以对这些风险采用定性监管方式，主要包括监管部门对保险公司提出的具体要求和监督检查，即监管部门对保险公司的治理结构、内部控制、管理构架和公司流程等提出具体的监管要求，同时定期或不定期地对保险公司的偿付能力状况进行现场检查和数据分析。

可见，在风险导向的保险监管模式下，资本不再是衡量保险机构偿付能力是否达标的唯一工具，偿付能力充足率也不再是保监会采取监管措施的唯一核心依据。监管层对一家保险机构的最终评价指标，是风险综合评级。也就是说，一方面，未来一家机构可以通过提高其风控能力、减少最低资本要求来提高其偿付能力充足率，不再是增资、发债和分保等传统途径。而另一方面，一家保险机构即使其偿付能力已达标，但如果其流动资金突然断裂，或者因操作、战略、声誉等出问题，风险综合评级降为不合格，那么也将受到化解该类风险的专项监管措施，还可能受到监管处罚。

4. 分类监管原则

分类监管即综合分析、评价保险公司的固有风险和控制风险，根据其偿付能力风险大小，评定为不同的监管类别，并采取相应监管政策或监管措施的监管活动。保监会在市场准入、产品管理、资金运用、现场检查等方面，对划分为不同类别的保险公司及其分支机构实施差异化监管政策。

5. 谨慎监管原则

保险是经营风险的特殊行业，随着保险业的发展和市场竞争的日趋激烈，保险企业承保的风险也日趋多样化、复杂化，同时保险企业自身经营也面临着越来越大的风险。这样，一旦保险经营不善出现巨额亏损，或给付困难，或发生破产倒闭，既会给保险业的发展带来重大影响，也会损害客户利益。为此，保险监管部门必须坚持谨慎原则，处理好加快发展与风险防范的关系，加强公司经营监管和偿付能力监管。

三、保险监管的目标

1. 保险监管的最终目标

从管理学的意义上看，保险监管实际上是保险监管部门按照一定的监管目标，运用一定的监管工具或手段，采取一定的监管方式，对保险业实施有效的监督管理，以促进管理目标的实现。这个过程中的每一个层面、每一个环节都会对监管活动的结果产生一定的影响。

保险监管作为一种宏观经济管理活动，它的目标最根本的是保护保险活动当事人的合法权益，尤其是被保险人的合法权益。我国《保险法》在第一条就明确规定，保险法律监管是为了规范保险活动，保护保险活动当事人的合法权益，加强对保险业的监督管理，维护社会经济秩序和社会公共利益，促进保险事业的健康发展。可以看出，我国保险监管的内容主要有三项：一是规范保险活动，凡是参加保险活动的主体必须依法行为；二是保护保险活动当事人的合法权益；三是加强对保险业的监管，既包括保险公司、中介机构，也包括保险监督管理机关。

从形式看，这三个内容属于同一层次的递进关系，没有主次之分；而从实质上看，这三项内容又不属于同一个层面，保险当事人双方是保险保障与被保障的关系，保险监管要保护保险活动当事人的合法权益，尤其是被保险人的合法权益。

为了熨平保险波动周期，促进本国保险业的健康发展，世界上绝大部分国家，尤其是发达国家都确定了自己的宏观保险监管目标。总的来看，宏观保险监管目标主要有四个：一是保持社会对保险制度体系和机构体系的信任；二是增进社会公众对保险体系的了解和理解；三是在适当程度上保护保险消费者的合法权益；四是减少和打击保险犯罪。从国外保险监管经验来看，保险监管的这些目标或最终目标是通过保护被保险人的利益而实现的。如法国保险监督委员会的任务非常明确，是通过保护被保险人的利益实现其监管目标的。欧美其他国家保险监管的目标也是如此。保护了被保险人的利益，也就从根本上保护了保险公司和国家的利益。也正因为如此，保险监管机关必须公正执法，保持清正廉明，才能使保险监管部门执法不错位、不越轨。

2. 保险监管具体目标

在实现上述宏观监管目标时，各国法律一般要求保险监管部门做到：（1）维护本国保险市场的稳定；（2）依法监管，尊重保险机构的经营自主权；（3）平衡消费者和保险行业间的利益，以及给予保险机构的负担和限制；（4）加快本国保险业的改革与创新；（5）在保险国际化形势下，通过有效监管，增强本国保险业的国际竞争力；（6）坚持市场化原则，保护公平、公正和公开的竞争。

第二节　保险监管的内容

一、资本充足性及偿付能力监管

（一）资本充足性及偿付能力监管的意义

保险公司偿付能力是指保险公司履行赔偿或给付保险责任的能力。偿付能力充足率即资本充足率，是指保险公司的实际资本与最低资本的比率。

资本充足性和偿付能力制度是保险监管的最重要内容之一。国际保险监督官协会在2000年10月发布的《保险核心原则》中强调了保险公司资本充足性的重要性，并且要求每个国家应当在其立法和保险监管机构的监管实践中给予关注。2002年1月，国际保险监督官协会又提出了关于资本充足性和偿付能力监管的若干原则。这些原则可适用于所有保险公司，而且也与评估寿险公司和非寿险公司的偿付能力有关。

对保险人资本充足性和偿付能力监管的原则包括：技术准备，保险人的技术准备金必须充分、可信、客观，并且在不同保险人之间具有可比性；其他责任，对那些没有被技术准备金涵盖的其他负债，也必须提取充分的准备金；资产，对资产的评估应当恰当，充分可信和客观；匹配，资本充足性和偿付能力框架应当能够充分反映出因保险人资产和负债的币种、现金流期限和数量等不匹配而可能导致的风险损失；损失吸收，保险公司必须拥有足够的资本，以便用于弥补可能发生的未预见损失和其他风险导致的损失；风险敏感性，资本充足性和偿付能力框架必须能够对风险作出敏感反应；管制标准，必须确定一个控制水准；最低资本，必须确定具体化的最低资本水平；资本的定义，资本充足性和偿付能力框架必须界定资本的适当性；风险管理，资本充足性和偿付能力框架必须由有效的风险管理系统做补充；再保险安排，资本充足性和偿付能力监管框架中应考虑再保险安排的风险转移有效性和再保险人的安全性；信息披露，资本充足性和偿付能力框架应当有适当的信息披露做支撑；偿付能力评估，保险监管机构应当对保险公司的偿付能力进行评估；双重搭配，资本充足性和偿付能力框架必须解决双重搭配问题和保险人作为集团成员而产生的其他问题。

加强偿付能力监管，既是保障被保险人合法权益的需要，也是保险业持续快速健康协调发展的要求，更是保险业充分发挥三大功能的根本前提。

（二）我国的资本充足性及偿付能力监管

1. 实际资本

实际资本，是指保险公司在持续经营或破产清算状态下可以吸收损失的财务资源。实际资本等于认可资产减去认可负债后的余额。

保险公司的资产分为认可资产和非认可资产。认可资产是指处置不受限制，并可用于履行对保单持有人赔付义务的资产。不符合前述条件的资产，为非认可资产。

保险公司的负债分为认可负债和非认可负债。认可负债是指保险公司无论在持续经营状态还是破产清算状态下均需要偿还的债务，以及超过监管限额的资本工具。不符合前述条件的负债，为非认可负债。

根据资本吸收损失的性质和能力，保险公司资本分为核心资本和附属资本。核心资本是指在持续经营状态下和破产清算状态下均可以吸收损失的资本。核心资本分为核心一级资本和核心二级资本。附属资本是指在破产清算状态下可以吸收损失的资本。附属资本分为附属一级资本和附属二级资本。

保险公司各级资本应当符合以下限额标准：（1）附属资本不得超过核心资本的100%；（2）核心二级资本不得超过核心资本的30%；（3）附属二级资本不得超过核心资本的25%。

2. 最低资本

（1）最低资本是指基于审慎监管目的，为使保险公司具有适当的财务资源，以应对各类可量化为资本要求的风险对偿付能力的不利影响，保监会要求保险公司应当具有的资本数额。

最低资本以保险公司的风险划分为基础，即通过保险风险、市场风险和信用风险三大可量化风险，并考虑风险分散效应和特定类别保险合同的损失吸收效应加以确定，计算公式如下

$$MC^* = \sqrt{MC_{向量} \times M_{相关系数} \times MC_{向量}^T} - LA$$

其中：

MC^* 代表量化风险整体的最低资本；

$MC_{向量}$ 代表保险风险、市场风险和信用风险的最低资本向量；

$M_{相关系数}$ 代表相关系数矩阵；

LA 代表特定类别保险合同的损失吸收效应调整。

（2）最低资本的组成。保险公司最低资本由保险风险、市场风险、信用风险对应的最低资本组成。

①保险风险最低资本。保险公司分为非寿险公司和寿险公司。

计量非寿险业务的保险风险最低资本时，应将非寿险业务划分为车险、财产险、船货特险、责任险、农业险、信用保证险、短期人身险，各业务类型，各类风险最低资本、准备金风险最低资本采用综合因子法计算，计算公式为

$$MC = EX \times RF$$

其中：

MC 为各业务类型的保费风险或准备金风险的最低资本；

EX 为风险暴露；

RF 为风险因子。

寿险业务保险风险最低资本采用情景法计算，即分别在基础情景假设和不利情景假设下计算评估日的现金流现值，最低资本等于两种情景下的现金流现值之差，且不得为负。各类保险风险最低资本计算公式为

$$MC_{保险} = Max（PV_{不利情景} - PV_{基础情景}，0）$$

②市场风险最低资本。市场风险是指由于利率、权益价格、房地产价格、汇率等不利变动，导致保险公司遭受非预期损失的风险。保险公司的市场风险包括利率风险、权益价格风险、房地产价格风险、境外资产价格风险和汇率风险。

除人身保险公司的利率风险最低资本外，市场风险最低资本采用综合因子法计算。各类资产（负债）的市场风险最低资本计算公式为

$$MC_{市场} = EX \times RF$$

其中：

$MC_{市场}$ 为市场风险最低资本；

EX 为风险暴露，市场风险的风险暴露等于该项资产（负债）的认可价值，另有规定除外；

RF 为风险因子。

③信用风险最低资本。信用风险，是指由于交易对手不能履行或不能按时履行其合同义务，或者交易对手信用状况的不利变动，导致保险公司遭受非预期损失的风险。

保险公司面临的信用风险包括利差风险和交易对手违约风险。各项资产（负债）的信用风险最低资本计算公式为

$$MC_{信用} = EX \times RF$$

其中：

$MC_{信用}$ 为信用风险最低资本；

EX 为风险暴露，除特别规定外，信用风险的 EX 等于该项资产（负债）的认可价值；当该项资产（负债）的认可价值为负值时，EX 等于 0；

RF 为风险因子。

二、对能以量化的风险进行评估和防范

对能以量化的风险进行评估和防范，即在定量偿付能力监管的基础上，测度并防范难以量化为最低资本的固有风险，包括操作风险、战略风险、声誉风险和流动性风险。所运用的监管工具有以下几种。

1. 风险综合评级

风险综合评级，是指根据相关信息，以风险为导向，综合分析、评价保险公司的固

有风险和控制风险，根据其偿付能力风险大小，评定为不同的监管类别，并采取相应监管政策或监管措施的监管活动。

分类监管的评价包括以下内容：（1）对操作风险、战略风险、声誉风险和流动性风险共四类难以量化的固有风险进行评价；（2）综合偿付能力充足率及上述四类难以量化风险的评价结果，评价保险公司的综合偿付能力风险。

操作风险是由于不完善的内部操作流程、人员、系统或外部事件而导致直接或间接损失的风险，包括法律及监管合规风险（不包括战略风险和声誉风险）。

战略风险是由于战略制定和实施的流程无效或经营环境的变化，导致公司战略与市场环境、公司能力不匹配的风险。

声誉风险是由于保险公司的经营管理或外部事件等原因导致利益相关方对保险公司负面评价，从而造成损失的风险。

流动性风险是保险公司无法及时获得充足资金或无法及时以合理成本获得充足资金，以支付到期债务或履行其他支付义务的风险。

在对操作风险、战略风险、声誉风险、流动性风险的固有风险进行评价的基础上，结合保险公司的偿付能力充足率指标，得到对保险公司偿付能力风险的综合评级。

中国保监会按照偿付能力风险大小将保险公司分为四个监管类别：A 类公司，偿付能力充足率达标，且操作风险、战略风险、声誉风险和流动性风险小的公司；B 类公司，偿付能力充足率达标，且操作风险、战略风险、声誉风险和流动性风险较小的公司；C 类公司，偿付能力充足率不达标，或者偿付能力充足率虽然达标，但操作风险、战略风险、声誉风险和流动性风险中某一类或几类风险较大的公司；D 类公司，偿付能力充足率不达标，或者偿付能力充足率虽然达标，但操作风险、战略风险、声誉风险和流动性风险中某一类或几类风险严重的公司。

保监会在市场准入、产品管理、资金运用、现场检查等方面，对 A、B、C、D 四类保险公司及其分支机构实施差异化监管政策。

2. 风险管理要求与评估

将保险公司偿付能力风险管理能力评估结果与最低资本要求相挂钩，形成奖惩机制。把保险公司的基础与环境、目标与工具、保险风险管理能力、市场风险管理能力、信用风险管理能力、操作风险管理能力、战略风险管理能力、声誉风险管理能力、流动性风险管理能力九大部分 190 个评估点纳入评估范围，每个评估点分别从"制度健全性"和"遵循有效性"两个方面进行评价，其中"制度健全性"所占权重为 60%，"遵循有效性"所占权重为 40%，将这九部分评价得分加权汇总即得到了保险公司偿付能力风险管理能力评价的最终结果。保险公司根据评估结果和量化风险最低资本计算控制风险最低资本。评估得分以 80 分为基准，若保险公司评估结果为满分，则其最低资本可减少 10%；反之，若评估结果为 0 分，则最低资本需增加 40%。

3. 流动性风险管理

流动性风险监管即建立流动性监管指标和现金压力测试制度，规范保险公司的流动性风险管理，使其保持安全的流动性水平。

流动性风险，是指保险公司无法及时获得充足资金或无法及时以合理成本获得充足资金，以支付到期债务或履行其他支付义务的风险。

现金流压力测试，是指保险公司在基本情景和压力情景下，对未来一段时间内的流动性风险进行预测和评价。

保险公司应当按照相关规定建立健全流动性风险管理体系，有效识别、计量、监测和控制流动性风险，以保持合理安全的流动性水平。

保监会依照相关规则对保险公司的流动性风险水平及流动性风险管理行为实施监督管理。

4. 监管分析与检查

监管分析与检查，即对保险公司偿付能力状况进行支持性分析检查、校准性分析检查及延展性分析检查。

三、市场约束机制

通过公开信息披露、提高市场透明度等手段，发挥市场的监督约束功能，以进一步防范和化解监管风险，所运用监督工具包括以下几种。

1. 偿付能力信息公开披露

要求保险公司充分、及时、真实、公平地公开披露偿付能力信息，充分利用市场力量对保险公司进行监督和约束。

所谓充分，即充分披露有助于信息使用者了解保险公司偿付能力风险状况的所有重大相关信息；所谓及时，即定期、及时披露偿付能力相关信息；所谓真实，即信息披露的内容真实、准确、完整，没有虚假、误导性陈述或重大遗漏；所谓公平即确保信息披露的集中性、可访问性和信息使用者的获取便利，使相关利益各方能平等获悉偿付能力的相关信息。

需要披露的偿付能力信息主要有三个部分：

一是偿付能力主要指标，包括核心偿付能力充足率、核心偿付能力溢额、综合偿付能力充足率、综合偿付能力溢额、最近一期的风险综合评级、保险业务收入、净利润和净资产。

二是实际资本相关指标，包括认可负债和实际资本的金额，核心一级资本、核心二级资本、附属一级资本、附属二级资本的金额。

三是最低资本相关指标，包括：最低资本；保险风险最低资本、市场风险最低资本、信用风险最低资本，以及考虑保险风险、市场风险、信用风险的分散效应和吸损效应后的量化风险最低资本；控制风险最低资本；附加资本，包括逆周期附加资本、国内系统重要性保险机构的附加资本、全球系统重要性保险机构的附加资本及其他附加资本（如不适用，则以零值披露）。

2. 偿付能力信息交流

偿付能力信息交流即监管部门与相关方之间持续、双向、互动的偿付能力信息交流机制，以发挥相关方对保险公司偿付能力的监督作用，有效防范风险。

（1）监管部门与相关方之间的信息交流。

一是与保险消费者的信息交流。保险监管部门通过座谈会、问卷调查、访谈等方式，向保险消费者介绍偿付能力监管工作情况，听取保险消费者对偿付能力监管工作的意见和建议。

二是与保险公司股东之间的信息交流。保险监管部门通过培训、情况通报等方式，建立健全与保险公司股东之间的偿付能力信息交流机制，主要有：对保险公司股东进行偿付能力相关的培训；不定期向保险公司股东通报偿付能力监管工作的有关情况；对于存在重大偿付能力风险或风险管理存在重大缺陷的公司，保监会向保险公司股东通报有关情况。

三是与信用评级机构、行业分析师、研究机构建立定期交流机制。保险监管部门通过新闻发布会、访谈等方式就偿付能力信息进行交流。信用评级机构、行业分析师、研究机构发现保险业和保险公司存在以下事项时，有权向保监会报告：国内外宏观经济环境发生变化，可能对保险业偿付能力造成重大影响；保险公司存在重大偿付能力风险或风险管理存在重大缺陷；其他可能危及保险业、保险公司偿付能力的事项。

四是与财政部、人民银行、银监会、证监会等相关政府部门建立健全偿付能力信息的交流共享和监管协作机制。

五是与新闻媒体建立定期交流机制，至少每半年通过新闻发布会、新闻通气会、媒体采访等方式通报偿付能力监管工作情况，交换意见。

（2）保险监管部门发布偿付能力工作信息。

发布的偿付能力监管工作信息包括：保险业偿付能力（包括风险综合评级）的总体状况；保监会偿付能力监管工作情况，包括偿付能力监管制度建设、采取的监管措施以及下一步工作重点等。

3. 保险公司信用评级

保险公司信用评级即规范和引导信用评级机构对保险公司的信用评级行为，发挥信用评级对保险公司偿付能力的市场约束作用。

第三节　保险监管的方式

一、公示方式

公示方式是保险监管中的一种宽松监管方式。在公示方式下，政府对保险业的经营不做直接监督，只是规定保险人按照政府规定的格式及内容，将营业结果定期呈报机关，并予以公布。关于保险公司的组织、保险合同格式、资本金的运用由保险公司自主决定，政府不过多干预。保险经营的好坏由被保险人和一般大众自行判断。公示监管的内容包括：（1）公告财务报表；（2）规定最低资本金与保证金；（3）订立边际偿付能力标准。这种监管方式的优点在于通过保险业的自由经营，使保险业在自由竞争的环境中得到充分发展；缺点在于处于信息不对称不利一方的一般公众对保险业的优劣的评判标准不易掌握，对不正当的经营无能为力。采取这种方式监管保险业的国家必须具备相当的条件：（1）国民经济高速发展，保险机构普遍存在，投保人有选择优劣的可能，保险业有一定的自制力，市场具有平等竞争条件和良好商业道德；（2）社会大众具有较高的文化水平和投保意识，被保险人对保险公司的优劣有适当的判断力和评估标准。英国曾采用这种监管方式。1956 年，英国保险公司法曾作出此类规定，但到了 20 世纪六七十年代，英国的一些保险公司相继破产，促使英国政府加强了对保险业经营的干预。目前，这种监管方式很少被采用。

二、规范方式

规范方式，又称准则方式或形式监督主义，即由政府规定保险业经营的一般准则并要求保险业共同遵守的监管方式。政府对保险经营的重大事项（例如最低资本金要求，资产负债表审查，法定公布事项的主要内容，管理当局的制裁方式等）作出明确规定。这种监管方式的优点在于强调保险经营形式上的合法性，比公示方式具有较大的可操作性，被看做"适中的监管方式"；但缺点在于政府对保险业是否真正遵守规定，其审查力度仅能局限在形式上，实际上可能存在形式合法但实质不合法的行为。荷兰在 1922 年以后曾经采用过这种监管方式。

三、实体方式

实体方式，又称许可方式或严格监管方式，指国家制定完善的监管规则，主管机构依法对保险公司乃至保险市场进行全面监管。采用这种方式监管保险业，大致分为三个阶段：（1）保险公司设立时，必须经过政府审批并发放经营许可证；（2）保险公司在经营过程中，必须在财务、业务等方面接受监管；（3）保险公司破产时，还必须接受政府的监管。这种监管方式是当今大多数国家采用的监管方式，譬如美国、日本、德国等发达国家都采用了实体监管方式，我国也不例外。但目前有些因原来监管严格而市场秩序较好的国家，在监管上有放松监管的趋势。

第四节　我国保险监管的发展及政策建议

一、我国保险监管的历史沿革

历史上，保险监管首先出现于 19 世纪的美国。当时，美国法律把保险业界定为州内交易行为，并依此建立了州保险监管体系，由州政府监管保险业。随着美国跨州经济的发展，跨州经营保险业务的保险公司越来越多。在这种情况下，美国通过修改法律，将保险业定性为跨州交易行为，规定保险业由州政府监管为主，联邦政府监管为辅。1945 年的联邦政府法案（公法 15 号），即现在经常提到的《麦开云—佛戈森法案》（McCarran - Ferguson Act）宣称，只要国会认为州政府的监管是健全的，那么这种监管就是符合公众利益的。如果国会认为州政府的监管存在不足，就可以颁布法规予以纠正。20 世纪 20 年代，保险监督官开始担任监管保险公司盈利状况的角色。

在欧洲大陆，奥地利率先于 1859 年建立保险监管体系。英国、瑞士分别于 1870 年和 1885 年建立了国家监管制度。德国迟至 20 世纪初叶才建立国家监管体系。

到了 20 世纪 20 年代，西方各发达国家普遍采取国家监管，保险业进入了一个崭新的发展阶段。尽管欧美各国经济政策经历了从自由放任到政府干预再到自由主义复兴的变迁，由于保险业在国民经济中占据举足轻重的地位，目前各国政府仍然没有完全放开监管，其目的是通过建立一套高效的宏观监管体系，从制度上确保保险业发挥重要作用。

在我国，以保险业经历的新中国成立初期起步和停办、国内业务全面恢复、专业监管机构成立、党的十八大以来保险市场改革进一步深化等为分界点，保险监管在新中国成立后的 60 多年间也经历了不同的发展时期，大致可以分为四个阶段。

（一）从新中国成立到改革开放——保险监管的更替调整探索时期

新中国成立后，为实现财政经济工作的统一管理和领导，更好地发挥保险在补偿经济、积累资金和促进贸易等方面的作用，1949 年 10 月 20 日，经中国人民银行报政务院财经委员会批准，成立了中国人民保险公司。但是由于种种原因，自 1959 年 5 月起，除个别城市外，中国人民保险公司全面停办了国内业务，只保留涉外保险业务。1967 年国外保险业务也被停办，仅保留部分可以吸收外汇的出口业务，我国保险业发展受到严重挫折。

与保险业发展相对应，这一时期国家对保险业的领导管理也处于探索阶段，主管机关多次更替调整。新中国成立初期，根据政务院批准的《中国人民银行试行组织条例》，保险业归中国人民银行领导和主管。1952 年 6 月，受前苏联把保险作为财政后备单纯吸收闲散资金工具的理论以及"共产风"的影响，保险业划归财政部领导，成为国家财政体系中的一个独立核算的组成部分。1959 年，国内保险业务停办，保险业又划归中国人民银行领导，中国人民保险公司改为中国人民银行总行的下属机构。总的来看，这一时期，在计划经济体制下，政府对保险业主要行使行政领导职能，还谈不上真正意义的保险监管。

（二）从改革开放到 1998 年保监会成立——保险监管的从无到有初创时期

党的十一届三中全会确立了以经济建设为中心的指导思想，实行改革开放政策，在这一大的历史背景下，我国保险业又获得了新生。1979 年 4 月，国务院作出"逐步恢复国内保险业务"的重大决策，我国保险业开始迈进一个新的历史时期。保险业从独家垄断经营到寡头竞争经营，再到多元市场主体竞争，保险市场初步形成了以国有商业保险公司和股份制保险公司为主体、政策性保险公司为补充、中外保险公司并存、多家公司竞争发展的新格局。

1983 年，国务院颁布《中华人民共和国财产保险合同条例》时，中国人民保险公司独家垄断经营保险业务，事实上并无专门的保险监管机构和保险监管活动。到了 1985 年，国务院颁布了《保险企业管理暂行条例》，对保险企业设立原则、经营活动、法定再保险等做了规定，但仍然在诸多方面存在很大的局限性。《保险企业管理暂行条例》

是类似保险业法的一个行政法规，它确立了中国人民保险公司在保险业中的垄断地位，在许多方面限制了竞争。它对保险企业的经营活动准则规定较少，对违规行为也未规定罚则。此外，有许多规定也缺乏操作性。

《保险企业管理暂行条例》颁布后 4 年间，中国人民保险公司积极贯彻执行国务院关于"大力发展保险事业"的方针政策，开拓保险服务领域，保险费收入大幅度增加，保险企业也取得了明显的经济效益。但由于保险研究和保险宣传的力度不适应保险业发展的速度，一时间乱办保险、把保险看成一本万利的摇钱树的不良之风盛行，对恢复中的国内保险市场产生了极为消极的影响。1989 年，国务院下发的《关于加强保险事业管理的通知》，分析了当时保险市场形势和存在的问题，提出整顿保险秩序的措施和办法。1991 年 4 月，中国人民银行又下发了《关于对保险业务和机构进一步清理整顿和加强管理的通知》，在重申过去有关规定的基础上，又制定了对保险条款、费率、资金运作、代理机构和年度报表等方面的规定。它还规定保险资金只能采用各种有价证券、发放流动资金贷款和资金拆出等方式运作。这一文件在《保险法》颁布前一直是中国人民银行各级分支行监管保险机构与保险业务的重要依据，在保险监管法规中占有重要地位。

1986 年至 1991 年，新疆兵团保险公司、深圳平安保险公司和中国太平洋保险公司相继成立，标志着中国人民保险公司的垄断地位被打破。但由于《保险企业管理暂行条例》规定的限制，这些公司仍然不能经营法定保险、国营企业和三资企业的保险业务、各种外币保险业务，以及国际再保险业务。1992 年 9 月，国务院下发了《关于中国太平洋保险公司和中国平安保险公司业务范围的复函》，授权中国人民银行批准这两家保险公司经营原由中国人民保险公司垄断经营的保险业务。

1991 年 10 月，受国务院委托，中国人民银行正式成立《保险法》起草小组。1995 年 6 月 23 日，全国八届人大常务委员会第十四次会议审议，并于 1995 年 6 月 30 日通过《中华人民共和国保险法》，1995 年 10 月 1 日起正式施行。《保险法》是新中国成立以来第一部保险大法，它的颁布，标志着新中国保险业步入崭新的发展阶段。为了配合《保险法》的实施，1996 年 7 月，中国人民银行下发了《保险管理暂行规定》，从保险机构的设立、变更和终止，保险公司业务范围，许可证管理，保险公司偿付能力管理，保险公司经营行为管理和保险监督管理等方面，详细阐述了《保险法》的立法思想，对《保险法》进行了更为具体的解释，增强了《保险法》的操作性。此后，中国人民银行又根据《保险法》的规定，相继制定出了《保险管理暂行规定》、《保险代理人管理规定（试行）》和《保险经纪人管理规定（试行）》等配套规章制度，为规范保险代理行为和经纪行为提供了法律依据。

1995 年 7 月，中国人民银行设立了专门行使保险监管职能的部门——保险司，下设业务综合处、财产保险管理处、寿险管理处、再保险管理处、中介机构管理处和业务检查处。尽管如此，保险业的监管相对于保险业的发展仍然显得比较落后，保险业务积累的风险不断增多。为防范化解风险，国务院作出了关于深化金融体制改革的决定，要求银行业、保险业和证券业分业经营、分业管理，同时决定成立国家保险监督管理机构。

（三）从保监会成立到党的十八大召开——专业保险监管的框架逐步形成时期

1998 年 11 月 18 日，中国保监会成立，标志着我国保险监管走向了专业化、规范化的新阶段。从 1998 年成立到其后的 10 多年间，保监会立足国情和行业实际，在监管框架、法律法规、制度规则等方面基本建立了既符合我国实际又与国际标准趋同的监管体系。借鉴国际保险监管核心原则，建立了市场行为、偿付能力、公司治理的"三支柱"保险监管框架。建立完善保险保障基金制度，形成市场化的风险救助机制，逐步确立了以公司治理和内控为基础、以偿付能力监管为核心、以现场检查为重要手段、以资金运用监管为关键环节、以保险保障基金为屏障的风险防范"五道防线"。两次推动完成《保险法》修订，为保险监管提供了法律依据和制度基础，建立了比较系统的保险监管制度体系。

（四）从党的十八大至今——现代保险监管体系的加快建设时期

近年来，我国经济发展进入新常态，保险业长期快速发展中积累的深层次矛盾和问题逐步显现，行业发展增速出现下滑势头。面对极其严峻的困难局面，保监会坚持"抓服务、严监管、防风险、促发展"的工作思路，把加强改进监管作为行业健康发展的重要保障，立足中国实际，借鉴国际经验，加强顶层设计，深化保险监管改革，系统思考和整体构建与中国保险业发展阶段相符合、与国际保险监管发展趋势相适应的保险监管体系，全面推进保险监管现代化建设。一是发挥政策引导作用，打造全面服务国家治理体系和治理能力现代化的新格局。2014 年，国务院发布《关于加快发展现代保险服务业的若干意见》，着眼于服务国家治理体系和治理能力现代化，对新时期保险业改革、发展和监管进行了全面部署，提出了加快建设世界保险强国的战略目标和系统性支持政策，保险业迈入全新的发展时期。二是全面深化保险改革，更好地发挥市场配置资源基础性作用。把全面深化改革作为带领保险业走出困境的突破口，积极推进保险费率形成机制改革、市场准入退出制度改革、保险资金运用改革、保险产品监管改革，保险市场的内生动力不断增强。三是加强监管制度建设，加快建设高效专业的现代监管框架。立足中国国情，把握国际保险监管趋势，积极推进保险监管体系现代化。偿二代监管制度体系基本建成，公司治理和集团监管迈出新步伐，《保险法》修改取得阶段性成果，《农业保险条例》正式颁布，巨灾保险立法深入推进，保险规章废改立取得突破性进展，统计和监管信息化建设成效显著。四是切实强化监管约束，维护保险市场健康规范运行。建立保险公司经营和保险服务两个评价体系。开展车险"理赔难"和人身险"销售误导"综合治理。强化对农业保险和大病保险等事关人民群众切身利益的保险业务的规范。开通全国 12378 热线服务，畅通投诉渠道，依法处理投诉事项，完善投诉处理和纠纷调处机制，妥善解决消费争议纠纷。

二、我国现行的保险监管体系

经过近年来的努力，反映新兴市场国家特征、符合国际监管改革要求、具有鲜明中国特色的现代保险监管体系初步建成。

（一）第二代偿付能力监管制度体系初步建成

2015 年 2 月，保监会正式印发偿二代 17 项监管规则以及过渡期内试运行方案，标志着我国保险业偿付能力监管掀开了新的历史篇章。偿二代采用国际通行的三支柱框架，符合国际基本监管改革趋势。在监管标准方面，偿二代采用先进的随机模型对风险进行测算，并实行资本分级，拓宽资本补充渠道，丰富资本工具。同时，偿二代立足于我国实际，各项技术参数都是基于我国保险业近20年的实际数据测算，并针对我国保险市场发展速度快、风险形态变化快的实践，预留必要的接口，建立技术参数的持续维护和定期更新机制。

（二）现代保险资金运用监管框架基本确立

近年来，保监会不断放开保险投资领域，包括保险资金投资创业板，历史存量保单投资蓝筹股、优先股、创业投资基金等。保险机构已经成为金融市场中投资领域最为丰富的金融机构之一。目前，我国保险资金运用监管无论在理念、制度还是方法上，都已经实现了与发达市场国家的同步接轨。

（三）公司治理和集团监管迈出新步伐

近年来，保监会研究制定了业务范围分级办法、保险集团并表监管办法、相互保险组织管理试点办法和保险业并购管理办法等一系列规章制度，这些监管制度充分借鉴国际经验，通过确定监管范围和监管要素，明确监管模式和监管手段，从全集团角度监测风险，切实防范金融风险传递。

（四）保险监管技术手段不断丰富和创新

推进信息技术与保险监管业务融合，在推进信息化的同时积极开展业务重组和流程再造，不断统一业务模型、优化业务应用、整合信息资源，应用系统建设平台化和信息资源共享化，打破部门壁垒、联通数据孤岛，充分发挥信息化整体协同效能。

（五）国际协调与合作不断加深

中国保监会成功当选国际保险监督官协会（IAIS）执委，并在多个专业委员会中派出代表、出任领导职务，在IAIS中的话语权和影响力显著提升。中国保监会成功当选亚洲保险监督官论坛（AFIR）轮值主席。通过加强与亚洲地区保险监管多双边合作，中国在亚洲乃至新兴市场保险监管体系中日益发挥主导性作用。加强与境外保险监管机构的双多边合作，与多个国家和地区签署保险监管合作谅解备忘录，加强境内外保险监管协调，防范风险跨市场跨境传递。加强两岸四地保险监管合作，健全两岸四地保险监管跨区域长效合作机制。

三、我国保险监管的组织框架

中国保险监督管理委员会是中国商业保险的主管机关，也是国务院直属事业单位。它成立于1998年11月18日，其基本目的是为了深化金融体制改革，进一步防范和化解金融风险，根据国务院授权履行行政管理职能，依照法律、法规统一监督和管理保险市场。

中国保险监督管理委员会的主要任务：拟定有关商业保险的政策法规和行业规则；依法对保险企业的经营活动进行监督管理和业务指导，依法查处保险企业违法违规行为，保护被保险人的利益；维护保险市场秩序，培育和发展保险市场，完善保险市场体系，推进保险改革，促进保险企业公平竞争；建立保险业风险的评价与预警系统，防范和化解保险业风险，促进保险企业稳健经营与业务的健康发展。

2003 年，国务院决定，将中国保监会由国务院直属副部级事业单位改为国务院直属正部级事业单位，并相应增加职能部门、派出机构和人员编制。中国保险监督管理委员会内设 16 个职能机构，并在全国各省、自治区、直辖市、计划单列市设有 35 个派出机构。其中，16 个内设部门如下。

1. 办公厅（党委办公室、监事会工作部）

主要职责：拟定会机关办公规章制度；组织协调机关日常办公；承担有关文件的起草、重要会议的组织、机要、文秘、信访、保密、信息综合、新闻发布、保卫等工作。拟定派出机构管理、协调工作的规章制度，负责派出机构工作落实情况检查和信息收集整理等工作。负责保险信访和投诉工作；承办会党委交办的有关工作；负责国有保险公司监事会的日常工作。

2. 发展改革部

主要职责：拟定保险业的发展战略、行业规划和政策；会同有关部门拟定保险监管的方针政策及防范化解风险的措施；会同有关部门研究保险业改革发展有关重大问题，提出政策建议并组织实施；会同有关部门对保险市场整体运行情况进行分析；对保监会对外发布的重大政策进行把关；归口管理中资保险法人机构、保险资产管理公司等的市场准入和退出；负责规范保险公司的股权结构和法人治理结构，并对公司的重组、改制、上市等活动进行指导和监督；负责保监会对外重要业务工作与政策的协调。

3. 政策研究室

主要职责：负责保监会有关重要文件和文稿的起草；对保监会上报党中央、国务院的重要文件进行把关；研究国家大政方针在保险业的贯彻实施意见；研究宏观经济政策、相关行业政策和金融市场发展与保险业的互动关系；根据会领导指示，对有关问题进行调查研究；开展保险理论研究工作，负责指导和协调中国保险学会开展研究工作。

4. 财务会计部（偿付能力监管部）

主要职责：拟定保险企业和保险监管会计管理实施办法；建立保险公司偿付能力监管指标体系；编制保监会系统的年度财务预决算；审核机关、派出机构的财务预决算及收支活动并实施监督检查；审核会机关各部门业务规章中的有关财务规定；负责机关财务管理。

5. 保险消费者权益保护局

主要职责：拟定保险消费者权益保护的规章制度及相关政策；研究保护保险消费者权益工作机制，会同有关部门研究协调保护保险消费者权益重大问题；接受保险消费者投诉和咨询，调查处理损害保险消费者权益事项；开展保险消费者教育及服务信息体系建设工作，发布消费者风险提示；指导开展行业诚信建设工作；督促保险机构加强对涉及保险消费者权益有关信息的披露等工作。

6. 财产保险监管部（再保险监管部）

主要职责：承办对财产保险公司的监管工作。拟定监管规章制度和财产保险精算制度。承办对再保险公司的监管工作。拟定监管规章制度；监控保险公司的资产质量和偿付能力；检查规范市场行为，查处违法违规行为；审核保险公司的设立、变更、终止及业务范围；审查高级管理人员的任职资格。

7. 人身保险监管部

主要职责：承办对人身保险公司的监管工作；拟定监管规章制度和人身保险精算制度。

8. 保险中介监管部

主要职责：承办对保险中介机构的监管工作。拟定监管规章制度；检查规范保险中介机构的市场行为，查处违法违规行为；审核保险中介机构的设立、变更、终止及业务范围；审查高级管理人员的任职资格；制定保险中介从业人员基本资格标准。

9. 保险资金运用监管部

主要职责：承办对保险资金运用的监管工作；拟定监管规章制度；建立保险资金运用风险评价、预警和监控体系；查处违法违规行为；审核保险资金运用机构的设立、变更、终止及业务范围；审查高级管理人员任职资格；拟定保险保障基金管理使用办法，负责保险保障基金的征收与管理。

10. 国际部

主要职责：承办中国保险监督管理委员会与有关国际组织、有关国家和地区监管机构和保险机构的联系及合作。负责中国保险监督管理委员会的外事管理工作；承办境外保险机构在境内设立保险机构，以及境内保险机构和非保险机构在境外设立保险机构及有关变更事宜的审核工作；承办境外保险机构在境内设立代表处的审核和管理事宜；对境内保险及非保险机构在境外设立的保险机构进行监管。

11. 法规部

主要职责：拟定有关保险监管规章制度；起草有关法律和行政法规，提出制定或修改的建议；审核会机关各部门草拟的监管规章；监督、协调有关法律法规的执行；开展保险法律咨询服务，组织法制教育和宣传；承办行政复议和行政应诉工作。

12. 统计信息部

主要职责：拟定保险行业统计制度，建立和维护保险行业数据库；负责统一编制全国保险业的数据、报表，抄送中国人民银行，并按照国家有关规定予以公布；负责保险机构统计数据的分析；拟定保险行业信息化标准，建立健全信息安全制度；负责保险行业信息化建设规划与实施；负责建立和维护偿付能力等业务监管信息系统；负责信息设备的建设和管理。

13. 稽查局

主要职责：负责拟定各类保险机构违法违规案件调查的规则；组织、协调保险业综合性检查和保险业重大案件调查；负责处理保险业非法集资等专项工作；配合中国人民银行组织实施保险业反洗钱案件检查；调查举报、投诉的违法违规问题，维护保险消费者合法权益；开展案件统计分析、稽查工作交流和考核评估工作。

14. 人事教育部（党委组织部）

主要职责：拟定会机关和派出机构人力资源管理的规章制度；承办会机关和派出机构及有关单位的人事管理工作；根据规定，负责有关保险机构领导班子和领导干部的日常管理工作；负责指导本系统党的组织建设和党员教育管理工作；负责会机关及本系统干部培训教育工作；会同有关部门提出对派出机构年度工作业绩的评估意见。

15. 监察局（纪委）

主要职责：监督检查本系统贯彻执行国家法律、法规、政策情况；依法依纪查处违反国家法律、法规和政纪的行为；受理对监察对象的检举、控告和申诉。领导本系统监察（纪检）工作。

16. 党委宣传部（党委统战群工部）

主要职责：负责本系统党的思想建设和宣传工作；负责思想政治工作和精神文明建设；负责指导和协调本系统统战、群众和知识分子工作。机关党委，负责会机关及在京直属单位的党群工作。

四、我国保险监管政策建议

1. 以偿付能力监管为核心，健全风险防范体系

目前，我国的偿二代保险监管体系已基本成型，并且即将开始采用。应在实践中对其进行不断的发展完善，其要点是：（1）巩固和深化偿付能力监管在保险监管中的核心地位。将偿付能力的相关要求内嵌到各项监管制度之中，进一步细化以公司偿付能力为核心的公司治理、内部控制、资产管理、负债管理、匹配管理、资本管理要求。（2）加强执行力建设，增强偿付能力监管的约束力。建立完善偿付能力分级分类监控体系，以及监管措施的触发机制，针对偿付能力处在不同区间的保险公司，制定并实施明确、统一的监管措施。畅通市场退出渠道，形成偿付能力监管的硬约束。

2. 充分发挥市场机制的作用，促进保险市场健康发展

（1）明确市场行为监管的边界。保证市场机制作用的发挥，对于需要监管的，严格按照制度进行管理；对于不应该监管的，完全交还市场主体。（2）提高市场行为监管的规划性和系统性。从保险市场的客观实际出发，制订市场行为监管中长期规划，保持政策的稳定性、连续性和系统性。在坚持偿付能力监管核心的前提下，强化市场行为监管在微观审慎监管中的基础性地位，建立市场行为监管与偿付能力监管、公司治理监管等制度的联动机制与触发机制。（3）强化保险消费者权益保护。健全消费者权益保护机制，进一步完善投诉处理和纠纷调处机制，扩大"诉调对接""仲调对接"机制覆盖面。完善信息披露监管机制，建立信息披露"黑名单"制度。建立保险消费风险发布平台，及时发布信息，引导消费者合理预期。（4）健全市场准入退出机制。统筹规划机构准入和市场体系培育，保持规模、质量和结构的综合平衡，有效把握总体规模和准入节奏。完善市场退出制度安排，明确市场退出的界限与标准、程序、责任追究及后续安排。

3. 加强信息化建设，丰富和改善监管手段

保险业信息化的发展历程，从办公系统的电子化开始，经历了由最早的 PC 系统发展到网络系统的过程；也经历了由仅仅重视硬件设备购置到将软硬件相互结合的转变。伴随着信息技术的突飞猛进和我国保险市场的成长，保险业信息化建设已发展成为保险业的重要组成部分，信息化水平成为衡量一个保险企业核心竞争力的重要标志。当前保险业信息

化建设呈现出整体规划不断加强、信息化投入逐步加大、业务运营平台的改造和优化不断深入、保险公司数据大集中稳步推进、客户服务信息系统平台建设不断加强、保险信息安全保障体系初步建立等特点。而未来保险业信息化建设将呈现出后台数据高度集中与共享的趋势；以网络化为契机，管理、技术、服务不断创新的趋势；标准化条件下整合的趋势；信息化的"外包"与信息人才专业化等趋势。概括来说，就是整合化、智能化、专业化的发展趋势。可以预见，信息化建设将进一步成为促进保险业发展，提升保险业核心竞争力的重要动力，成为保险业发展不可或缺的重要因素。为此，保险监管应该：

（1）建立统一高效的标准化工作流程。以监管信息流建设推动监管方式和手段的根本性变革，再造监管流程，实现对各类监管资源的集约化管理。（2）完善非现场监管工具。借鉴发达国家监管经验，建设符合我国保险业实际的监管信息系统、财务能力和偿付能力跟踪系统，加强对保险公司风险的监测和管理，推进非现场监管的全面信息化。（3）建设统一的行业信息共享平台。进一步完善公司化、专业化运营的保险行业信息平台，不断充实完善平台的功能作用。（4）打造监管信息化平台。坚持应用系统建设平台化和信息资源共享化，构建集中、统一、高效、安全的监管信息化应用体系，重点推进监管信息系统与保险业信息共享平台的数据对接。

4. 不断完善监管机制，提升保险监管效能

（1）构建科学的监管制度体系。通过查缺补漏，填补法律体系空缺，更好地服务保险市场和保险监管。通过整合完善，提高法规制度的适应性和针对性。（2）完善内部横向协作机制。理顺和整合现场检查工作机制，逐步取消基于机构监管的分割式现场检查机制，建立健全多层次的数据共享和发布机制。（3）建立监管效能评价机制。加大行政执法监督工作力度，建立健全行政执法监督检查机制和监管绩效考评机制，探索建立行政执法评价标准，研究制定可量化比较的监管绩效考评指标体系，对各部门和派出机构进行全方位的动态考评。

重要术语

保险监管　　保险监管原则　　偿二代　　信息不对称　　市场失灵
保险监管目标　信息披露　　认可资产　　认可负债　　实际资本
最低资本　　公示方式　　规范方式　　实体方式

复习思考题

1. 保险监管的动因是什么？
2. 保险监管的原则是什么？
3. 资本充足性及偿付能力监管主要内容是什么？
4. 保险监管的具体目标是什么？
5. 偿二代保险监管与偿一代保险监管的主要区别有哪些？
6. 保险监管的三种方式是什么？